中国社会科学院学部委员专题文集
ZHONGGUOSHEHUIKEXUEYUAN XUEBUWEIYUAN ZHUANTI WENJI

中国经济发展的人口视角

蔡昉 ○ 著

中国社会科学出版社

图书在版编目(CIP)数据

中国经济发展的人口视角/蔡昉著.—北京:中国社会科学出版社,2013.8

(中国社会科学院学部委员专题文集)

ISBN 978-7-5161-3961-5

Ⅰ.①中… Ⅱ.①蔡… Ⅲ.①人口—关系—中国经济—经济发展—文集 Ⅳ.①F124-53②C924.2-53

中国版本图书馆 CIP 数据核字(2014)第 035311 号

出 版 人	赵剑英
责任编辑	李庆红
责任校对	韩天炜
责任印制	戴 宽

出　　版	中国社会科学出版社
社　　址	北京鼓楼西大街甲 158 号
邮　　编	100720
网　　址	http://www.csspw.cn
发 行 部	010-84083685
门 市 部	010-84029450
经　　销	新华书店及其他书店

印刷装订	北京七彩京通数码快印有限公司
版　　次	2013 年 8 月第 1 版
印　　次	2013 年 8 月第 1 次印刷
开　　本	710×1000　1/16
印　　张	26
插　　页	2
字　　数	413 千字
定　　价	78.00 元

凡购买中国社会科学出版社图书,如有质量问题请与本社营销中心联系调换
电话:010-84083683
版权所有　侵权必究

《中国社会科学院学部委员专题文集》编辑委员会

主任 王伟光

委员 （按姓氏笔画排序）

王伟光　刘庆柱　江蓝生　李　扬
李培林　张蕴岭　陈佳贵　卓新平
郝时远　赵剑英　晋保平　程恩富
蔡　昉

统筹 郝时远

助理 曹宏举　薛增朝

编务 王　琪　刘　杨

目　录

序言 …………………………………………………………（1）
科学发展观与可持续经济增长 ……………………………（1）
中国人口与可持续发展 ……………………………………（12）
怎样认识中国经济的发展
　　——另类却有用的分析框架 ……………………………（20）
论加快转变经济发展方式 …………………………………（33）
中国人口转变趋势及其带来的增长挑战 …………………（42）
人口红利与中国经济可持续增长 …………………………（47）
人口红利从出现到消失 ……………………………………（57）
中国人口红利消失及其对经济增长的挑战 ………………（76）
关于中国人口及相关问题的若干认识误区 ………………（93）
支持包容性发展的人口与就业政策 ………………………（109）
实现最大化就业
　　——和谐社会"民生之本" ……………………………（129）
中国如何打破减速魔咒 ……………………………………（142）
中国必须通过的减速关 ……………………………………（161）
正确认识和应对潜在增长率的降低 ………………………（182）
中国经济增长的十字路口 …………………………………（187）
应对"未富先老"　避免"中等收入陷阱" ………………（202）
人口红利消失导致的工资上涨及其意义 …………………（208）
劳动力供求的新趋势及其经济发展含义 …………………（213）
中国制造业向何处去 ………………………………………（230）
工资与劳动生产率的赛跑 …………………………………（240）

人口转变与就业变化……………………………………（250）
自然失业、周期失业与宏观政策选择…………………（267）
认识和应对招工难………………………………………（274）
农民工市民化的紧迫性和推进路径……………………（280）
经济增长和城市发展的可持续性………………………（296）
从国际经验看中国城市化道路…………………………（300）
真正的城市化应该解决什么问题………………………（317）
劳动力短缺对农业的影响及政策含义…………………（326）
如何进一步转移农村剩余劳动力………………………（337）
应对农民工周期性失业现象……………………………（346）
提高老年人劳动参与率的路径…………………………（352）
高等教育该不该保持继续扩大的势头…………………（362）
遏制资产性收入分配不公趋势…………………………（367）
改革优先序和切入点在于社会领域……………………（372）
在社会发展领域收获改革红利…………………………（376）
推进改革提高潜在增长率………………………………（381）
转折点之后的就业挑战…………………………………（390）

序　言

如果要界定自己从事经济学研究的专门领域，我认为，无论是农业经济学、劳动经济学还是人口经济学，都不尽准确与全面。真正能够概括我过去30年研究历程的学科，应该是发展经济学。传统的以旧结构主义为特征的发展经济学，早在20世纪70年代开始就饱受诟病，并且逐渐退出了主流经济学的视野。但是，中国改革开放以来的经济发展经历和取得的成就，可以说有望重新焕发发展经济学的青春。

我自己关于中国经济的研究涉及诸多方面，主要是从不同的视角，特别是从人口的视角审视和探索中国经济的长期发展问题。例如，2004年以来我提出中国的刘易斯转折点已经到来、人口红利即将消失等警示及其论证，都属于为理解中国经济发展的过去、现在和未来提供一个人口视角的努力。一旦在经济发展的研究中加入了这个人口视角，我们不仅能够面对经济发展阶段的变化做到未雨绸缪，也更容易找到未来保持经济增长可持续性的新源泉。

根据这样的定位，本文集收录了已经发表的30余篇文章，力图反映我在过去一个时期所关心的现实经济问题。鉴于每篇文章虽各有独特的角度，却往往基于共同的理论和背景，所以有些论述和材料难免重复。对此，我仅仅做出技术上的必要处理，即只是对那些重复过多，删除部分文字、段落、图表并不影响全文结构和内容的部分做一定删改。否则的话就保留原样。此外，这些文章都曾经分别在不同处发表，在此感谢那些报刊及编辑，为简洁起见，文集中不再一一注明原发表单位。

中国社会科学院学部主席团领导和编辑委员会负责统筹、协调、编务的成员为文集的出版做出了不可替代的组织和审稿工作，中国社会科学出版社李庆红担任了组稿和责任编辑，在此深致谢意。我还要感谢中国社会科学院及其人口与劳动经济研究所的同事对我研究工作的支持与协助。不过，文集中难免存在的不足乃至错误，完全由我自己承担责任。

蔡　昉

科学发展观与可持续经济增长

一 西方发展理论及其演变

早期发展理论的出发点都是提高效率、扩大生产,最终增加经济总量和人均福利水平。然而,经济增长并不必然导致全体人民公平地享有发展的结果,反而带来各种各样的经济和社会问题。学者们在对增长本身带来的问题进行不同学科的观察之后,形成各种相异的发展理论。发展观所关注的内容广泛,从哲学意义上的人类社会演进,到发展过程中个人的痛苦。但是,作为对发展现象的诠释和指导,发展观主要围绕发展的结果、目的和手段这三个问题来展开。

既然发展观是发展实践在人们头脑中的反映,进而可以成为指导实践的关于发展的认识论和世界观,对发展认识和再认识乃至反思的逻辑是,从观察到的发展结果出发,反思发展的目的,进而重新认识和选择发展的手段。首先是发展的结果。人们观察到,在物质生活水平提高的同时,环境遭受破坏,污染愈演愈烈,一部分人群被排斥在发展福利之外,由此导致人们的生活质量反而下降了,把这叫作"发展"是不可思议的。[①] 其次是发展的目的。由于发展的结果与初衷相反,应该如何定义发展、规定发展的本质等问题也被相应提了出来。与此同时,各种衡量发展结果的度量方法也纷纷受到质疑,新的办法不断得到尝试。最后是发展的手段。既然人们逐渐改变对发展目的的看法,对于用来促成发展的手段自然也需要进行反思。也就是说,需要对那些曾经被认为有助于促进发展的具体制度、生

[①] 参见〔美〕迈克尔·托达罗《发展的含义》,载郭熙保主编《发展经济学经典论著选》,中国经济出版社1998年版。

产方式、增长类型、资源配置机制以及发展战略等也需要重新认识,进行合理的选择和调整。

马尔萨斯最早从人口增长的制约角度反思发展。在他看来,贫困产生的真正原因是"自然法则",即人口按几何级数比率增加,生活资料的供给赶不上人口的增长。最终,人口的持续增长将会使人们陷于低水平均衡陷阱。1972 年罗马俱乐部报告《增长的极限》把马尔萨斯式的人口—食物危机,扩展到人口—资源—环境危机。① 作为对新马尔萨斯主义的批评,西蒙运用经济学分析方法,指出在发达国家,人口增长通过知识进步和规模经济,对经济增长产生正效应,并从多方面论述地球资源的丰富性,指出只要政治、制度、管理和市场等多种机制较好地发挥作用,从长期看,人口的增长有利于经济发展和技术进步。②

可持续发展思潮追求的是一种新的发展途径,体现在世界环境与发展委员会 1987 年出版的《我们共同的未来》报告中。这种发展途径强调以人为本,着眼于从代际关系上解决人口与资源和环境之间的协调,从而"使人类进步不局限于区区几处、寥寥数年,而且要将整个地球持续到遥远的未来"。可持续发展追求的是"既满足当代人的需要,又不对后代人满足其需要的能力构成危害的发展"③。

法国学者佩鲁把"增长"与"发展"两个概念作了区分。他认为,发展包含比人均 GDP 的提高更为广泛的内容,他强调的是表现为"各种形式的人力资源都有机遇获得效力和能力"的结构变革和演进。④ 从此出发,托达罗归纳了发展的三个核心含义——基本生活需求、自尊和自由,从而提出发展的三个目标。⑤ 首先,发展必须使基本生活必需品得以不断增长。这些必需品既包括物质的,也包括精神的。人的基本需求是多种多样的,因

---

① Donella Meadows, Dennis Meadows, Jorgen Randers, and Williams Behrens, *The Limits to Growth*, New York: Potomac Assoc., 1972.
② 参见[美]朱利安·西蒙《人口增长经济学》,彭松建等译,北京大学出版社 1984 年版。
③ World Commission on Environment and Development, *Our Common Future*, New York, Oxford University Press, 1987.
④ [法]佩鲁(Perroux, F):《新发展观》,张宁、丰子义译,华夏出版社 1987 年版。
⑤ [美]迈克尔·P. 托达罗:《经济发展(第六版)》,黄卫平、彭刚等译,中国经济出版社 1999 年版。

此，从这个概念出发，营养、健康、衣着、住所和获得个人自由与进步的机会，都是发展满足基本需求的衡量内容。其次，发展必须通过扩大就业和教育机会，提高人的尊严和文化价值。斯蒂格利茨指出，发展意味着一系列经济和社会变化，但是，这些变化本身只是实现目标的手段，目的是使个人和社会更好地掌握自己的命运。① 再次，发展意味着扩大个人和国家的经济社会选择范围。② 阿马蒂亚·森指出：发展是扩展人们享有真正自由的一个过程，其最根本的目的是为人谋福利。③

按照不同的方式定义发展，就导致在发展过程中对于增长与分配的关系，进而对于公平和效率关系的看法的差异。收入分配问题的核心，是要对发展的福利作用进行衡量和评价。库兹涅茨发现了一个有规律性的轨迹，即在经济增长的早期，随着收入水平的提高，收入分配有恶化的倾向，而当收入进一步提高后，收入分配状况得以改善，形成以库兹涅茨命名的倒U字形曲线。④ 这条曲线本身所隐含的所谓规律，随后被一些国家和地区的发展经验证明并非一定成立。同时，这种关系作为一种发展观念，也已经遭到大多数学者和政策制定人的摒弃。经济发展战略从而经济增长模式的选择，被认为是产生"边增长，边分配"效应的一个关键因素。那些选择了符合比较优势的国家和地区，通常能够实现最大化的就业，从而使增长的结果得以分享，实现了公平和效率的统一。从新政治经济学的分析角度来看，收入差距扩大和贫困的持续存在，是由于不同的社会群体在政策制定过程中的影响力不同，因而社会政策倾向于富人而不利于穷人。既然使每一个社会群体比较均等地分享经济增长的成果是发展的题中应有之义，改善收入分配状况自然要求一系列体制层面的改革。

---

① ［美］斯蒂格利茨：《新的发展观：战略、政策和进程》，载胡鞍钢、王绍光编《政府与市场》，中国计划出版社2000年版。
② 参见威廉·阿瑟·刘易斯《经济增长是可取的吗?》，载郭熙保主编《发展经济学经典论著选》，中国经济出版社1998年版。
③ ［印］阿马蒂亚·森：《以自由看待发展》，任赜、于真译，中国人民大学出版社2002年版。
④ S. Kuznets, Economic Growth and Income Inequality, *American Economic Review*, 45 (1), 1955, pp. 1–28.

二 科学发展观的形成和内涵

从马克思、恩格斯对资本主义生产方式的批判,到中国共产党领导人对社会主义经济建设理论和实践的探讨,马克思主义的发展观既得到全面的发展,也具有一脉相承的特点。列宁指出,唯物辩证法是马克思主义最完备、最深刻、最无片面性的关于发展的学说。这个马克思主义发展观,就是从一般性上把握经济发展的客观规律,并使人自身的社会意识尽可能清楚地、明确地、批判地与这种规律性相适应。①

马克思在批判资本主义生产方式时,就指出了这种生产方式狂热地追求价值的增值,肆无忌惮地迫使人类为生产而生产,并且从此目的出发发展社会生产力,而不顾每个人的全面自由发展这一基本原则。② 马克思还在批判的过程中,揭示了物质生产本来应该具有的人本价值,或者说最终目的是为了人的性质。③ 恩格斯更针对人类对于大自然规律的违背,进行了严厉的批评:"我们不要过分陶醉于我们人类对自然界的胜利。对于每一次这样的胜利,自然界都对我们进行报复。"④ 恩格斯阐释人类活动与自然界关系时,表述了关于可持续发展的马克思主义观点:人类对自然界的统治在于认识和正确运用规律,在于能够预见和控制生产行为引起的长期自然后果,在于人类与自然的一体性。

在总结中国社会主义经济建设经验和教训的基础上,既符合人类发展共同趋势和中国特定发展阶段要求,又具有中国社会主义建设特色的科学发展观逐渐形成,它既以各个学科领域深入研究的成果为科学基础,又对人类社会以及中国经济发展面临问题进行了高屋建瓴的总结,每一代领导人都做出了重要的贡献。在毛泽东《论十大关系》中,前六个关系的论述都是当时面临的发展问题,是中国共产党在全国执政后第一次关于发展观

---

① 参见许建康《论新自由主义全球改革观的破产》,《开放导报》2005 年第 3 期。
② 《马克思恩格斯全集》第二十三卷,人民出版社 1972 年版,第 649 页。
③ 何怀远:《发展观的价值维度——"生产主义"的批判与超越》,社会科学文献出版社 2005 年版,第 51 页。
④ 《马克思恩格斯选集》第四卷,人民出版社 1995 年版,第 383 页。

的阐述，既直接针对社会主义经济建设中的实际问题，又是对苏联模式的反思和质疑。

邓小平在领导思想解放和改革开放的过程中，直接确定了跨世纪的发展战略，提出了建设小康社会的目标，并且就改革方针和发展模式进行了全面的论述。邓小平的发展理论可以概括成发展目的论和发展道路论。从什么是社会主义和怎样建设中国特色的社会主义出发，邓小平提出发展是硬道理和社会主义就是要发展生产力等著名论断。进一步，他在不同场合指出了发展的道路应该怎么走。实际上，科学发展观是建设中国特色社会主义理论的一个重要组成部分。江泽民《正确处理社会主义现代化建设中的若干重大关系》，有针对性地系统论述了改革开放时期的十二大关系，对发展问题进行了深刻的分析和系统的阐述。

在21世纪中国经济和社会发展的新的关键时期，以"五个统筹"为具体表述的科学发展观的提出，是新的党中央领导集体对社会主义现代化建设指导思想的新发展。强调以人为本和经济社会全面、协调、可持续发展，科学发展观就是"三个代表"的发展观，体现了发展的最终目的是最广大人民的根本利益。深刻领会这个发展观的理论内涵和对实践的指导意义，关系到各级党的领导和政府能否真正形成一个对于发展的本质、目的、内涵和要求的科学观点。能否真正贯彻这个科学发展观，决定了中国经济增长的可持续性。概括起来，中国特色科学发展观的形成，包括了以下几个方面。

第一，正确认识自然资源国情。邓小平从经济建设过程中的问题出发，提出重新认识中国"地大物博"的自然资源国情。① 我们可以从两个角度观察中国自然资源禀赋。首先是从资源结构看其可用性质，只有真正可用于直接生产的资源才具有经济价值。例如，国土总面积中可直接加以经济利用的部分就相对匮乏。按照国土类型分，耕地仅占9.9%，森林13.9%，内陆水域面积1.8%，可利用草地32.6%。从矿种的储藏特点来看，许多矿种特别是铁、铜、磷等重要矿种，品质较低且储量很少，而开发贫矿则需要很高的成本。从分布来看，矿产资源在地域上的分布十分不均衡。其次是

---

① 《邓小平文选》第三卷，人民出版社1993年版，第105页。

从资源的人均占有水平看其对人民福利的影响。自然资源作为国民财富的要素，只有以人均占有量来衡量才有意义。

温家宝把这种认识方法称作观察中国国情的乘法和除法。自然资源按人均占有量计算，很多都低于世界平均水平。例如，人均煤的地质储量，中国仅为世界平均水平的47%，人均石油的地质储量，为世界平均水平的32%—64%，人均淡水资源拥有量，是世界平均水平的61%。把中国与其他五个国土面积大国（俄罗斯、加拿大、美国、巴西和澳大利亚）进行比较，发现中国从国土面积来说处于中间水平，人口密度远远高于其他国家，而生产性土地和水资源的人均拥有量则大大低于其他国家。

第二，兼顾公平与效率。早在计划经济建立初期，毛泽东就尝试处理好公平与效率之间既相统一，又相矛盾的辩证关系。但是，后来形成的经济体制以及在多年的建设实践中，这种关系实际上没有处理好。兼顾公平与效率的统一，关键在于如何在政策上和激励机制上处理好先富和共同富裕的关系。邓小平在倡导"一部分人生活先好起来"的时候，不仅强调了是让一部分地区、企业和一部分工人农民通过自己的辛勤努力而收入先多起来，还指出了这种先富的目的是产生示范力量，带动其他单位其他地区的人们，最终使全国各族人民都富裕起来。① 一部分人先富，是激励机制发挥作用从而产生效率的必然结果，在任何体制下都必然如此。邓小平这一"波浪式共同富裕论"思想，是马克思主义辩证法的典范运用。

构建社会主义和谐社会，是中国共产党站在执政党的高度，在新时期提出的重要任务和目标。在理论上，它符合马克思主义关于思维和存在具有同一性的唯物观点和矛盾对立统一的辩证观点。在实践上，它高屋建瓴地提出了改革与发展面临的一系列重要课题。通过分析公平与效率这一对看似矛盾的目标范畴，可以使我们得出通过发展战略的正确选择，增进社会和谐的认识。同时，和谐社会的目标也是以人为本的具体表现。

效率与公平两者固然存在矛盾，但也是可以统一的，即一个方面的改进有助于另一个方面问题的解决。首先，一个社会如果分配机制是公平的，这个社会就会相应地更加安定和谐，而安定和谐永远是经济发展的最好环

---

① 《邓小平文选》第二卷，人民出版社1994年版，第152页。

境。其次，不同人群的边际消费倾向不同，一项旨在使穷人增加收入的政策，既是倾向于公平的，又可以拉动市场需求。再次，一个社会的竞争力主要来自于比较优势，通过采用最大化的就业政策使劳动成为主要的收入来源，而不是把资本作为主要收益来源，这样无疑有利于社会公平。

第三，转变经济增长方式。邓小平"科学技术是第一生产力"的著名论断指出了经济增长最重要的源泉，为增长方式的转变奠定了理论基础。江泽民在党的十五大报告中指出，实现经济体制和经济增长方式的根本转变，是当代中国可持续发展的前提。同时，他还论述了两个根本转变之间的互相促进和密切关联的关系。温家宝既强调了经济增长是社会财富增加和综合国力增强的重要标志，是社会发展和人民生活水平提高的物质基础，是宏观调控的首要目标，又指出要全面看待经济增长，既要看增长速度，还要看增长的结构、投入产出效益以及资源和环境的代价。

在实践上，转变经济增长方式是一项十分艰巨的任务，因为这实际上并不是一个单一的转变，而是一个综合的转变，即实现从单纯追求速度到速度和效益统一的转变，从单纯依靠投入到越来越多地依靠生产率提高和技术进步增加生产的转变，从单纯经济总量的增长到总量增长与结构变化相同步的转变，从不计成本、滥用资源、破坏环境到资源节约、环境友好型生产的转变。实现上述转变，需要具备一系列条件，而这些条件需要改革来创造，即要求经济体制实现从计划配置资源到主要依靠市场配置资源的转变，以及政府经济职能的转变。

第四，坚持可持续发展。中国可持续发展政策和实践，并不是受到国际舆论压力而做出的反应，而是内生于经济建设和社会发展的自身需要。然而，这并不意味着到了一定的发展阶段，人口、资源、环境之间的协调问题就可以自然而然地得到解决。早在20世纪70年代，中国开始了计划生育政策实践，部署了环境保护工作。1994年，为了履行在1992年联合国环境与发展大会上所做出的正式承诺，中国政府编制并发表了《中国21世纪议程——中国21世纪人口、环境与发展白皮书》，确立了可持续发展的总体战略思想，即①可持续发展的前提是发展；②中国的可持续发展战略注重谋求社会的可持续发展；③中国可持续发展建立在资源的可持续利用和良好的生态环境基础上；④强调了中国政府对待环境与发展问题的极其认真负责的历史责任感。①

进入 21 世纪以来，针对国际能源价格的高涨和不稳定，国内资源、环境和生产安全方面矛盾日益突出，党中央、国务院反复强调在经济建设中充分利用资源，提高资源利用效率，减少环境污染，重视生产安全，并且提出大力发展循环经济，建设节约型社会的新思路。

三　科学地审视发展可持续性

科学发展观的提出，既是特定发展时期出现的对中国经济和社会发展的新要求，是符合发展规律的任务，也是针对中国经济社会发展中一系列深层矛盾的解决所提出的正确思路，具有很强的针对性。从 20 世纪 80 年代开始，改革开放推动了中国经济的强劲增长。连续 26 年平均以两位数的增长率扩大一个国家的经济总量，这在人类经济史上是罕见的。一些国际组织如世界银行，以及国际上的许多主流经济学家，都曾经把以"亚洲四小龙"为代表的部分亚洲经济的高速增长表现称为"东亚奇迹"。② 按照这样的标准，中国的增长表现被称作"中国奇迹"是当之无愧的。特别是，在这样的高速经济增长过程中，传统的经济结构得到提升，中国制造的产品遍及全世界，占世界人口 1/5 的中国人民极大地提高了生活水平。

问题在于这样的经济增长势头需要维持下去才可以实现 2020 年全面建成小康社会的目标。从这个宏伟而长期的目标来看，中国经济增长也面临着一系列挑战。而所有的挑战大都来自于发展是不是科学的。因此，我们需要回答，按照科学发展观的要求，我们迫切需要解决的是哪些问题。

1. 资源与环境的不可持续

2020 年 GDP 翻两番的目标，要求中国在未来十几年内保持年均 7% 的增长速度。在速度压力巨大的条件下，增长必然与资源的相对有限性和环

---

① 《中国 21 世纪议程——中国 21 世纪人口、环境与发展白皮书》，中国环境科学出版社 1994 年版。

② Bhagwati, Jagdish N., "The Miracle that Did Happen: Understanding East Asia in Comparative Perspective", Keynote speech, Conference on "Government and Market: The Relevance of the Taiwanese Performance to Development Theory and Policy" in honor of Professors Liu and Tsiang, Cornell University, May 3, 1996.

境的容忍限度发生矛盾。过度依赖于高投入、高能耗的生产方式、产业结构的重化工业化趋势、引进外商直接投资的高能耗和高污染倾向,以及生产过程的贫困恶性循环,都放大了上述矛盾的表现。在目前的增长方式下,高速经济增长具有很大的风险,导致不可持续性,也与中国政府"让人民群众喝上干净的水、呼吸清新的空气,有更好的工作和生活环境"的目标不相一致。① 具体来说,这种增长方式将带来一系列两难抉择。

首先,当前各级政府特别是地方政府的 GDP 政绩观,以及增值税激励导致重化工业化的强烈动力,与中国面临的能源供给的不可支撑性之间的矛盾。近年来,许多地区,甚至改革开放以来主要依靠劳动密集型产业取得高速增长的地区,认为本地区已经到了重化工业化的阶段,鼓励重工业优先发展和人为拔高重工业比重。地方政府追求 GDP 的政绩观,以及由于重工业比重高有利于增加税收的增值税体制,都推动了重工业化动机。近年来,机械、汽车、钢铁等重化行业已经成为 GDP 增长的主要推动力。中国仍然处在劳动力丰富、资本相对稀缺,而资源绝对稀缺的发展阶段。一方面,在这个阶段发展重工业违背比较优势原则,成本将是高昂的。另一方面,这种重工业化模式没有可持续性。在中国发展资源绝对稀缺的条件下,资源的国际政治学制约着我们的发展。依靠重化工业化的经济增长,能耗和原材料消耗都是巨大的。

其次,地方政府对外商直接投资嗷嗷待哺的饥渴症鼓励甚至顺应了发达国家把高能耗、高污染产业向我国转移的倾向,增强了增长不可持续性的程度。中国的高速增长及其潜力,吸引了世界外商直接投资的进入。毋庸否认,在看中劳动力丰富和廉价以及庞大的市场和潜在市场的同时,许多外商直接投资输出国家和地区的意图是把高污染、高能耗的产业转移到中国。在世界能源供给趋紧、减排压力增大的情况下,这种倾向将日益强烈。2004 年中国接受的外商直接投资超过 630 亿美元,在整个亚洲的比重已经达到 65.9%。② 如果我们不加选择地吸引外资,世界上的污染和能耗产业将以空前的速度向中国转移,造成中国产业结构对可持续性要求的严重背离,积重难返。

---

① 温家宝:《政府工作报告》,《经济日报》2005 年 3 月 15 日。
② 朱民:《全球经济失衡的调整及对中国的影响》,《国际经济评论》2005 年第 1 – 2 期。

再次，解决温饱和收入增长的迫切要求，使得上项目不顾环境污染，劳动行为不计伤害，造成污染事故和人身伤害以及重大事故频仍不断。中国的人均GDP刚刚超过1000美元，仅为世界平均水平的1/5。在城乡居民的人均收入水平仍然较低的情况下（2004年分别为9422元和2936元），两者差距却逐年扩大，以农民收入为1，城乡居民收入差距在2004年达到3.2。如果借鉴国外采用的人力资本法（HC）和支付意愿法（WTP），以中国人均收入水平与发达国家之间的差别来估算人的生命价值的话，中国人生命价值的主观估价十分低。① 这一方面导致对污染的危害的低估，另一方面也导致在追求生产扩张的过程中，对安全的忽略，乃至对生命的蔑视。

2. 人口与可持续发展

处理好人口与资源环境的关系，是实施中国特色可持续发展战略的重要内涵。2006年发布的《中共中央国务院关于全面加强人口和计划生育工作统筹解决人口问题的决定》指出，"促进人口与经济、社会、资源、环境协调和可持续发展"，指出人口在可持续发展中的关键地位。长期以来，学术界过于简单化地探讨人口与资源环境之间的关系。例如，来自马尔萨斯传统的观点认为，人口过快增长必然造成对资源环境的危害；而与此相反的观点则认为，人口与资源环境并不必然形成对立关系，人口甚至可以成为有利于可持续发展的积极因素。

中国处理人口与资源环境关系的经验和教训表明，直接影响可持续发展结果的是经济发展方式，而后者与人口转变有着密切的联系。随着人口转变进入新的发展阶段，中国经济长期以来所依靠的人口红利开始消失，传统的过分依赖要素投入、投资和出口以及制造业发展的增长模式越来越不可持续。

对于不同时期的经济学家来说，一个旷日持久的课题，就是探索经济增长的可持续源泉。重农学派认为是土地，但是，土地会遇到肥力递减和报酬递减。丰富的自然资源给一些国家带来先天禀赋，但是也遇到诸如"荷兰病"一类的"资源诅咒"。资本作为一种可再生投入要素，长期为增长理论所青睐，但是，资本报酬递减规律也否定其作为经济增长可持续源

---

① 世界银行：《碧水蓝天：展望21世纪的中国环境》，中国财政经济出版社1997年版，第21页。

泉的地位。劳动力丰富固然可以延缓资本报酬递减现象的发生,但这种人口红利终究是有限的,随着人口转变阶段的变化而必然消失。归根结底,劳动生产率的不断提高,才是经济增长经久不衰的可持续源泉。劳动生产率的提高有两种方式:

第一种方式是通过提高资本劳动比率。物质资本的投入快于劳动力的投入,从而企业和产业的资本构成提高,有助于改善劳动生产率。现实中,这就表现为随着劳动力成本的提高,企业采用更多的机器来替代劳动者。在出现民工荒和工资上涨之后,沿海地区许多企业开始了这个用资本替代劳动的调整过程。但是,提高资本劳动比率是有限度的,在劳动者素质和技术水平不变的情况下,增加设备后工艺过程效率反而下降,包括人与设备的协调程度降低等情形,即所谓资本报酬递减现象。

第二种方式是通过提高全要素生产率。全要素生产率是指通过技术进步、改善体制和管理以更有效配置资源,提高各种要素的使用效率。这个劳动生产率提高源泉可以抵消资本报酬递减的不利影响,是长期可持续的,是经济增长经久不衰的引擎。在人口红利消失,出现劳动力短缺的情况下增加资本投入时,要求机器设备本身也包含技术进步,要求操作者素质的提高,以及体制机制的改革,以释放出更多的微观效率。另一方面,这些因素也要通过企业的优胜劣汰和产业结构的调整发挥作用。

经济增长从主要依靠资本和劳动的投入,到主要依靠全要素生产率提高的转变,是一个艰难的转变。从国际上看,国家贫富差别主要缘于全要素生产率的差别,而那些曾经经历过高速经济增长的国家,其终究陷入低速增长或停滞的主要原因,也是全要素生产率的停滞不前。对于那些经历过人口红利期的经济体而言,抚养比停止下降就意味着人口红利消失,如果全要素生产率贡献未能及时跟进,经济增长减速乃至停滞就在所难免。

经济发展方式从过度依靠资本投入,转到依靠生产率提高和创新驱动的轨道上,对于实现人口、资源、环境相协调的可持续发展具有关键的意义。如果不能改变当前投资驱动的重化工业化路径,就难以从"两高一资"粗放发展方式上摆脱出来。而如果能够确立全要素生产率驱动的发展方式,则可以创造出一种内在的激励,通过技术进步、价格引导、体制创新形成一个人口均衡、资源节约和环境友好的可持续发展模式。

中国人口与可持续发展

处理好人口与资源环境的关系，是实施中国特色可持续发展战略的重要内涵。2006年发布的《中共中央国务院关于全面加强人口和计划生育工作统筹解决人口问题的决定》指出，"促进人口与经济、社会、资源、环境协调和可持续发展"，指出人口在可持续发展中的关键地位。长期以来，学术界过于简单化地探讨人口与资源环境之间的关系。例如，来自马尔萨斯传统的观点认为，人口过快增长必然造成对资源环境的危害；而与此相反的观点则认为，人口与资源环境并不必然形成对立关系，人口甚至可以成为有利于可持续发展的积极因素。

中国处理人口与资源环境关系的经验和教训表明，直接影响可持续发展结果的是经济发展方式，而后者与人口转变有着密切的联系。随着人口转变进入新的发展阶段，中国经济长期以来所依靠的人口红利开始消失，传统的过分依赖要素投入、投资和出口以及制造业发展的增长模式越来越不可持续。本文从人口转变对经济增长的影响出发，揭示加快转变经济发展方式的日益紧迫性，提出转向生产率驱动型增长模式的政策建议。

一 人口红利的消失

在改革开放期间，中国在实现了世人瞩目的高速经济增长的同时，也经历了一场急剧的人口转变，即生育率在20世纪70年代已经显著下降的基础上，80年代以来继续下降。总和生育率在1969—1971年期间的平均水平为5.7，1979—1981年的平均水平为2.6，1989—1991年期间为2.3，1992年以后降到2.0，以后一直处在替代水平2.1之下。按照国家统计局公开发表的数据计算得出的总和生育率，多年已经低于1.5。联合国在2010年发表的《世界生育率模式2009》中，也相应地把中国2006年的总和生育率修正为1.4，归入低生育国家的行列。关于生育率水平的国际比较表明，中国在人口转变进程上，已经超过了它的经济发展阶段。根据联合国的数据，2005—2010年期间的总和生育率，世界平均水平为2.6，剔除最不发达国家后，发展中国家为2.5，发达国家为1.6（United Nations，2010）。

人口转变过程中的生育率下降，同时伴随着人口年龄结构的变化，即16—64岁之间劳动年龄人口的增长率，在时间上显现一个先上升随后下降，直至零增长的倒U字形变化轨迹。这个变化形成了对经济增长产生正面影响的人口红利，即在劳动年龄人口上升期间，劳动力的充足供给和高储蓄率，对经济增长产生积极的影响。对中国的经济增长分析表明，在改革开放期间，人口抚养比（即依赖型人口与劳动年龄人口之比）的下降，对人均GDP增长率的贡献为26.8%（Cai and Wang，2005）。然而，随着人口老龄化的加快，劳动年龄人口增长减速直至停止，这种意义上的人口红利将消失。根据预测，人口抚养比停止下降的时间大约在2013年，此后因老年人口与劳动年龄人口之比的显著上升而提高。换句话说，在"十二五"时期，中国将失去充足劳动力供给意义上的人口红利。

中国在较低人均收入水平上发生的这种人口结构变化，可以被称作"未富先老"。作为一个发展中国家，中国2000年65岁及以上人口占全部人口比重为8.0%，2010年提高到9.4%；而同期其他发展中国家平均分别为4.9%和5.7%。人口转变过程及其劳动年龄人口减少和老龄化，是长期经济和社会发展的结果，通常是不可逆的。发达国家和新兴工业化经济体都经历过一个生育率下降的人口转变，目前也都面对着人口老龄化的挑战。因此，中国解决"未富先老"的出路不是逆转人口转变，而是加快经济增长，使人口结构与发展阶段相适应。换句话说，中国需要解决的问题是，如何从"未富先老"的特殊国情出发，实现今后五年乃至更长时期的持续经济增长。

从经济增长的视角，"未富先老"有一些重要的含义。一方面，劳动年龄人口增量减少与高速经济增长，共同导致普通劳动力的短缺从而工资上涨，经济发展跨越了刘易斯转折点（Cai，2010）。这时，劳动力成本提高这种生产要素禀赋结构的变化，必然反映为劳动密集型产业比较优势的相对弱化。按照简单的比较优势原则,这意味着产业结构逐渐向资本和技术密集型升级。而按照新古典增长理论的假设,这意味着经济增长必须转变到全要素生产率驱动的模式上,否则便不可持续。另一方面,在人均收入刚刚跨入中等偏上水平的发展阶段上,中国在物质资本丰裕程度上尚不具有明显的优势,在劳动力素质和科学技术水平上也仍然存在着与发达国家的巨大差距,因而总体而言在资本和技术密集型产业上不具有比较优势。这就是说,人口转变造成的"未富先老"特征,与"中等收入陷阱"这一经济发展现象,在逻辑上存在着内在的相关性。

中国在20世纪70年代末开始的改革开放过程中,通过消除阻碍劳动力流动的制度性障碍,农村劳动力大规模流向非农产业、城市和沿海地区,并伴随着中国经济融入全球化,发挥出劳动力丰富和低成本的资源比较优势,在国际分工中实现了劳动密集型制造业竞争优势。毋庸置疑,迄今为止中国是经济全球化的明显获益者。然而,随着中国经济迈过刘易斯转折点,具有了日益突出的"未富先老"特征,以往推动经济高速增长的发展战略及其手段,则越来越不适用。具体来说,人口红利不再构成经济增长的源泉。因此,在进入"十二五"时期之际,中国迫切地需要根据变化了的情形,认识和把握中等收入阶段的特点,针对面临的重大挑战做出正确的战略性选择。

二 未来的经济增长源泉

在统计上,人口红利通常用人口抚养比,即15岁以下及65岁以上依赖型人口与16—64岁劳动年龄人口的比率来表示。在整个改革期间,抚养比都处在降低的过程中,直到按照预测于2013年停止下降。人口红利的实质在于充足的劳动力供给可以防止资本报酬递减现象出现,因而可以依靠资本和劳动的投入保持高速经济增长。因此,考察人口红利延续期,必须把人口抚养比与资本积累水平结合起来进行观察。由此得出的结论是,中国人口红利的最大化时期是抚养比2013年降到最低点之前达到的,并且于2013年之后迅速消失。那么,人口红利消失究竟对中国经济有什么实质性的影响呢?

对于不同时期的经济学家来说，一个旷日持久的课题，就是探索经济增长的可持续源泉。重农学派认为是土地，但是，土地会遇到肥力递减和报酬递减。丰富的自然资源给一些国家带来先天禀赋，但是也遇到诸如"荷兰病"一类的"资源诅咒"。资本作为一种可再生投入要素，长期为增长理论所青睐，但是，资本报酬递减规律也否定其作为经济增长可持续源泉的地位。劳动力丰富固然可以延缓资本报酬递减现象的发生，但这种人口红利终究是有限的，随着人口转变阶段的变化而必然消失。归根结底，劳动生产率的不断提高，才是经济增长经久不衰的可持续源泉。劳动生产率的提高有两种方式。

第一种方式是通过提高资本劳动比率。物质资本的投入快于劳动力的投入，从而企业和产业的资本构成提高，有助于改善劳动生产率。现实中，这就表现为随着劳动力成本的提高，企业采用更多的机器来替代劳动者。在出现民工荒和工资上涨之后，沿海地区许多企业开始了这个用资本替代劳动的调整过程。但是，提高资本劳动比率是有限度的，在劳动者素质和技术水平不变的情况下，增加设备后工艺过程效率反而下降，包括人与设备的协调程度降低等情形，即所谓资本报酬递减现象。

第二种方式是通过提高全要素生产率。全要素生产率是指通过技术进步、改善体制和管理以更有效配置资源，提高各种要素的使用效率。这个劳动生产率提高源泉可以抵消资本报酬递减的不利影响，是长期可持续的，是经济增长经久不衰的引擎。在人口红利消失，出现劳动力短缺的情况下增加资本投入时，要求机器设备本身也包含技术进步，要求操作者素质的提高，以及体制机制的改革，以释放出更多的微观效率。另一方面，这些因素也要通过企业的优胜劣汰和产业结构的调整发挥作用。

经济增长从主要依靠资本和劳动的投入，到主要依靠全要素生产率提高的转变，是一个艰难的转变。从国际上看，国家贫富差别主要缘于全要素生产率的差别，而那些曾经经历过高速经济增长的国家，其终究陷入低速增长或停滞的主要原因，也是全要素生产率的停滞不前。对于那些经历过人口红利期的经济体而言，抚养比停止下降就意味着人口红利消失，如果全要素生产率贡献未能及时跟进，经济增长减速乃至停滞就在所难免。

近年来，推动中国劳动生产率提高的因素已经发生了明显的变化。根据世界银行经济学家的估算，全要素生产率对劳动生产率提高的贡献，从1978—1994年期间的46.9%，大幅度降低到2005—2009年期间的31.8%，并预计进一步降低为2010—2015年期间的28.0%。与此同时，劳动生产率提高更多地依靠投资导致的资本劳动比率升高。在上述三个时期，资本劳动比提高对劳动生产率的贡献，从45.3%提高到64.7%，并预计提高到65.9%（Kuijs，2009）。然而，单纯依靠物质资本的投资，无论是作为需求方面的经济增长拉动力，还是作为供给方面的经济增长源泉都是不可持续的。

经济发展方式从过度依靠资本投入，转到依靠生产率提高和创新驱动的轨道上，对于实现人口、资源、环境相协调的可持续发展具有关键的意义。如果不能改变当前投资驱动的重化工业化路径，就难以从"两高一资"的粗放发展方式上摆脱出来。而如果能够确立全要素生产率驱动的发展方式，则可以创造出一种内在的激励，通过技术进步、价格引导、体制创新形成一个人口均衡、资源节约和环境友好的可持续发展模式。

三　可持续发展的人口政策

人口实现均衡发展并真正成为可持续发展的积极因素，需要从质量、结构和数量诸多方面加以完善，即有赖于人口本身素质的大幅度提高、年龄结构和性别比合理，以及数量上的可持续。以下，我们从教育发展、应对老龄化和生育政策三个重要角度提出若干政策建议。

1. 全面提高人力资本

在第一次人口红利消失之后，不仅推动经济增长的传统要素需要重新组合，而且对于更加长期有效且不会产生报酬递减的经济源泉提出更高的要求。特别是，挖掘和创造第二次人口红利、防止中等收入陷阱，要求显著提高国家总体人力资本水平。

首先，义务教育阶段是为终身学习打好基础，形成城乡之间和不同收入家庭之间孩子的同等起跑线的关键，政府充分投入责无旁贷。学前教育具有最高社会收益率，政府买单是符合教育规律和使全社会受益原则的，应该逐步纳入义务教育的范围。近年来，随着就业岗位增加，对低技能劳动力需求比较旺盛，一些家庭特别是贫困农村家庭的孩子在初中阶段辍学现象比较严重。政府应该切实降低义务教育阶段家庭支出比例，巩固和提高义务教育完成率，而通过把学前教育纳入义务教育，让农村和贫困儿童不致输在起跑线上，也大大有助于提高他们在小学和初中阶段的完成率，并增加继续上学的平等机会。

其次，大幅度提高高中入学水平，推进高等教育普及率。高中与大学的入学率互相促进、互为因果。高中普及率高，有愿望上大学的人群规模就大；升入大学的机会多，也对上高中构成较大的激励。目前政府预算内经费支出比重，在高中阶段较低，家庭支出负担过重，加上机会成本高和考大学成功率低的因素，使得这个教育阶段成为未来教育发展的瓶颈。因此，从继续快速推进高等教育普及化着眼，政府应该尽快推动高中阶段免费教育。相对而言，高等教育应该进一步发挥社会办学和家庭投入的积极性。

最后，通过劳动力市场引导，大力发展职业教育。我国需要一批具有较高技能的熟练劳动者队伍，而这要靠中等和高等职业教育来培养。欧美国家适龄学生接受职业教育的比例通常在60%以上，德国、瑞士等国家甚至高达70%—80%，都明显高于我国。我国应当从中长期发展对劳动者素质的要求出发，加大职业教育和职业培训力度。此外，应建立起高中阶段职业教育与职业高等教育及普通高等教育之间的升学通道，加快教育体制、教学模式和教学内容的改革，使学生有更多的选择实现全面发展。

2. 积极应对人口老龄化

我国老龄化已经进入迅速加快的时期，到"十二五"时期末，我国仍将处在中等收入水平的发展阶段，与此同时，60岁及以上老年人口将超过2亿，约占总人口的15%。这种"未富先老"型的人口老龄化，可持续发展需要应对这一严峻挑战。

首先，完善社会养老保障体系，广泛覆盖城乡居民和流动人口，提高保障水平和统筹水平，形成养老合力。尽快实现社会养老保险制度对城乡居民的制度全覆盖，大力发展社会养老服务，切实保障和逐步改善老年人特别是孤寡老人、残疾老人的生活水平。人口老龄化的影响涉及千家万户，关系社会和谐和发展可持续性。在政府确保提供相关基本公共服务的前提下，要全面提升社会、家庭、社区和老龄产业的养老合力，大力推进以资金保障和服务保障为支撑，以巩固居家养老、扩大社区支持、提升机构服务能力、促进养老服务产业发展为着力点的养老服务体系建设。

其次，创造条件挖掘人口老龄化提供的新的消费需求，并将其转化为经济发展的拉动力。老年人是一个特殊的消费群体，包括他们健身、休闲的精神文化需求，以及居家和社会养老的物质需求。国家应该从财政、税收、金融和工商管理等方面给予扶持和鼓励，使这类伴随着人口老龄化而产生并且容易增长的需求推动形成一些新型服务业态，并成为经济发展的新动力。

最后，合理开发老年人力资源，创造适合老年人的就业岗位，探索弹性退休制度。目前，我国人口在24—64岁之间，年龄每增加1岁，受教育年限平均减少10.2%。而越是年龄偏大，教育水平递减的趋势就越明显，在44—64岁之间，年龄每增加1岁，受教育年限平均减少16.1%。可见，提高退休年龄的条件尚不成熟，急需通过发展教育和培训来创造，以便在未来提高老年人的劳动参与率，缓解社会养老资源不足的问题，延长人口红利期。

3. 逐步完善生育政策

中国的人口政策需要与时俱进地进行调整。虽然人口转变归根结底是经济社会发展所推动的，人口老龄化的趋势终究难以逆转。国际经验表明，总和生育率与GDP增长率之间，呈现一种倒U字形的关系。那些总和生育率处于很高水平的国家，GDP增长率较低；随着总和生育率的下降，GDP增长率上升；而总和生育率下降到一定水平时，GDP增长率达到最高值，相应也达到了一个从上升到下降的转折点；随着总和生育率的进一步下降，那些总和生育率较低的国家，GDP增长率也较低。不过，在坚持计划生育基本国策前提下，进行生育政策调整仍然大有可为。

首先，通过政策调整促进未来人口平衡的空间仍然存在。调查显示，从目前中国家庭的生育意愿看，平均每对夫妻期望的孩子数大约是1.7个。而政策生育率，即生育政策允许的孩子数平均为1.5，实际总和生育率为1.4。可见，在政策生育水平和生育意愿之间仍然存在一定差异。

其次，按照政策预期，独生子女政策已经成功地完成了历史使命。

1980年中共中央在正式宣布这个政策时说道:"到三十年以后,目前特别紧张的人口增长问题就可以缓和,也就可以采取不同的人口政策了。"如今,当年设定的这个"采取不同的人口政策"的条件,即总和生育率下降到较低的水平,比当初所能预计的要成熟得多,因此,政策调整具有充分的政策依据。

最后,各地政策调整的实践提供了改革的路径图。目前,绝大多数省份已经允许夫妻双方都是独生子女的家庭生育二胎(俗称"双独"政策)。这种政策松动并未产生显著的生育率变化。按照这一路径,一旦政策演进到夫妻有一方是独生子女就可以生育二胎时(即"单独"政策),政策调整的覆盖面就扩大到较多人群,或许会对人口均衡性产生一定的长期效果。

参 考 文 献

Cai, Fang, "Demographic Transition, Demographic Dividend, and Lewis Turning Point in China", *China Economic Journal*, 2010, Vol. 3, No. 2, pp. 107 – 119.

Cai, Fang and Dewen Wang, "China's Demographic Transition: Implications for Growth", in Garnaut and Song (eds) *The China Boom and Its Discontents*, Canberra: Asia Pacific Press, 2005.

Hayashi, Fumio, and Edward C. Prescott, "The 1990s in Japan: A Lost Decade", *Review of Economic Dynamics*, 2002, 5 (1): 206 – 235.

Kuijs, Louis, China through 2020 – A Macroeconomic Scenario, World Bank China Office Research Working Paper, 2009, no. 9.

United Nations, *World Fertility Pattern*, *2009*, 2010, http://www.un.org/esa/population/publications/worldfertility2009/worldfertility2009.htm.

怎样认识中国经济的发展

——另类却有用的分析框架

一 为什么要研究中国经济发展

为什么要研究中国经济发展，其实不是一个可以直截了当予以回答的问题。这当然首先是因为中国经济值得关心，即使不是研究经济问题的，作为中国人，所有个人所关心的问题最终都落脚在中国经济。另外，明白中国经济发展改革的历程，甚至它的历史，懂得用什么样的理论框架、思维框架去看待中国经济，本身是一种训练。除了我们是中国人，自然关心中国发展现象和经济前景之外，还有以下几方面的理由。

我们先思考一下什么是理论。理论不可能脱离实际，理论脱离实际也就没有意义了，就像是屠龙之技，只能束之高阁。理论为什么有用，是因为理论对现实做了一种抽象。有人会问，现实是实际存在的，直接观察现实即可，为什么要抽象为理论？首先，描述现实不可能穷尽所有实际事物，必须把它加以裁剪、抽象，浓缩在更小一点的框架内，这样我们的大脑才能够处理。另外，尽管可以观察横向现实，但不能观察到所有现象，也可能受假象迷惑，得到错误的结果。

其次，通过历史即别人的文献可以观察纵向现实，但这些文献可能是错的。而且历史记录可以是客观的，但大多数情况下却往往是主观的，诸如"为尊者讳"、"为贤者讳"，涉及重要人物时会进行粉饰，因此任何历史都不会绝对客观。即使历史记载可能是真实的，但也不一定是具有代表性的。需要抽象的理论帮助我们正确认识历史，尽管文献不一定正确，但是有了理论框架、思维方式可以重新反读文献，利用现有文献，而不是受其影响。

最后，未来是观察不到的，那么如何预测未来呢？需要抽象的理论理解过去和认识当前，然后才能预见未来，只有按照理论逻辑想象看不见的未来，才可能是正确的。真正认识历史发展规律，以古鉴今、洞悉未来、见微知著、高屋建瓴，需要学会创造性思维，特别是批评性思维，甚至有时需要另类的思维。其中最重要的则是掌握理论的抽象性质。经济学家这种洞悉力的最好例子，是凯恩斯出名之作《和平的代价》。1919年，凯恩斯曾经作为顾问参加旨在惩罚作为战败国的德国的巴黎和会。在政治家们全力以赴要德国赔款的时候，凯恩斯匠心独具地看到过度沉重的赔款负担终究要压垮德国，并预见到这会成为未来的战争灾难的种子。他的建议并没有被政治家接受，但是后来希特勒发动罪恶的第二次世界大战，证明了他的远见卓识。"二战"之后，美国一改一向以来的要求赔款的做法，而实施了著名的"马歇尔计划"，无疑是凯恩斯思想的开花结果。①

我们再来看什么是中国的经济发展经验。讨论中国的发展经验，首先固然是因为我们在世界发展谱系的后端，拥有计划经济的所有弊端，具有经历了二元经济的所有发展中国家的特征，在30余年的改革和发展过程中，迅速地改变了面貌，人们普遍认为这是一个成功的经验。特别是在促进经济发展的做法上，既否定了计划经济下传统的发展战略，也没有照搬新古典主义、新自由主义、华盛顿共识，好像创造了中国独特的模式，这些都是研究中国问题的理由，但这还不是全部理由。

重要的是，中国经验可以帮助我们浓缩历史经验，并抽象成经济理论。中国经验的优势就在于，它自身已经做了抽象。如，刘易斯讲二元经济理论，也就是说很多发展中国家具有劳动力无限供给的特征，经历二元经济发展时期，这个时期的后期发生了称为转折点的变化，后来也有人称之为转折时期，一般认为，这是发展中国家的特征。那么西方国家有没有呢？这个问题非常值得研究，刘易斯在提出二元经济理论特征时用了很多欧美早期经济发展的经验，但是从来没有人说西方国家也有二元经济理论。我认为，任何国家的发展过程进行抽象之后，都是共性多于个性。为什么刘

---

① [法]阿兰·曼：《魔鬼凯恩斯》，余江译，中信出版社2009年版。

易斯的二元经济理论的对象是发展中国家，运用其理论的也是发展中国家，原因就在于早期欧美国家的二元经济发展历程是匀质的、渐变的，每个特殊时期不具有典型的结构性特征，结构演变在非常长期的过程中形成。而发展中国家的结果是非均衡的、异质的，拥有显著的阶段性特征的发展过程。

经济学家一直把有没有"二元经济"视为发达国家和发展中国家发展历程的不同，其实我个人认为根本不同在于，发达国家本身具有很多很大的波动，但由于早期发展历程太长，以至于最后看不出阶段变化。即是说，时间太长把所有的区别与特征都拉平了。

中国经验不仅像其他发展中国家一样，浓缩了发达国家早期的发展历程，而且中国的发展比一般发展中国家更浓缩，浓缩的结果就是把所有特定时期的特征——转折时期的特征，各种阶段性的特征更加清晰地展示出来。因此，中国的发展经验把其他国家上百年甚至几百年的发展历程浓缩到几十年中，这样中国经验本身已经做了足够的抽象，研究这个抽象过程有助于再作进一步的抽象。从这个意义上来说，正如弗里德曼所讲，谁把中国的发展和改革说清楚，谁就应该获得诺贝尔经济学奖。看上去这话跟没说一样，因为无法定义是否说清楚了。我想他是说，一般而言，中国是一个世界上举足轻重的国家，人口最多，既是计划经济的受害者，又是不发达的受害者，经济学既要研究发展现象，又要研究转轨现象，然而这么重要的两个现象在中国同时出现，如果说清了，那么理论上一定有创新，因此应该获得诺贝尔奖。

我们还可以从个人的功利性角度来理解为什么研究中国经济发展。学经济学，无论是经济理论，还是经济发展事实，固然应该当作一门公众的学问来研究，而不仅仅是为了搞纯粹的经济研究。应该超越这个直接目的。我所强调的是，学经济学，理解经济发展，对每一个人都是有意义的。

首先，作为公职人员来说，认清世界以及中国经济发展的规律、潮流、未来的走向，对于日常工作的判断也具有帮助。

其次，对做企业的人来说，要判断中国未来的发展前景，如果经历一些阶段性的变化，那么这个变化的政策含义是什么，这个含义怎么变成商机，怎么变成经营中必须避免的误区。学习经济学、理解经济发展事实对此意义重大。

再次,研究经济发展规律,研究经济学的基本原理,对个人理财也有帮助。

最后,培养一些经济学的理性思维方式,对个人在一生中做出更多正确的人生抉择都会有帮助。另外,可以利用经济学的理性思维方式认识社会和个人的关系,对社会认识得越多越透彻,能够抛开凡人琐事的可能性就越大,也就更能享受得到的东西。

二 创新理论要善于批判性思考

上述关于为什么要研究中国经济发展的理由,是从一般意义上讲,或者说从纯粹的方法论上来说,中国经济发展经验更具有进行理论创新和理论抽象的空间。对具体的研究过程来说,从商、从政、做研究的人无疑都关心中国,研究中国经济发展固然各有其功利目标,但是,背后有一个目的却是共性的,即培养正确的思维方式。所以本文副标题就是"另类却有用的分析框架"。其实不仅仅是另类的,也是批判性的,用此思维方式来观察和分析中国经济发展,可以说是"有用的"。随后,我们将说明为什么需要批判性思考的理由,以及培养这种思维方式的途径。

加尔布雷思提出"传统观念"这个概念,其核心就是,传统观念巨大的惰性是社会性的、全国性的,甚至是世界性的。在一定程度上,大家都被现存理论解释俘获了。凯恩斯也说过,政治家无论承认与否,其实他们都是某种已故经济学家思想的俘虏。

无论是作为理论的生产者还是消费者,理想的状况是都应该有自己创造性的思维,自己要解释现实,哪怕是另类的理论。但是,如果不知道别人的东西,怎么知道自己是另类,如何判断自己的理论是创新的?因此,理解别人的理论与形成自己的理论之间的关系是,要在学习过程中自己反复琢磨。接下来进入批判性思考过程,着眼于学的目的是为了创新,是为了有一种新的、更加具有解释力的理论,而不是学过且过、来单照收。

怎样形成自己的思维范式,或者说怎样培养自己的创造性思维呢?一种方法是,不断研究,问题越来越深入,最后培养出自己的一套东西,培养出自己的思维方式。但值得注意的是，这条道路是异常艰辛的，存在不能成功的风险，换句话说成功概率充其量只有5%。为什么这么说呢？一般来说，读博士学位目的是要做研究，若是想做具体事情（当政府官员、从商），本科毕业之后就可以，或者读MBA，读了博士之后一般是教学或科研。有人统计发现，在美国拿到经济学博士学位的毕业生中，只有5%的人成为经济学家。这里经济学家的含义也存在差别，我们过去认为成名成家之后有一定影响的才被称为经济学家，但在美国，以经济学研究作为职业的人就被称为经济学家。在这5%中只有更小的比例可以有创造性成果，也就意味着，仅仅靠自己不断地做那些不能升华到创造性水平的研究，并不能达到目的。

所以，在做研究的过程中需要不断回顾、总结、找路径，分析自己过去的路径对不对，然后找到下一层次的路径。我们常常讲转变经济发展方式，其实我们的研究方式也面临着转变，在疲于奔命完成课题任务的同时，我们也变成了传统研究方式的生产者，不断地投入（体力、脑力、精力），固然可以依靠这种方式养家糊口，但只是低水平的循环，提高就很有限，离真正的理论创新只能渐行渐远。

三 批判性地思考的几种思维范式

一些常见的不正确思维方式，总是把我们不约而同地推向错误思维。批判性思考的一些范式问题，来自于用平时自己使用的框架去审视自己的研究，借着这些思考一些问题，虽然非常不完整，没有讨论方法论中很多成形的、比较系统的思维框架，只是结合我自己在阅读中见到的，并于研究中进行过思考的一些逻辑要点或者误区整理于此，以帮助我们形成批判性思维方式。

（一）"于此之后，必为所致"

这句话来自于拉丁语"Post hoc ergo propter hoc"，译为英语是"after this, therefore because of this"。关于该逻辑谬误的中文表述是，"既然这个事件在上一个事件之后发生，那么这个事件一定由上个事件引起"，可以把其简化为"于此之后（post hoc）"。简单地讲，这是在说明一种错误的因果假设，例如错误的原因、偶然的关系，或者是非因果关系。这种逻辑谬误与"因为如此，所以这般（cum hoc ergo propter hoc）"存在微小区别，post hoc 逻辑谬误强调按时间顺序发生的事件之间的一种谬误关系。例如，春节和明信片之间的关系，在春节前发送明信片，按照时间顺序，错误的推论是：由于先发送明信片然后才产生春节。

这种因果关系是在思考问题时，特别是在做经济学研究的时候，最容易犯的错误。如果在早期，比如经济学研究初期，当时被称为政治经济学，人们还不知道计量，这个问题可能还少一些，尽管有人是正确的因果观，有人是错误的因果观，但是错误的因果观没有成为普遍现象。随着经济学的高度发达，特别是计量经济学的作用越来越重要，错误因果观成为普遍现象。可以说无论在中国还是在外国，经济学家中有一半人是错误的因果观。我们的学生学了计量，特别是计量学得不错的，最容易落入这种"于此之后（post hoc）"陷阱。

另外，目前在学者中存在的一个常见现象，是阅读文献时首先看用了什么数据，发现中国有这样的数据，然后就去看模型估计方法，最后做出结果。人家都做过，做它干什么呢？把前面所有理论的分析，理论的因果都省略了。美国的学术期刊有一种不好的导向，鼓励人们在数据和估计技巧上花样翻新，误导了年轻学者，使其忘记自己的终极目标。应该反复提醒自己尽可能避免这种倾向。因为因果是客观存在的，但观察不到客观存在，如果从客观出发看因果，只能看到明信片先到春节后来。因此，只能用理论看因果，没有理论就没有正确的因果观。

（二）"反设事实"

一种值得正面推荐的方法是所谓"反设事实"法，英文为 Counterfactual。反设事实思维是一个心理学术语，描述了人们有设想实际情况对立面的倾向。人们经常有意地去思考，如果前提发生变化，事物会完全不同，去设想事物将会怎样。可以理解为，通常认为历史发生过一个变化，随后产生了因它而生的一系列变化，但是，作为逻辑起点，假如作为因的变化是不真实的，即假如没有这样的变化，那么随后的所有结论就有可能不成立了。

在思考问题时需要想一想，作为逻辑起点的那个事件到底真实不真实。任何研究都不可避免回到以前那个时间的逻辑起点。如果中国不是计划经济，当然只是一种纯粹的假设，如果计划经济不是由意识形态造成的，而是为了加快工业化，那么该怎样解释中国的经济发展；如果仅仅是因为斯大林告诉中国要搞计划经济，那么对于中国经济发展的解释又会是什么结果。研究中大部分时间都会与过去的事实打交道，因此有必要分析过去的事实是否成立。当起点事实发生变化后，某些原来得出的结论可能并不正确。但是如果不改变起点事实，不设想不同的起点事实，不用理论推理出这样的事实，可能后面的研究就不知道该怎么做，只能是人云亦云，得不出有价值的研究结论。因此，善于提出假设，重现假设历史，都可能是培养自己思维的一种方式。

罗伯特·福格尔（Robert Fogel）与诺斯一起获得诺贝尔经济学奖，获奖理由是他的两个与所有现存的观点完全不一样，且经计量经济史方法检验的观点。[1] 一个是美国的奴隶制。普遍认为奴隶制是不人道的、低效率的，但他研究的出发点是，假如是低效率的，为什么为了推翻它却是通过战争，花费巨大代价，而不是通过经济制度的转变来改变。他回到起点进行研究发现，奴隶制是有效率的，而且在南方效率很高，反推发现，南北战争造成巨大的经济损失，甚至几十年都没有回到原点上。另一个例子是，贯通美国东西的大铁路对美国经济增长的贡献。长期以来在美国经济史的研究中，都认为东西大铁路对美国经济发展是有贡献的，因为它使美国经济加快西进。这里，他也回到原来的起点进行研究发现，东西大铁路的修建对美国经济发展的贡献微乎其微，根本不能解释美国经济快速的增长。

安格斯·麦迪森（Angus Madison）的研究（例如《世界经济千年史》、《中国经济增长的长期表现》）的方法论，也建立在"反设事实"的出发点上。他整理的各国经济历史数据，在实际历史上是没有的，为了发掘这些数据，在方法上必须有假设，要有一种特殊的路径才能回到原点把"没有"变成"有"，他使用的也是"反设事实"的方法。

我和同事写过一篇关于剩余劳动力估计的文章，设问"假如农业劳动

---

[1] 王宏昌等编译：《诺贝尔经济学奖金获得者讲演集（1987—1995）》，中国社会科学出版社1997年版，第216—218页。

力不再剩余，会发生什么"。剩余劳动力估计本身并不需要反设事实，只是一种反传统观念，但逻辑上继续推演，就是反设事实方法了：如果剩余劳动力不再是1.5亿或者2亿，而是很少甚至微不足道，那么一向为人接受的很多其他结论可能是错的，例如城乡收入差距可能被夸大；农业技术进步也不再是劳动使用型，而可能是劳动节约型。

（三）"传统观念"

加尔布雷思在相当长的时间里，都被主流经济学家当作另类，许多诺贝尔奖获得者都批判他，甚至他当选美国经济学会主席之后，有许多一流的大师级人物宣称要抵制他，不参加会。但最后这些人还是都到会了。虽然他们众口一词地进行批判，但是却不得不承认加尔布雷思的巨大影响，可以批判他不是正宗经济学家，但是不会认为他是无足轻重的人物。他当过总统的顾问、驻印度大使、美国经济学会会长。没能获得诺贝尔奖，但他的影响却是迄今为止美国经济学家中最大的。加尔布雷思在20世纪50年代末写的《富裕社会》① 就是批判传统观念（或传统智慧，conventional wisdom），其中第二章阐述传统观念的概念。如果说经济学家有谁创造了一系列概念，能够持久地变成全世界流行的知识分子共同语言，他是唯一的，例如传统智慧、制衡力量，等等。

加尔布雷思的意思是，当反思最经常接受的观念或理念时，很可能发现它们已经过时。创造这些概念时可能进行了抽象，反映了特定时期相对的真理、相对的规律性，但是随着时间的推移变成传统观念，这意味着他们不能解释今天。加尔布雷思是一个坚定的凯恩斯主义者，凯恩斯出现的时候遭到了众多人批判，尤其在美国。凯恩斯遇到的最大挑战就是亚当·斯密、马歇尔流传下来的古典或新古典的、自由放任的经济理论，因此在凯恩斯的时候这些理论即为传统观念。加尔布雷思也认为，随着凯恩斯被人们接受以后，他自身也不可避免成为传统观念。不打破、不怀疑传统观念，永远都会跟在别人后面思维，甚至是在不断地试图验证这些传统观念。

传统观念最大的问题，即最容易让我们掉入这个陷阱的原因是，我们

---

① ［美］约翰·肯尼思·加尔布雷思：《富裕社会》，赵勇译，江苏人民出版社2009年版。

天生就崇拜前人、死人、名人、权威。如果当今有人提一种理论，尤其是他跟我是同代人、同辈人，甚至是我大学同学，那么即使是正确的，我都会说这是错的，很自然地挑战他的权威。如果这个人已经被称作大师，成为很权威的学问家，那么我就不会挑战，我接受他的观点就变成传统观念。加尔布雷思在《富裕社会》中提到，传统观念不容易被推翻，即使做了很多工作，人们也认为是对的，但转身之后又回到传统观念。

以中国人口的数量为例。许多人动辄说中国人口将要达到 16 亿高峰，但是研究人口的人都知道，中国人口甚至不可能达到 15 亿，即使在适度调整生育政策的情况下也不可能。16 亿只是最初的预测，然而预测需要随着变动不断调整。比如说世界银行最初预测中国 GDP 增长率在某年是 8%，如果第一季度中国 GDP 增长率超过了 10%，那么世界银行必须立刻调整。同样，中国总和生育率不断下降，就必须调整预测，调整至今无论怎样也不会有 16 亿。但是值得注意的是，你无论怎么说中国人口峰值不会超过 15 亿，人们也承认你的权威，但下次他们遇到这个话题时，依然还是讲 16 亿。仅是以此作为一个例子，传统观念并不是单指是否接受新证据，更是指支配思维的观念。

如果面对有相同学术规范的经济学家，我把所有该质疑的都质疑了，你也解释清楚了，其中没有错误，我也认同是正确的，那么你的证据我可以接受，但是我的思维方式还是不变。加尔布雷思出了一部系列剧《不确定的年代》，质疑弗里德曼所坚信的自由主义，弗里德曼担心人们会改变自由主义的观念，所以急忙拍了《自由的选择》。质疑传统观念是必要的，特别是在我们这个时代，学术规范不健全，很多所谓事实都是错的，从一开始可能就是错的，即使有些东西曾经是对的，但在很久之前已经错了，可我们依然当作事实来接受。

（四）"皆因一根钉"

另一个有助于进行批判性思考的步骤，是关注逻辑细节。以一首诗作为这一段的开始：For want of a nail the shoe was lost; For want of a shoe the horse was lost; For want of a horse the rider was lost; For want of a rider the battle was lost; For want of a battle the kingdom was lost; And all for the want of a horseshoe nail。翻译成中文可以是这样：只因少根钉，蹄铁无踪影；只因少蹄铁，战马送了命；只因缺战马，大将竟牺牲；只因缺大将，战争没打赢；只因输战争，王国一命终；坏事连成串，皆因一根钉。

引用这段是要说明，在进行大胆假设之后，还要小心求证。中国传统的所谓小心求证，也是粗放型求证，努力发现为我所用的材料。在经济学分析的过程中，核心依然不是表面的东西，仍是理论逻辑。数学使经济学分析更加严密，对于大脑来说，有人天生严密，有人天生跳跃，因此不用数学约束大脑时，担心缺乏逻辑性和每一步骤的高精密要求。在做了所有的创造和批判之后，并不见得一定会实现理论创新，必须对理论进行严谨的推理及至检验。

建筑理论大厦，或者哪怕只是建筑理论小屋，也是要靠一砖一瓦、一草一木建起来的，没有这些材料不行，类似于没有马钉。但还要有结构，没有结构就不知道怎么建。因此，在整个逻辑中细节最重要，苛刻地讲，没有细节就没有逻辑。以我们自己为例，整个研究论证的细节远远不够完美，这需要长期培养，谁也做不到最完美，但是要逐渐提高，不断地臻于完美。达到一定研究水平的人或者一些名家，常常认为不再需要这样做了。我希望搞研究的不要走这条路，因为我们做学问不是为了混饭吃。

如果做学问是为了完美，为了创造，就应该使细节完善，哪怕是没有人能够看出来的细节，也产生一种美感。理论上、逻辑上的完美可以使自己做研究有愉悦感。另外，我认为群众的眼睛是雪亮的，即使你是一个精英，你能挑出其他人的这个毛病那个毛病，但是把群众加总起来之后形成的判断力你是想象不到的。只要有正确的研究观，自己获得理论的满足，期望做出真实的贡献，就要非常注重研究的逻辑细节。

四 关于经济发展的特征性事实

愿意尝试运用正确的思维方式支配自己的分析之后，理解中国经济发展，还需要从一些必要的背景知识入手，特别是有些可能涉及经济史上著名的争论，譬如说解释李约瑟之谜。可借鉴的是经典文献中关于经济发展特征性事实的概括。经济学文献中，许多大家把自己做出的一些研究结论，不轻易称为经济理论、经济规律，只称为事实（或特征性事实，stylized facts）。尽管不一定都是真实的，但是可以成为研究和观察问题的起点，按照这个"事实"进行另类研究，研究事实本身的变化，思考如何检验这些事实。如果发现某些"事实"是错误的，恰好可以提出反论。

面对前人已经做过的研究，既然能把它们称为特征性事实，说明做了足够的研究分析并进行概括。因此，这些概括是非常好的起点，已有的研究要经常地放在这些框架中进行检验，这是一种非常有益的研究方式。关注特征性事实的目的是双重的，一方面，在你尚没有足够经验的时候，可以把特征性事实作为一种参照。例如，使用中国的数据做一个计量研究，发现结论在某些特征性事实中陈述过，那么会更加确信自己的研究。另一方面，研究经验积累到一定程度之后，可以对相关陈述进行检验，验证它们在中国是否仍是事实，增进自己的认识。

（一）库兹涅茨关于现代经济增长

在我研究的早期，读得比较多，引用也比较多的，是库兹涅茨关于现代经济增长的事实概括。近年来，讲刘易斯理论的时候，我们懂得了发展中国家长期处于二元经济发展时期，在特定的发展阶段上，则存在一个转折点即刘易斯转折点。但是，达到这个转折点之后，一个国家的经济发展转向哪里呢？库兹涅茨研究的正是关于从传统经济向现代经济增长的转变。

在他的诺贝尔奖演讲中，库兹涅茨用了六个特征对现代经济增长进行概括[1]。第一个最明显的特征是，发达国家中人均产值和人口的高增长率，两者都是这些国家中以前可观察的速率和世界其他国家地方的速率的大倍数。第二个特征，每种生产要素和生产率和全要素生产率的增长速度达到以往未曾有过的速度。第三，经济结构的迅速变化，包括从农业转向非农业，从工业转向服务业，生产单位规模的变化和与此有关的企业类型变化，职业状况变化及其他方面变化，都以更快的速度进行。第四，经济结构的迅速变化相应导致了社会结构和意识形态的变化。第五，发达国家借助于增大的技术力量，特别是在通信和运输方面，造成一个与以往任何时代都

---

[1] ［美］西蒙·库兹涅茨：《现代经济增长：事实和思考》，载王宏昌等编译《诺贝尔经济学奖金获得者讲演集（1969—1977）》，中国社会科学出版社1997年版。

不同的世界。按现在的语言，就是全球化。第六，现代经济增长传播仍然只具有局部效应，占很大人口比重的世界其他部分，经济成就仍远远达不到既有技术潜力的最低水平，即存在发展的区域差距。

中国正在跨向刘易斯转折点，按照已有的概念转向现代经济增长，可以依据这六条标准进行参照。同时，我们也可以分析这六条标准的现代版本，或者说在什么意义上，这六条标准中的某些可能已经不太准确，也许当年日本转型时可以把它作为标准来判断，但是现在它可能不是更为本质的标准或特征。

（二）帕伦特—普雷斯科特发展事实

帕伦特—普雷斯科特发展事实，是这两位作者（斯蒂芬·帕伦特、爱德华·普雷斯科特）总结20多年经验所做的，特别强调收入分配的发展事实[1]，其中普雷斯科特曾经获得诺贝尔经济学奖。这些事实包括以下几个方面：第一，国家之间存在着巨大的财富差距。第二，财富差距既没有扩大也没有缩小，1960—1985年期间基本稳定。第三，财富分配是上移的，即富人越来越富裕，但是穷人也比以往富了。不是说富人越来越富，穷人越来越穷，因此，没有绝对贫困陷阱。第四，既有发展奇迹也有发展灾难。从历史的角度来观察，就是说经过中等收入阶段之后，有的是经历了发展奇迹，即向高收入水平迈进，有的是经历了发展灾难，徘徊在中等收入陷阱中。这是他们概括的与收入分配状况、收入差距扩大还是缩小有关的，或者说趋同还是趋异有关的一些基本观察。

（三）卡尔多事实

卡尔多（Kaldor）与凯恩斯同年代，他做了很多贡献可以与凯恩斯相媲美，他在经济学家中的地位颇高，但就圈子之外的知名度而言，却远远不能与凯恩斯相比。他关于经济发展的事实一共有六个[2]：第一，劳动生产率

---

[1] ［美］斯蒂芬·帕伦特、爱德华·普雷斯科特：《通向富有的屏障》，苏军译，中国人民大学出版社2010年版。

[2] Kaldor, N., "Capital Accumulation and Economic Growth", in F. A. Lutz and D. C. Hague (eds.), *The Theory of Capital*, St. Martins Press, 1961: 177-222.

持续提高。第二，人均资本也相应保持持续的增长。第三，从长期来看，利率或者是资本回报率是比较稳定的。第四，资本产出比例也是稳定的。第五，资本和劳动在国民收入中的份额是稳定的。第六，在世界上同为快速发展的国家之间，人均产出增长率存在着显著差距。

其中概括了经济发展的一些基本现象，包括研究国民收入账户、增长的研究汇总，需要对资本和劳动力的份额做出假设，关心收入分配是扩大还是缩小，其背后是资本报酬和劳动报酬的分配比例究竟如何变化，增长的差异是在扩大还是缩小，差异的数量概念如何，这些都和我们今天的研究有关系。例如，在讨论初次分配时，我们就要回答过去30年中，资本和劳动相对回报率如何变化，是否资本份额提高，劳动份额下降。有意思的是，我读卡尔多学术传记时看到，在卡尔多在世时就有很多人抱怨，认为所谓的卡尔多事实根本就不是事实。或许我们可以针对中国发展的研究，通过证伪的手段检验卡尔多事实，或者否定卡尔多事实。

（四）新卡尔多事实

新卡尔多事实是查尔斯·琼斯和保罗·罗默（Jones and Romer）提出的[①]，这篇文章非常值得读。新卡尔多事实包括以下六个方面：第一，市场范围的扩大。全球化和城市化促进了货物、创意（idea）、资金和人员的流动，进而扩大了所有劳工和消费者的市场范围。第二，加速增长。几千年来，人口和人均GDP的增长在加速，从几乎为零增加到20世纪观察到的较快增长。第三，现代增长速度的差异。人均GDP增长速度的差异随着与前沿科技水平的差距增加而增大。第四，较大的收入和全要素生产率（TFP）差异。生产要素投入的不同只能解释人均GDP增长差异中的不到一半（换句话说，全要素生产率的解释力可以超过50%）。第五，世界各地的人均人力资本大幅度增加。第六，相对工资的长期稳定。人力资本相对于非熟练工人而言不断增加，但这种量的增加并没有造成其相对价格的不断下降。

---

① Jones, Charles I. and Romer, Paul M., The New Kaldor Facts: Ideas, Institutions, Population, and Human Capital, NBER Working Paper, June 2009, No. w15094.

论加快转变经济发展方式

中国共产党十七届五中全会通过的《中共中央关于制定国民经济和社会发展第十二个五年规划的建议》，确定了"十二五"时期主题是科学发展，主线是"加快转变经济发展方式"。《建议》同时提出了基本要求，即坚持把经济结构战略性调整作为加快转变经济发展方式的主攻方向，把科技进步和创新作为加快转变经济发展方式的重要支撑，把保障和改善民生作为加快转变经济发展方式的根本出发点和落脚点，把建设资源节约型、环境友好型社会作为加快转变经济发展方式的重要着力点，把改革开放作为加快转变经济发展方式的强大动力。本文重点从加快转变经济发展方式（以下简称"转方式"）的根本出发点和落脚点，论述保障和改善民生的重要性和紧迫性，以及主要着力点。

一 中国特色经济发展的必由之路

国内外经济学界对于改革开放30余年创造的"中国奇迹"有各种解释。经济学家常常联系中国的经济改革和发展效果，进行关于改革目标模式的讨论，如华盛顿共识和北京经验；进行关于改革方式的讨论，如改革的渐进性和激进性；进行关于政府和市场关系的讨论，如威权型体制和中性政府。有趣的是，针对同样的中国经验，学者们常常得出针锋相对或截然相反的结论。在利用中国经验证明"华盛顿共识"失效的同时，也有的经济学家认为，中国改革的成功在于正确地运用了标准的经济理论（也就是说遵循了"华盛顿共识"）（参见姚洋，2008，第1页）。实际上，这种认识混淆了治病的"处方"与"疗效"两个不同的概念。讲到中国的改革，没有证据说我们从出发点上遵循了什么理论教条，但是，令世人瞩目的是我们达到了什么实际效果。

造成上述运用概念上产生歧义和观察现象上出现矛盾的原因，在于相对于其他国家来说，中国的改革理念和实践具有以下特征，即中国改革的目标是确定的，具体的目标模式以及达到目标的手段和方式却可以不确定，而呈现多样性和不断变化的性质。可见，如果未能认识到中国共产党的宗旨，即从全心全意为人民服务、到"三个代表"和"以人为本"的科学发展观，从根本上对中国特色改革、开放和发展道路的指导与引导，则无法准确地理解"中国奇迹"。

从某种教条出发，在评估中国改革、开放、发展成效时，西方经济学家习惯于用一个固定的、先验的参照系来进行比较①，但是，往往发觉这个参照系并非中国改革所自觉遵循与主动追寻的。其实，这里体现的是中国与其他国家在改革哲学上的不同。也就是说，中国改革的出发点并非先验地要达到某个既定的目标模式，而是以提高人民生活水平和增强国力为最终目的，依此来选择改革的步骤和路径，进而逐步明确目标模式。

从这个目的出发，我们逐步探索出走一条符合中国国情的道路，以实现从计划经济向市场经济的转变，但是，市场经济体制这个目标并没有固定成为独立的模式，而是服从于改善民生和提高国力的目的。也正是这个改革哲学和直接出发点的不同，使中国改革的指导原则和推进方式并没有陷入任何先验的教条中。但是，改革是为了提高生产力、改善最大多数人民群众的生活水平和增强国力，这个原则自始至终是明确的，并得以坚持。在这个改革理念指导下，改革、发展和稳定成为一个整体，改革是为了发展，也要服从稳定，而发展成效被用来检验改革道路的正确与否，稳定则为进一步改革创造条件。

中央提出"转方式"的要求，也是党的宗旨在经济发展思想上的具体体现。改革开放之初，我国人均 GDP 只有 300 美元，属于典型的低收入国家。因此，一旦改革焕发出劳动者和经营者的积极性，第一要务就是加快经济发展，改变贫穷落后的面貌，明显提高人民生活水平。正如邓小平反复强调的，贫穷不是社会主义，发展太慢也不是社会主义。实际上，是不

---

① 例如，一本在美国出版的讨论中国改革的著作，就套用邓小平的名言"摸着石头过河"而取名为"离彼岸还有多远？"（见 Hope et al., 2003）。

是加快了经济发展，GDP总量和人均GDP是不是得到提高，有没有提高人民生活水平，成为检验改革开放政策的正确性和成功与否的试金石。因此，在一个时期里，发展速度至关重要，"又快又好"把"快"放在第一位。

在1978年以来的30余年中，我国实现了年平均近10%的GDP增长率和超过8.6%的人均GDP增长率。随着我国经济发展进入到新的阶段，特别是进入21世纪以来，我国相继进入中等偏下收入和中等偏上收入国家行列，生产要素禀赋相应发生了巨大的变化。与此同时，经济发展中"不平衡、不协调、不可持续"的问题也日渐突出，转变经济发展方式，实现经济发展和社会发展之间协调的紧迫性愈益凸显。正如胡锦涛指出："这些年我们在加速发展中拼资源、拼环境，这样的发展是不可持续的。当然发展仍然要快，但'好'已成为我们的第一选择。"（转引自于连坤，2010）

二 "转方式"战略与政策的演变

很久以来，经济学家和政策制定者广泛地进行了关于经济增长模式的讨论，一致认为要把经济增长从粗放型转到集约型的模式上来。在制订"九五"计划时，党中央和国务院正式提出实现增长方式的根本转变的要求。鉴于经济增长中存在的诸多问题都是与增长模式相关，经过经济学界的长期讨论，"十一五"进一步强调了"加快推进经济结构调整和增长方式转变"，强调了"转方式"对于我国经济发展的至关重要意义。"十一五"规划指出："我国当前经济发展中诸多问题的症结，在于结构不合理和增长方式粗放。"为此，国家制订了一系列指标，特别是约束性指标，要求实现从"高投入、高消耗、高排放、低效率"的粗放扩张的增长方式，转变为"低投入、低消耗、低排放、高效率"的资源节约型增长方式。

党的十七大报告把转变经济发展方式具体界定为："促进经济增长由主要依靠投资、出口拉动向依靠消费、投资、出口协调拉动转变，由主要依靠第二产业带动向依靠第一、第二、第三产业协同带动转变，由主要依靠增加物质资源消耗向主要依靠科技进步、劳动者素质提高、管理创新转变。"从科学发展观的根本要求出发，关于转变经济发展方式的这三个方面的要求，无论从内涵还是外延的角度，都更加科学、清晰和明确。把以往所用的"经济增长方式"改变为"经济发展方式"的表述，本身就体现了更加全面、协调、以人为本的发展要求。温家宝总理则更为概括地把现行的经济发展方式表述为"不平衡、不协调、不可持续"。

然而，迄今为止我国经济发展方式的转变效果仍不明显，在某种程度上，过度依赖物质资本和劳动力要素投入的经济发展方式，甚至有所强化。"十一五"没有完成的定量指标，如研发支出占 GDP 的比重、服务业就业比重和产值比重，以及完成难度最大的如节能减排指标，就无一不与经济发展方式转变直接相关。

回顾增长理论与国际经验可知，由于在不同的增长阶段上，经济赖以增长的主要源泉是不一样的，与之相适应的发展方式在一定的时期也具有其存在的必然性。只是当一种增长源泉从式微到耗竭时，为了开发新的增长源泉，发展方式的转变才具有至关紧迫性。有助于克服增长制约因素的可持续协调发展，是在经济发展方式转变的基础上，由增长的需要所诱致形成的。我国经济已经发展到这样的阶段，体制改革和对外开放所诱导出的巨大增长冲动，已经最大限度地动员了已经具备的增长源泉，并使其发挥作用的余地耗竭。如果不能把经济增长从主要依靠投入扩张转向主要依靠生产率提高，经济增长的潜力就会减弱乃至枯竭。

从经济社会发展呈现新的阶段性特征，以及国内外政治经济环境的各种制约看，"十二五"时期，我国面临的一个最大挑战，就是如何避免陷入"中等收入陷阱"。按照世界银行的最新标准，人均 GDP 在 975 美元以下的国家为低收入国家，976—3855 美元为中等偏下收入国家，3856—11905 美元为中等偏上收入国家，11906 美元以上为高收入国家。2010 年，我国按官方汇率计算的人均 GDP 已经超过 4000 美元，跨入中等偏上国家的行列。国际经验表明，一个国家一旦进入中等收入阶段，所有在跨越低收入陷阱阶段管用的政策和发展战略，到了中等收入阶段基本上都不适用了，必须有新的发展战略，通过新的手段实现跨越。因此，中等收入阶段形成了一个独特的发展阶段。这个新的发展阶段定位，带来前所未有的机遇和挑战。而性命攸关的则在于能否实现经济发展方式的转变。

三 "中等收入陷阱"的挑战

观察世界各国从低收入向中等收入继而向高收入的跨越经验，有助于我们认识面临的机遇和挑战。通过对 1970 年以来各国经济发展数据的分析可以发现，那些起步时人均 GDP 在 1000 美元以下的国家，经过几十年的发展之后，或者继续被困于低收入水平上，或者虽然摆脱了低收入陷阱，却陷于中等收入陷阱之中；而那些起步时人均 GDP 在 1000—3000 美元之间的国家，几十年以后大多摆脱了贫困陷阱，但是国家之间也产生了巨大的分化，有些进入了高收入国家的行列，有些则被困于中等收入陷阱。

国际上最典型的徘徊于"中等收入陷阱"例子就是拉美现象。20 世纪的一段时间内，许多拉美国家利用劳动力、原材料等生产要素价格低廉的优势，吸引了大量外资，经济发展一度非常快，但是在这些国家进入中等收入国家行列后，经济增长止步不前甚至出现大幅倒退，国内出现贫富悬殊、两极分化现象，诱发大量经济社会问题，甚至还会引起社会动荡。

虽然我国在 2010 年人均 GDP 超过 4000 美元，已经处在典型的中等偏上收入国家的发展阶段，但是，这个新阶段并不意味着从此我们可以一路凯歌前进，而是在更高的起点上，向高收入国家的行列跃升的同时，也面临陷入中等收入陷阱的危险。如果我国顺利度过这个阶段，就会实现全面建成小康社会的目标；如果无法突破这个阶段，则会像很多拉美国家一样，长期徘徊在中等收入水平。

许多研究注意到，处于中等收入水平，对于一个国家或地区来说，实际上是一个对收入分配高度敏感的时期，即随着人均收入的增长，分配状况是否公平，既影响经济激励，也影响社会稳定，最终在经济发展效果上表现为大分化。然而，收入分配恶化实际上是陷入中等收入陷阱的一种结果和表现，导致经济增长停滞却另有原因。

经济学家在观察经济全球化中各国增长表现时发现，处于经济发展较高阶段的国家，在全球化中显著获益；处于经济发展较低阶段的国家，同样是全球化的主要获益者。而处在中等收入阶段的国家，从全球化中获益相对少（Eeckhout and Jovanovic，2007）。这是因为，较发达国家和较不发达国家在全球化中具有比较突出的比较优势，前者因其处于科技创新前沿而在资本和技术密集型产业上具有比较优势，而后者因其劳动力丰富且成本低廉，因而在劳动密集型产业上具有比较优势。处于中等收入阶段的国家，则因其两类比较优势皆不突出，因而在全球化中增长表现较差，因此，这些国家陷入"中等收入陷阱"的风险十分突出。

关于"中等收入陷阱"的这个解释，对于我国来说具有较强的针对性和警示意义。伴随着成功的经济和社会发展，以及生育政策的严格实施，我国人口转变比其他同等发展阶段上的国家来得更为迅速，人口老龄化进程加快。例如，作为一个发展中国家，中国 2000 年 65 岁及以上人口占全部人口比重为 6.8%，2010 年提高到 8.2%；而同期其他发展中国家平均分别为 4.4% 和 5.0%（United Nations，2010）。这种在较低人均收入水平上发生的人口结构变化，可以被形象地称作"未富先老"。

这个与一般经验相异的特征，使得我国较早迎来刘易斯转折点，具体表现为民工荒现象的出现和普通劳动者工资的持续大幅度上涨。例如，在 2003 年出现民工荒现象之后，农民工工资每年平均增长率都在两位数，2010 年更高达 18%。体现在劳动力供给丰富和高储蓄率上面的人口红利也将于"十二五"时期达到顶点。例如，在"十二五"期间，15—64 岁劳动年龄人口将停止增长，人口抚养比，即依赖型人口（15 岁以下和 65 岁以上）与劳动年龄人口的比率降到最低点，随后开始上升。

这种"未富先老"特征对经济增长的含义在于，在失去基于丰富劳动力的传统比较优势的时候，我国经济尚未赢得基于资本丰富和技术先进的新比较优势，从而经济增长的可持续性受到严重挑战。因此，靠廉价生产要素投入的经济发展方式，不再足以支撑我国长期平稳较快增长，"十二五"乃至更长时期中要保持经济增长速度，唯一的出路是提高生产率及其对增长的贡献率。我们从技术创新水平和劳动者素质上的差距，可以清楚地观察到这个新发展阶段特征和转变经济发展方式的紧迫性。

首先，中国在研究开发上的人力和财力投入，以及百万人专利件数，都显著地低于世界平均水平。例如，R&D 投入与 GDP 比率，我国仅为世界平均水平的 61%，每万人中 R&D 人员，我国仅为世界平均水平的 77%，而每百万人的专利件数，仅为 76%（中国现代化战略研究课题组、中国科学院中国现代化研究中心，2010，第420页）。

其次，我国劳动力的教育水平与发达国家差距仍然巨大。与美国和日本相比，15—64岁劳动年龄人口中，在所有的年龄阶段上，我国人口的受教育水平都显著地低。而且随着年龄提高，受教育水平与美日的差异越来越大。例如，在20岁年龄组这个起点上，我国劳动年龄人口的受教育年限仅仅相当于美国的77%，相当于日本的66%。这个比例在30岁分别下降到65%和67%，40岁为61%和63%，50岁为53%和57%，60岁仅为44%和52%（Wang and Niu，2010，p.46）。

经济发展史和经济理论都已经表明，一个国家进入中等收入甚至中等偏上收入阶段之后，并不意味着从此可以一路凯歌前进，顺理成章地跨入高收入国家的行列，而是面临着陷入中等收入陷阱的风险。中国的类似挑战，集中表现为如何应对"未富先老"的困境，即一方面，生产要素相对稀缺性已经发生了变化，传统比较优势逐渐消失；另一方面，人均收入处于较低阶段，新的比较优势尚未显示出来。因此，保持我国经济长期又好又快增长，避免"中等收入陷阱"，唯一的出路是加快转变经济发展方式。

四 根本出发点和落脚点

在党的十七大关于转变经济发展方式要求的基础上，在五中全会《建议》中，党中央进一步把保障和改善民生作为加快转变经济发展方式的根本出发点和落脚点。下面，我们从涉及保障和改善民生的几个主要方面，理解其作为出发点和落脚点的内涵。

首先，扩大内需特别是消费需求，是加快"转方式"的逻辑起点。扩大消费需求，根本途径在于增加居民收入、改善收入分配状况和建立健全基本公共服务体系。目前，城乡收入差距是造成居民收入不均等的主要因素。研究表明，在基尼系数等不平等指数中，城乡收入差距的贡献率占40%—60%。而增加农民收入的主要途径应该是通过劳动力转移，减少农民数量，增加工资性收入。2010年，全部农民工人数已经超过2.3亿，其中离开本乡镇外出超过6个月的农民工为1.53亿。但是，他们中的绝大多数尚未获得城镇居民身份，还不能均等地享受城镇的基本公共服务。

除了改善收入分配的其他诸多措施之外，通过户籍制度改革，把农民工转变为市民，可以提高他们享受基本公共服务的程度和就业稳定性，进而显著提高他们的消费水平。例如，一项研究表明，城镇住户的人均收入虽然仅仅比农民工家庭高 26.6%，由于他们享有更好的社会保障、义务教育、公共卫生等基本公共服务，其人均消费却比农民工家庭高 1.2 倍。因此，推进更加完整的城市化，是扩大消费需求的关键。

其次，以农民工市民化为核心的新型城市化，有助于促进服务业比重的提高。服务业发展与人口规模以及居住和消费的集中程度紧密相关。农民工转变为市民后，所释放的巨大消费需求，相应地会转化为对服务业的需求。换句话说，内需对经济增长的拉动作用首先体现在服务业上面。不仅如此，更多人更加广泛地享有公共服务，同样创造出对相关产业的需求。例如，那些具有公共品性质的社会服务项目，依靠市场机制难以获得充分供给，是应该由政府出面提供的一般性公共服务，如基本公共服务之外的公共交通、城乡基础生活设施等。政府对一般性公共服务负有责任，但是，提供方式可以有多种形式，有些内容需要政府直接提供，有些则可以通过政府购买、特许经营、委托代理、服务外包等形式，由企业、行业组织、民办或社会中介机构提供。

再次，向生产率驱动型的经济增长模式转变，表现为产业结构的加快调整。加快转变经济发展方式，最终要体现在产业结构和技术结构的优化升级上。长期以来，我国依靠丰富的劳动力资源，通过制造业的国际竞争力实现和保持了高速经济增长。然而，随着生产要素禀赋结构的变化，单纯依靠资本和劳动力投入的增长模式不再具有可持续性。产业结构调整，既包括制造业结构的升级与优化，也包括第二产业与第三产业更加协调，同时，两者之间又有着紧密的逻辑联系。制造业的更新换代必然扩大对生产性服务业的需求，同时，生产性服务业也是从制造业中分离出来的。在制造业比重较高且面临转型升级迫切要求的压力下，充分利用现代信息传输技术和计算机网络服务所能提供的巨大空间，大力发展创意产业、研发中心、商务服务、现代物流、工程设计等新型服务业态，既扩大服务业比重，又推动制造业产业升级，同时促进大学毕业生就业。

最后，建立健全基本公共服务体系，不仅直接有助于扩大消费，也是产业结构升级的人力资本保障。国际比较显示，人均GDP在3000—6000美元的国家，医疗卫生、教育和社会保障公共支出平均占政府支出比重为54%，我国2008年只有29.7%。这种基本公共服务投入不足的现状，直接制约了经济发展方式转变的实际效果。一方面，在基本公共服务覆盖水平较低的条件下，城乡居民的消费意愿和消费能力受到很大的压抑。另一方面，基本公共服务供给不足，也削弱了体现在劳动者的教育程度和健康水平等方面的人力资本积累，构成对产业结构升级的制约因素。

参 考 文 献

姚洋：《作为制度创新过程的经济改革》，格致出版社、上海人民出版社2008年版。

于连坤：《"八个加快"意味着什么》，《解放军报》2010年3月2日，http://mil.news.sina.com.cn/2010-03-02/0651585497.html。

中国现代化战略研究课题组、中国科学院中国现代化研究中心：《中国现代化报告2010——世界现代化概览》，北京大学出版社2010年版。

Eeckhout, Jan and Boyan Jovanovic, Occupational Choice and Development, NBER Working Paper Series, 2007, No. 13686.

Hope, Nicholas C., Dennis Tao Yang and Mu Yang Li (eds.), *How Far Across the River: Chinese Policy Reform at the Millennium*, Stanford, California: Stanford University Press, 2003.

Wang, Guangzhou and Jianlin Niu, Composition and Development of the Chinese Education System, in Cai, Fang (ed), *The China Population and Labor Yearbook Volume 2: The Sustainability of Economic Growth from the Perspective of Human Resources*, Leiden, Boston: Brill, 2010.

中国人口转变趋势及其带来的增长挑战

一 引言

东亚经济大多经历过或者正在经历着刘易斯理论所描述的二元经济发展，即农业中剩余劳动力源源不断向非农产业转移，工业化获得充足且低廉的劳动力供给，经济增长主要由此得到推动。在这个经济发展时期，由于人口抚养比不断降低，有利于充足劳动力供给和高储蓄率，因而经济增长可以获得人口红利。这个过程一直持续到二元经济结构消失，即农业与非农产业的边际劳动生产力达到相等，经济增长进入到新古典阶段，这时，经济增长速度仅仅由技术进步的速度或全要素生产率改进的速度决定。

虽然在现实中难以观察到理论上的二元经济特征消失的转折点，不过，从经验上可以观察到的，则是两个与人口转变的阶段性变化相关的转折点，即第一，由于劳动力供给速度跟不上劳动力需求增长速度，出现劳动力短缺和非熟练工人工资持续上涨的刘易斯转折点；第二，由于劳动年龄人口从增长转而减少，人口抚养比从下降转而提高，导致人口红利消失的转折点到来。一旦这两个转折点到来，既往支撑经济增长的源泉就枯竭了，必须转而依靠新古典经济增长所要求的生产率进步。

自1980年代初以来，中国经历的高速增长具有典型的二元经济发展特征，剩余劳动力大规模从农业转移到非农产业，从农村转移到城市，从中西部地区转移到沿海经济发达地区。这个劳动力转移过程，对中国经济增长而言，贡献了资源重新配置效率，对劳动者和家庭而言，扩大了劳动参与率，增加了低收入群体特别是农村居民的人均收入，使中国经济得以利用人口红利，推动了工业化进程，并从全球化中获益。然而，二元经济发展仅仅是与发展阶段相联系的一种经济增长模式，即从马尔萨斯式贫困陷阱到索洛式新古典增长的一个过渡阶段（Hansen and Prescott, 2002; Aoki, 2011），随着中国人口转变和经济发展到达新的阶段，这种经济发展模式必然经过上述两个转折点而寿终正寝。

本文将揭示，中国已经在2004年到达刘易斯转折点，最迟在2013年也到达人口红利消失的另一个转折点。这种变化标志着中国需要做好从二元经济发展模式转变到新古典增长模式的准备。这些准备包括驱动经济增长的因素的改变以及社会经济体制的一系列深刻转变。

二 人口转变与两个转折点

早在1970年代，中国的生育率就开始迅速降低，总和生育率从1970年前后的6左右，降低到1980年的不到3。随着1980年实施严格的独生子女政策，而更主要的是自那以后的改革开放所激发的经济社会高速发展，推动生育率进一步降低，于1990年代初降到低于2.1的更替水平，目前只有1.4，进入全世界生育率最低国家的行列。

作为生育水平长期下降的结果，人口年龄结构也发生了相应的变化，即迄今为止，15—64岁劳动年龄人口保持增长，但是增长速度逐年递减，并预计在2013年停止增长。与此同时，人口抚养比（即依赖型人口与劳动年龄人口的比率）降低到最低点，随后迅速提高。这一人口变化趋势，显著地影响着中国经济增长的速度与模式。

在2004年中国首现民工荒现象之前，非农产业特别是沿海地区的劳动密集型产业，可以在工资水平没有实质性上涨的条件下，获得源源不断的劳动力供给，农民工支撑了经济增长和获得国际竞争力所需要的廉价劳动力。离开本乡镇6个月以上的农民工总数，从2001年只有8399万增加到2011年的1.59亿，10年间增加了89.3%。而自2004年以来，劳动力短缺逐渐蔓延到包括中西部地区在内的全国范围，普通劳动者工资持续快速上涨。例如在2004—2011年期间，农民工实际工资以年平均12.7%的速度提高。在经济增长继续保持高速度的情况下，越是临近2013年劳动年龄人口停止增长的转折点，劳动力短缺现象越严重。例如，招聘农民工的难度和农民工工资上涨幅度，在 2011 年及至 2012 年年初，达到了空前的程度。

可见，我们可以把 2004 年作为中国到达刘易斯转折点的标志性年份，而 2013 年则是人口红利消失的标志性年份。很显然，这两个转折点之间的时间跨度长短，与人口转变特点有直接的关系。中国人口转变的早熟性质（或称为"未富先老"），使其处在这个区间的时间格外地短暂。

根据研究，日本经过刘易斯转折点的时间大约是在 1960 年（Minami, 1968）。如果以人口抚养比开始提高的年份作为人口红利消失的转折点，则是在 1990 年达到的，两个具有转折意义的时间点之间相隔 30 年左右。韩国在 1972 年经过刘易斯转折点（Bai, 1982），而人口红利消失的转折点则要在 2013 年前后，与中国同时到达，其间相隔 40 余年。以 2004 年作为中国的刘易斯转折点，2013 年作为人口红利消失点，其间相隔充其量只有 9 年。中国的这个特点，不仅可以解释为什么劳动力短缺一经出现，就表现得如此强烈，也警示着中国转变增长模式的挑战来得格外紧迫。

三 后人口红利时代的增长源泉

在出现劳动力短缺的条件下，依靠劳动力从农业到非农产业转移获得资源重新配置效率的空间大大缩小，潜在增长率必然下降。例如，高路易估计表明（Kuijs, 2009），主要由于就业增长和全要素生产率提高的贡献率下降，中国 GDP 潜在增长率，将从 1995—2009 年的年均 9.6% 下降到 2010—2015 年的 8.4%，并在随后的 5 年期间（2016—2020 年）进一步降到只有 7%。

在这个发展阶段上，投资者和企业家首先要寻求的是，尽己所能地用机器替代劳动，而政府特别是那些"发展型政府"，也倾向于利用各种投资规划和刺激性政策，加大资本投入力度。20 世纪八九十年代日本的情形就是这样，目前中国也面临着类似的局面。

高路易发现，中国的资本劳动比提高对劳动生产率的贡献，从 1978—1994 年期间的 45.3% 提高到 2005—2009 年期间的 64.7%，并预计提高到 2010—2015 年期间的 65.9%。与此同时，全要素生产率对劳动生产率提高的贡献，在上述三个时期，则从 46.9% 大幅度降低到 31.8%，并预计进一步降低为 28.0% (Kuijs, 2009)。其实，这种估计仍然是乐观的。日本在 1990 年经过人口红利消失的转折点之后，资本深化对劳动生产率的贡献率攀升到 94%，而全要素生产率的贡献为 -15% (APO, 2008)，导致其经济增长的长期停滞 (Hayashi and Prescott, 2002)。

事实上，随着经济增长中资本投入的作用越来越大，劳动生产率的提高越来越依赖于资本深化，在劳动力出现短缺的条件下，资本边际回报率自 1993 年以来已经处于降低趋势 (Cai and Zhao, 2011)。这表明中国经济增长可持续性面临着严峻的挑战，亟需转向依靠全要素生产率提高的增长模式。

首先，对于中国这样一个大国来说，通过产业转移特别是劳动密集型产业从沿海地区向中西部地区的转移，仍然可以挖掘资源重新配置效率的潜力。大陆 31 个省份在经济发展水平、资源禀赋以及户籍人口人口学特征方面，都存在着较大的差异。因而足以形成一个国内地区之间的产业转移雁阵模型，通过充分利用中西部地区成本较低的劳动力，保持劳动密集型产业的比较优势。与人均 GDP 在 6000—12000 美元发展阶段上的国家平均水平相比，中国农业劳动力比重仍然过高，进一步吸纳农业劳动力就业，就可以继续获得资源重新配置效率。为此，加快户籍制度改革可以为这个任务创造必要的制度条件。

其次，政府应该减少直接投资和对企业的保护，创造有利于全要素生产率提高的政策环境。通过进一步发育生产要素市场，同时让创造性毁灭机制更加充分地发挥作用，使生产要素在产业和行业内部，按照追逐更高效率的方向充分流动，以便让有效率的企业存活、发展和扩大规模，并淘汰掉那些没有效率的企业。只有那些全要素生产率表现好的企业能够占主导，并不断提高其份额，整体经济的健康程度才会不断增强。

最后，从更加长期的视角来看，劳动者技能的培养，或国家整体人力资本的积累，对于经济增长可持续性具有无可比拟的重要性。财政资源不足长期以来构成教育和培训的供给方制约。在这一制约因素未有根本性改变的情况下，随着刘易斯转折点的到来，教育和培训的需求方制约却呈现出来。在普通劳动者工资加速上涨，并且出现熟练劳动者与非熟练劳动者之间工资趋同的条件下，家庭和个人特别是青年劳动者接受更多教育的激励下降。

根据在 12 个中国城市对农民工的抽样调查数据估算,高中回报率高出初中水平的程度,从 2001 年的 25.9% 下降到 2005 年的 17.3% 和 2010 年的 16.9%,而高中以上的教育回报率,同期则从高于初中 80.4% 下降到 75.3% 和 57.1% (Cai and Du,2011)。这意味着,在人口红利消失条件下,教育政策应该进行更加根本性的调整,从供给和需求两个方面推动教育更快发展。

参 考 文 献

Aoki, Masahiko, "The Five–Phases of Economic Development and Institutional Evolution in China and Japan", Presidential Lecture at the XVIth World Conference of the International Economic Association, Beijing, July 4th, 2011.

APO (Asian Productivity Organization), APO Productivity Databook 2008, the Asian Productivity Organization, 1-2-10 Hirakawacho, Chiyoda-ku, Tokyo 102-0093, 2008, Japan.

Bai, Moo-ki, "The Turning Point in the Korean Economy", *Developing Economies*, No. 2, 1982, pp. 117-140.

Cai, Fang, and Yang Du, "Wages Increase, Wages Convergence, and Lewis Turning Point in China", *China Economic Review*, doi: 10.1016/j.chieco.2011.07.004.

Cai, Fang and Wen Zhao, "When Demographic Dividend Disappears: Growth Sustainability of China", paper presented at the XVIth World Conference of the International Economic Association, Beijing, July 4th, 2011.

Hansen, G. D. and E. Prescott, "Malthus to Solow, *American Economic Review*", 2002, 92: 1205-1217.

Hayashi, Fumio and Edward C. Prescott, "The 1990s in Japan: A Lost Decade", *Review of Economic Dynamics*, 2002, Volume 5, Issue 1, pp. 206-235.

Kuijs, Louis, "China Through 2020 – A Macroeconomic Scenario", World Bank China Research Working Paper, 2009, No. 9.

Lewis, Arthur, "Economic Development with Unlimited Supplies of Labor", *The Manchester School*, Vol. 22, No. 2, 1954, pp. 139-191.

Minami, Ryoshin, "The Turning Point in the Japanese Economy", *The Quarterly Journal of Economics*, Vol. 82, No. 3, 1968, pp. 380-402.

人口红利与中国经济可持续增长

作为一个经济高速增长和社会迅速变迁的国家，中国具有人口转变速度快的特点，因此，人口红利在得以利用之后也迅速消失。相应地，"未富先老"的国情也带来空前的挑战，表现为在劳动力逐渐成为稀缺生产要素的情况下，潜在经济增长率趋于降低。应对这一挑战，需要进行相应的政策调整和制度变革，通过挖掘第一次人口红利的潜力和开发第二次人口红利，保持长期可持续经济增长。

一 人口与增长的全球视野

正如60余万亿美元的全球GDP是以极端不均等的人均占有方式在各国分布一样，超过70亿的全球人口，也是以截然不同的特征分布在全世界200多个国家和地区。最具鲜明特征的现象表现在：大多数发达国家面临着日益严峻的人口老龄化；许多新兴国家正在拥抱有利的人口结构；多数最不发达国家尚不知如何应付其人口压力；中国则面临"未富先老"的巨大挑战。不同的人口特征，在一定程度上影响着经济发展的态势与变化。

长期以来，在关于人口与发展关系的认识上面，马尔萨斯及其追随者的理论占据统治地位。这类教条相信，人口增长必然快于人们所能生产出的食物的增长，因而人口过多、增长速度过快的现实，终究妨碍人们生活水平的改善。以马尔萨斯命名的这个"贫困陷阱"理论，对于解释工业革命以前数千年的人类历史都是有效的，但是，如今总体来说已经成为一种过时的传统观念。这是因为，当今世界已经少有纯粹处于马尔萨斯陷阱的国家。例如，在18世纪初即大约马尔萨斯发表《人口原理》的时代，当时世界上最富裕的两个国家——英国和法国，每天从食物中获得的热量分别是 2095 大卡和 1657 大卡（约翰逊，2004，第 273 页）。而在 2007 年，非洲国家平均每天的热量摄入量为 2462 大卡，而世界上最不发达国家平均每天摄入的热量也为 2162 大卡。①

马尔萨斯理论有两个缺陷，使其不能解释工业革命以后的经济发展史。第一个缺陷是这个理论不懂得关于人口转变的规律，即人口变化绝不是没有限制的增长过程，而是经历一个从"高出生、高死亡、低增长"到"高出生、低死亡、高增长"，再到"低出生、低死亡、低增长"的转变轨迹。第二个缺陷是这个理论仅仅关注了人口总量和人口增长速度，却忽略了人口年龄结构。现在，人们开始达成共识，即人口结构特别是年龄结构，对于经济发展绩效的影响更加直接。

如果做一个形象的概括，我们可以把随着收入水平的提高，人口变化轨迹表现为两个倒 U 字形曲线（见图 1）。第一个倒 U 字形曲线是人口出生率从低到高，然后再降低，第二个倒 U 字形曲线是滞后于前一个曲线大约 20 年，劳动年龄人口比重从低到高，然后再降低。当 15—64 岁这个劳动年龄人口增长快于其他年龄组人口，从而人口抚养比呈现降低趋势时，恰好是第二个倒 U 字形曲线的上升期，充足的劳动力供给和更高的储蓄率可以

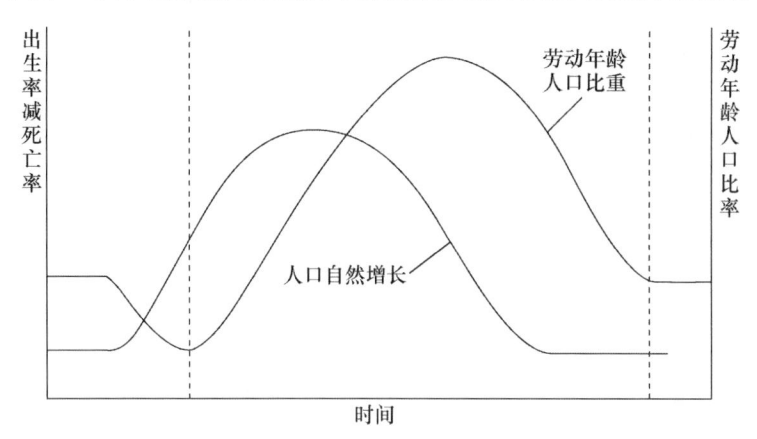

图 1 人口转变中的两条倒 U 字形曲线

资料来源：Williamson, Jeffrey, "Growth, Distribution and Demography: Some Lessons from History", NBER Working Paper Series, Working Paper, No. 6244, 1997.

---

① 根据世界粮农组织数据网站计算，http://faostat.fao.org/site/610/DesktopDefault.aspx?PageID=610。

为经济增长提供一个额外的源泉，就形成了所谓的人口红利。

迄今为止，发展中国家的人口抚养比正处于迅速降低的过程中。特别是撇除生育率仍然很高的最不发达国家之后，发展中国家人口结构呈现出越来越富有生产性，即人口抚养比已经低于发达国家，并且继续降低。在全球化和改革开放的背景下，以中国和金砖国家为代表的新兴经济体的崛起，显然得益于所具有的潜在人口红利。也可以说，发展中国家的人口转变滞后于发达国家这一特点，反而为发展中国家的赶超，从而世界经济的趋同创造了有利条件。

然而，具有有利于劳动力供给和储蓄率的人口条件是一回事，能否将这种潜在的人口红利真正转化为经济增长源泉则是另一回事。显然，并不是所有处在人口抚养比下降阶段的国家都具备了利用人口红利的制度条件。这也就是为什么发展中国家赶超发展的绩效大相径庭。可见，当那些仍然处在抚养比下降阶段的国家懂得了何谓人口红利之后，并不意味着可以高枕无忧地坐在人口机会窗口处观风景，而是要通过制度创新，为挖掘人口红利创造必要条件。以持续的劳动年龄人口增长和抚养比下降为特征的人口红利，并不是经济增长的不竭源泉。

正如发达国家的人口抚养比早已处在上升阶段一样，一些发展中国家也正在或者很快丧失人口机会窗口，上述意义上的人口红利终将消失。人口变化第二个倒 U 字形曲线揭示，人口结构的这种变化终究要发生，进而人口红利迟早也会消失。事实上，大多数发达国家早已没有传统意义上的人口红利可供利用。而接下来以人口抚养比提高为表现的人口红利消失，将发生在诸如处于中等偏上收入阶段的中国、处于高收入阶段的韩国，以及最发达国家美国等。与此同时，许多发展中国家的人口抚养比正处在强劲上升的阶段。人口红利在国家之间的这种时间上的继起关系，恰好是世界经济趋同的一个重要条件。

可见，因处于不同的人口转变阶段，世界各国可以被划分为三类：（1）大多数发展中国家，仍然享有人口红利；（2）某些高收入国家和具有"未富先老"特点的中国，正在丧失人口红利；（3）大多数发达国家，长期以来已经不享有这种类型的人口红利。对于属于不同组别的国家来说，保持经济增长源泉的政策努力方向应该有所不同。

对于劳动年龄人口比重处于上升趋势，因而享有潜在人口红利的国家来说，关键在于创造出开发人口红利的制度条件。对于已经处于老龄化阶段，因而不再具有传统意义的人口红利的国家来说，仍然可以创造制度条件获得第二次人口红利。这类条件包括充分的劳动力市场激励，使家庭和个人乐于接受更多的教育和培训，大幅度改善人力资本，从而保持在创新、创意和技能方面的领先优势，持续提高全要素生产率；实现向有利于激发储蓄动机、以完全积累为基础的养老保障制度模式的转型，建立完备、健康和低风险的资本市场，保持较高的储蓄率和投资率。

与马尔萨斯时代相比，今天的世界人口问题远为复杂，也更加具有多样性。关于人口与发展关系的新观察和新思维建议，在每个国家分别面对着这样那样人口难题的同时，各国同时具有不同的人口机会窗口，可以用来推动经济社会更快发展。然而，体现在人口结构上的潜在优势，并不是经济社会发展的充分条件，因而也不能自然而然地被转化为人口红利。因此，任何潜在的人口红利，要想得到现实的开发，皆需要通过艰巨的改革，以获得必要的制度条件。

二 中国人口红利的消失

自1980年代初以来，中国经历的高速增长具有典型的二元经济发展特征，剩余劳动力大规模从农业转移到非农产业，从农村转移到城市，从中西部地区转移到沿海经济发达地区。这个劳动力转移过程，对中国经济增长而言，贡献了资源重新配置效率，对劳动者和家庭而言，扩大了劳动参与率，增加了低收入群体特别是农村居民的人均收入，使中国经济得以利用人口红利，推动了工业化进程，并从全球化中获益。

然而，二元经济发展仅仅是与发展阶段相联系的一种经济增长模式，即从马尔萨斯式贫困陷阱到索洛式新古典增长的一个过渡阶段（Hansen and Prescott，2002；Aoki，2012），形成因时而异的经济增长方式和模式。随着中国人口转变和经济发展到达新的阶段，以往行之有效的经济增长方式和模式，必然经过前述两个转折点而寿终正寝。

早在1970年代，中国的生育率就开始迅速降低，总和生育率从1970年前后的6左右，降低到1980年的不到3。随着1980年实施严格的独生子女政策，而更主要的是自那以后的改革开放所激发的经济社会高速发展，推动生育率进一步降低,于1990年代初降到低于2.1的更替水平,目前只有1.4,进入全世界生育率最低国家的行列。

作为生育水平长期下降的结果,人口年龄结构发生了相应的变化,即迄今为止,15—64岁劳动年龄人口保持增长,但是增长速度逐年递减,并预计在2013年停止增长。与此同时,人口抚养比(即依赖型人口与劳动年龄人口的比率)降低到最低点,随后迅速提高。事实上,中国第六次人口普查显示,年龄在15—59岁的人口,从2010年开始已经绝对减少。由此推断,人口抚养比停止下降的转折点也相应到来,比以往预测的时间大大提前。这一人口变化趋势,显著地影响着中国经济增长的速度与模式。

在2004年中国首现民工荒现象之前,非农产业特别是沿海地区的劳动密集型产业,可以在工资水平没有实质性上涨的条件下,获得源源不断的劳动力供给,农民工支撑了经济增长和获得国际竞争力所需要的廉价劳动力。离开本乡镇6个月以上的农民工总数,从2001年只有8399万增加到2011年的1.59亿,10年间增加了89.3%。而自2004年以来,劳动力短缺逐渐蔓延到包括中西部地区在内的全国范围,普通劳动者工资持续快速上涨。例如在2004—2011年期间,农民工实际工资以年平均12.7%的速度提高。在经济增长继续保持高速度的情况下,越是临近2013年劳动年龄人口停止增长的转折点,劳动力短缺现象越严重。例如,招聘农民工的难度和农民工工资上涨幅度,在2011年及至2012年年初,达到了空前的程度(见图2)。

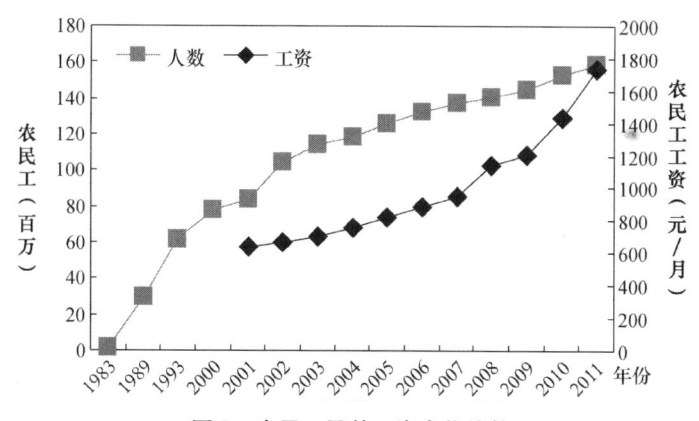

图2 农民工及其工资变化趋势

资料来源:国家统计局《全国农民工监测调查报告》(历年),国家统计局官方网站,http://www.stats.gov.cn。

可见，我们可以把 2004 年作为中国到达刘易斯转折点的标志性年份，而 2013 年则是人口红利消失的标志性年份。很显然，这两个转折点之间的时间跨度长短，与人口转变特点有直接的关系。中国人口转变的早熟性质（或称为"未富先老"），使其处在这个区间的时间格外地短暂。

根据研究，日本经过刘易斯转折点的时间大约是在 1960 年（Minami，1968）。如果以人口抚养比开始提高的年份作为人口红利消失的转折点，则是在 1990 年达到的，两个具有转折意义的时间点之间相隔 30 年左右。韩国在 1972 年经过刘易斯转折点（Bai，1982），而人口红利消失的转折点则要在 2013 年前后，与中国同时到达，其间相隔 40 余年。以 2004 年作为中国的刘易斯转折点，2013 年作为人口红利消失点，其间相隔充其量只有 9 年。中国的这个特点，不仅可以解释为什么劳动力短缺一经出现，就表现得如此强烈，也警示着中国转变增长模式的挑战来得格外紧迫。

由于中国的"未富先老"特征，人口红利的收获与消失皆早于其他发展中国家，也就是说，在中国丧失人口红利这一经济增长源泉的同时，人口红利在许多发展中国家，或者正在蓄势待发，或者方兴未艾。从经济增长的角度来看，这意味着在劳动密集型产业上，由于有众多的潜在竞争者，中国终将丧失其比较优势。这无疑是对中国经济长期可持续增长的一个严峻挑战。

三　后人口红利时代的增长源泉

在出现劳动力短缺的条件下，不仅劳动力和人力资本要素供给开始遭遇瓶颈，而且资本报酬递减现象的出现是资本大幅度扩张的增长源泉也减弱，同时，依靠劳动力从农业到非农产业转移获得资源重新配置效率的空间大大缩小，潜在增长率必然下降。许多研究者对 1978—2009 年中国潜在 GDP 增长率进行了估计，并对 2010—2020 年情景进行了预测[①]，得到比较类似的结果。例如，高路易（Kuijs，2009）的估计结果是：中国在 1978—1994 年期间的平均潜在 GDP 增长率为 9.9%；1995—2009 年期间为 9.6%；

---

① 估算过程及其数据和方法的细节，请参见陆旸（2012）以及 Kuijs（2009）。

2010—2015年平均为8.4%，2016—2020年平均为7.0%。

如果我们根据中国经济最新趋势和国情做不同假设，计算得到的未来潜在增长率则更低。第一个不同是，由于中国劳动年龄人口具有年龄越大，受教育程度越低的特点，超过60岁的人口大多难以成为在劳动力市场上有需求的劳动力，因此，我们采用15—59岁作为劳动年龄人口，而这个年龄组绝对数量已经于2010年开始减少。第二个不同是，由于资本报酬递减现象已经十分明显，未来资本投资的增长速度将减慢。因此，陆旸（2012）估计中国的平均潜在GDP年平均增长率，在1978—1994年期间10.4%和1995—2009年期间9.8%的基础上，在"十二五"时期将下降到7.2%，在"十三五"时期进一步降低到6.1%（见图3）。

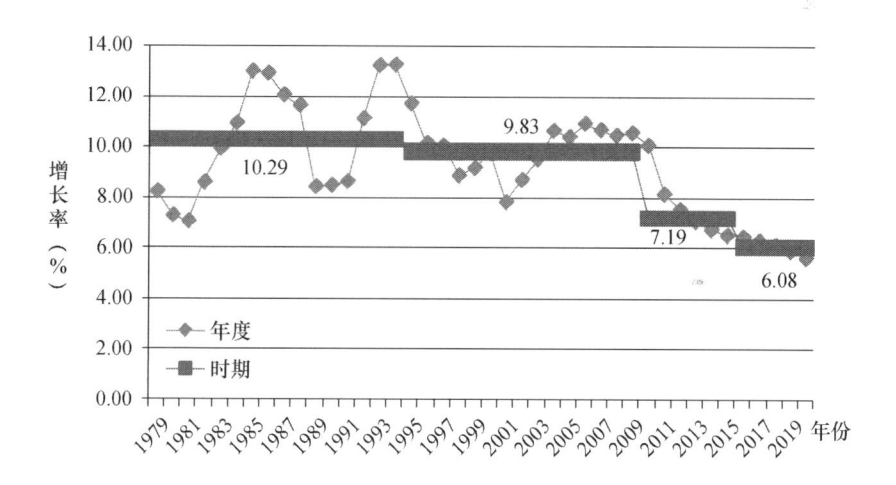

图3 分时期和年度的潜在增长率

资料来源：陆旸《中国的潜在产出增长率及其预测》，载蔡昉主编《中国人口与劳动问题报告No.13——人口转变与中国经济再平衡》，社会科学文献出版社2012年版。

在这个发展阶段上，投资者和企业家首先要寻求的，是尽己所能地用机器替代劳动，而政府特别是那些对经济活动干预较多的"发展型政府"，也倾向于利用各种投资规划和刺激性政策，加大资本投入力度。这都会导致资本劳动比的迅速上升。20世纪80—90年代日本的情形就是这样，目前中国也面临着类似的局面。

高路易发现，中国的资本劳动比提高对劳动生产率的贡献，从 1978—1994 年期间的 45.3% 提高到 2005—2009 年期间的 64.7%，并预计提高到 2010—2015 年期间的 65.9%。与此同时，全要素生产率对劳动生产率提高的贡献，在上述三个时期，则从 46.9% 大幅度降低到 31.8%，并预计进一步降低为 28.0%（Kuijs，2009）。其实，这种估计仍然是乐观的。日本在 1990 年经过人口红利消失的转折点之后，资本劳动比提高对劳动生产率的贡献率攀升到 94%，而全要素生产率的贡献为 -15%（APO，2008），导致其经济增长长达 20 年的停滞。

事实上，随着经济增长中资本投入的作用越来越大，劳动生产率的提高越来越依赖于资本深化，在劳动力出现短缺的条件下，资本边际回报率自 1993 年以来已经处于降低趋势（Cai and Zhao，2011）。这表明中国经济增长可持续性面临着严峻的挑战，亟需转向依靠全要素生产率提高的增长模式。从人口红利的角度看，未来作为经济增长源泉的全要素生产率提高，将主要依靠两点：一是挖掘第一次人口红利的潜力，二是开发第二次人口红利。

对于中国这样一个大国来说，通过产业转移特别是劳动密集型产业从沿海地区向中西部地区的转移，仍然可以挖掘资源重新配置效率的潜力。中国大陆 31 个省份在经济发展水平、资源禀赋以及户籍人口年龄特征方面，都存在着较大的差异。因而足以形成一个国内地区之间的产业转移雁阵模型，通过充分利用中西部地区成本较低的劳动力，保持劳动密集型产业的比较优势。与人均 GDP 在 6000—12000 美元发展阶段上的国家平均水平相比，中国农业劳动力比重仍然过高，进一步吸纳农业劳动力就业，就可以继续获得资源重新配置效率。

从更加长期的视角来看，劳动者技能的培养，或国家整体人力资本的积累，对于经济增长可持续性具有无可比拟的重要性。财政资源不足长期以来构成教育和培训的供给方制约。在这一制约因素未有根本性改变的情况下，随着刘易斯转折点的到来，教育和培训的需求方制约却呈现出来。在普通劳动者工资加速上涨，并且出现熟练劳动者与非熟练劳动者之间工资趋同的条件下，家庭和个人特别是青年劳动者接受更多教育的激励下降。

根据在 12 个中国城市对农民工的抽样调查数据估算，高中回报率高出初中水平的程度，从2001年的25.9%下降到2005年的17.3%和2010年的16.9%，而高中以上的教育回报率，同期则从高于初中80.4%下降到75.3%和57.1%（蔡昉、都阳，2011）。这意味着，在人口红利消失条件下，教育政策应该进行更加根本性的调整，从供给和需求两个方面推动教育更快发展。

四 结语

对于中国这样的具有"未富先老"特征，正在丧失传统比较优势且尚未获得新的比较优势的国家来说，富有挑战性的任务是通过制度创新和政策调整，延长第一次人口红利，并创造条件挖掘第二次人口红利。具体包括推进世界经济的开放与合作，继续参与经济全球化，发挥动态比较优势；促进劳动密集型产业向中西部地区转移，通过户籍制度改革提高劳动力供给的稳定性；加大对教育、培训和健康的投资，使人力资本与结构调整相适应；建立包括社会保险制度和社会扶助事业在内的更加包容的社会保护体系。

那些需要以深化改革为前提的经济增长源泉，能够产生实际增长效应的时间长度不尽相同，即有些改革可以产生立竿见影的效果，有些则需要假以时日。例如，目前中国城市化率虽然超过了51%，具有非农业户口的人口比重只有34%，在存在这种统计意义城市化与真实城市化较大缺口的情况下，以农民工市民化为内涵的户籍制度改革，配合劳动密集型产业向中西部地区的转移，可以明显产生扩大劳动力供给的效果，延长第一次人口红利。

然而，像发展教育这样的人力资本积累措施，则需要较长的时间才能见到增长效果。因为虽然有研究表明，企业职工受教育年限每增加1年，劳动生产率就会上升17%（曲玥，2009）。受教育水平的提高却需要长期的积累，而不是一朝一夕可以做到的。例如，根据人口普查和1%人口抽样调查数据计算，即使伴随着义务教育普及率的提高和高等教育的扩大招生，16岁以上人口的受教育年限，在1990—2000年期间仅仅从6.24年增加到7.56年，总共才增加1.32年，2005年为7.88年，5年中只增加了0.32年。

在短期内，保持经济增长适度速度，有赖于挖掘第一次人口红利的既有潜力。因此，户籍制度改革是十分紧迫且立竿见影的改革。为了防止经济增长减速过于剧烈，应将户籍制度改革置于改革日程最优先的位置。另一方面，第二次人口红利是一种绵延不断的经济增长源泉，因此，通过开发这一增长源泉，保持中国经济增长的可持续性，不应该过于功利地对待相关的努力，而是需要着眼于更加深刻、立足长远的制度建设和改革。

参 考 文 献

［美］D. 盖尔·约翰逊：《经济发展中的农业、农村、农民问题》，商务印书馆2004年版。

蔡昉、都阳：《工资增长、工资趋同与刘易斯转折点》，《经济学动态》2011年第9期。

陆旸：《中国的潜在产出增长率及其预测》，载蔡昉主编《中国人口与劳动问题报告 No. 13——人口转变与中国经济再平衡》，社会科学文献出版社2012年版。

曲玥：《人口红利：延续还是替代》，载蔡昉主编《中国人口与劳动问题绿皮书 No. 9》，社会科学文献出版社2009年版。

Aoki, Masahiko, "The Five - Phases of Economic Development and Institutional Evolution in China and Japan", in Masahiko Aoki and Jinglian Wu (eds), *The Chinese Economy: A New Transition*, Basingstoke: Palgrave Macmillan, forthcoming, 2012.

Asian Productivity Organization (APO), APO Productivity Databook 2008, the Asian Productivity Organization, 1 - 2 - 10 Hirakawacho, Chiyoda - ku, Tokyo 102 - 0093, 2008, Japan.

Bai, Moo - ki, "The Turning Point in the Korean Economy", *Developing Economies*, No. 2, 1982, pp. 117 - 140.

Cai Fang and Zhao Wen, "When Demographic Dividend Disappears: Growth Sustainability of China", in Masahiko Aoki and Jinglian Wu (eds), *The Chinese Economy: A New Transition*, Basingstoke: Palgrave Macmillan, forthcoming, 2012.

Hansen, G. D. and E. Prescott, "Malthus to Solow", *American Economic Review*, Vol. 92, 2002, pp. 1205 - 1217.

Kuijs, Louis, "China Through 2020 - A Macroeconomic Scenario", World Bank China Research Working Paper, No. 9, 2009.

Minami, Ryoshin, "The Turning Point in the Japanese Economy", *The Quarterly Journal of Economics*, Vol. 82, No. 3, 1968, pp. 380 - 402.

人口红利从出现到消失

二元经济结构的形成,与人口转变的特定阶段是紧密相关的,因此,二元经济发展的新阶段,也必然伴随着人口转变阶段的变化。对于人口转变的阶段性变化进而人口发展动态缺乏一致性认识,以及对于人口红利在二元经济发展中作用的不同看法,常常导致学者之间在经济发展阶段判断上的分歧。

关于人口总量增长和结构变化的趋势,统计年鉴发布的汇总数据很难提供整体的特征性描述,通常也没有及时更新的人口预测。虽然历次人口普查数据都可以提供人口变动的新态势,但是,由于对于诸如总和生育率(Total Fertility Rate)等重要参数的认识不尽一致[1],始终没有定期发布一个权威的、不断更新的人口预测报告。因此,一般读者通常不知道人口变动的趋势,以致许多人还认为中国人口的峰值在 2040 年或以后的某一时刻达到,届时人口总量为 16 亿。[2] 至于说到人口年龄结构的变化趋势,大多数人都不知道劳动年龄人口的增长已经大幅度减缓,不了解劳动力无限供给的人口基础正在消失的现实,以致不愿意相信刘易斯转折点的到来和人口红利的即将消失。

对于人口转变格局与趋势的认识,将有助于人们对劳动力市场状况的

---

[1] 2000 年进行的第五次人口普查显示,总和生育率仅为 1.22,甚至低于 1.51 的政策生育率。许多人对此提出怀疑(参见于学军《对第五次全国人口普查数据中总量和结构的估计》,《人口研究》2002 年第 26 卷第 3 期)。自此之后,关于总和生育率究竟是多少,一直存在不同的认识。总体来说,政府部门趋向于认为仍然较高,学者相信的数字偏低。即便如此,争论的幅度也在 1.6—1.8 之间,远远低于 2.1 的替代水平。而最近以来,许多学者倾向于认为总和生育率只有 1.44。参见顾宝昌《新时期的中国人口态势》,载顾宝昌、李建新主编《21 世纪中国生育政策论争》,社会科学文献出版社 2010 年版,第 7 页。

[2] 如刘遵义《中国可从四个方面增加内需》,《中国新闻网》2010 年 1 月 21 日, http://www.chinanews.com.cn/cj/cj-ylgd/news/2010/01-18/2077952.shtml。

正确理解，更是旨在挖掘经济增长可持续性潜力的相关政策的决策基础。本文将说明，人口转变具有与二元经济发展过程共同的起点、相关和相似的发展阶段特征，以及在相当大程度上的时间重合，进而人口转变所促成的人口红利期，是二元经济发展的一个阶段。因此，论证人口红利的消失与证明刘易斯转折点的到来，实际上是同一项学术工作。我们尝试从理论和国际经验角度论证人口转变与二元经济发展过程的逻辑关系，利用统计结果描述中国的人口转变过程及其对经济增长的影响。

一 经济增长的人口引擎

学术史上第一位经济学教授是英国人马尔萨斯，而他则以研究人口与经济发展以及生活水平的关系而著称于世。他关于食物以自然级数增长而人口以几何级数增长，因而人口增长最终导致贫困和饥荒的论断，是否认技术进步可能性的典型代表，既作为马尔萨斯式低收入均衡陷阱理论的基础流传至今，并仍然有着巨大的影响力，也自始至终被那些相信技术进步的经济观点当作永恒的对立面，遭到旷日持久的批评。

然而，即使从理论上和经验上都越来越遭到广泛的批评，马尔萨斯理论的重要性也是不容忽视的。首先，马尔萨斯模型终究是对人类历史上一定发展阶段的经济理论概括，可以成为与解释二元经济发展阶段的刘易斯模型，以及解释西方式现代经济增长的新古典模型并列的一个重要经济理论。其次，该理论可以说是开创了把人口作为与经济增长之间内生关系的先河，在方法论上是值得继承的。

不过，归根结底，马尔萨斯式的增长，即使在当代的发展中国家，也较少能够找到对应的例子了。例如，在 18 世纪初即大约马尔萨斯发表《人口原理》的时代，当时世界上最富裕的两个国家——英国和法国，每天从食物中获得的热量分别是 2095 大卡和 1657 大卡。① 而在 2007 年，非洲国家平均每天的热量摄入量为 2462 大卡，而世界上最不发达国家平均每天摄入

---

① [美] D. 盖尔·约翰逊：《经济发展中的农业、农村、农民问题》，商务印书馆 2004 年版，第 273 页。

的热量也为2162大卡。① 因此，把马尔萨斯的结论用来解释当代世界和中国的现实人口与经济关系，显然是不适宜的。事实上，当代主流学者并不把人口看作是经济增长的消极因素，并且，世界经济统计则显示两者之间甚至更多的是正向的互相促进关系。

需要指出的是，影响经济增长表现的因素众多，绝非仅仅人口因素。例如，在捍卫新古典增长理论的实证研究中，经济学家先后找出上百个具有统计显著性的解释变量，尝试揭示经济增长之谜。② 对于低收入国家处于"贫困陷阱"中的极为低下的稳态增长，以及高收入国家处在技术创新前沿上的低稳态增长水平，尤其需要避免以人口因素来进行解释。同时，这里我们也暂且撇开经济增长对人口转变的反作用，而仅仅关注生育率与经济增长率之间的关系。在做出以上假设的条件下，从人口红利的理论出发，不仅可以做出上述关于两者关系的假设，而且可以从经验上得到检验。

早在刘易斯关于二元经济发展理论的文章发表之前，自然也是马寅初《新人口论》发表之前，人口转变理论的成熟形式已经公开发表。③ 汤普森最早区分了人口转变的三个阶段；随后有人又划分了人口转变的五个阶段。但是，由于当时的文献都没有做出关于生育率下降的标准理论解释，所以，人口转变理论之父的称号被授予了诺特斯坦。

虽然我们无法断定刘易斯注意到人口学在这方面的重要文献，但是，刘易斯本人在其文章中不乏类似的人口学假定。在定义二元经济结构中的重要部门农业时，他解释说："相对于资本和自然资源来说人口如此众多，以致……劳动的边际生产力很小或等于零"，因而"劳动力的无限供给是存在的"。这里所隐含的就是人口转变的第二个阶段，即外生的人口死亡率下降和高出生率的惯性，导致人口自然增长率处在很高的水平上。又由于农

---

① 根据世界粮农组织数据网站计算，http：//faostat.fao.org/site/610/DesktopDefault.aspx? PageID = 610。

② Xavier X. Sala - i - Martin, "I Just Ran Two Million Regressions", *American Economic Review*, Vol. 87, No. 2, Papers and Proceedings of the Hundred and Fourth Annual Meeting of the American Economic Association, 1997, pp. 178 - 183.

③ Warren S. Thompson, "Population", *American Journal of Sociology*, 34 (6), 1929, pp. 959 - 975; Frank W. Notestein, "Population - The Long View", in Theodore W. Schultz (ed.), *Food for the World*, Chicago: University of Chicago Press, 1945. 关于这个领域学说史的简述，请参见 John C. Caldwell, "Toward a Restatement of Demographic Transition Theory", *Population and Development Review*, 2, 1976, pp. 321 - 366.

业是初级的生产部门,所以过剩的人口和劳动力被积淀在这个部门。

　　理解人口转变与二元经济发展阶段之间逻辑关系的关键,是理解人口红利的产生和获得的机制。在较早的人口学和经济学文献中,关于人口与经济发展的关系,主要着眼于人口总量或人口增长率与经济增长率之间的关系,而关于人口转变的讨论,也仅仅停留在生育率、出生率、死亡率和人口总量的层面上。因此,在这些讨论中,人们忽略了经济发展与人口结构之间的关系,以及人口转变最重要的一个结果是人口结构及劳动力供给特征的变化。

　　随着大多数发达国家和许多新兴工业化国家和地区相继完成了人口转变,人口学家开始观察到这个转变所导致的人口老龄化后果。进而,经济学家又观察到伴随着人口转变而发生的劳动年龄人口的变化,及其对经济增长源泉的影响。[①] 在死亡率下降与出生率下降之间的时滞期间,人口的自然增长率处于上升阶段,需要抚养的少儿人口比率相应提高。再经过一个时间差,当婴儿潮一代逐渐长大成人,劳动年龄人口的比率依次上升。随着社会经济发展而生育率下降,人口增长率趋于降低,随后逐渐开始人口老龄化。换句话说,当人口自然增长率先上升随后下降形成一个倒 U 字形曲线变化之后,以大约一代人的时差,劳动年龄人口也呈现类似的变化轨迹。

　　因此,当人口年龄结构处在最富有生产性的阶段时,充足的劳动力供给和高储蓄率为经济增长提供了一个额外的源泉,因而被称作人口红利。相应地,一旦人口转变超过这个阶段,人口年龄结构因老龄化而在总体上不再富有生产性时,通常意义上的人口红利便相应丧失。由于人口转变阶段的变化可以最综合地用总和生育率来反映,我们可以从理论上预期这样一个人口转变与经济增长的关系:在总和生育率处于很高水平上时,经济增长率也相应处在很低的(假设没有人口转变和技术进步的)稳态水平上;随着生育率下降,并由于随之逐渐形成了富有生产性的人口年龄结构,经济增长率加快,因而获得人口红利;而当生育率继续下降到更低的水平上时,由于老龄化程度提高,经济增长率逐渐回落到较低的(不再有我们认

---

　　① Jeffrey Williamson, "Growth, Distribution and Demography: Some Lessons from History", NBER Working Paper, No. 6244, 1997.

识到的人口转变，但是技术进步处在创新前沿的）稳态水平上。相应地，在生育率下降从而形成具有生产性的人口年龄结构的特定人口转变阶段，形成所谓的"人口机会窗口"。

利用世界银行世界发展指标（World Development Indicators）数据库，我们可以对1960年以来各国GDP年增长率与总和生育率的关系进行一些描述性的统计刻画。在该数据库中，各国在历史上GDP的年增长率起伏极大，幅度竟在-51%—106%之间。为了避免解释那些极端值的复杂性，在此处的分析中，我们只观察GDP增长率介于0%—10%之间更反映常态趋势的观察值。根据我们所做的理论预期，GDP增长率与总和生育率之间并非简单的线性关系，而是呈现较为复杂的非线性关系，表现为随着生育率下降经济增长率先上升随后降低的曲线。因此，我们根据理论上得出的GDP增长率与总和生育率以及总和生育率平方项的关系，在图1中画出了GDP增长率的拟合值，并给出95%的置信区间。

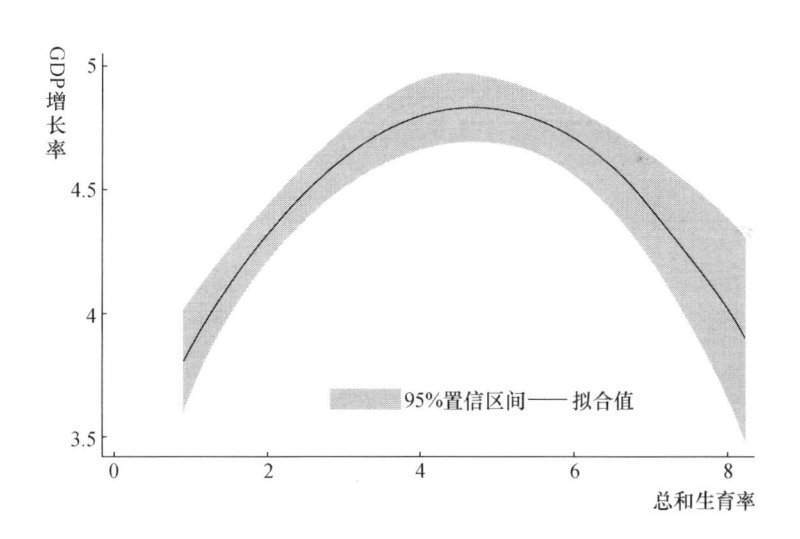

图1　GDP增长率与总和生育率的经验关系

资料来源：根据世界银行世界发展指数（World Development Indicators）数据库数据绘制。

图1直观地告诉我们，总和生育率与GDP增长率之间，呈现一种倒U字形的关系。那些总和生育率处于很高水平的国家，GDP增长率较低；随

着总和生育率的下降，GDP 增长率上升；而总和生育率下降到一定水平时，GDP 增长率达到最高值，相应也达到了一个从上升到下降的转折点；随着总和生育率的进一步下降，那些总和生育率较低的国家，GDP 增长率也较低。这个简单的经验曲线，与前面的理论预期完全一致。

一旦从经济理论和国际经验上都确认了生育率与经济增长率之间的关系，就可以更一般地认识人口学所认识到的人口转变过程，与人口经济学所确立的人口红利获得过程，进而与经济发展过程中呈现的刘易斯转折点之间的关系。也可以更正确地认识中国的人口转变和人口红利的获得与消失。

二　中国特色人口转变

1957 年，当马寅初教授在第一届全国人大第四次会议上发表题为《新人口论》的书面发言，提出控制人口的政策建议时，他所依据的是 1953 年第一次人口普查显示的过快的人口增长率。马寅初正确地认识到，经济社会发展是增加出生率，减少死亡率的因素。但是，在当时的知识背景下，他尚未能够运用人口转变的规律预见未来的人口增长率趋势。

根据许多发达国家早期的人口变动经验，人口学家总结出人口转变理论，即人口变化通常要经历一些共同的阶段。人口转变的第一阶段与经济发展的较低阶段相对应，以高出生率、高死亡率以及低自然增长率为特征。人口转变的第二阶段对应着一定的经济发展、健康和卫生条件改善，表现为高出生率、低死亡率从而高自然增长率。人口转变的第三阶段则是在较高的经济发展阶段上达到的，表现为低出生率、低死亡率从而低自然增长率。

中国的人口转变过程，既完全遵循也充分印证了上述规律。中华人民共和国成立后，随着经济发展和人民生活改善，人口转变就进入了第二个阶段，剔除 20 世纪 50 年代末 60 年代初的非正常波动后，主要表现为在死亡率大幅度降低的同时，出生率继续保持在高水平上，因而人口自然增长率过快。相应地，一直到 20 世纪 70 年代之前，总和生育率通常处在高达 6 的水平上（见图 2）。

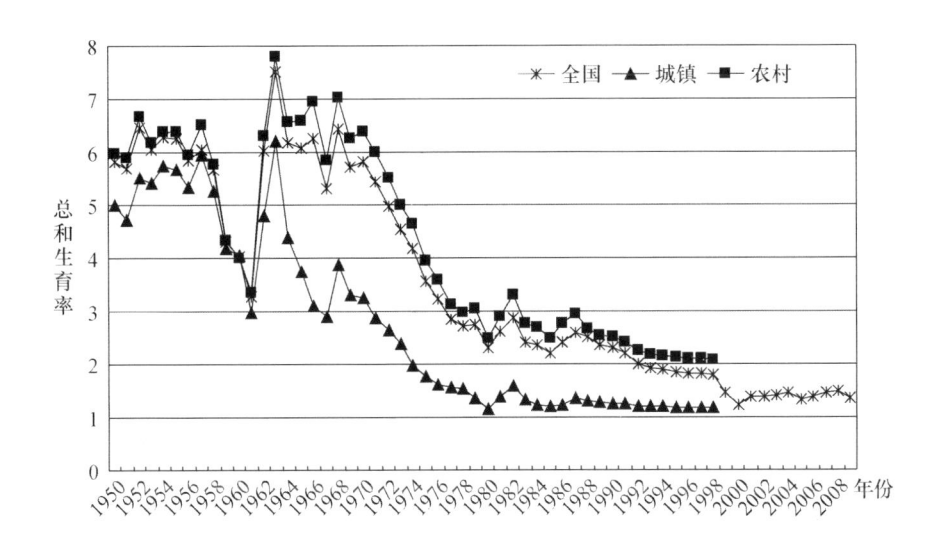

图2 中国分城乡生育率下降趋势

资料来源：1998年以前根据中国人口信息研究中心数据库计算，1998年以后根据历次人口抽样调查数据计算。

然而，并不像许多人想象的那样，生育率下降只是计划生育政策的结果。从20世纪70年代开始，中国政府就提倡以"晚、稀、少"（即提倡晚婚、生育间隔和少生优育）为目标的自愿性计划生育，直到80年代才形成了强制性的独生子女政策，随后逐步以法律的形式确立下来，并得到越来越严格的执行。然而，总和生育率大幅度降低发生在1970—1980年期间，即严格的计划生育政策实施之前，从5.8下降到2.3，共下降了3.5个孩子数。而以目前总和生育率为1.4作为参照的话，1980年以后总共才下降了0.9个孩子数。

国内外普遍把中国的人口政策简略地称作独生子女政策，其实并不十分准确。由于中国经济社会发展很不平衡，生育政策的具体规定在地区之间、城乡之间、汉族和少数民族之间都有所区别，总体上看，农村宽于城市，西部宽于东部和中部，少数民族宽于汉族。近年来，中国实际的总和生育率为1.4，而按照现行生育政策，从全国总体上看，政策允许的生育率为1.47左右，实际执行一孩生育政策的人口大约为60%。

一项计量研究发现，计划生育政策、人均GDP水平和人力资本水平对中国生育率的急剧下降都产生了明显的促进作用。但是，这三个变量在不同的时期，对生育率下降产生了不同的影响。总体而言，生育政策对生育率下降的边际效果渐趋下降，而经济发展水平提高和人力资本积累所产生的生育率下降影响日益增强。①

按照人口学规律，一个国家或地区，一旦总和生育率在 2.1 的替代水平之下，即意味着进入了低生育阶段。中国政府从国情出发，把 1.8 的生育水平作为判断生育率高低的基准，并在长达 20 年的时间里坚持认为，中国的总和生育率处于这个水平。② 不过，在坚持认为总和生育率为 1.8 近 20 年之后，官方静悄悄地放弃了这个生育率的说法，也就是说，按照国家统计局公开发表的数据，计算得出的总和生育率多年已经低于 1.5（见图 2）。

相应地，联合国在 2010 年发表的《世界生育率模式 2009》中，也把中国 2006 年的总和生育率修正为 1.4，归入低生育国家的行列。关于生育率水平的国际比较表明，中国在人口转变进程上，已经超过了它的经济发展阶段。根据联合国的数据，2005—2010 年期间的总和生育率，世界平均水平为 2.6，剔除最不发达国家后，发展中国家为 2.5，发达国家为 1.6，而中国为 1.4，无可争议地被列入低生育率国家的行列。③

官方和学术界也尝试探究人们的生育意愿究竟如何，换句话说，在进行政策评估或者政策调整的决策时，人们希望知道，目前的低生育率究竟是政策约束的结果，还是经济社会发展导致的。在局部地区进行的调查发现，在假设不受政策限制的情况下，平均每对夫妻期望的孩子数大约是 1.7 个。具体来说，在 1997 年、2001 年和 2006 年生育意愿调查，显示出的期望孩子数分别为 1.74、1.70 和 1.73 个。④ 这个水平不仅大大低于 2.1 的替代水平，也显著低于 1.8 的官方期望水平。这意味着，即使将来不再限制生育子女的数量，生育率回归到高水平的可能性也非常小了。

---

① 参见都阳《中国低生育率水平的形成及其对长期经济增长的影响》，《世界经济》2005 年第 12 期。
② 参见国家人口发展战略研究课题组《国家人口发展战略研究报告（上）》，中国人口出版社 2007 年版，第 1—21 页。
③ United Nations, *World Fertility Pattern*, 2009, 2010, http://www.un.org/esa/population/publications/worldfertility2009/worldfertility2009.htm.
④ 郑真真：《生育意愿研究及其现实意义——兼以江苏调查为例》，《学海》2011 年第 2 期。

这个事实验证了经济学家和人口学家关于人口转变规律所取得的学术共识：三个主要人口转变阶段的依次更替，是经济和社会发展的结果。但是，中国人口转变也是颇具自身特色的，中国所面临的政策选择也与众不同。中国人口转变有两个重要特征，第一是人口转变的速度快，第二是国家政府对个人生育的强制性干预。与世界上众多国家相比，中国的人口转变，即由高死亡率和高出生率向低死亡率和低出生率的转变，是以高度压缩的形式完成的。

例如，与几个主要欧美国家和日本相比，中国人口期望寿命从40岁上升到70岁仅用了50年左右，比欧美国家少用了一半的时间。历史上西欧国家，如英国和法国的生育率（以总和生育率为指标），从每对夫妇平均生育5个子女下降到更替水平的2个左右，用了约75年的时间。与其相比，中国所花费的时间不到30年，仅为以上比较国家的1/3。

值得指出的是，中国式的人口转变即生育率的迅速下降，又并非独一无二的。例如，韩国、新加坡、泰国和中国台湾都没有实行过强制性的计划生育政策，但是，这些国家和地区与中国大陆一样，生育率从20世纪50年代大致相同的高起点上，到90年代以后都下降到低于更替水平以下。而印度由于经济和社会发展绩效较差，人口转变过程相对滞后，但也经历了类似的变化轨迹。[①]

生育率的下降及长期处于极低水平，相应导致人口年龄结构的变化，即劳动年龄人口的持续上升，为中国经济增长带来人口红利。如图3显示，在人口自然增长率的倒U字形曲线处在长期下滑的同时，劳动年龄人口占总人口的比重这个倒U字形曲线，在一定时间内处在其上升阶段，其间中国经济增长可以收获人口红利。

三 分解中国经济增长

在改革开放以来的整个二元经济发展时期，中国高速经济增长显著地获益于人口红利。这既符合经济理论的预期，又具有中国特色，并且可以

---

① 林毅夫：《发展战略、人口与人口政策》，载曾毅、李玲、顾宝昌、林毅夫主编《21世纪中国人口与经济发展》，社会科学文献出版社2006年版。

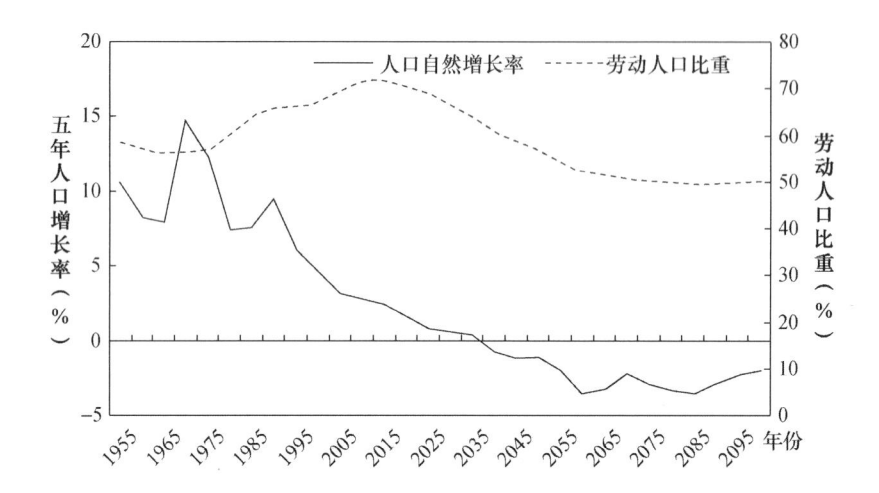

图 3　中国人口自然增长率与劳动年龄人口比重变化

资料来源：国家统计局《中国统计年鉴》相关年份；United Nations Department of Economic and Social Affairs, Population Division, 2011.

得到统计印证。人口转变对经济增长做出的贡献，表现在经济增长源泉的以下几个方面。①

首先，人口抚养比的持续下降，为高速经济增长中的资本形成提供了人口基础，有利于国民经济保持较高的储蓄率。早在计划经济时期，中国的储蓄率即固定资产形成与 GDP 的比率就非常高，改革时期继续提高，近年来达到空前的水平。1995—2010 年期间，该比率的名义值从 32.9% 提高到 69.3%，提高了 1 倍多。而如果分别对 GDP 总量和固定资产形成额进行价格缩减的话，由于 GDP 的缩减指数大于固定资产价格指数，则该比率的提高幅度会更大。因此，在分解经济增长源泉时，这个因素表现在资本投入的贡献率之中。

其次，劳动年龄人口持续增长，保证了充足的劳动力供给，并随着劳动者受教育程度的提高，使中国在参与经济全球化过程中保持了明显的同等素质劳动力的低成本优势。在很长的时期内，中国的优势不仅表现为劳

---

① 兰德公司的一份报告指出，人口红利是通过增加劳动力供给、扩大储蓄以及人力资本投入与回报上升等途径实现的。参见 David E. Bloom, David Canning, and Jaypee Sevilla, *The Demographic Dividend: A New Perspective on the Economic Consequences of Population Change*, Santa Monica, CA, RAND, 2002。

动力丰富和工资成本低，而且与其他发展中国家相比劳动力素质较高。例如，2005年中国劳动年龄人口平均受教育年限比印度高33%。① 较高的受教育水平有利于提高劳动生产率。对中国制造业企业的分析表明，职工受教育年限每提高1年，劳动生产率上升17%。因此，劳动力的丰富与素质双重优势，使中国得以长期享受单位劳动成本优势。② 这些因素对经济增长的效应，表现为生产函数中劳动投入和人力资本积累等变量的增长贡献。

再次，因农村在人口转变上滞后于城市，以及计划经济时期累积的农业剩余劳动力，在改革时期大规模转移出来，创造了劳动力从低生产率部门向高生产率部门流动的资源重新配置效率，成为全要素生产率的主要来源。如果把作为残差的全要素生产率做进一步的分解，则可以把这个贡献部分即资源重新配置效率分解出来。较早的一项计量分析表明，在1978—1998年期间，劳动力从农业向非农产业的转移，对经济增长的贡献率达21%，而在这种分解后所余下的未被解释残差（可以被看作是全要素生产率中的技术效率部分）仅为3%。③

最后，其他因人口转变而产生的人口红利贡献，即上述几种变量未能囊括却又与人口红利有关的因素。事实上，如果以人口抚养比作为人口红利的显性代理变量，可以将其对经济增长贡献看作是纯粹意义上的人口红利。由于人口红利来源于纯粹消费型人口（15岁以下及65岁以上）与生产型人口（15—64岁）所占的相对比例，因此，在经济学文献中，无论是关于中国还是其他国家和地区的人口红利计量分析，大都选取人口抚养比作为代理变量。例如，威廉姆森借此估计了在1970—1995年期间，人口红利对东亚经济增长的贡献率为1/4—1/3。此外，他还利用欧洲和北美17个国家在1870—1913年期间的经济增长和人口结构数据进行分析，发现新大陆人均GDP增长率优于旧大陆的部分，几乎全部可以由较低的抚养比来

---

① 王广州、牛建林：《我国教育总量结构现状、问题及发展预测》，载蔡昉主编《中国人口与劳动报告No.10——提升人力资本的教育改革》，社会科学文献出版社2009年版，第106页。
② 参见蔡昉、都阳、王德文《我国教育改革和发展战略若干问题研究》，载蔡昉主编《中国人口与劳动报告No.10——提升人力资本的教育改革》，社会科学文献出版社2009年版，第1—26页。
③ 蔡昉、王德文：《中国经济增长可持续性与劳动贡献》，《经济研究》1999年第10期。

解释。①

利用生产函数的方法,我们对中国20世纪80年代初以来的经济增长进行分解,可以观察到改革开放期间各种因素对经济增长的相对贡献,这些因素分别以固定资产形成、全社会就业人数、就业人员受教育年限、人口抚养比和残差作为变量,分别代表资本投入、劳动投入、人力资本、人口红利和全要素生产率对GDP增长率的贡献。结果显示,在1982—2009年期间的GDP增长中,资本投入的贡献率为71.0%,劳动投入的贡献率为7.5%,人力资本贡献率为4.5%,人口抚养比贡献率为7.4%,全要素生产率贡献率为9.6%。

在图4中,我们展示各种要素贡献率及其变化情况。为了显示一个连

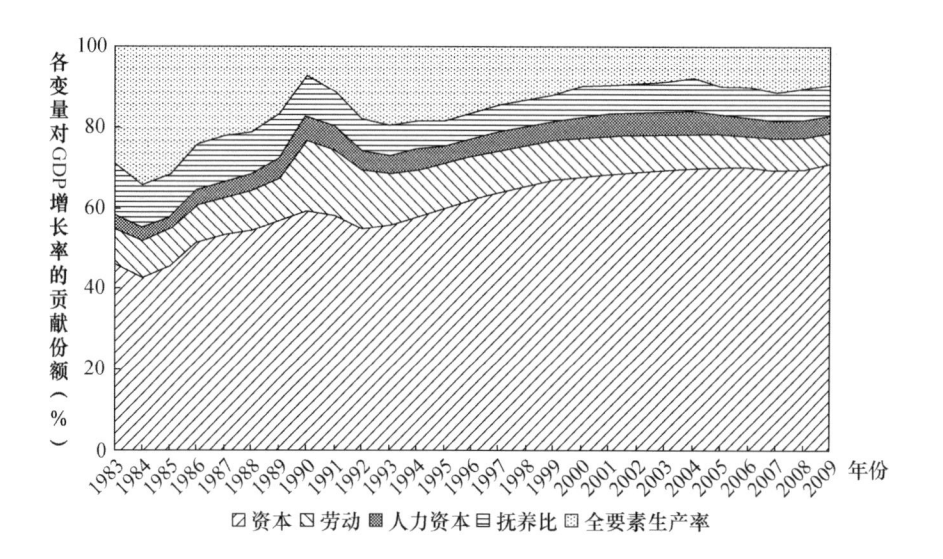

图4　各种要素对经济增长率的贡献

资料来源: Cai Fang and Zhao Wen, "When Demographic Dividend Disappears: Growth Sustainability of China", in Masahiko Aoki and Jinglian Wu (eds), *The Chinese Economy: A New Transition*, Basingstoke: Palgrave Macmillan, forthcoming, 2012。

---

① Jeffrey Williamson, "Growth, Distribution and Demography: Some Lessons from History", NBER Working Paper Series, No. 6244, 1997.

续性的趋势，我们在图中使用的数据是逐年累计的估计值，即1983年是用1年数据估计的结果，1984年是用2年数据估计的结果……依此类推，2009年是用27年数据估计的结果。因此，实际的变化趋势可能比图中显示的要更加鲜明，即资本投入贡献率逐年增大但不可持续；劳动投入和抚养比的贡献率随着人口年龄结构的变化而日趋衰弱；人力资本贡献率相对稳定，但是目前作用尚微弱；全要素生产率贡献率是未来经济增长的最重要源泉，但目前的表现不尽乐观。

四 人口红利消失

迄今为止人口转变的确对高速经济增长做出了贡献，为中国赢得了人口红利。但是，长期的低生育率已经将中国推进到人口转变的新阶段，人口年龄结构的变化呈现新的特征，意味着人口红利即将消失，经济增长必然受到相应的影响。从人口抚养比这个人口红利的显示性指标看，各种预测都显示，其长期下降趋势已经在减速，并在2013年前后降至最低点，那个时候就意味着人口红利的消失（见图5）。

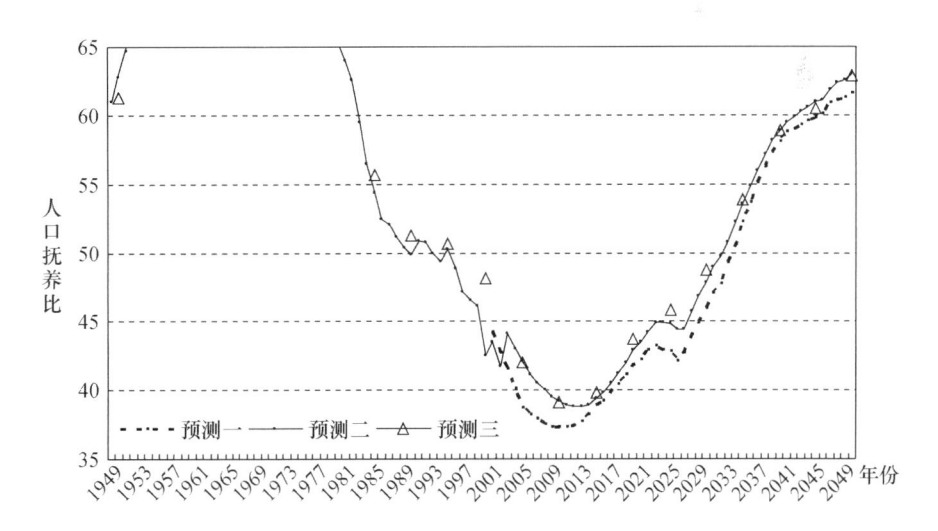

图5 人口抚养比的各种预测

资料来源：预测一和预测二分别由胡英和王广州所做，预测三由联合国（United Nations, 2009）所做。

对此判断也存在相反的观点,即认为人口红利近期内不会消失。这种观点的方法是从人口抚养比的绝对水平来观察。例如,假设在20世纪90年代中期,人口抚养比就算较低水平了,则在2013年之后,抚养比上升的一段时期内,直到大约2030年前后,抚养比都算得上较低。于是,依此观点,中国的人口红利可以继续保持大约20年甚至更久。如果进一步放宽条件,例如把1990年前后的抚养比看作是可以产生人口红利的水平,则后者可以延续到2030年之后。[1]

由于在收获人口红利时期的经济增长,通常更加依赖资本和劳动要素的投入,而后人口红利时期的经济增长必须更加依靠全要素生产率特别是其中技术效率的提高,因此,关于人口红利是否以及什么时候消失的判断,涉及既有经济增长方式的转变是否必要且紧迫,故而是一个至关重要的学术和政策问题。

尽管人们给予人口红利以各种解释,并以一些指标将其定量化,但是,人口红利的本质究竟是什么,换句话说,为什么劳动年龄人口占比大并且持续扩大可以为经济增长提供一个额外源泉,迄今为止尚未清晰地得到说明。不过有一点是肯定的,这个问题明显不属于人口学的范畴,所以,我们应该从经济增长理论出发认识这个问题。

新古典增长理论假设劳动力是短缺的,因此,物质资本超过一定点的继续投入,将会遇到报酬递减现象,从而经济增长不能持续。从此逻辑出发,打破资本报酬递减规律有两个途径,一是通过技术进步和更有效率的资源配置,以全要素生产率不断提高的贡献率保持经济增长可持续性,二是破除劳动力短缺这个制约因素,使资本投入不致遭遇报酬递减现象,从而要素投入型的增长方式在一定时期是可行的。而后一条件恰好是二元经济发展所天生具备的。一旦能够将劳动力无限供给特征转化为经济增长源泉,则意味着实现了人口红利的利用。

可见,理解人口红利,要将其置于二元经济发展框架内,与这个过程中的资本积累密切联系。刘易斯本人在阐述其二元经济理论时,就不厌其烦地表示,具有无限供给性质的劳动力的开发利用,要随时随地与资本积

---

[1] 参见周婷玉《2013年我国人口抚养比将现"拐点",仍有25年"人口红利"期》,http://news.xinhuanet.com/politics/2010-05/18/c_12115988.htm,2010年。

累联系在一起来理解。例如，他在其著名的《劳动力无限供给条件下的经济发展》中指出："整个过程的关键在于资本主义部门对剩余的使用。正是因为剩余被再投资于创造新资本，资本主义部门得以扩大，并吸收更多的人从生计部门到资本主义部门就业。剩余越来越多，资本形成也越来越大，因而（二元经济发展）过程持续下去，直至剩余劳动力消失。"[①]

据此，我们通过图6来观察人口红利与资本积累的关系。我们用曲线 D 表示人口红利显示性指标（1 - 抚养比），它所呈现的倒 U 字形变化轨迹，恰好反映其对应的具体定量指标——人口抚养比在图4中经历的 U 字形变化。接下来，我们用曲线 K 表示资本积累，可以看到一个不断累积性提高的趋势。如前所述，人口红利的核心是由于劳动力无限供给性质而打破新古典增长理论的劳动力短缺假设，从而保证不会出现资本报酬递减现象。既然资本积累不是一个既定的量，而是一个不断扩大的过程，因此，人口红利的动态（即处于下降过程中的人口抚养比），恰好可以为动态的经济增长提供一个使其不出现资本报酬递减的要素条件。

因此，理解人口红利对经济增长贡献的关键在于，在人口红利变化并式微的同时，资本积累则是不断扩大的。在现实经济生活中，面对劳动力短

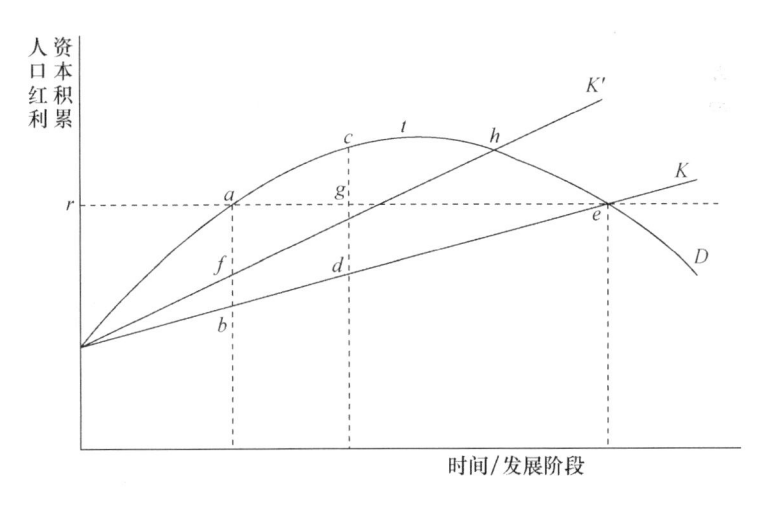

图6 人口红利通过打破资本报酬递减律而发挥作用

---

① Arthur Lewis, "Economic Development with Unlimited Supply of Labor", *The Manchester School*, Vol. 22, 1954.

缺，作为投资者的企业和政府，最直接的反应是用更多的资本投入，以替代劳动的投入，导致在企业层面、产业层面和国家层面的资本劳动比上升。而资本投入强度越大，则面临着越加严重的报酬递减可能性。所以，图中的 K 是一个上升的曲线（斜率大于零）。不考虑这一点，就脱离了人口红利作为避免资本报酬递减的作用实质。

在图 6 中，我们可以把曲线 D 与曲线 K 之间的距离看作是人口红利作用的力度。从中可以看到，假设在水平 r 上，人口红利显示性指标算是较高的，其发挥的抑制报酬递减的作用可以为 ab。在到达人口红利显示性指标的最高点，即图中的 c 点（其为曲线 D 上面斜率等于 K 的斜率的一点）时，抚养比对资本报酬递减的抑制作用达到最大。由于资本积累不断提高到更高的水平，因此，c 点之后人口红利作用明显减弱。例如，同样在 r 的水平上，人口抚养比就不再能够像以往那样发挥抑制报酬递减的作用了。从图中看，这个显示性指标，即人口红利的作用力度在抚养比降到最低点后，迅速递减至零即 e 点。

很显然，图中资本积累曲线 K 的斜率实际上是任意画出的。按照新古典增长理论的假设，越是在资本投入的更高水平上，越是会出现资本报酬递减的现象。换句话说，假设斜率更大的 K' 是更加接近真实水平的资本积累曲线，则人口红利作用减弱的速度更快，早在 h 点上便会降为零。

基于上述认识，我们可以得出的结论是，中国从改革开放以来得以开发人口红利始，最大限度收获人口红利发生在 2010—2015 年之前的一段时期内（见图 4），具体来说，就是人口抚养比在降到 37%—39% 水平之前。从 2010—2015 年开始，人口结构变动对于资本报酬递减的抑制作用迅速减弱，直至人口红利消失。而且，资本积累越是迅速，经济增长越是在更高的程度上依赖投资，则人口红利丧失越快。

自 20 世纪 90 年代以来，中国的劳动年龄人口占总人口的比重虽然仍在提高，但是上升的速度逐渐减缓。例如，1980—1990 年期间，该比重提高了 6.14 个百分点，在 1995—2005 年期间提高了 4.05 个百分点，在 2005—2015 年期间预计只能提高 1.78 个百分点。相应地，资本劳动比一直增长较快。总体来说，这都是产业技术选择和产业结构选择对人口红利式微所作出的反应。其间有两个重要的拐点：1993 年是第一次加速提高的起点，

2004年是第二次加速提高的起点（见图7）。

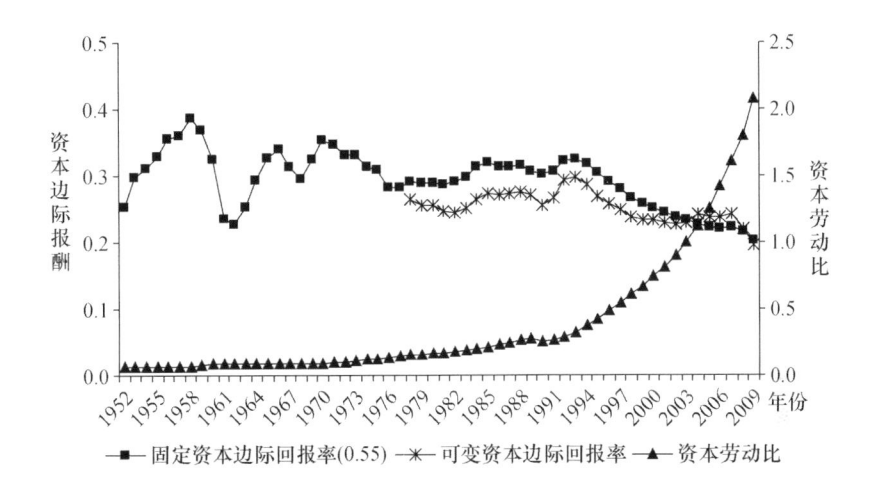

图7 资本劳动比与资本回报率的反向变动

不过，在企业和投资者对资源禀赋变化做出反应的同时，资本劳动比的上升也有着人为的因素，即投资者特别是政府相关投资者通过提高资本劳动比，探索新的比较优势。应该说，在2004年刘易斯转折点到来之前，在政府不恰当干预的情况下，资本劳动比的上升完全可能是违背比较优势的表现，扭曲的色彩更重一些。正如吴敬琏等在回顾20世纪90年代以来中国经济增长模式时所指出的，在旨在通过战略性重组改进国有经济效率的同时，行政机关的资源配置权力大大增强，主要体现在政府对生产要素市场的干预和对所谓"战略性产业"的控制。[①]

总之，在资本劳动比大幅度提高的同时，我们的确看到了资本边际回报率下降的趋势。如图7所示，在20世纪90年代之前，资本劳动比长期没有实质性提高，但资本边际报酬却保持较高水平，表现出劳动力供给充足所产生的抑制资本报酬递减的作用。但是，1993年以后，资本劳动比的上升与资本边际报酬率的下降同时发生了。

---

① 吴敬琏、范世涛：《超越东亚奇迹——中国经济增长模式的回顾和展望》，载蔡昉主编《中国经济转型30年（1978—2008）》，社会科学文献出版社2009年版，第208—232页。

五　结语

中国经济正在经历两个重要的转折点，预示其发展阶段的根本性变化。第一个是劳动力无限供给特征开始消失的刘易斯转折点，第二个是以人口抚养比的止降反升为标志的人口红利消失的转折点。中国经济面临着传统增长源泉的消失，如果不能适时转向新的增长模式，则减速在所难免。而根据国际经验，这种不期而至的经济增长减速，也可能转变为长期的停滞。日本在20世纪60年代初到达刘易斯转折点之后，到1970年人口抚养比达到谷底，在抚养比的最低点停顿了20余年之后，于90年代初开始提高。与此同时，日本经济陷入失去的20年。

近年来，关于中国是否耗尽其人口红利的讨论十分激烈并引人注目。但是，有一些特别的现象影响了讨论的质量。第一，虽然否定性的意见不绝于耳，但是这些意见大多没有付诸学术性论文，而是在报刊、网络、会议发言和新闻采访上表达，通常未提出什么可以与之争辩的论据。第二，一些争论的参加者干脆否认人口红利这个概念的必要性，甚至直接称之为"伪命题"。[①] 这种论战方法近年来成为一种时髦，即许多学者对自己不赞同的观点动辄冠以"伪命题"。

由于科学上讲的伪命题或不真实的命题，是指一种判断既不符合客观事实，也不符合理论预期，因此，回应这些不同意见的方式，无疑是继续进行经验研究，提供更多的证据。此外，还有必要从更基础的问题上进行一些讨论，即回答我们为什么需要理论。

经济学家通常认为，理论的意义在于抽象，即把千变万化的现象加以归纳、提炼，放置到一个框架中，以便寻找现象背后的规律性。换句话说，这种抽象使我们可以使用地理理论和地图去把握世界，而不必走遍地球的每一个角落。进一步，经济学家更看重借助理论去预测尚未发生的事件。因此，预测能力越强的理论就是越好的理论。[②] 我们退一步看，理论还是一

[①] 参见刘福垣《人口红利是个伪命题》，《中国人力资源开发》2011年第6期。

[②] M. Friedman, "The Methodology of Positive Economics", In *Essays in Positive Economics*, Chicago: University of Chicago Press, 1953, pp. 3–43.

种与一系列特征化事实或经验相关的概念,并且与特定的认识论和方法论相联系,可以使我们透过表面和假象去认识事物的趋势或者本质,使我们不致受到传统观念的束缚。

人口红利这个概念,正是在这个意义上具有其价值,即帮助我们揭示经济发展的阶段性变化,以区别于周期性、结构性和偶发性的判断。由于人口过程表现为一个相对缓慢、长期和稳定的变量,是影响经济增长各种变量中最可预测的因素,因此,抓住这个因素的变化趋势,有利于我们认识到经济增长的挑战和机会。事实上,当做出人口红利消失的判断时,我们考虑的是如何顺应人口转变和经济发展规律,延长第一次人口红利和挖掘第二次人口红利,以及如何从二元经济发展模式转变到更加依靠全要素生产率的新古典增长模式。

中国人口红利消失及其对经济增长的挑战

一 早熟的人口转变与"未富先老"特征

1. 作为发展结果的生育率下降

人口学是门非常复杂的学问。在对人口学的研究中，我发现人口转变理论非常重要。人口转变理论是指随着人均收入水平的提高，人口的结构、数量、特征发生几个阶段的变化。在国家发展最穷的时候，人口基本上处于"高出生、高死亡、低增长"阶段，出生率很高，死亡率也很高，维持人口再生产很难，增长率是低的，这是第一个阶段。随着收入水平的提高，死亡率开始有所下降，但人们生育还有一个惯性，就变成了"高出生、低死亡、高增长"的阶段，新中国成立以后很长一段时间是处在这个阶段，很典型。当收入水平进一步提高，养育孩子的成本会随之提高，与此同时养孩子的机会成本也提高了。机会成本就是指妈妈要外出工作，否则家庭生活水平就会降低，而妇女的就业、受教育程度提高也倾向于少生孩子，因此人口转变就逐渐进入到第三个阶段——"低出生、低死亡、低增长"阶段。人类记载的文明到今天为止，我们看到的就是这三个阶段。而且只要人均达到了相应水平，通常就会进入那个阶段的人口转变，掌握这些能够帮助我们认识人口问题。

人口问题可以被看作是一个回声现象。人口的回声现象是指人口的转变的后果是延迟的、递减的，换句话说是有阶段的。比如说当我们处在"婴儿潮"时会有大量孩子出生，20年后这些孩子就变成了一个回声，反映在劳动年龄的人口上就是数量迅速增长，再过20年他们就变成中年劳动人口。40年后，他们再回声的时候，他们变成了老龄人口。比如我们新中国成立初期就赶上了人口转变的第二个阶段——"高出生、低死亡、高增长",20世纪60年代中期,新中国成立初期新出生的人口就进入了劳动年龄,遇到就业问题,到今天就变成了老龄化问题。因此我们中国的人口问题和人口转变、回声现象的规律是一致的,但是,有中国的特色。我们的人口转变过程是在短短的几十年里面,走过了早期发达国家上百年的道路,因此出现了未富先老的人口特征。

我们先看生育率。可以想象中国的一对夫妻两个人,生育多少孩子才能够实现替代自身,就是说将来我们去世了,孩子的数量正好也抵消了减少的人数,总人口是不增不减,应该是2个,但是通常孩子也是损耗的,因此以2.1作为一个替代水平的总和生育率。一般来说,人们说高于2.1的生育水平就是高生育,那么低2.1就叫作低生育水平。过去我们的政策强调,由于我国人口多、基数大,把生育率的均衡水平定到保守的1.8,那我们看看现实是多少?

20世纪60年代,我们的总和生育率差不多在6、7这个水平上,从1970年到1980年降到了3,接下来独生子女政策正式形成,从那以后生育水平持续稳定下降,降到今天是1.4、1.5左右,远远低于2.1替代生育率的水平,也远远低于我们国家制定的均衡人口的1.8。这既远远低于发展中国家,也低于发达国家1.6的平均数,也就是说中国目前的生育水平在全世界最低的行列之中。按现在的生育率来看,我们应该是发达国家,但事实上不是。我们长期处在低生育水平,加了几个回声以后,当年的婴儿就变成了劳动年龄人口,接下来他们变成了老年人,因此我们的人口老龄化非常快。联合国的定义是:65岁以上人口的比重超过7%就叫作老龄化社会。我们20世纪80—90年代,就已经是这个水平,因此我们很早就进入了老龄化社会,只是这些年才逐渐暴露出这个问题。

大家看我们未富先老特征(见图1)。我们是发展中国家,但是发展中国家的平均水平是右边的金字塔,一般来说是孩子多、年轻人多,越到上面老年人越少,是一个标准化的金字塔形状。发达国家就呈现接近于倒金字塔形状,也就是说它的老龄人口多,生育下降了。

再看中国,左边这个图,和其他发展中国家相比,我们就更接近于一个橄榄形状,说明我们的人口老龄化程度远远地高于其他发展中国家。跟其他发展中国家相比,中国经济实力处在同一个发展阶段,但是中国的人

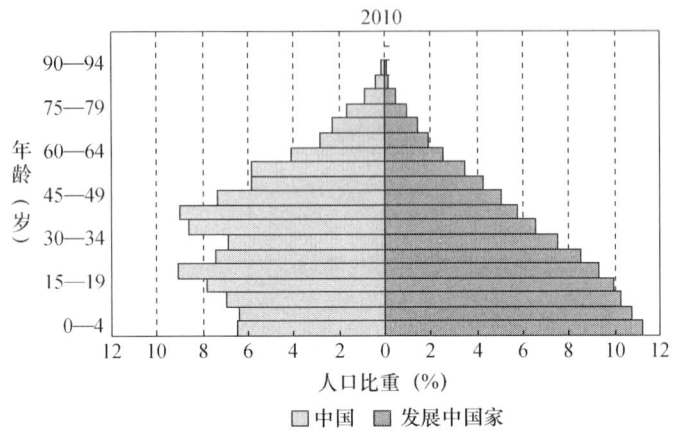

图1 中国的"未富先老"

资料来源:United Nations Department of Economic and Social Affairs, Population Division, 2001。

口老龄化程度却接近发达国家,这就是中国人口未富先老的特征。

2010年我们进行了人口普查,一些学者根据现有的数据推测了一下,改变了我们对中国人口发展趋势的看法。很早以前,我们希望在2050年之前把人口控制在16亿之内,后面逐渐改口为要在2040年之前控制在15亿之内。但是根据调查的结果推测,我们中国的人口高峰是在2022年,数量不超过14亿,就是13.8亿就到头了(见图2)。

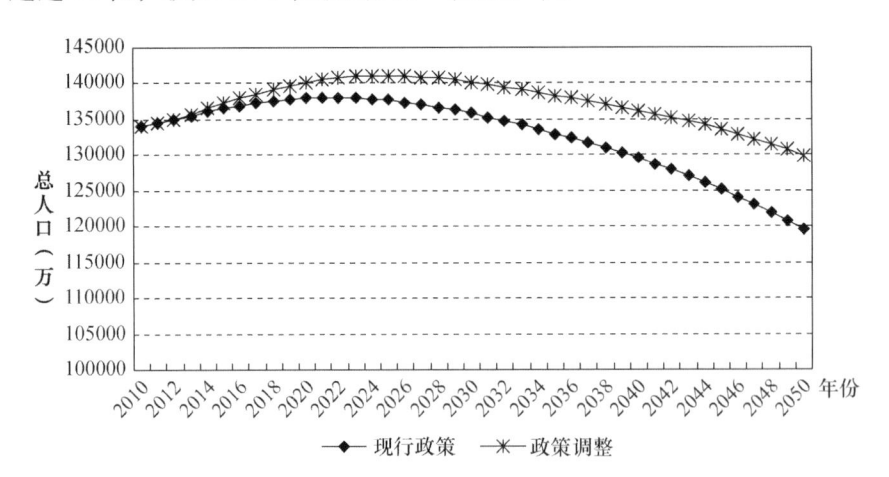

图2 生育政策效果模拟

资料来源:中国发展研究基金会《中国发展报告2011/12:人口形势的变化和人口政策的调整》,中国发展出版社2012年版。

这个数字是按照现行一对夫妻只生一个孩子的政策推算的。我们做了一个假设，假设生育政策改革变成"单独"政策，就是一对夫妻中有一个是独生子女就可以生两个孩子。那么生育高峰、人口高峰会略微晚几年，但也没有超过2030年，稍微超过了14亿。

同样，中国人口的年龄结构发生的变化更快。从这次的普查推算，2010年开始，劳动年龄人口（15—59岁）已经在绝对的减少，且每年都在减少。如果劳动年龄人口绝对数量都下降了，这个时候经济再继续增长，没有新增的劳动力的情况很有可能发生，"民工荒、招工难"等问题是一定会出现的，这就是我们今天看到的经济现象背后的人口的背景。

人口影响劳动力市场，我们不看全部就业，仅仅看农民工，因为多年以来我们的新增劳动力基本上全是农民工。从城市的角度来说，大家看到一些年轻的同志参加就业，其实他们的速度还没有退休的人速度快。新增的劳动力，特别是在劳动力密集型的行业中，全部都是农民工。那么，结果是什么呢？需求继续在涨，劳动力的供给增长速度减慢，供需的关系发生了变化，唯一的结果就是涨价，农民工的工资很自然就迅速的上涨了。我大概推算了一下，从2004年到现在，农民工的工资剔除了物价因素以后，增长大概达到13%，去年就更极端了，高达21%，劳动力供求关系发生了根本性变化。

2. 刘易斯转折点：劳动力短缺/工资上涨

我们的发展经济学应该说真正成形了，发展经济学是和一个人的名字有关的，就是阿瑟·刘易斯，他提出发展中国家和发达国家在结构上是不一样的。发达国家是一个匀质的社会，但是在发展中国家形成了二元社会、二元经济，一头是大量的传统的经济（主要是农业），另一头是现代工业。传统农业最大特点是土地是有限的，但是人口增长很快，那么这种二元经济中发展经济的一个特点就是劳动力永远不发愁。现代经济增长的部分，你能积累多快、扩张多快，就有多少劳动力提供给你，而不会影响农业的生产水平，你就用那个足够吸引他、高于农业的工资他就愿意转移出来，因此在相当长的时间内，工资不上涨，劳动力无限供给，这就是典型的二元经济发展过程。直到有一天，劳动力供求关系有所变化，剩余劳动力减少，你必须涨工资，才能把他继续吸引出来，这个时候就会出现刘易斯转折点。

你只要看到持续的劳动力短缺现象和普通劳动者工资持续上涨，就是刘易斯转折点。我们第一个转折点已经到了，在2004年。2004年我们第一次听到了大家普遍的抱怨，说劳动力短缺，"民工荒"，从那以后一直没有断过，即使在2008—2009年金融危机的时候也是如此，农民几十年不变的工资水平在2004年以后持续上涨，越涨越快（见图3）。

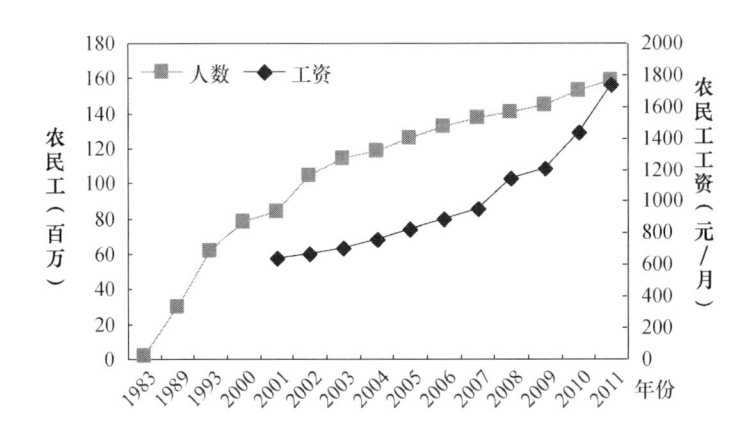

图3　农民工数量和工资变化

因此我们大家先记住：中国在2004年到达了第一个重要的转折点，叫刘易斯转折点。

3. 第二个转折点：人口红利消失

第二个转折点更确切，是人口红利消失的转折点。人口红利是和人口转变的特定阶段相关的。当年我们有过一段大量生孩子的"婴儿潮"，在这之后我们生育率下降了。我们假设新生出来的孩子是0岁，20岁以后他们长成了劳动力，因此20年以后这部分人进入劳动力市场，我们的劳动人口上又出现了波峰。因此在这个时候我们的劳动年龄人口占总人口的比重是最高的。劳动力充足意味着：第一，劳动力供给是无限的，不用涨工资就可以得到。第二，因为劳动年龄人口多，人口抚养比是下降（见图4）。人口抚养比下降的过程中我们得到人口红利，他们对经济增长有额外贡献。但抚养比降到最低点以后就开始上升，我们预测是在2009年到2013年之间，人口负担加重，劳动力供给减少，人口红利对经济增长的贡献的部分就消失了。我们假设用官方的数据预测，2013年是我们第二个转折点即人口红利消失的时间。

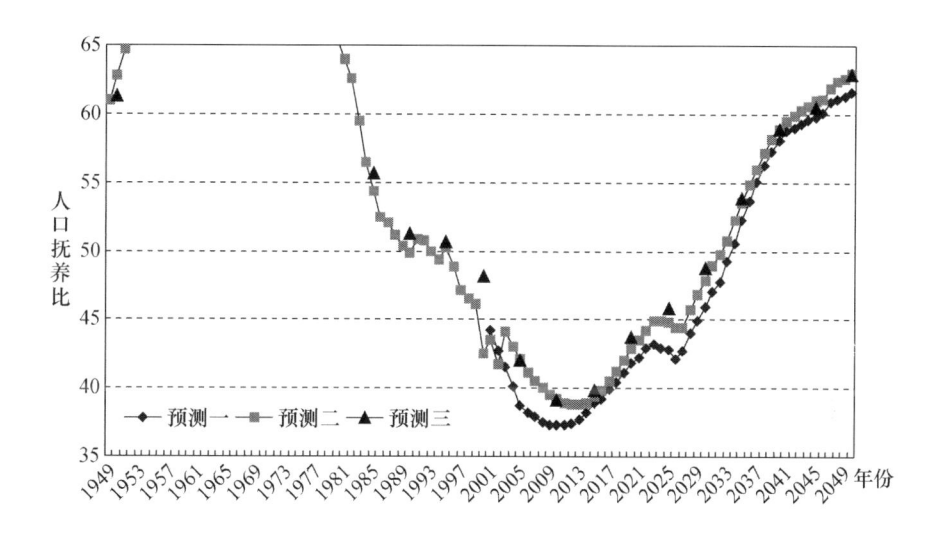

图4 人口抚养比的几种变化预测

假如中国的刘易斯转折点发生在2004年，人口红利消失的点是2013年的话，我们只有9年的时间。但今天我们社会上还在争论，认为刘易斯转折点根本没有到来。但仅仅9年的时间，甚至不够我们讨论，更不要说应对，要做出政策的调整，去避免未来不好的结局。

我想这个特殊的因素来自于未富先老，这就是中国最大的一个国情，未富先老会影响到中国的经济增长，我们先来看一看人口的特征怎样影响经济增长。

二 "未富先老"影响经济增长速度的逻辑

很多人听到过中等收入陷阱的概念，是指到达中等收入阶段以后长期徘徊不前。为什么出现这种现象？人们发现在全球化的时期，有两类国家受益比较多，一类是发达国家，一类是低收入国家，最典型的就是中国。改革开放之初，我国人均收入不到300美元，但是加入全球经济中之后，我们在劳动密集型产业中有比较优势，劳动力充足、便宜。相比之下，中等收入国家的受益就比较少,想在劳动密集型产品上跟中国竞争做不到,想在技术和资本上跟发达国家竞争做不到。因此,中国从低收入进入中等收入国家,意味着中国逐渐丧失过去在劳动密集型产业中的比较优势,又不能获得在资本技术密集型产业中的比较优势,将有可能陷入中等收入陷阱。因此我们处在一个比较优势不充足或者真空的状态,因此在这个时期的确有增长速度下降的可能性,甚至陷入中等收入陷阱的危险,这是一个逻辑。

就拿我们农民工去年工资上涨21%来看,对利润的冲击是什么影响呢?20%的劳动力成本上升会影响企业利润的20%—60%,这意味着你用的劳动力越多,越是劳动密集型产业,在产业变化趋势中就会越快丧失竞争力。在研发的投入上,我们低于世界平均水平,没有技术资本的比较优势,以发展最杰出的瑞士为1测算,中国大概是0.3的水平,在中国之前甚至包括了巴西、墨西哥、南非、阿根廷、泰国、智利这样的一些发展中国家。我们正好处在可能会失去传统的比较优势,而不能获得新的比较优势的发展阶段,人们很自然地预测中国可能要发生经济减速的结果。

最近,有两个比较有影响的预测。

一是摩根士丹利经济学家做的一个预测。根据统计数据,他们发现,一般一个国家发展到人均GDP7000美元的时候(7000美元是按购买力平价计算,比通常按汇率计算要高不少)增长速度会减下来,不一定每个国家都会减,但是通常有很大一部分国家在这个阶段速度要降下来。

二是由跨国的经济学家团体预测的。他们认为高速增长的国家在人均GDP17000美元的时候会减速,同样也使用购买力平价法。按购买力平价计算,中国人均GDP是9000—10000美元。

我们把这两个预测看作是一个区间的话,中国目前正处在两者之间,也就是说我们大致处在应该减速的阶段上,我们过去维持30年接近10%的GDP增长率很可能不再维持了。

三 人口红利消失后的潜在增长率

1. 经济增长源泉分解

如何保持未来经济增长速度,有很多看法。有人说我们要把出口转到扩大内需上，我们有足够大的内需了，就能保持更快的经济增长。有的人就直接地说城市化是未来的经济增长点，加快城市化还能给中国经济带来若干百分点的增长率。认为城市化是经济增长点，同样是从需求的角度来说，需求方因素决定了你生产出的产品有没有人需要，但不决定你有没有能力生产这么多产品。所以我们讲中国未来的潜在增长能力时，应该从供给方，也就是生产要素，比如资本、土地、资源和各种生活要素的生产力来看。因此在讨论潜在增长率的时候一个很重要的问题是先撇开需求方的因素，从供给方面看一看。

我们对中国迄今为止的30年的高速经济增长做了一个分解，来看一看接近10%的增长率中，都是由哪些因素推动的。其中71%的贡献率来自于资本投入，资本投入和人口红利有关。我前面讲了人口红利我们可以用人口抚养比来代替，人口抚养比低，意味着我们可以储蓄、积累，保障资本的充足，我们有资本可以投入。同时还有很重要的一点，当我们劳动力是无限供给的时候，不会出现资本和劳动力比例失调，也就不会出现资本报酬递减现象。劳动力和资本的关系是一样的。劳动力充足，资本就不断地投入，不会发现报酬递减现象。接下来的8%的贡献率来自于劳动力的增长、4%的来自人力资本，也就是受教育水平，也和红利资本是相关的。其他的17%我们叫残差，我们把它分解出来，发现其中有7%直接来自于人口抚养比的下降，就是人口抚养比下降本身对经济增长有贡献；还有10%我们把它叫作全要素生产率，也可以说是效率的改进。过去有人说人口抚养比这块儿是人口红利，也就是说中国经济增长中有7%是人口红利，其实不然，这是直接的人口红利，而在人力资本里、劳动力里，甚至资本投入中都有间接人口红利（见图5）。

另外，全要素生产率也有人口红利，这其中的劳动力配置也和人口红利相关，它占了全要素生产率的接近一半，因此说人口红利消失，劳动生产率中的因素也会消失，会影响到未来资本的投入、劳动力的投入、人力资本的投入，也会影响生产力。

刘易斯转折点是人口红利消失的前兆，人口红利真正消失以后，推动中国经济增长的因素全会发生不利的逆转，相应地中国未来的经济增长速度就会下降。

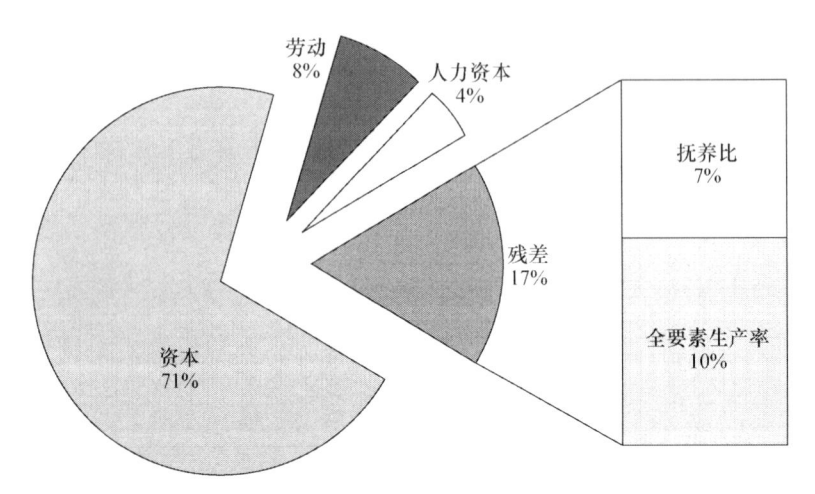

图 5　中国经济增长贡献分解

2. 认可潜在增长率降低很重要

世界银行对中国潜在增长率有一个预测。潜在增长率就是按照你现在能够供给的生产要素来推算。大家看，1978 年到 1994 年，潜在增长率是 9.9%，每年 GDP 增长 9.9% 和实际增长率基本上是一致的。我们做过比较，1995 年到 2009 年，略有下降，潜在增长率是在 9.6%，也和实际发生的基本一致。但是，他们预测的 2010 年到 2015 年，大体上相当于我们的"十二五"时期，他们预测的增长率要降到了 8.4%，我们今年就开始向潜在增长率靠近，到大致上是"十三五"的时候，是 2016 年到 2020 年的时候是降到 7%（见图 6），原因是什么呢？

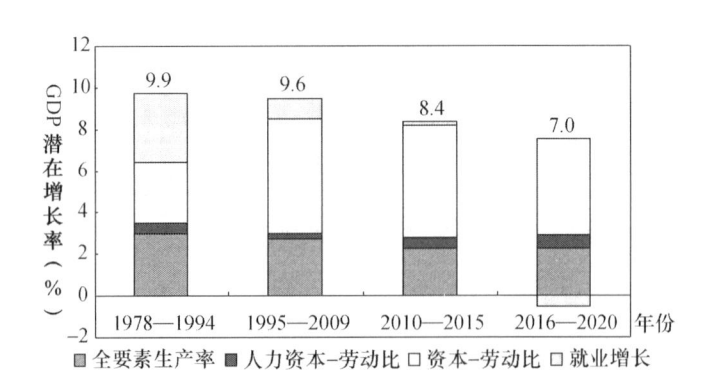

图 6　潜在增长率变化预测

这个研究很有意思，能够揭示出构成这个潜在增长率的因素组成部分，1994年之前就业增长的贡献是接近三分之一，到了1995—2009年的时候差不多是九分之一，因为人口红利消失了，直接表现在劳动年龄人口的减少。到了"十二五"时期，它就很小很小，微不足道了。到"十三五"它变成了负的，人口红利变成了人口负债，起到抵消其他经济增长因素的作用。

应该说，这个预测还是乐观的。因为前面我给大家看过，我们的总人口在2020年就会达到顶峰，只有13.8亿人口，我们的劳动年龄人口从2010年已经开始下降。所有的这些，在经济学家做预测、收集数据的时候都得不到，他们得到的都是传统数据，认为中国大概在2030年或者2030年之后才达到人口的高峰，劳动年龄人口的减少是在2015年、2013年以后。因此，如果我们把这些发生的人口变化的新因素加进去的话，大概是还要下降一个百分点。也就是说，我们是按照"十二五"和"十三五"时期预测，比现在看到的还要悲观一些。

潜在增长率下降是不是坏事？如果仅仅从"7%"、"6%"这些数字上看，仍然是全世界最快的经济增长之一，好像并没有那么可怕，但真正可怕的是在哪儿？

我现在就想澄清一个概念，我们到底有没有中等收入陷阱的危险。到目前为止预测的这些下降都是合理的，也是我们可以接受的增长速度，而中等收入陷阱的危险在于当潜在增长率下降了以后，如果还要保持过去的增长速度的话，就有一个增长率的差距，这个差距想去填补是最容易犯错的。如果犯了这个错误，可能会长期影响经济增长。历史上有很多国家在这个时候犯过错误，比如拉美国家。日本，虽然是发达国家，但也在这个问题上犯过错误。

这个图（见图7）比较简单，我只是给大家说明一个原理，S_1这条线我们把它叫作总供给线，也就是说，社会总产品是从这个线上得到的。如果总供给继续增加，产量从O_0到O_1，你发现总成本会大幅度地提高，这不仅是广义的成本，还包括因政策扭曲带来的成本增加，比如资源环境的破坏、宏观经济不稳定现象、通货膨胀，等等。也就是说在这条曲线上，如果你的产能线是这样的，那么你还要继续超过这个增长速度，你得到的结果就是高成本而且是广义的成本。但是，我提前说一个结论，就是潜在增长率是不应该超越的。如果潜在增长率是8%，不应该人为地追求到9%、10%。但是还有第二个结论是说潜在增长率本身是可以改变的。假如我们通过某种办法把这个总供给线变成 S_2，大家可以看到，同样的产量增加，它的成本提高就要低得多，后边我把它用具体的经济现象来说。

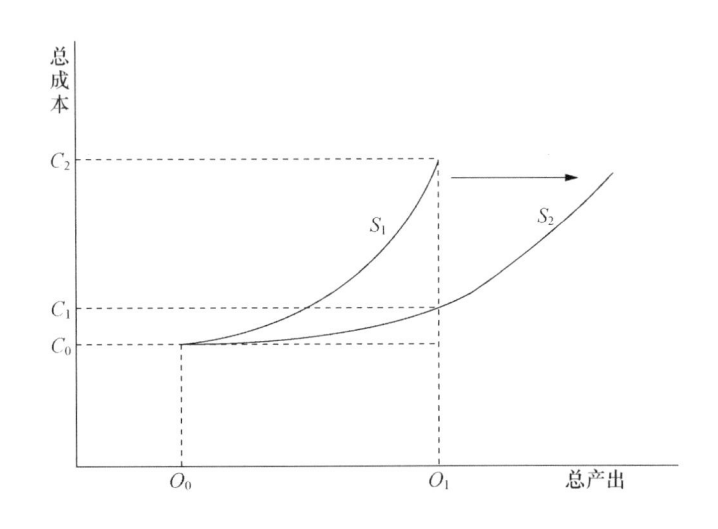

图7　经济增长的成本

3. 如何认识和应对潜在增长率变化

当潜在增长率下降以后，我们最容易遇到的一个问题就是如何保增长。保增长，人们需要"抓手"。抓手就是说有一些政策是可实施的，而且实施后能够实现实在的 GDP 百分点。很自然，第一个政策就是产业政策。这意味国家有大量的投资还有大量的优惠鼓励性的政策。这些政策其实有两个目的：一是保增长，二是选择新的比较优势。那么新的比较优势的产业在哪儿呢？很多国家觉得企业自身是找不到的，因此政府就采取一套措施，去鼓励、支持这些产业或者直接投资建设。其实，比较优势的选择应该是在单个的企业和投资者之间进行的，因为对他们来说，他们有最直接的动机和最切身的利益去选择产业。如果政府选择，往往会出现潮涌现象，由于政府有优惠大家会一窝蜂地全到了那些产业，而且这些产业也会产生相应的产业链，私人投资也跟着去凑热闹，结果就是重复建设、产能过剩。

因此，追求超越潜在增长率的速度会造成政策扭曲，第一个政策扭曲就是把你过去好的产业政策变成了一种赶超型的政策，这个政策造成产能过剩。还会扭曲生产要素的价格。我们劳动年龄人口的增长率逐年下降，人口红利减少，提高一点 GDP 的百分点代价都很高昂。因此我们应该寻找其他方面的路径，其中一个就是挖掘劳动力转移的潜力。即使我们今天到达了第二个转折点——人口红利消失的时候，我们农业中劳动力的比重仍然很高，我们有巨大的潜力继续转移劳动力。

如果说我们通过户籍制度的改革，把产业从沿海地区向中西部地区转移，劳动力供给这个要素的条件会得到改善，因此潜在增长率还可以有所提高。为什么要强调户籍制度改革？2011 年我们的城市化率超过 51%，但是这 51% 里面按照官方的统计定义是在城市居住了 6 个月及以上的人口。我们知道，什么叫农民工？农民工是离开本乡镇 6 个月以上的农村劳动力，这两个合在一起，就意味着说我们的城市化中是包括农民工的。可见，说我们的城市化率的统计包括了农民工，但是农民工有没有得到城市的基本的公共服务和社会福利？如果按照非农业户口的比重，非农业户口占全部人口比重只有 34%，那么也就是说，这其中有超过 16 个百分点的差距，这意味着什么呢？意味着农民工在城市就业，工资还在改善，但他参加的社会保障的水平却非常低。所有的这些东西决定了，在城市他只是一个过客。如果说我们的退休年龄是 60 岁的话，他们大部分在 40 岁以前就退休回到土地上去了，这将造成劳动力供给不充足、不稳定，这是改革很重要的一点。

我们改变潜在增长率或者提高潜在增长率不是看得见摸得着的，不是用抓手，而是要用改革的办法，而改革的办法不是一天两天就能够直接见效的。

刚才说的是改善劳动力的供给，我们也可以改善资本的供给。我们能不能保持过去那样的高储蓄和高积累水平？这也值得考虑。

现在有一个概念叫作第二次人口红利，最初人们提出它时是从养老保障制度的角度提出来的。如果按照第一次人口红利概念，人口抚养比开始提高了以后，社会负担就重了，人们的储蓄水平就会下降，人口老龄化程度越高，储蓄率越低。人口红利消失了，储蓄率要下降，未来的资本供给从哪儿来？人们就说，可以选择合适的养老保障制度。

迄今为止，从理念上来说有两种养老保障制度，我们现实的做法是把两个东西合在一起，我们叫双支柱，一个是统筹账户、一个是个人账户。理论上说，一类叫作现收现付制度，也就是说今天从在职的职工中收缴了一部分养老保险金，现在就支付给已退休的人，不积累。我们这些工作的人老了以后，就吃我们下一拨同事的养老金，这叫现收现付制度。还有一类制度叫作完全积累制度。就是说我个人在工作时期，缴纳养老金作为我的个人账户就存在那儿，等我退休以后，逐渐把这部分钱再给花掉，这是完全积累。

我们想一想，在人口老化的情况下，现收现付制度会不会让人有储蓄动机呢？其实没有。如果我当年交养老保险养了老职工，现在我退休了自然需要下一代养，因此我不会做积累。如果我们的养老保险制度是完全积累式的，那就意味着笔者未来能够领取多少养老金和我今天的积累是直接相关的。可是如果有一个成熟的资本市场，应该把养老金拿去保值、增值，这就变成了资本积累，也可以转变为资本投资。

目前国际资本市场上都有养老基金在里面，而我们还没开始。我们的养老保险制度还没有做好创造第二次人口红利的准备，这是从资本的供给的角度看的。

四 全要素生产率：唯一可持续增长源泉

1. 全要素生产率决定国家兴衰

最重要的是，在新的增长阶段，没有全要素生产率就没有 GDP。我们人口红利消失以后劳动力不再是无限供给了，劳动力短缺、工资上涨、资本报酬递减，所有的这些现象都预示着一个重要的转变，我们在从一个二元经济发展的时期，转变成一个新古典增长时期。目前的发达国家，都是处在一个新古典增长时期里，而对于新古典增长的阶段来说，没有全要素生产率的增长，就没有经济增长。这个概念很重要，听着很复杂，解释和计算起来更复杂。

我们有几类文献，现在证明全要素生产率就是一切。

第一类文献，现代的增长理论都同意，就是认为唯一能够保持经济增长速度的是全要素生产率，这是共识，大家都承认。

第二类是苏联经验。在资本主义大危机时期，苏联经济增长一枝独秀，而且又在反法西斯战争中立下大功，社会主义思潮影响了世界。但是从20世纪60年代后期开始，苏联的全要素生产率是负的，所有的投入都被低效率给吃掉了，导致经济垮台和苏联解体。

第三类是普雷斯科特，一个诺贝尔经济学奖获得者。他认为国家兴衰之谜核心在于全要素生产率表现不一样。刚才我讲到了有人预测经济发展到人均17000美元的水平上增长一定会减速，他们也算了其中有8.5%的原因是全要素生产率不再增长了。

日本就是一个典型的例子。在1990年以后日本全要素生产率表现非常差，从1990年到现在，每年的GDP增长0.2%多一点，但它的物价指数是负的，把物价指数搁进去以后它变成了0.85%，不到一个百分点的增长率连续20年。日本其实是一个经典的"罗马俱乐部"式的增长，高福利，人们生活好了，就不要继续增长了，这样能节约资源。我反复拿日本做我国的反面教员，因为它的情况跟我们太像了。它在人口抚养比下降过程中，有人口红利，保持了9.2%的经济增长速度，当它的人口红利降到最低点，增长的速度一下减到了3.8%，而它的人口红利变成人口负债之后，经济增长连续20年是0.85%。而对于我们来说，3.8%都是不可想象的。人们解释为，因为过去有人口红利，保持了高速增长，而当它需要靠全要素生产率支撑经济增长的时候，却没有能够做到这一点。全要素生产率这个概念比较抽象，其计算办法也很复杂。那么我们怎么来理解呢？简单地可以把它看成是一个配置效率，就是资源怎么配置。

2. 配置效应：全要素生产率提高途径

一般来说，有三类资源配置效率。

第一种是宏观配置，比较大的三个产业：农业、工业、服务业。二元经济时期农业有大量剩余劳动力，这意味着农业的劳动生产率是最低的，把最低的劳动生产率的劳动力转移到生产率更高的部门，就带来了资源的重新配置效率，这是当年的全要素生产率的主要来源。当劳动力短缺，人口红利消失以后，这个源泉就不多了。

第二种是中观配置效率，比如第二产业中有各个行业之间的劳动生产率的差别，这时如果允许生产要素、资本、土地、劳动力能够在行业之间流动，没有进出障碍和垄断，就会出现生产率低的部门会缩减，生产率高的部门增长更快，总体上也是改善配置效率，也是全要素生产来源。

第三种是微观配置效率，是指如果同一行业内部，企业之间也有效率之差，允许那些生产力高的企业去兼并或得到更多的资源扩大发展，效率低的企业被淘汰，整体的效率也会提高。这是企业之间的配置效率。

因此，根据上面的三种配置来源，我们可以创造什么样的条件来提高全要素生产率？

宏观配置效率靠产业转移。劳动密集型制造业在沿海地区减少了，但有很大的一部分转移到了我国的中部地区。这样做，还可以挖掘劳动力的潜力，当年在深圳打工的那些小伙子，今天变成了提前退休的40岁上下的农民。如果他发现在家门口又有了当年熟悉的工厂，他还是愿意出来打工的。而且他的能力也能够胜任。这样，我们的劳动力潜力得到进一步的挖掘。

中观配置效率靠产业升级。我们应该从劳动力密集型产业，逐渐去发展更多的，新的价值增值的环节，这包括产品设计、创意行业和产后的销售等很多环节。

微观配置效率靠创造性破坏，应该让做得不好的企业死掉，让好的企业去壮大，提高效率。我们来看日本的例子。日本所有的变化都是发生在1990年以后，它的表现不好，为什么？就是因为在泡沫经济破灭以后，政府不想让企业垮掉，没有看到增长率低的原因是比较优势变化、人口红利消失的结果，因此就命令银行继续给企业贷款，政府的保护造成了大量的"僵尸企业"，银行也被拖累成了"僵尸银行"。导致日本的金融陷入了困境。加上一系列其他产业政策上的失误，导致日本经济到现在都不能恢复。因此，微观环节的配置就是要靠创造性的破坏，没有效率低下的企业的破产，就不可能有更高的效率。

最后补充一点，是人力资本。人力资本是提高效率的重要来源，现在我讲个美国和日本的例子，希望对中国有启发。

美国经济有一种现象叫作无就业复苏。就是每次经济衰退以后，经济开始恢复，GDP上涨了，但就业恢复得越来越慢，而这次的金融危机到目前为止就业还没有恢复，还是8%的失业率。无就业复苏的根本原因在于它的劳动力市场发生了一些变化。美国的劳动力市场在过去的几十年里，历经了两极化过程，最高和最低技能的岗位增长比较快，但是中间需要一定技能的岗位增长很慢。美国受教育人多，可以受到最好的教育成为顶尖人才，而剩下的人什么教育都没有，今天的美国是适龄人口的高中入学率不到50%，这些人无法从事需要一定技能的中间岗位。因此，在产业升级时就断裂，每一次经济危机打击一次它的制造业，一部分制造业转出去，就有更多的人找不到工作。

再看日本的例子。我们今天有一个争论，要不要继续保持大学的扩招。日本当年也有过一个大规模的扩招，导致如下问题：第一，大学生毕业以后，找工作难；第二，找到了工作工资不那么高了，"工资趋同"（我们中国出现了农民工和大学生工资趋同的趋势）；第三，高等教育的质量能不能保证。因此文部省决定大学扩招暂缓，有意压制了高等教育的发展。结果当需要产业升级，必须站在技术创新最前沿的时候，人才的储备无法满足需要。虽然总体上来说，日本受教育程度还是很高的，但在全世界发达国家中，它的创新能力已经排在比较靠后了，这也是日本的一个重要的教训。

因此中国要培养人力资本，继续发展教育非常重要。美国有一位经济学家叫科斯，最近他接受了我国《财经》杂志的采访，他说："我已经102岁了，我已经多年不接受采访，但是我接受你们的采访，因为我有话想对中国人说。"他首先认为中国发展非常令人惊奇，同时也表示中国保持未来增长是非常重要的，但未来增长来自哪儿呢？如何回答钱学森之问呢？科斯说，我也提供一个回答，那就是因为中国缺少一个思想的市场。他说的思想也许是指创意，但是更广义的是指深厚的文化基础，理论、技术创新，创造发明等。这就是说，年轻人中受过高等教育的比重不够高的话，无法实现思想的创新。所以无论如何我们高等教育的发展应该继续下去，高中教育和学前教育是我们继续提高教育水平的关键，而大学教育给高中教育提供了一个激励。

因此，能够决定中国未来命运的其实归根结底还是落在"人"上，通过我们人口结构的改变，孩子上学的比例会越来越高，它和人口红利消失是相反的,因此从这个意义上来说,提高人力资本是创造第二次人口红利的必要条件,也是创造第二次人口红利的一种具体表现。

(此文为在中央国家机关"强素质作表率"读书活动主题讲坛上的报告)

关于中国人口及相关问题的若干认识误区

> 思想总是先于事实。全部历史事实自始至终都作为规律在人的头脑中预先存在。每个规律依次由居于支配地位的环境所造就,而自然的局限性,使得每一时刻只有一个规律在发挥作用。
>
> ——爱默生《论历史》

中国是一个人口大国,人口特征一直被看作是中国最大的国情,许多影响到政策制定的认识,都来自于社会各界以及政府官员的人口观。但是,关于这个国情,长期以来存在着诸多的认识误区,妨碍了我们根据国情及其变化对经济发展阶段做出正确的判断,进而做出正确的经济和社会政策决策。基于作者本人的长期研究结果,本文精心挑选若干关于中国人口以及人口与经济发展关系的广为流行的观点,通过概述新的理论进展,提供新的经验证据,予以剖析并澄清谬误。

一 人口众多是经济增长不利因素

在较早的人口学和经济学文献中,关于人口与经济发展的关系,主要着眼于人口总量或人口增长率与经济增长率之间的关系,而关于人口转变的讨论,也仅仅停留在生育率、出生率、死亡率和人口总量的层面上。从这类视角出发,许多结论如人口众多或者人口增长快,造成资源紧张、环境恶化和就业机会不足,阻碍经济增长从而妨碍社会发展,大多具有想当然的成分。总体来说,这类观点被认为是马尔萨斯传统,整部经济史都没有证明其正确性。另一方面,一些学者认为技术对人口增长可以做出积极的反应,这样,技术变迁、经济增长不仅能够解决人口增长遭遇的资源问题，从而人口增长从来不会是一个灾难性的现象，甚至可以有利于经济增长。但是，这种观点没有明确地给出人口与经济发展关系的关键解释。总之，相当长的时间内，相关研究并没有得出确定的答案（蔡昉、张车伟等，2002）。

在这些讨论中，人们忽略了经济发展与人口结构之间的关系，以及人口转变最重要的一个结果是人口结构及劳动力供给特征的变化。随着大多数发达国家和许多新兴工业化国家和地区相继完成了人口转变，人口学家开始观察到这个转变所导致的人口老龄化后果。进而，经济学家又观察到伴随着人口转变而发生的劳动年龄人口的变化，及其对经济增长源泉的影响（Williamson，1997）。在死亡率下降与出生率下降之间的时滞期间，人口的自然增长率处于上升阶段，需要抚养的少儿人口比率相应提高。再经过一个时间差，当婴儿潮一代逐渐长大成人，劳动年龄人口的比率依次上升。随着社会经济发展而生育率下降，人口增长率趋于降低，随后逐渐开始人口老龄化。换句话说，当人口自然增长率先上升随后下降形成一个倒U字形曲线变化之后，以大约一代人的时差，劳动年龄人口也呈现类似的变化轨迹。

因此，当人口年龄结构处在最富有生产性的阶段时，充足的劳动力供给和高储蓄率为经济增长提供了一个额外的源泉，被称作人口红利。相应地，一旦人口转变超过这个阶段，人口年龄结构因老龄化而在总体上不再富有生产性时，通常意义上的人口红利便相应丧失。由于人口转变阶段的变化可以最综合地用总和生育率来反映，我们可以从理论上预期这样一个人口转变与经济增长的关系：在总和生育率处于很高水平上时，经济增长率也相应处在很低的（假设没有人口转变和技术进步的）稳态水平上；随着生育率下降，并由于随之逐渐形成了富有生产性的人口年龄结构，经济增长率加快，因而获得人口红利；而当生育率继续下降到更低的水平上时，由于老龄化程度提高，经济增长率逐渐回落到较低的（不再有我们认识到的人口转变，但是技术进步处在创新前沿）稳态水平上。相应地，在生育率下降从而形成具有生产性的人口年龄结构的特定人口转变阶段，形成所谓的"人口机会窗口"。

利用世界银行世界发展指数（World Development Indicators）数据库，

我们可以对 1960 年以来各国 GDP 年增长率与总和生育率的关系进行一些描述性的统计刻画。在该数据库中，GDP 年增长率介于 -51%—106% 之间。为了避免解释那些极端值的复杂性，在此处的分析中，我们只观察 GDP 增长率介于 0%—10% 之间更反映常态趋势的观察值。根据我们所做的理论预期，GDP 增长率与总和生育率之间并非简单的线性关系，而是呈现较为复杂的非线性关系，表现为随着生育率下降经济增长率先上升随后降低的曲线。因此，我们根据理论上得出的 GDP 增长率与总和生育率以及总和生育率平方项的关系，在图 1 中画出了 GDP 增长率的拟合值，并给出 95% 的置信区间。

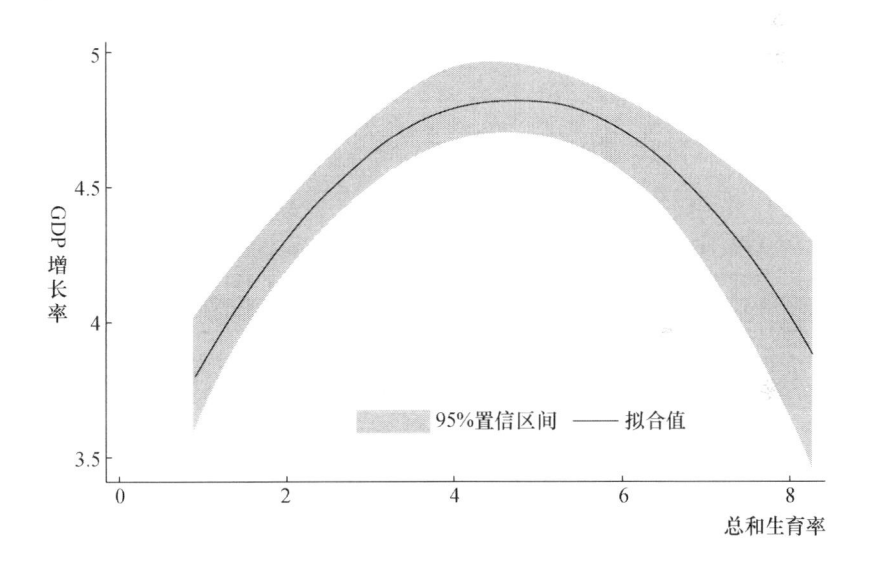

图 1　GDP 增长率与总和生育率的经验关系

资料来源：根据世界银行世界发展指数（World Development Indicators）数据库数据绘制。

图 1 直观地告诉我们，总和生育率与 GDP 增长率之间，呈现一种倒 U 字形的关系。那些总和生育率处于很高水平的国家，GDP 增长率较低；随着总和生育率的下降，GDP 增长率上升；而总和生育率下降到一定水平时，GDP 增长率达到最高值，相应也达到了一个从上升到下降的转折点；随着总和生育率的进一步下降，那些总和生育率较低的国家，GDP 增长率也较低。这个简单的经验曲线，与前面的理论预期完全一致。结论是：人口数

量和增长速度与经济增长并不必然有显著的相关性，但是人口转变与经济增长有互为因果的促进关系（蔡昉，2010）。

二 计划生育造成老龄化和性别比失调

世界范围的经验表明，人口转变的主要推动力是经济增长和社会发展，而生育政策仅仅起到外加的且相对次要的助动作用。例如，韩国、新加坡、泰国和中国台湾都没有实行过强制性的计划生育政策，但是，这些国家和地区与中国大陆一样，生育率从20世纪50年代大致相同的高起点上，到90年代以后都下降到低于更替水平以下。而印度由于经济和社会发展绩效较差，人口转变过程相对滞后，但也经历了类似的变化轨迹（林毅夫，2006）。由于中国经济高速发展起始于20世纪80年代，在改革开放期间经历了30年的增长奇迹，但其起步仍然晚于"亚洲四小龙"，因此，在人均收入水平尚低的情况下进入人口转变的新阶段，形成"未富先老"的特点。2000年中国65岁及以上人口比重为6.8%，与世界老龄化平均水平相同，而2001年中国的人均国民总收入（GNI），按照官方汇率计算，是世界平均水平的17.3%，按照购买力平价计算，则是世界平均水平的56.3%。虽然中国严格的计划生育政策不啻一个适度的加速因素，但是，归根结底，人口转变是经济和社会发展的结果，"未富先老"产生的缺口（即人口老龄化向发达国家趋同的速度，超过人均收入趋同的速度）也主要是经济发展水平与发达国家的差距造成的。

尽管发达国家都面临着人口老龄化对经济增长和养老保险制度的挑战，各国在应对老龄化问题上也存在差异，但是，总体上来说，这些国家由于人均收入已经处在较高的水平上，技术创新也处于前沿水平上，因此，主要依靠生产率提高驱动的经济增长仍然是可持续的，迄今也足以应对老龄化危机。相应地，中国应对劳动年龄人口减少、老龄化水平提高的人口转变后果，关键在于保持高速增长势头。换句话说，由于人口转变过程是不可逆转的，即便在生育政策调整的情形下，老龄化趋势仍将继续，已经形成的"未富先老"缺口，主要应该依靠持续的经济增长来予以缩小，并最终得到消除。如图2所示，如果中国未来的参照系不再是发展中国家，而

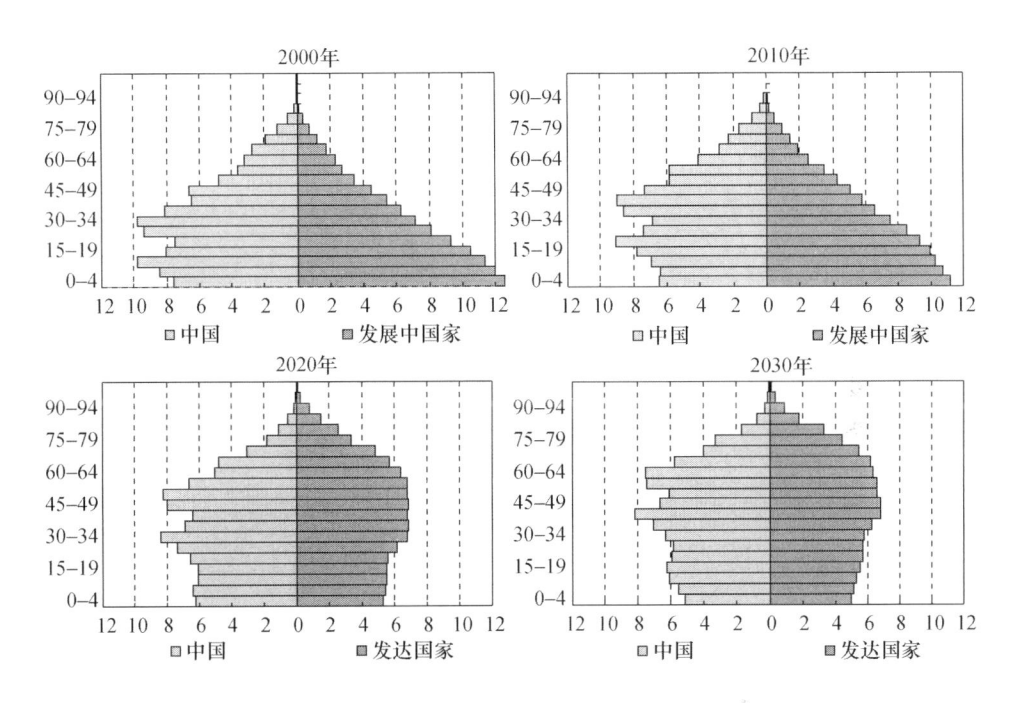

是发达国家，则"未富先老"特征便消失了。

图2 依靠经济赶超缩小"未富先老"缺口

资料来源：United Nations，2009。

人口结构矛盾的一个重要表现是出生人口性别比失调。出生性别比，是指每百名出生女婴对应的出生男婴数。从生物学上，这个比例在103—107之间比较正常。我们观察0—4岁人口组的性别比可见，1990年为110，2000年为120，2004年进一步提高到123。关于这种不平衡的性别比有两个争论焦点。一是这个现象是否是计划生育政策造成的；二是这种失调的婴儿性别比是否会造成未来婚姻市场的挤压。根据目前的出生性别比预测，2020年中国25—35岁男子将比20—30岁的女子多4000万人左右，按照中国习惯的婚姻年龄差别，这些人将找不到合适的配偶。

劳动力市场对女性的歧视，是生育行为中男孩偏好从而性别比失调的根本原因。学术界和政策研究领域，人们普遍把社会保障体系不健全造成的老人对男孩的依赖，作为出生性别比失调的社会经济原因。很多研究者建议通过宣传教育，改变只有儿子才能养老的传统观念。尽管这种观念的改变是有意义的，但是却不能解决养老的问题。因为在子女和年老父母的比例发生变化的情况下，养老负担的确成倍加重。假设一对夫妇仅仅具备赡养一方父母的能力，同时又没有儿子养老的传统习俗，儿子养老或者女儿养老成为随机的，养老资源仍然不足。而由习俗决定的儿子养老模式，实际上在养老资源的分配上恰好符合这个随机原则。

如果说出生性别比的偏好与养老保障问题相关，其因果关系不是子女哪一方养老的问题，而是第一，社会养老资源不足、覆盖率低下，导致对子女数量的需求，进而转化为对儿子的需求；第二，女性在劳动力市场上的不利地位，导致其养老能力不足，从而诱发出对男孩的偏好。因此，在这种由于资源不足或能力不足产生的养老危机诱致出性别偏好的情况下，靠转变"养儿防老"的观念不能解决问题。

在劳动力市场发育的初期，随着企业用工自主权的扩大，以及在追求利润最大化动机的驱动下，企业对女性在劳动供给上有较低的评价，或者干脆具有歧视女性的倾向。如果人力资本和其他个人特征不能解释工资差异的全部，则存在劳动力市场歧视。例如，对中国城市劳动力市场进行的调查结果进行分析，显示男女劳动者在就业中获得的工资差异是十分明显的。根据一项计量经济学分析结果，在现存的性别工资差异中，有不到5%是男女受教育水平以及其他个人特征差异造成的，其余95%以上是由于一些不可解释的因素造成的，而其中最主要的就是性别的歧视（王美艳，2005）。

因此，解决出生性别比升高这个矛盾的治本举措是完善和规范劳动力市场，以及建立社会化的养老保障体系，根除劳动力市场对女性的歧视。由于劳动力市场歧视的存在，进一步诱导出家庭对女孩教育的投资偏好低于男孩，因此，随着教育层次提高从而教育成本的提高，家庭对女孩的投资倾向于减少。[①] 在贫困家庭数量增加，家庭预算趋紧的情况下，这种情况最容易发生。因此，关注和干预贫困家庭女孩的受教育问题，是避免劳动力市场上性别歧视的重要内容。

---

① 研究表明，随着教育层次的提高，男女入学率的差距逐渐扩大，到了高等教育层次，差距可高达一倍左右。参见蔡昉、王美艳（2001）。

三 人口红利消失导致经济增长不可持续

改革开放的 30 年中国实现了前所未有的高速经济增长。由于许多改革只产生一次性增长效应（如农业中的家庭承包制），而且改革效应也要通过具体增长源泉实现，所以经济学家还要探寻 30 年高速增长的源泉是什么。许多人都同意，因人口转变引起的人口结构朝着有利于劳动力供给和储蓄率的方向变化，是一个重要源泉，我们称之为人口红利。我们的研究表明，人均 GDP 增长的 27% 来自于人口抚养比的下降。这个估计的系数是：抚养比每下降 1 个百分点，人均 GDP 增长率提高 0.115 个百分点（Cai and Wang，2005）。

那么，如果人口抚养比停止下降，转为上升，是不是上述系数仍然成立呢，是不是形成与人口红利相反的结果，即抚养比每上升 1 个百分点，人均 GDP 增长率降低 0.115 个百分点？根据预测，2013 年是一个人口转变的转折点，此后抚养比将迅速提高。总之，需要回答的是：过去为中国经济增长提供了额外源泉的人口红利是否就此枯竭呢？未来经济增长源泉何在呢？

固然，丧失人口红利意味着增长源泉的转变，但是并不意味着增长的可持续性就不存在了，未必就不能继续挖掘第一次人口红利，以及开发第二次人口红利，即通过建立起有利于积累的养老保障制度、加强培训、深化教育、继续发育和完善劳动力市场，可以利用变化了的人口结构特征，挖掘进一步的经济增长源泉。即使今天这种类型的人口红利，或者说第一次人口红利，在某些方面仍然只开采了一半，尚有挖掘的潜力。

我们知道，人口红利体现在劳动力从农村到城市的大规模转移，形成民工潮，相应推动了中国的城市化进程。城市化作为人口红利的体现，表现在非农产业劳动力充足供给，扩大了的城市化消费需求和城市基础设施建设需求，社会保障需求和积累贡献，伴随人口城市化的土地开发，等等。鉴于中国城市化虽然经历了超常规增长，但仍然有着城市化滞后于工业化、人口城市化滞后于土地城市化等方面的非典型性特征，这方面最有潜力可挖，另一半人口红利依然丰富。

过去30年城市化率提高速度年平均3.2%，过去20年为2.9%，而在过去10年为3.2%。这个速度不可能长期持续。首先是从世界性的规律看，我们属于超常规城市化速度。国际经验表明，在我国的城市化水平上，城市化率提高速度应该在0.8%—1.6%之间，而我们在2%—3%之间。其次，农村劳动年龄人口增长率日渐减速，预期2015年前后停止增长。事实上，过去几年农民工增长速度已经减缓。但是，过去的城市化只是半截子城市化，是居住超过6个月的常住人口增加导致的统计意义上的城市化。例如，2007年按照常住人口统计的城市化率为45%，但是，按照非农户口的人口比重看只有33%，两者之间有12个百分点的差距。

虽然，按照常住人口定义的城市化也是推动经济增长和社会发展的重要源泉，因为它实现了劳动力从农业到非农产业的就业结构的转换。根据我们自己的计算，这种就业转换对改革开放期间GDP增长率做出了21%的贡献（蔡昉、王德文，1999）。但是，仅仅就业转换而没有居民身份的转变，这种半截子城市化对扩大消费需求和城市建设需求，对提高劳动力素质，以及对增加社会保障资金积累等方面的贡献，仍然不足，因此呼唤完整的城市化。可见，通过把农民工及其家属市民化，可以发掘另一半人口红利。简单地说，即使城市化率提高速度为零，从45%常住人口城市化率，到33%非农户籍人口比重之间，现存的12个百分点的差距，也可以挖掘出巨大的新增长源泉。何况即使今后城市化速度不会保持在3%，不会保持在2%，也不可能为零。

深度城市化即农民工的市民化，只是诸多挖掘另一半人口红利手段中的一个例子。在许多其他的领域，可资挖掘的潜力都是存在的，如消除劳动力流动和利用中的制度性障碍，以促进农民工就业；减小劳动者技能的供求不匹配，促进大学毕业生就业；政府实施积极就业政策，促进城镇困难群体就业。此外，还有第二次人口红利的开发机会，并通过两个手段并用，实现第一次人口红利与第二次人口红利的顺利接榫，防止经济增长源泉真空。①

---

① 关于第二次人口红利的讨论，请参见蔡昉（2009）。

四 中国仍处在劳动力无限供给阶段

一个挥之不去的传统观念是：中国人口基数大，劳动力数量多，农村剩余劳动力取之不尽、用之不竭。因此，任何学术观点或政策建议，如果认为（即便是在未来）劳动力会出现总量不足的可能性，农村剩余劳动力即将转移殆尽，以至得出刘易斯转折点到来的结论，都难以获得广泛的认同。无论是针对我的批评意见，还是对于中国人口和劳动力状况的一成不变的认识，主要是因为受到统计数字的迷惑，而统计数字中存在的问题主要有以下几个方面。

第一，关于农业劳动力使用的数据，正规统计制度不能充分反映迅速变化的农业生产现实，使得学者要么对最新的情况懵然无知，要么陷入"数字的暴政"（Young, 1992），以致计量经济学分析的数据基础十分地不牢靠。正如有学者指出的：中国改革发生得太快，以致统计改革不能及时跟进（Ravallion and Chen, 1999）。例如，根据《中国统计年鉴》，2008年农业劳动力为3.1亿人，占全国劳动力比重至今仍然高达39.6%。而由于统计口径的因素，农业普查的农业就业数字甚至更高。而事实上，农业成本调查资料所显示的农业生产实际投入劳动的数量，比上述数字要低得多（Cai and Wang, 2008）。综合考虑农村劳动年龄人口的增量态势、农业劳动力转移状况，以及农业机械化的提高程度，可以认为农业中实际容纳的劳动力比统计数字所显示的要少得多。因此，基于汇总统计数据得出仍然有大量剩余劳动力可供转移（如 Lau, 2010），或者由此进行的计量经济学分析，得出农业劳动边际生产力仍然很低的结论（Minami and Ma, 2009），都会因为高估农业中剩余劳动力的数量，而否定刘易斯转折点到来的结论。

第二，关于劳动力市场和城乡就业状况的统计数据，许多学者无法读懂，以致得出偏离实际情况的相关结论。随着产业结构和经济成分的日趋多样化，特别是经历了20世纪90年代后期的劳动力市场冲击之后，城镇就业渠道也呈现多元化的趋势，不仅不再是国有部门和集体部门占主导的就业结构，而且出现了规模庞大的非正规就业。与此同时，大规模农村劳动力在本地或外出从事非农就业，总量超过2.3亿，其中1.5亿进城务工。在常规统计中，城镇居民中的非正规就业和农民工的就业，除了通过汇总和分析，可以得出一个大约 1 亿人的总量和占城镇总就业约 30% 的比例外，通常没有可供进行分部门分析的数据（Cai, 2004）。此外，迄今没有公开发布比登记失业率更反映现实劳动力市场状况的调查失业率数字，使得许多学者做出没有数据支撑的猜想。因此，许多研究者仅仅依据统计年鉴上的正规就业数据，以及任意性比较强的估计来判断劳动力市场状况，得出就业零增长或者失业率仍然很高的结论（如 Rawski, 2001），以致当全国普遍出现民工荒现象时，许多人无法接受其为真实的存在。

第三，关于人口总量增长和结构变化的趋势，统计年鉴发布的汇总数据很难提供整体的特征性描述，通常也没有及时更新的人口预测。实际上，历次人口普查数据都可以提供人口变动的新态势。但是，由于对于诸如总和生育率（Total Fertility Rate）等重要参数的认识不一致[①]，始终没有定期发布一个权威的、不断更新的，并且得到官方和民间认可的人口预测报告，一般读者更是不知道人口变动的趋势，以致许多人还认为中国人口的峰值在 2040 年或以后的某一时刻达到，届时人口总量为 16 亿（如刘遵义，2010）。至于说到人口年龄结构的变化趋势，大多数人都不知道劳动年龄人口的增长已经大幅度减缓，因而劳动力无限供给的人口基础正在消失的现实，以致不愿意相信人口红利的式微和刘易斯转折点的到来。

五 刘易斯转折点意味着二元经济终结

根据刘易斯本人及稍后研究（参见 Lewis, 1972; Ranis and Fei, 1961），我把劳动力需求增长超过供给增长速度，工资开始提高的情形称作刘易斯转折点。此时农业劳动力工资尚未由劳动边际生产力决定，农业与现代部门的劳动边际生产力仍然存在差异。而把农业部门和现代经济部门的工资都已经由劳动的边际生产力决定，两部门劳动边际生产力相等阶段

[①] 2000 年进行的第五次人口普查显示，总和生育率仅为 1.32，甚至低于 1.51 的政策生育率。许多人对此提出怀疑（于学军，2002）。自此之后，关于总和生育率究竟是多少，一直存在不同的认识。总体来说，政府部门趋向于认为仍然较高，学者相信的数字偏低。即便如此，争论的幅度也在 1.6—1.8 之间，远远低于 2.1 的替代水平。

的到来称作商业化点,这时才意味着二元经济的终结。因此,许多以农业劳动边际生产力与农业工资相等作为判别标准的研究,并不足以验证我们做出的判断。相反,只要观察到普通劳动者工资的持续提高,就意味着刘易斯转折点的到来。

虽然刘易斯本人以及许多当代研究者,从纯理论的角度公开声称或隐含地表达,他们不在乎是否到达第一个转折点,但是,这个转折点到来与否,其实具有更加重要的政策含义。如果承认转折点到来,就可以预见到并有助于理解三个重要的变化:第一,劳动力供求关系变化,必然推动工资的加快上涨;第二,新一代劳动者的更高需求,使得劳资关系发生剧烈变化;第三,人口红利消失使得发展方式转变迫在眉睫。

首先,刘易斯转折点在劳动力市场上的突出表现,就是普通劳动者工资的上涨。最近的涨薪潮,富士康只是一个象征,其实是普遍现象,也是2003年以来工资水平上涨趋势的继续。从表1看,农业雇工、农民工和几个普通劳动力就业行业的工资上涨,在过去几年一直很快。这个工资上涨是符合劳动力供求规律的,是承受得了的,也是求之不得的。之所以这样说,是因为目前的工资上涨同时伴随着劳动生产率的提高,并不会导致制造业比较优势和竞争力的丧失。至于那些仅仅依靠低工资、薄利润生存的血汗工厂,淘汰掉一批无关宏旨。另一方面,长期以来工资增长慢于劳动生产率提高,则给我们留出了一个空间,允许在一定时间内工资上涨快一些。也只有这样,才可能真正提高劳动者报酬占国民收入的比重。

表1　　　　　　　　2003—2008年工资年均增长率

单位:%

农业雇工日工资		非农产业月工资	
粮食	15.1	制造业	10.5
油料	11.3	建筑业	9.8
蔬菜	9.4	农民工	10.2
棉花	11.7		
规模养猪	21.4		

资料来源:粮食、油料、蔬菜、棉花和规模养猪的雇工日工资年均增长率系根据《全国农产品成本收益资料汇编》(历年)数据计算得到;制造业和建筑业月工资年均增长率系根据《中国劳动统计年鉴》(历年)数据计算得到;农民工月工资年均增长率系根据《中国农村住户调查年鉴》(历年)数据计算得到。

其次，欧美国家和亚洲发达经济体的经验表明，刘易斯转折点到来的另一个明显标志就是劳动关系急剧变化。伴随着劳动力供求新形势，工人要求改善工资、待遇和工作条件的要求提高、维权意识增强，遇到企业适应能力差、意愿不足的现实，必然会形成就事论事性质的局部劳资冲突。可见，我国目前出现的停工等劳资冲突，是符合发展阶段变化的规律性现象，是必然发生的，应该被看作一种"成长中的烦恼"，不应回避也不可能回避。有经济学家建议我们不要用建立劳动力市场制度的办法，如工资集体协商制度来解决问题，以避免引火烧身。这是一种无视或压制劳资冲突的鸵鸟策略。

刘易斯转折点到来后的挑战也是痛苦的。通常，当一个社会的劳动力供求关系发生变化后，劳资冲突被诱发出来或者说显性化。一方面，老百姓对收入改善的期望值提高；另一方面，有些在结构调整中成为脆弱人群。例如，在美国，每逢经济衰退就会出现制造业大量转移的情况，往往导致无就业复苏。而制造业转移到国外后，许多原来的非熟练工人多年未能找到合适的工作。因此，发达国家工会往往是制造贸易摩擦和人民币升值的推动者。

更一般地说，从中等收入向高收入阶段的过渡时期，所面临的挑战和风险丝毫不亚于从低收入向中等收入的提升阶段。2009 年我国人均 GDP 达到 3700 美元，已经跨入中上等收入国家的门槛。在这个阶段上，决非一路凯歌前进，而是面临更严峻的挑战。欧美、日本、韩国等成为高收入国家，而拉美许多国家长期停顿在中等收入陷阱，一个很重要的原因在于如何认识和处理包括劳资关系在内的成长中烦恼。

简单地说，拉美的失败在于，常常采取承诺过多、引起民众更高预期的民粹主义政策。但是，既然不能也不敢损害既得利益，又难以实际兑现过高的承诺，收入分配反而恶化，只好又采取高压政策，结果常常导致社会动荡。这样的政策循环往复和疲于应付，使得无暇推动发展方式的转变。而那些跨越了中等收入陷阱的国家和地区，则是在劳资摩擦加剧的时期，不无痛苦地建立起了相对完整的劳动力市场制度，形成了解决劳资争议和对立的制度框架。虽然这种选择是有成本的，却是别无他途。只有用劳动力市场制度来规制和协调劳资关系，才不会把劳资对立转化为企业和职工对政府的不满。有人担心在工资集体协商制度下，谈判不成就会出现罢工。其实，没有集体谈判制度，罢工也不可避免，反而会把劳资矛盾转化为企业和职工与政府的对立。

六 承认人口新趋势导致对就业的忽视

无论是说劳动力供给仍然长期大于需求，还是断言劳动力会进入持续短缺的状态，其实都不是决定政府对待就业问题的重视程度，以及制定适宜的就业政策的必要条件。在发达国家，劳动力是短缺的，历来是经济增长中的制约性要素，但是，这些国家中的绝大多数，就业在宏观经济政策目标中的地位比我们要高许多。相反，只有正视我国劳动力市场发生的变化，认识到不同就业人群的劳动参与新特点，才能根据他们各自在劳动力市场上的特殊需求，有效地实施含义更广泛的积极就业政策。

在整个改革开放期间，我国都处于二元经济发展与体制转变的双重过程之中。在劳动力市场上，则表现为三种失业类型的并存及消长。基于新古典理论的宏观经济学和劳动经济学，只面对着与宏观经济波动相关的周期性失业、受劳动力市场功能摩擦性因素，以及技术进步和产业结构变化的结构性因素影响的自然失业。随着向市场经济体制的转轨，劳动力资源在越来越大的程度上通过市场机制配置，中国的劳动者也同样面对这两种类型的失业。此外，作为一个具有劳动力无限供给特征的二元经济，中国还面临着隐蔽性失业问题的困扰，表现为农村剩余劳动力和城市企业冗员。较早的时候，人们对城乡劳动力富余程度的估计，分别都为30%—40%之间（Taylor，1993）。

分别经过两个历程，中国劳动力市场格局发生了根本性的变化。首先，随着阻碍劳动力流动的制度性障碍不断得到清除，农村劳动力大规模向城市转移，实现了异地非农就业，农业中劳动力剩余程度显著减轻，而且剩下的劳动力中，一半以上超过了40岁。这次金融危机的经历显示，农业不再是剩余劳动力的蓄水池，城市对他们的劳动力供给愈益成为一种刚性需求，转移出的农村劳动力不再具有回到土地上的可能性。其次，随着城市就业政策的调整与企业打破大锅饭的改革，劳动力市场加速发育，城市劳动力通过市场机制最终实现了重新配置，一度的企业冗员大幅度被消化。

上述劳动力市场的重新配置，也把中国劳动力市场上的参与群体，按照各自的特点以及面临的特殊就业困难，做出了大致的划分。我们可以借助图3来进一步观察这点，即原来的隐蔽性失业显著减少，不再显现劳动力供大于求的性质。但是，农村剩余劳动力和城市冗员则分别具有了不尽相同的新特点。

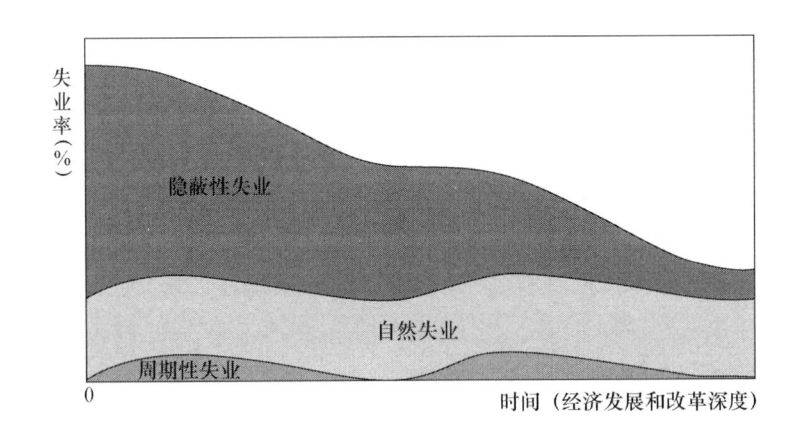

图3　失业类型及其随改革深入消长

首先，由于农民工成为主要的劳动力供给来源，但是又没有被劳动力市场制度良好地保护，因此，他们中的主要部分进入易于受到周期性失业的行列，随宏观经济景气变化而交替表现为失业和短缺。积极的就业政策需要延伸到这个群体。同时，针对他们的制度需求，通过实现农民工的市民化和社会保障的均等化，冲破户籍制度设置的劳动力市场和公共服务的制度分割。

其次，经过就业制度改革和劳动力市场冲击的城镇就业人员，虽然通过重新配置实现了就业模式的转换，从冗员形式的隐蔽性失业状态，甚至可能经过了下岗和失业，实现了再就业，但是，其中一部分特别是人力资本有脆弱性的"40-50"人员，常常陷入结构性、摩擦性自然失业的困扰。对于这个就业困难群体，积极就业政策应更加集中于提高他们的就业能力，社会保护政策的实施则需要提高瞄准效果。

再次，扩招后的高校毕业生，由于具有人力资本的专用性，其就业预期与劳动力市场需求也存在匹配问题，因此，这个群体也将长期面对结构性和摩擦性的自然失业难题。虽然正像城市企业冗员最终是经历了下岗、失业等痛苦的历程得以解决一样，因数量扩大和人力资本不匹配引起的大学生就业困难将长期存在，但是，适度的社会保护和积极的培训、中介等公共就业服务，可以缩短这个痛苦的过程。

虽然劳动力市场变化了的形势，丝毫也不意味着积极的就业政策完成了它的历史使命，但是，政府的劳动力市场政策取向的确面临重大挑战。关于就业群体结构的变化，以及各自面临的不同制度需求的解剖，不仅为理解劳动力市场结构和就业形势提供了有力的分析工具，也有助于正确划分促进就业和劳动力市场发育方面政府和市场的界限，并对不同政府部门之间分工提出了有益的建议。即宏观经济调控部门着眼于应对周期性失业问题，劳动部门关注摩擦性失业问题，并与教育部门携手解决结构性失业问题，社会保障部门和民政部门为劳动者提供更充分的社会保护。

参 考 文 献

蔡昉：《未来的人口红利——中国经济增长源泉的开拓》，载蔡昉主编《中国人口与劳动问题报告——提升人力资本的教育改革》，社会科学文献出版社 2009 年版。

蔡昉：《人口转变、人口红利与刘易斯转折点》，《经济研究》2010 年第 4 期。

蔡昉、王德文：《中国经济增长可持续性与劳动贡献》，《经济研究》1999 年第 10 期。

蔡昉、王美艳：《妇女劳动力供给特点与教育投资》，《江海学刊》2001 年第 6 期。

蔡昉、张车伟等：《人口，将给中国带来什么》，广东教育出版社 2002 年版。

林毅夫：《发展战略、人口与人口政策》，载曾毅、李玲、顾宝昌、林毅夫主编《21 世纪中国人口与经济发展》，社会科学文献出版社 2006 年版。

刘遵义：《中国可从四个方面增加内需》，《中国新闻网》2010 年 1 月 21 日，http://www.chinanews.com.cn/cj/cj-ylgd/news/2010/01-18/2077952.shtml。

王美艳：《中国城市劳动力市场上的性别工资差异》，《经济研究》2005 年第 12 期。

于学军：《对第五次全国人口普查数据中总量和结构的估计》，《人口研究》2002 年第 26 卷第 3 期。

Cai, Fang, "The Consistency of China's Statistics on Employment: Stylized Facts and Implications for Public Policies", *The Chinese Economy*, Vol. 37, No. 5, 2004 (September – October), pp. 74 – 89.

Cai, Fang and Dewen Wang, "China's Demographic Transition: Implications for Growth, in Garnaut and Song (eds)", *The China Boom and Its Discontents*, Canberra: Asia Pacific Press, 2005.

Cai, Fang and Meiyan Wang, "A Counterfactual Analysis on Unlimited Surplus Labor in Rural China", *China & World Economy*, Vol. 16, No. 1, 2008, pp. 51 – 65.

Lau, Lawrence J., "The Chinese Economy: The Next Thirty Years", presented at the Institute of Quantitative and Technical Economics, Chinese Academy of Social Sciences, Beijing, 16 January, 2010.

Lewis, Arthur, "Reflections on Unlimited Labour", in Di Marco, L. (ed.) *International Economics and Development*, New York, Academic Press, 1972, pp. 75 – 96.

Minami Ryoshi and Xinxin Ma, "The Turning Point of Chinese Economy: Compared with Japanese Experience", *Asian Economics*, Vol, 50, No. 12, 2009, pp. 2 – 20.

Ranis, Gustav and Fei, John C. H., "A Theory of Economic Development", *The American Economic Review*, Vol. 51, No. 4, 1961, pp. 533 – 565.

Ravallion, Martin and Shaohua Chen, "When Economic Reform Is Faster Than Statistical Reform: Measuring and Explaining Income Inequality in Rural China", *Oxford Bulletin of Economics and Statistics*, Vol. 61, No. 1, 1999, pp. 33 – 56.

Rawski, Thomas G., "What's Happening to China's GDP Statistics?" *China Economic Review*, Vol. 12, No. 4, 2001, pp. 298 – 302.

Taylor, J. R., "Rural Employment Trends and the Legacy of Surplus Labor, 1978 – 1989", in Kueh, Y. Y. and R. F. Ash (eds.), *Economic Trends in Chinese Agriculture: The Impact of Post – Mao Reforms*, Chapter 8, New York: Oxford University Press, 1993.

Williamson, Jeffrey, "Growth, Distribution and Demography: Some Lessons from History", NBER Working Paper, No. 6244, 1997.

Young, Alwyn, "The Tyranny of Numbers: Confronting the Statistical Realities of the East Asian Growth Experience", NBER Working Paper, No. 4680, March, 1994.

支持包容性发展的人口与就业政策

改革开放以来,伴随着经济体制改革和高速经济增长,中国开始形成与社会主义市场经济相适应的社会政策体系,具有可持续发展和高度关注民生的特点,并于21世纪以来日益增强其包容性。以实现人口资源环境协调发展为取向的人口政策、以充分就业和分享经济发展成果为目标的就业政策,是这种包容性政策的重要组成部分,也是其中作用斐然的领域。本文介绍中国的人口政策和就业政策制定和实施的特点及效果,揭示人口与就业领域面临的紧迫挑战,并对未来政策调整,提出一些政策建议。

一 人口政策的内涵、效果和演变

1. 人口政策形成和以人为本的出发点

从20世纪70年代开始,中国政府就提倡"晚、稀、少"(即提倡晚婚、拉大生育间隔和少生)的计划生育政策,直到80年代独生子女政策正式形成,中国卓有成效的计划生育政策已经走过了数十年的历程。中国人口政策的制定和执行,始终是从提高人民的物质和文化水平出发的。1980年9月25日发表的《中共中央关于控制我国人口增长问题致全体共产党员共青团员的公开信》,实际上就是正式宣布了国家实行独生子女政策。《公开信》以谈心的口吻,论证了计划生育政策"是一项关系到四个现代化建设的速度和前途,关系到子孙后代的健康和幸福,符合全国人民长远利益和当前利益的重大措施"。

1991年,中共中央、国务院发布了《关于加强计划生育工作严格控制人口增长的决定》,在进一步强调严格控制人口增长的同时,重申了既定的人口与计划生育政策，要求保持政策的稳定性和连续性。① 之后，各省、自治区、直辖市都按照各地的实际情况，相继制定了各省、自治区、直辖市的计划生育条例，并且经各地人大常委会审议通过后，作为地方法规执行。到 20 世纪 90 年代初，全国范围内的计划生育政策完善工作告一段落。

严格计划生育政策的颁布，实际上与邓小平制定"三步走"战略密切相关。在整个 20 世纪 70 年代末到 80 年代后期，邓小平都在反复调研、咨询和思考"翻两番"、达到"小康"、"八百美元"等目标的可行性（杨凤城，2011）。在充分调研、论证和经济发展实践的基础上，到中共十三大召开前夕，邓小平在接见国外客人时，阐述了"三步走"的战略思想。党的十三大明确而系统地阐述了"三步走"的发展战略，即第一步，从 1981 年到 1990 年实现国民生产总值比 1980 年翻一番，解决人民的温饱问题；第二步，从 1991 年到 20 世纪末，使国民生产总值再增长一倍，人民生活达到小康水平；第三步，到 21 世纪中叶，人均国民生产总值达到中等发达国家水平，人民生活比较富裕，基本实现现代化。

2002 年，党的十六大做出一项关系改革开放和现代化建设全局的重大决策：在原定现代化建设"三步走"战略部署基础上，从"第三步"即 21 世纪上半叶的 50 年中，划出其中头 20 年（2001 年到 2020 年），作为"集中力量，全面建设惠及十几亿人口的更高水平的小康社会"的发展阶段，作为"实现现代化建设第三步战略目标必经的承上启下的发展阶段"。而保持人口、资源、环境的协调关系，相应成为全面建设小康社会的重要保障。

可见，从早期的自愿性节制生育的号召，到 1980 年以《公开信》的发表为标志的严格的独生子女政策，中国人口政策的形成，根本的出发点是配合国家战略规划的实施，有利于加快经济发展，尽快提高人民生活水平。

2. 人口政策执行模式和激励机制的变化

因其以人为本的出发点，人口政策执行中总体上是努力做到激励相容和与时俱进的。在计划生育政策实施初期，政策目标与老百姓生育意愿差距较大，政策执行借助了更多的行政手段，一方面确有一些群众对这种工

---

① 《中共中央、国务院关于加强计划生育工作严格控制人口增长的决定》，中发 [1991] 9 号，1991 年 5 月 12 日。

作方法不满意,另一方面计划生育行政工作也成为"天下第一难"。

随着人口出生率逐步下降,计划生育工作执行方法不断创新,即工作手段从行政性手段转向更加注重利益导向,工作内容从管理约束转向更加注重服务关怀,也更加借助宣传手段。相应地,以计划生育家庭奖励扶助制度、"少生快富"工程和特别扶助制度为主体的利益导向政策体系初步形成。计划生育优质服务和生育关怀行动普遍开展。婚育新风进万家活动、关爱女孩行动和新农村新家庭计划深入推进。

中国现行的生育政策是在长期实践中逐渐形成的,既有法律的统一要求,又充分考虑了各地的实际情况,并且随着人口形势的变化和经济社会发展的需要,不断调整和完善,具体的生育政策体现在各地的人口与计划生育条例中。人们常常把中国的人口政策简化为"一胎政策",其实这是不准确的。由于经济社会发展很不平衡,生育政策在地区之间、城乡之间、汉族和少数民族之间都有所区别,总体上看,农村宽于城市,西部宽于东部和中部,少数民族宽于汉族。按照现行生育政策,全国总体政策生育率为1.47左右,全国实际执行一孩生育政策的人口大约为60%。

近些年,各地在保持现行生育政策稳定的同时,对本地生育政策进行了小幅度的微调。例如,目前全国所有省、直辖市、自治区都允许双方为独生子女的夫妇生育两个孩子;天津、辽宁、吉林、上海、江苏、安徽、福建7省(市)的农村居民实行了夫妇一方为独生子女的可生育两个孩子政策;吉林、海南、上海、甘肃、新疆、湖南、浙江、内蒙古、山西、湖北、广东、江西等省(区、市)取消或放宽了生育间隔规定;河北、辽宁、吉林、广东、新疆等省(区)则放宽了再婚夫妇的生育政策。

3. 前所未有的人口转变:生育率的下降

人口政策的实施以及经济社会发展,导致生育率的大幅度降低。1970年到1980年间,中国的总和生育率发生了急剧下降。但是,在1980年代早期,总和生育率依然在更替水平之上。随着1980年实施严格的独生子女政策,而更主要的是自那以后的改革开放所激发的经济社会高速发展,生育率进一步降低,于1990年代初降到低于2.1的更替水平(见图1)。

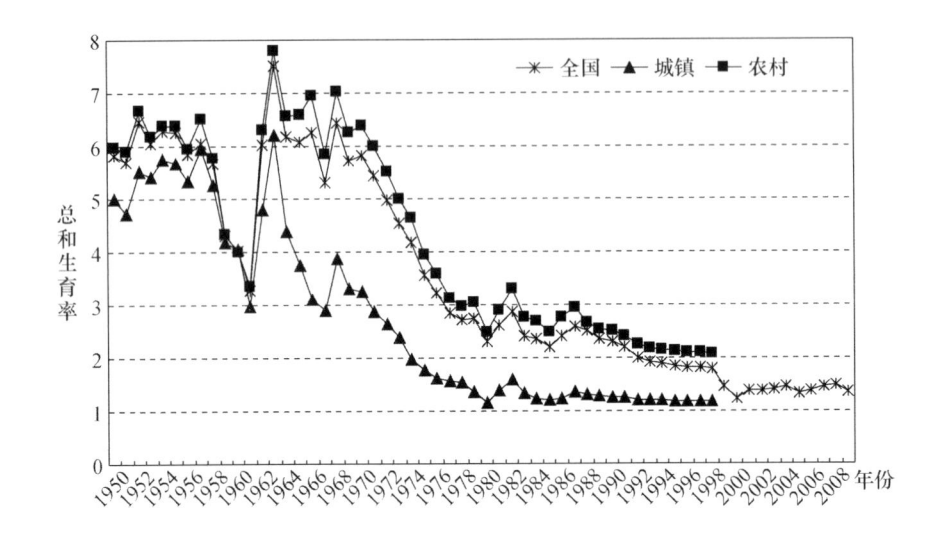

图 1　中国分城乡生育率下降趋势

资料来源：1998 年以前根据中国人口信息研究中心数据库计算，1998 年以后根据历次人口抽样调查数据计算。

其后，中国的总和生育率进一步下降。目前，总和生育率已经连续多年低于 1.5（顾宝昌、李建新，2010）。根据联合国的统计，2006 年中国的总和生育率为 1.4，同期世界平均水平为 2.6。2005 年到 2010 年间，世界发达地区总和生育率平均为 1.6，不发达地区（不包括最不发达国家）为 2.5。中国已经进入全世界生育率最低国家的行列（United Nations，2010）。

4. 积极效果：人口红利对经济增长的贡献

在改革开放以来的整个二元经济发展时期，中国高速经济增长显著地获益于人口红利。这既符合经济理论的预期，又具有中国特色，并且可以得到统计印证。人口转变对经济增长做出的贡献，表现在经济增长源泉的以下几个方面[①]：

第一，人口抚养比的持续下降，为高速经济增长中的资本形成提供了人口基础，有利于国民经济保持较高的储蓄率。这个因素表现在资本投入

---

① 兰德公司的一份报告指出，人口红利是通过增加劳动力供给、扩大储蓄以及人力资本投入与回报上升等途径实现的。参见 Bloom, et al.（2002）。

的贡献率之中。

第二，劳动年龄人口持续增长，保证了充足的劳动力供给，并随着劳动者受教育程度的提高，使中国在参与经济全球化过程中保持了明显的同等素质劳动力的低成本优势。这些因素对经济增长的效应，表现为生产函数中劳动投入和人力资本积累等变量的增长贡献。

第三，改革时期农业剩余劳动力大规模转移，创造了劳动力从低生产率部门向高生产率部门流动的资源重新配置效率，成为全要素生产率的主要来源。

第四，如果以人口抚养比作为人口红利的显性代理变量，可以将其对经济增长贡献看作是纯粹意义上的人口红利。

利用生产函数的方法，一项研究对中国20世纪80年代初以来的经济增长进行分解，观察到改革开放期间各种因素对经济增长的相对贡献。这些因素分别以固定资产形成、全社会就业人数、就业人员受教育年限、人口抚养比和残差作为变量，分别代表资本投入、劳动投入、人力资本、人口红利和全要素生产率对GDP增长率的贡献。结果显示，在1982—2009年期间的GDP增长中，资本投入的贡献率为71.0%，劳动投入的贡献率为7.5%，人力资本贡献率为4.5%，人口抚养比贡献率为7.4%，全要素生产率贡献率为9.6%（Cai and Zhao, 2012）。

二 积极的劳动力市场政策及其效果

获得人口红利的前提是劳动力充分就业。改革开放时期，中国形成了世界上最大的劳动力流动和就业规模。其中，推动了城乡就业的积极就业政策与旨在促进劳动力市场发育的改革，起着非常重要的作用。

1. 积极就业政策的形成与完善

中国通过长期的努力，付出了惨痛的代价，逐渐形成了积极就业政策的框架。在20世纪90年代末就业制度改革以前，城镇劳动力市场机制主要在新增劳动力的配置方面起作用，国有企业和集体企业容纳了绝大部分城镇就业。当时，经济增长被认为是就业增长的同义语，因此并未单独成为宏观经济政策的关注目标。在当时的货币政策和财政政策表述中，完全没有就业的独立位置。①

受 90 年代末亚洲金融危机和国内经济增长速度减慢的影响，国有企业陷入空前的经营困难，不得已大规模裁员，导致前所未有的下岗和失业。为了应对这种严峻局面，保障基本民生，政府着手实施积极的就业政策，推出了一系列促进就业和再就业的政策手段。与此同时，就业也被列为宏观经济政策目标，其重要性不断得到提升。积极的就业政策着眼于通过培训和服务来调节劳动力供给，通过宏观调控手段促进经济增长扩大就业，调节劳动力市场需求，最大限度地开拓就业领域和渠道。

2002 年 9 月 12 日，时任中共中央总书记江泽民在全国再就业工作会议上以"就业是民生之本"为题的讲话，论述了充分认识就业再就业工作的极端重要性，并且把就业问题解决得如何，提高到是衡量一个执政党、一个政府的执政水平和治国水平的重要标志、当前党和国家工作中一项重大而紧迫的当务之急的高度。同年，中国共产党十六大报告提出国家实行促进就业的长期战略和政策，并将促进经济增长、增加就业、稳定物价和保持国际收支平衡列为宏观调控的主要目标。中央对于就业的表述，逐渐从要求把扩大就业放在经济社会发展更加突出的位置，提高到实施就业优先发展战略。

为了化解 2008 年全球金融危机对中国经济增长和社会发展的影响，中国政府提出实施更加积极的就业政策，通过"保就业"成功实现了"保增长、保民生、保稳定"的目标。"十二五"规划强调了坚持更加积极的就业政策，是促进充分就业的坚实政策保障，不仅明确了就业在政府政策中的优先位置，还有利于抓住扩大就业的重点领域，瞄准政府实施就业扶助的重点人群。

2. 劳动力市场发育与就业扩大

中国的高速经济增长始终伴随着就业的迅速扩大（Cai, 2010）。许多研究者得出就业增长未能与经济增长同步的结论，主要是由于被中国就业统计数据若干不完整和不一致之处所迷惑。首先，农村转移出的劳动力没有包括在城镇就业统计中。2010 年，离开本乡镇半年及以上农村劳动力的

---

① 这方面的综述请参见蔡昉（2009）。

时点数达到1.53亿，其中95.6%进入城镇（国家统计局农村司，2011）。其次，20世纪90年代后期以来，以新增劳动者和下岗再就业为主体的城镇非正规就业群体，在分部门和分地区的就业统计中得不到体现，以致任何非加总的分析都遗漏了这部分就业，而其规模在2009年仍高达9000余万人，占全部城镇居民就业的28.9%。[1] 此外，在本乡镇非农产业就业的农村劳动力往往被就业研究者所忽视。这部分就业虽然没有显著的增长，但存量仍然不容忽视，其中稳定的非农就业者也接近1亿人。

为了获得一个关于就业和劳动力供求的较为完整图景，我们尝试突破单一统计来源，揭示城镇实际就业数量，以此作为非农产业劳动力需求的代理信息。由于农业中劳动力使用的绝对数量是逐年减少的，而农村非农产业就业数量也相对稳定。所以，我们不考虑农业就业和农村非农就业的情况，仅仅考察包括进城农民工和城镇居民的就业增长情况。

根据对数据的推算，我们知道在2009年城镇3.1亿就业人员统计中，有大约12.52%是农民工，约为3896万人，远低于实际农民工数量。如果假定2000年城镇劳动力调查中尚不包括农民工，此后各年，城镇劳动力调查中所包含的农民工比例以相同的幅度增长，即在2009年增长至12.52%，并于此后以相同的速度增加。据此我们可以计算出各年城镇就业统计中农民工的比例，并继而得出各年城镇就业不含农民工的数量。

另外我们还知道，2009年年底全国离开本乡镇6个月及以上的农村劳动力为1.53亿，其中95.6%进入城镇。假设2000—2011年期间的各年中，外出农民工在城镇和乡村的分布与2009年相同。据此，我们可以根据国家统计局每年的农民工监测报告，得出农民工进入城镇就业的总规模。现在，我们就可以观察这两个就业规模的每年存量，并将其与全国劳动年龄人口存量进行比较（见表1）。

从中可以看到，在考察的2001—2011年期间，城镇就业总量增加速度明显快于全国劳动年龄人口，表明中国经济增长并非无就业增长。相反，与城市化相伴的城镇就业扩大是不容忽视的。而作为积极就业政策成效的表现，农业剩余劳动力、城镇失业和冗员都大幅度减少了。

---

[1] 根据《中国统计年鉴》（2010）数据计算得到。

表 1　　　　　　　　　劳动力供给和需求存量变化

单位：万人，%

年份	城镇居民就业 （1）	进城农民工 （2）	劳动年龄人口 （3）	需求—供给比率 （1+2）／（3）	需求—供给弹性 Δ（1+2）／Δ（3）
2001	23607	8029	88536	35.7	—
2002	24091	10009	90070	37.9	4.5
2003	24569	10889	91399	38.8	2.7
2004	25003	11303	92893	39.1	1.5
2005	25430	12025	94352	39.7	2.0
2006	25947	12631	95234	40.5	3.2
2007	26492	13094	96009	41.2	3.2
2008	26848	13423	96757	41.6	2.2
2009	27224	13894	97419	42.2	3.1
2010	27669	14627	98059	43.1	4.4
2011	27955	15165	98622	43.7	3.4

资料来源：根据《中国统计年鉴》（历年）、《中国农村住户调查年鉴》（历年）、《中国人口统计年鉴》（历年）和都阳、胡英《分城乡劳动年龄人口预测》（未发表背景报告，2011年）数据推算得到。

3. 劳动力流动：减贫增收效果

农民工获得高于务农所得的工资性就业岗位，整体上降低农村的贫困水平，即使没有缩小城乡收入差距，也具有抑制城乡收入差距更为扩大的效应。以土地均等分配为制度基础的家庭承包制，保证了劳动力流动是追求更高收入和更好生活的自愿选择，因此，即使工资率不变，劳动力流动规模的扩大也足以显著增加农民家庭的收入。观察劳动力流动对农村家庭的增收效果，可以从三个方面看。

第一是劳动力流动的减贫效果。除去那些家庭劳动力不足或有就业能力缺陷的家庭，许多贫困家庭之所以贫困，是由于就业不充分。而且，以往的研究表明，农村非农就业机会往往为那些有明显技能或者家庭背景有影响力的人群率先获得，而大多数贫困家庭与此无缘。因此，能够外出打工就意味着有机会获得更高的收入。研究表明，贫困农户通过劳动力外出途径，可以提高家庭人均纯收入 8.5% 到 13.1%（Du，Park and Wang，

2005)。毋庸置疑的是，劳动力和人力资本不足的贫困家庭，也往往遇到无力克服迁移障碍的困境，不能充分从劳动力流动中获益。

第二是工资性收入对农户增收的贡献。按照国家统计局的统计口径，农民家庭纯收入来源被划分为工资性收入、家庭经营纯收入、财产性收入和转移性收入四个部分。外出就业机会的增加显著地提高了农户工资性收入，提高这个收入成分占农户收入的比重，成为增加农民收入的主要源泉。根据官方统计，农户工资性收入占比从1990年的20.2%，提高到2010年的41.1%，而在2010年的农民纯收入增量中，工资性收入的贡献率为48.3%。[①]

第三是被统计体系中的住户调查所遗漏的打工收入。由于官方统计系统内的住户调查是分城乡独立进行的，因此，举家迁出的农村家庭和外出打工农村家庭成员，既因难以进入抽样范围而被显著排除在城市样本外，又因长期外出不再作为农村常住人口，而被大幅度排除在农村样本住户的调查覆盖之外。虽然根据《中国统计年鉴》的有关解释，在外居住时间虽然在6个月以上，但收入主要带回家中，经济与本户连为一体的外出从业人员，仍视为家庭常住人口。但是，常年在外（不包括探亲、看病等）且已有稳定的职业与居住场所的外出从业人员，不算家庭常住人口，这部分外出从业人员的收入，不能反映在农户收入中。

因而，农民工务工收入在相当大程度上被低估了。许多研究者注意到收入分配状况改善的趋势，并且尝试从不完善的统计体系中挖掘出相关的证据。高文书等从现行城乡住户收入统计的缺陷出发，选择一个发达地区省份浙江和一个西部地区省份陕西，通过对包括统计局记账户和抽取的其他住户进行调查，重估了被城市和农村遗漏的农民工收入。结论是，仅因官方统计系统的住户调查抽样和定义中存在的问题，就导致城镇居民可支配收入平均被高估13.6%，农村居民纯收入平均被低估13.3%，城乡收入差距平均被高估了31.2%（高文书等，2011）。

4. 劳动力市场制度建设与劳动者权益

在解决20世纪90年代末大规模企业职工下岗、失业现象期间，形成了

---

① 根据《中国农村住户调查年鉴》数据计算得到。

包括更加广泛覆盖的社会保障体系、以扩大就业为优先原则的宏观经济调控、积极扶助再就业、创造公益性就业岗位等举措在内的积极就业政策，并且，在应对2008年和2009年世界性金融危机对就业的冲击时，这一政策被进一步强化，相应出台一系列更有针对性的措施，被表述为"更加积极的就业政策"。

随着农业剩余劳动力的减少，劳动力短缺现象普遍出现在各个产业和部门，并且持续存在，加之强农、惠农的各项"三农"政策的实施提高了务农比较收益，都十分有利于普通劳动者特别是农民工在雇佣关系中谈判地位的提高，导致各行业工资全面上涨、熟练劳动力与非熟练劳动力工资的趋同，以及各种工作条件的改善都快于以往。

2004年以后，中央和地方政府通过立法、执法、调整政策等方式，在改善农民工进城打工、居住和享受均等公共服务等政策环境上做出了积极而且更有实效的努力。虽然制度变革和政策调整远未完成，但是，对于了解改革开放期间农村劳动力向城市流动发展历史的观察者来说，无疑会十分赞成，2004年作为一个转折点，劳动力流动的政策环境步入其黄金时期（Cai, 2010）。

与此同时，加快出台劳动合同法等一系列劳动法规，加大了与劳动关系相关的执法力度，推动劳动力市场制度建设。在中央政府的要求下，地方政府则竞相提高最低工资标准，普通劳动者工资正常提高机制逐步形成。

三 发展阶段变化对政策的新要求

自1980年代初以来，中国经历的高速增长具有典型的二元经济发展特征，其间与人口转变相伴随的是农业剩余劳动力大规模转移和城镇就业扩大。随着中国人口转变和经济发展到达新的阶段，这种经济发展模式必然经过一系列转折而寿终正寝。

1. 两个"转折点"的到来

自2004年沿海地区出现"民工荒"以来，劳动力短缺已经成为全国性现象，2011年制造业招工难前所未有地成为企业普遍遭遇的困难。在劳动力供给增速减慢的同时，经济增长仍然保持着对劳动力的强劲需求，城镇就业继续迅速增长。劳动力供求关系的变化，改变了中国资源禀赋长期存在的劳动力无限供给的特征，农业中的劳动边际生产力不再像理论假设的那么低下，工资不再由生存水平决定，而是更加敏感地受到供求关系的影响。

农民工工资在多年徘徊不变之后，从 2004 年开始提高明显加速，在 2004—2011 年期间保持实际年增长率 12.7%。[1] 就使用较多非熟练工人的制造业和建筑业来看，这两个行业的工资在 2003—2008 年期间的年度实际增长率分别为 10.5% 和 9.8%。[2] 从农业中雇工的工资变化看，在 2003—2009 年期间，粮食生产中雇工工资平均每年增长 15.3%，棉花生产工资年增长 11.7%，在规模养猪中就业的雇工工资年增长 19.4%。[3]

按照发展经济学的定义，这种劳动力短缺的出现和普通劳动者工资持续上涨的现象，就意味着中国已经迎来其刘易斯转折点。虽然关于这个判断以及刘易斯模型在中国的适用性，存在着不同观点，但是，上述变化对中国经济增长的巨大挑战值得给予高度重视。

作为生育水平长期下降的结果，中国人口年龄结构发生了相应的变化，即迄今为止，15—64 岁劳动年龄人口保持增长，但是增长速度逐年递减，并预计在 2013 年前后停止增长。与此同时，人口抚养比（即依赖型人口与劳动年龄人口的比率）降低到最低点，随后迅速提高（见图 2）。正如研究者通常以抚养比作为人口红利的显性代理指标一样，抚养比变化趋势的逆转，就是人口红利消失的转折点。

可见，我们可以把 2004 年作为中国到达刘易斯转折点的标志性年份，而 2013 年则是人口红利消失的标志性年份。很显然，这两个转折点之间的时间跨度长短，与人口转变特点有直接的关系。中国人口转变的早熟性质（或称为"未富先老"），使其处在这个区间的时间格外地短暂。

根据研究，日本经过刘易斯转折点的时间大约是在 1960 年（Minami, 1968）。如果以人口抚养比开始提高的年份作为人口红利消失的转折点，则是在 1990 年达到的，两个具有转折意义的时间点之间相隔 30 年左右。韩国

---

[1] 根据《中国农村住户调查年鉴》数据计算得到。
[2] 根据《中国劳动统计年鉴》数据计算得到。
[3] 根据《全国农产品成本收益资料汇编》数据计算得到。

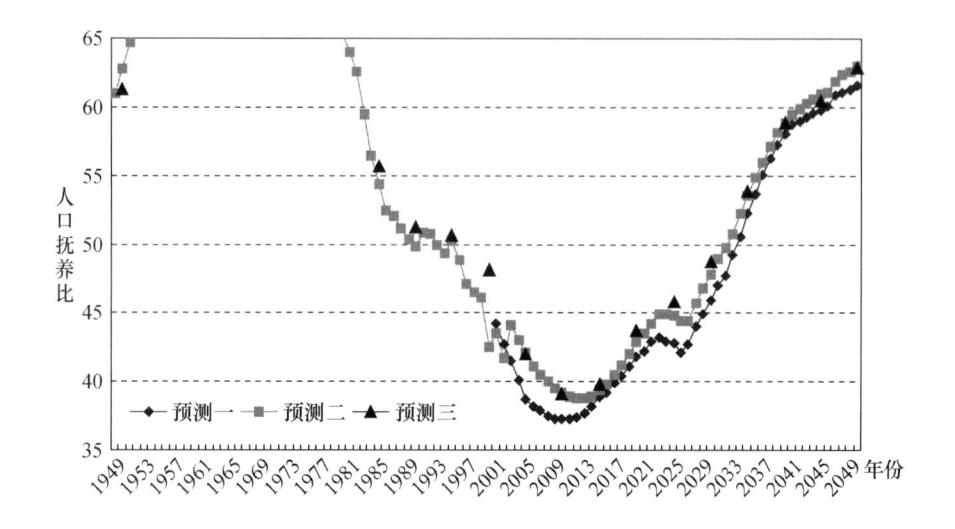

图 2　抚养比停止下降意味着人口红利消失

资料来源：预测一、预测二、预测三分别由胡英、王广州和联合国所做。

在1972年经过刘易斯转折点（Bai，1982），而人口红利消失的转折点则要在2013年前后，与中国同时到达，其间相隔40余年。

以2004年作为中国的刘易斯转折点，2013年作为人口红利消失点，其间相隔充其量只有9年。中国的这个特点，不仅可以解释为什么劳动力短缺一经出现，就表现得如此强烈，也警示着中国转变增长模式和调整相关政策的挑战来得格外紧迫。

2. 劳动力市场的新趋势与新任务

刘易斯转折点的到来，意味着劳动力市场的二元结构性质逐渐消失，成熟劳动力市场的一系列特征逐渐显现。在成熟的市场经济国家，就业压力主要表现为三种类型的失业，即宏观经济波动导致的周期性失业、劳动者技能与用人单位需求不匹配造成的结构性失业，以及劳动者寻职时间过长导致的摩擦性失业。其中结构性失业和摩擦性失业是失业的常态，既相对稳定也十分顽固，所以也被统称为自然失业。中国未来将越来越多地面对上述三种类型的失业。

在市场配置资源和引导经济活动的条件下，宏观经济的周期性波动不可避免，与此相对应的周期性失业现象也同样不可避免。在中国当前的发展阶段,进城务工的农村转移劳动力,由于没有获得城市户口,就业不稳定,往往要承受更大的周期性失业冲击。例如,2008年国际金融危机对中国实体经济和就业的冲击,导致上千万农民工在2009年春节提前返乡,就是这种周期性失业的表现。

随着产业结构调整的加速,在新的就业机会不断被创造出来的同时,一部分传统岗位也不可避免地消失。如果需要转岗的劳动者技能不能适应新岗位的要求,则会面临结构性失业风险。由于中国劳动力市场发育尚处于较低水平,人力资源配置机制尚不健全,在产业结构变化过程中,劳动者还不能做到无摩擦转岗。因此,摩擦性失业现象也会经常存在。包括各类毕业生在内的新成长劳动者群体,虽然受教育程度较高,但其人力资本与劳动力市场对技能的需求有一个匹配的过程。至于那些缺乏新技能的城镇就业困难群体,与劳动力市场需求的衔接则会遇到更多摩擦。因此,上述两个劳动者群体最易受到这两类失业的困扰。

3. 人口结构面临的挑战

在计划生育政策和经济发展的双重作用下,中国的人口总量得到有效控制。然而,在总量得到控制的情况下,人口结构性问题却凸显出来。人口结构面临的挑战,主要表现在以下方面:

一是出生人口性别比居高不下。出生人口性别比,是以新出生人口中女婴为100衡量的男女性别平衡状况。自1990年第四次人口普查以来,这一比率就大幅度超出正常水平,2009年仍然高达119.5,即男婴比女婴多19.5%。劳动力市场上的性别歧视和社会保障制度不健全,是导致人口性别失衡问题的重要原因。对此应该综合治理、标本兼治,通过推动性别平等,杜绝劳动就业中的性别歧视,完善社会养老保障体系,消除生育中的性别偏向,有效遏止出生人口性别比上升趋势。

二是人口老龄化进程加快。一方面,人口老龄化是经济社会发展的必然结果,是人口发展不可逆转的趋势,老年人口比重占总人口比重较大的"老龄化社会",将是我们必须适应的社会常态。另一方面,中国的"未富先老"的确给中国社会养老能力、养老保障体系以及经济社会发展带来严峻的挑战,需要积极应对。因此,应加快完善覆盖城乡全体居民的基本养老保险制度,提高全社会的养老、敬老共识和养老能力,实施"积极、健康、保障、和谐"的人口老龄化应对战略。

三是人口素质不适应经济社会发展要求。中国人口受教育水平仍然较低,2008年15岁以上人口文盲率为7.8%,平均受教育年限只有8.5年。全国出生缺陷监测总发生率不断攀升,每年出生时先天性畸形和出生后逐渐显现的缺陷儿,占出生人口总数的4%—6%,年出生缺陷儿80万人左右。全国各类残疾人8296万人。生殖健康状况也不容乐观。

四 着眼于人口全面发展的政策完善

以独生子女政策为特征的人口政策的形成,在当初也是与计划经济的体制,以及二元经济结构的国情密切相关的,有其必然性和时代的烙印。用现在的语言表述,其初始的意图是在短期内最大限度地释放人口红利。中国现在处在经济发展和人口转变的崭新阶段上,人口变化趋势正在发生着重要变化,新的人口国情正在形成。

思考未来政策走向,以便全面做好人口工作,逐步完善政策,仍然要从符合保持经济增长可持续性,有利于提高人民生活水平的原则出发。人口实现均衡发展并真正成为可持续发展的积极因素,需要从质量、结构和数量诸多方面加以完善,即有赖于人口本身素质的大幅度提高、年龄结构和性别比合理,以及数量上的可持续。以下,我们从教育发展、应对老龄化和生育政策三个重要角度提出若干政策建议。

1. 全面提高人力资本

在第一次人口红利消失之后,不仅推动经济增长的传统要素需要重新组合,而且对于更加长期有效且不会产生报酬递减的经济源泉提出更高的要求。特别是,挖掘和创造第二次人口红利、防止中等收入陷阱,要求显著提高国家总体人力资本水平。

首先,义务教育阶段是为终身学习打好基础,形成城乡之间和不同收入家庭之间孩子的同等起跑线的关键,政府充分投入责无旁贷。学前教育具有最高社会收益率,政府买单是符合教育规律和使全社会受益原则的,应该逐步纳入义务教育的范围。

近年来,随着就业岗位增加,对低技能劳动力需求比较旺盛,一些家庭特别是贫困农村家庭的孩子在初中阶段辍学现象比较严重。政府应该切实降低义务教育阶段家庭支出比例，巩固和提高义务教育完成率，而通过把学前教育纳入义务教育，让农村和贫困儿童不致输在起跑线上，也大大有助于提高他们在小学和初中阶段的完成率，并增加继续上学的平等机会。

其次，大幅度提高高中入学水平，推进高等教育普及率。高中与大学的入学率互相促进、互为因果。高中普及率高，有愿望上大学的人群规模就大；升入大学的机会多，也对上高中构成较大的激励。目前政府预算内经费支出比重，在高中阶段较低，家庭支出负担过重，加上机会成本高和考大学成功率低的因素，使得这个教育阶段成为未来教育发展的瓶颈（蔡昉、王美艳，2012）。因此，从继续快速推进高等教育普及化着眼，政府应该尽快推动高中阶段免费教育。相对而言，高等教育应该进一步发挥社会办学和家庭投入的积极性。

最后，通过劳动力市场引导，大力发展职业教育。中国需要一批具有较高技能的熟练劳动者队伍，而这要靠中等和高等职业教育来培养。欧美国家适龄学生接受职业教育的比例通常在60%以上，德国、瑞士等国家甚至高达70%—80%，都明显高于中国。中国应当从中长期发展对劳动者素质的要求出发，加大职业教育和职业培训力度。此外，应建立起高中阶段职业教育与职业高等教育及普通高等教育之间的升学通道，加快教育体制、教学模式和教学内容的改革，使学生有更多的选择实现全面发展。

2. 积极应对人口老龄化

中国老龄化已经进入迅速加快的时期，到"十二五"时期末，中国仍将处在中等收入水平国家的发展阶段，与此同时，60岁及以上老年人口将超过2亿，约占总人口的15%。中国的可持续发展，需要应对"未富先老"型的人口老龄化这一严峻挑战。

首先，完善社会养老保障体系，广泛覆盖城乡居民和流动人口，提高保障水平和统筹水平，形成养老合力。尽快实现社会养老保险制度对城乡居民的制度全覆盖，大力发展社会养老服务，切实保障和逐步改善老年人特别是孤寡老人、残疾老人的生活水平。人口老龄化的影响涉及千家万户，关系社会和谐和发展可持续性。在政府确保提供相关基本公共服务的前提下，要全面提升社会、家庭、社区和老龄产业的养老合力，大力推进以资金保障和服务保障为支撑，以巩固居家养老、扩大社区支持、提升机构服务能力、促进养老服务产业发展为着力点的养老服务体系建设。

其次，创造条件挖掘人口老龄化提供的新的消费需求，并将其转化为经济发展的拉动力。老年人是一个特殊的消费群体，包括其健身、休闲的精神文化需求，以及居家和社会养老的物质需求。国家应该从财政、税收、金融和工商管理等方面给予扶持和鼓励，使这类伴随着人口老龄化而产生并且容易增长的需求，推动形成一些新型服务业态，并成为经济发展的新动力。

最后，合理开发老年人力资源，创造适合老年人的就业岗位，探索弹性退休制度。目前，中国人口在24—64岁之间，年龄每增加1岁，受教育年限平均减少10.2%。而越是年龄偏大，教育水平递减的趋势就越明显，在44—64岁之间，年龄每增加1岁，受教育年限平均减少16.1%（王广州、牛建林，2009）。可见，提高退休年龄的条件尚不成熟，亟需通过发展教育和培训来创造，以便在未来提高老年人的劳动参与率，缓解社会养老资源不足的问题，延长人口红利期。

3. 逐步完善生育政策

中国的人口政策需要在坚持以人为本理念的前提下，与时俱进地进行调整。虽然人口转变归根结底是经济社会发展所推动的，人口老龄化的趋势终究难以逆转。不过，在坚持计划生育基本国策前提下，进行生育政策调整仍然大有可为。

首先，通过政策调整促进未来人口平衡的空间仍然存在。调查显示，从目前中国家庭的生育意愿看，平均每对夫妻期望的孩子数大约是1.7个。而政策生育率，即生育政策允许的孩子数平均为1.47，与实际总和生育率相当。可见，在政策生育水平和生育意愿之间仍然存在一定差异。

其次，按照政策预期，独生子女政策已经成功地完成了历史使命。1980年中共中央在正式宣布这个政策时说道："到三十年以后，目前特别紧张的人口增长问题就可以缓和，也就可以采取不同的人口政策了。"如今，当年设定的这个"采取不同的人口政策"的条件，即总和生育率下降到较低的水平，比当初所能预计的要成熟得多，因此，政策调整具有充分的政策依据。

最后,各地政策调整的实践提供了改革的路径图。目前,绝大多数省份已经允许夫妻双方都是独生子女的家庭生育二胎(俗称"双独"政策)。这种政策松动并未产生显著的生育率变化。按照这一路径,一旦政策演进到夫妻有一方是独生子女就可以生育二胎时(即"单独"政策),政策调整的覆盖面就扩大到较多人群,或许会对人口均衡性产生一定的长期效果。

4. 创造性别平等制度条件

劳动力市场上对女性的歧视,以及社会保障制度不健全造成对"养儿防老"的依赖,是造成人口性别失衡的重要原因之一。对此应该综合治理、标本兼治,通过推动性别平等,杜绝劳动就业中的性别歧视,完善社会养老保障体系,消除生育中的性别偏向,有效遏制出生人口性别比上升趋势。

消除劳动力市场上对女性的歧视,要加大就业促进法的执法力度。劳动力市场上对女性的歧视,通常采取工资歧视和就业歧视两种形式。工资歧视是指,雇主支付给女性雇员的工资低于支付给那些与其从事相同工作、具有相同生产率特征的男性雇员的工资;就业歧视是指,雇主故意将那些与男性雇员具有相同生产率特征的女性雇员安排到报酬较低的就业岗位上,把报酬较高的工作岗位留给男性。针对此,要加强劳动法规执行的监督和创造平等的机会,消除在同一工作岗位上的男女的工资差异。另外,要积极培育劳动力市场,减少就业岗位进入的制度障碍。

五 实施更加包容的就业政策

随着刘易斯转折点和人口红利转折点的到来,中国就业的总量性矛盾逐步转变为结构性矛盾。这个转变赋予积极就业政策新内涵,提出增强其包容性的新任务。下面我们从就业政策着力点转变、劳动力市场一体化和劳动力市场制度建设等方面提出政策建议。

1. 着力点从总量到结构转变

应对日益突出的周期性、摩擦性和结构性失业现象,首先要树立的原则是把就业置于宏观经济政策制定的优先地位,以就业状况为依据确立政策方向和力度,降低周期性和自然失业风险。在"十二五"规划中,中央政府对于就业重要性的表述,已经从要求把扩大就业放在经济社会发展更加突出的位置提升到实施就业优先发展战略的高度。

为了把就业优先原则落在实处，在宏观调控总体要求中，不仅考虑国内生产总值增长目标，更要直接宣示就业增长的目标，以及能够反映周期性失业水平的调查失业率控制目标。围绕就业目标和失业控制目标的实现，一方面，要合理确定经济发展速度，并在确定宏观调控的政策方向、手段和力度时，把就业最大化作为重要考量，以减小经济波动对就业的冲击。另一方面，要以扩大就业为共同基准，加强财政、金融、税收等宏观经济政策的协调配合，更好地满足降低失业率的需要。

在劳动力市场出现总量偏紧的情况下，不能对结构性和摩擦性就业困难掉以轻心。包括各类毕业生在内的新成长劳动者群体，和那些缺乏新技能的城镇就业困难群体，最易受到这两类失业的困扰。这是最适宜发挥政府促进就业职能的领域，对劳动力市场功能和政府公共服务能力提出更高要求，即要求政府有针对性地提供就业、创业、转岗和在岗培训，规范和完善人力资源市场功能，从提高劳动者能力和市场配置效率两个方面降低自然失业率。

2. 促进城乡一体化就业

一个能够让劳动力自由流动、有效保障劳动者合法就业权利的劳动力市场制度，是从中等收入国家向高等收入国家发展转变的制度保障。目前中国劳动力市场上仍然存在着劳动力流动的各种制度性障碍，包括城乡分割、地区分割和户籍身份分割，妨碍了就业机会的均等化和人力资源的合理有效配置。要尽快破除这些制度障碍，促进城乡各类劳动者平等就业，进一步完善劳动力市场机制。因此，要继续坚持城乡统筹的原则，进一步完善相关政策，深化制度改革，促进农村劳动力稳定转移就业。

旨在实现制度变革的改革目标的确定和实施政策，都应该把重点放在有利于把农民工纳入社会保障制度，以及获得平等的公共服务的相关领域。目前，中国按照常住人口统计的城市化率已经达到51%，但是，具有非农业户口的人口比重只有34%，意味着农民工尚不能均等享受城市基本公共服务。中央政府已经明确要求推进户籍制度改革，放宽中小城市落户条件，使在城镇稳定就业和居住的农民有序转变为城镇居民。

从激励相容的改革原则出发，城市政府推进城市化的一个可用手段则是，通过劳动力市场制度建设，为农民工就业提供更加稳定的保障与保护。在此基础上，逐步把制度建设推进到更大范围的公共服务领域，实现真正意义上的城市化以及城市化与非农化的同步，顺利通过刘易斯转折点，完成二元经济结构的转换。

3. 劳动力市场制度建设和社会保护

刘易斯转折点到来的一个明显标志，就是劳动关系急剧变化。伴随着劳动力供求关系的新形势，工人要求改善工资、待遇和工作条件等维权意识的增强，遇到企业适应能力差、意愿不足的现实，必然会形成就事论事性质的局部劳资冲突。面对这种"成长的烦恼"，采取回避的态度，或者采取民粹主义政策做出不能长期维持的承诺，都不能解决问题，必须依靠制度建设才能顺利度过中等收入阶段。

由于对于工资集体协商制度有些担心，使其成为劳动力市场制度建设的薄弱点。其实，从中国现行的制度框架出发，构建工资、劳动条件的集体协商制度，与欧美的情况相比，更为可控，更易取得积极成果。通过工会代表工人利益，企业家联合会代表雇主利益，政府进行引导、协调、协商的机制，可以探索出一种具有中国特色的劳动关系格局。

社会保护具有比劳动力市场制度更为广义的功能，并且可以按照构建和谐社会的理念，把劳动力市场制度、社会保障制度以及其他社会福利制度相结合，形成与中国特色社会主义市场经济相适应的公共服务体系，以制度实现和保证"以人为本"。刘易斯转折点到来之后，随着劳动力短缺逐渐构成对经济发展的制约，中国政府作为发展型和竞争型政府的激励，在刘易斯转折点之后可以转变为加强对劳动力和居民的社会保护的动机。

参 考 文 献

蔡昉：《论就业在社会经济发展政策中的优先地位》，载《蔡昉论文集》，中国出版集团、中华书局2009年版。

蔡昉：《人口转变、人口红利与刘易斯转折点》，《经济研究》2010年第4期。

蔡昉：《刘易斯转折点与公共政策方向的转变——关于中国社会保护的若干特征性事实》，《中国社会科学》2010年第6期。

蔡昉、王美艳：《为未来中国经济增长积累人力资本》，《人民论坛》2012年第6期

(上)。

高文书、赵文、程杰:《农村劳动力流动对城乡居民收入差距统计的影响》,载蔡昉主编《中国人口与劳动问题报告 No.12——"十二五"时期挑战:人口、就业和收入分配》,社会科学文献出版社2011年版,第228—242页。

顾宝昌、李建新:《21世纪中国生育政策论争》,社会科学文献出版社2010年版。

国家统计局农村司:《中国农村住户调查年鉴》,中国统计出版社2011年版。

胡英、蔡昉、都阳:《"十二五"时期人口变化及未来人口发展趋势预测》,载蔡昉主编《中国人口与劳动问题报告——后金融危机时期的劳动力市场挑战》,社会科学文献出版社2010年版。

王广州、牛建林:《我国教育总量结构现状、问题及发展预测》,载蔡昉主编《中国人口与劳动问题报告——提升人力资本的教育改革》,社会科学文献出版社2009年版。

王美艳:《城镇就业、非农就业与城市化》,载蔡昉主编《中国人口与劳动问题报告 No.12——"十二五"时期的挑战:人口、就业和收入分配》,社会科学文献出版社2011年版。

杨凤城:《谈邓小平与"三步走"发展战略的形成》,《光明日报》2011年8月3日。

Bai, Moo-ki, "The Turning Point in the Korean Economy", *Developing Economies*, No.2, 1982, pp.117–140.

Cai, Fang, "The Formation and Evolution of China's Migrant Labor Policy", in Zhang, Xiaobo, Shenggen Fan and Arjan de Haan (eds), *Narratives of Chinese Economic Reforms: How Does China Cross the River*? New Jersey: World Scientific Publishing Co. Pte. Ltd., 2010.

Cai, Fang and Wen Zhao, "When Demographic Dividend Disappears: Growth Sustainability of China", in Masahiko Aoki and Jinglian Wu (eds), *The Chinese Economy: A New Transition*, Basingstoke: Palgrave Macmillan, Forthcoming, 2012.

David E. Bloom, David Canning and Jaypee Sevilla, "The Demographic Dividend: A New Perspective on the Economic Consequences of Population Change", Santa Monica, CA, RAND, 2002.

Du, Yang, Albert Park and Sangui Wang, "Migration and Rural Poverty in China", *Journal of Comparative Economics*, Vol.33, No.4, 2005, pp.688–709.

Minami, Ryoshin, "The Turning Point in the Japanese Economy", *The Quarterly Journal of Economics*, Vol.82, No.3, 1968, pp.380–402.

United Nations, *World Fertility Pattern*, 2009, 2010, http://www.un.org/esa/population/publications/worldfertility2009/worldfertility2009.htm.

(此文系与王美艳合著)

实现最大化就业

——和谐社会"民生之本"

一 实现最大化就业是社会和谐的经济基础

中共十六大以来,党中央对就业高度重视,一方面,将其作为正确处理改革发展稳定关系的重要内容,要求大力促进就业和再就业,认真做好社会保障工作;另一方面,把健全就业、收入分配和社会保障制度作为完善社会主义市场经济体制的一项主要任务,要求把扩大就业放在经济社会发展更加突出的位置。同时,在"十一五"规划中对就业和保障事业的发展做出了部署。在中共十六届六中全会上,把"社会就业比较充分,覆盖城乡居民的社会保障体系基本建立"明确为到2020年,构建社会主义和谐社会的目标和主要任务之一。

在经济发展过程中,社会和谐与否取决于社会大多数人对自身生活状况是否具有满足感。这同时包含两层意思:从绝对意义上说,人们没有衣食之忧;从相对意义上说,人们没有感到与其他人的生活差距变大。如果满足这两个条件,社会满意度就比较高,就不会形成系统的社会对立乃至社会对抗,而社会和谐的根基即在于此。在相反的情况下,如果人们忧其衣食,就意味着存在绝对贫困现象;如果人们感到自己的状况与其他人之间拉大了距离,就意味着相对贫困或收入不平等的严重性,就会孕育社会不和谐。因此,防范贫困和收入不平等现象的出现,并且在出现的情况下,采取措施加以解决,制止其普遍化,是保持社会和谐的关键。

治理贫困和缩小收入差距的基本途径,是创造一种社会环境,让每一个人都能够通过就业或创业获得挣取收入的权利和机会,并使得收入分配尽可能平等。如果这个路径是可行的话，无疑是最佳的选择。我们来讨论这种方式的可行性和可能的效果。

在经济发展的较低阶段上，资本是相对稀缺的生产要素，而劳动力是相对丰富的生产要素。由此，可能产生三个社会结果。第一，资本要素的市场回报相对高，劳动力的市场回报则相对低，社会收入通常有利于资本的所有者，而不利于劳动力的所有者。第二，与资本的相对稀缺相对应，具有组合生产要素能力的企业家也是稀缺的，从而他们的报酬就高。可见，在劳动力丰富而资本稀缺的生产要素禀赋条件下，不仅要素相对价格有利于资本而不利于劳动力，社会收入也偏向于要素组合者而不利于劳动要素的所有者。第三，由于企业家能力是稀缺资源，社会容易滋生有利于资本的舆论倾向，有时政府政策也偏向于保护企业家和资本所有者的利益。相应地，劳动者的利益易于受到忽视甚至伤害。

一个社会的收入分配状况受到收入分配的构成成分的影响。如果我们把社会收入划分为资本要素收入和劳动要素收入两个部分的话，前者对于收入不平等的贡献大于后者。如果资本收入在全部收入分配中的份额比较大，就会形成较大的收入不平等。相反，如果工资收入在全部收入分配中的份额比较大，则具有缩小收入差距的效果。在社会收入分配中，提高工资收入的份额而缩小资本收入的份额，可以通过推进最大化就业实现。

首先，如果一个社会的就业是比较充分的，劳动参与率较高，失业和就业不充分的现象被最大限度地减少，也就是说达到了最大化就业的境界的话，在全部收入分配中，劳动工资的收入份额就比较高，资本收入份额则相对降低，整个社会的收入分配倾向于比较平等，贫困现象也较少发生。

其次，在就业最大化的状态下，不仅占人口绝对多数的劳动力所有者成为挣取工资的劳动者，同时具有一定创业能力的劳动者，还会成为小型企业所有者或自我雇佣劳动者。这样，全社会生产要素组合者当中，兼具劳动者和企业家身份的人群就会扩大，同样也会产生收入分配向工资收入倾斜的效果，从而缩小收入差距。可见，最大化就业也包括了最大化创业的内涵。

实现就业最大化是缩小收入差距和防止、治理贫困的一种有效途径，可以由国内外经验加以印证。例如，许多收入分配严重不平等、社会经常处于不和谐状态的拉丁美洲国家，都存在着重资本、轻劳动的政策倾向，失业和就业不足现象普遍存在。而在增长过程中收入分配比较平等、社会比较和谐的"亚洲四小龙"经济体，就是通过发挥资源比较优势，经济发展始终伴随着相应的就业扩大。

我国在改革开放以来的收入差距扩大，实际上可以划分为两个时期。前一个时期即改革开始到20世纪90年代前期，虽然也出现了收入差距扩大的现象，但是，这时的收入差距扩大更多的是对传统体制下平均主义分配制度的矫正，即使那些在收入分配中处于低端的人群，也因得益于就业机会的增加，收入得到了较大的提高。而自20世纪90年代后期至21世纪初，由于出现了严重的下岗、失业现象，收入差距的扩大过程中，处于低端的群体遭受到收入增长的停滞，甚至绝对的恶化。而随着积极的就业政策的实施，大多数失业、下岗职工获得了再就业，他们的基本生活得到了保障，也维护了社会的稳定。

因此，追求就业最大化是实现中共十六届六中全会确立的社会和谐目标的重要组成部分。这个目标是：通过创造有利于就业的经济政策环境和鼓励就业和创业的社会氛围，使每个有劳动能力和就业愿望的公民都能获得平等的就业机会。表现在较高的劳动参与率、较低的失业率，以及不论性别、年龄和户籍登记地，每个劳动者都平等地参与劳动力市场，并获得与其劳动技能和工作努力相对应的劳动报酬。我国和世界各国的经验表明，收入分配的效果受到政策和制度安排的直接影响。因此，通过最大化就业解决收入差距问题，从而保持和增进社会和谐，不仅是一种境界，更需要靠制度规则和社会理念加以保障。

二 劳动力市场的若干事实

1. 城乡就业是怎样实现的

改革开放以来，中国强劲的经济增长一直伴随着非农产业就业的快速增长。这个趋势在20世纪90年代后期国有企业进行减员增效改革以来并没有改变，但是，就业结构却发生了巨大的变化。从城镇就业数字来看，1995—2004年期间，全部城镇就业以平均每年826万人的速度扩大，年度之间的波动也不大。与此同时，国有部门和城镇集体部门的就业的确是在减少，平均每年减少756万人；股份合作、联营、有限责任、股份有限、港澳台商、外商投资等新兴所有制形式的部门，也以每年平均272万人的速度为城镇提供就业机会；个体私营企业的就业则以每年386万人的速度增加。

如果单单比较上述就业变化，我们会发现，新兴所有制部门和个体私营企业等就业增长部门，平均每年创造的就业机会合计为657万个，仍然不足以抵消国有和集体部门的就业减少。那么，每年城镇新增加的就业在哪里呢？

在加总了城镇全部单位就业人数之后，还有很大一部分就业没有包括其中，这部分就业者占全部城镇就业人数的38%，大约为1亿人。他们为什么没有被包含在统计的单位就业人数之中呢？首先，相当多的就业人员或者作为自我雇佣劳动者，或者在个体、私营企业就业，而这些自我雇佣和个体、私营企业没有在工商管理部门注册，因此这些就业被统计遗失了。其次，包括许多大企业在内的工作单位，不再把新吸纳的就业人员以及一些再就业人员统计为本企业职工，而是列入外包劳务项目，这也导致漏报和低估。例如，在建筑行业，一个正式纳入统计的职工，通常可以带动五到十个未纳入统计的劳务工。而在许多大型国有企业，这种没有被纳入统计的工人也占到全部就业者的一个很大比例。可见，如果把这部分在统计中遗漏的就业包括在内的话，经济增长的就业效果仍然是乐观的。

2. 城市失业率究竟有多高

20世纪90年代后期以来，严峻的就业形势导致数千万城镇职工下岗，其中一些人或处于失业状态，或退出了劳动力市场。中国在改革时期出现的失业现象，更多的是由于市场发育不完善而产生的摩擦性和结构性等自然失业，具有持续时间长、解决难度大以及经常反弹的特点。

国家统计局公布的失业率数字只是登记失业率，而这个指标与市场经济国家使用的失业率反映了不尽相同的内容。在中国，登记失业率这个指标常常不能确切地反映就业形势的好坏。例如，国有企业下岗和失业最严重的1998—2000年期间，这个登记失业率一直保持在3.1%。而当就业形势开始好转时，这个指标却大幅度提高了，从2001年的3.6%，2002年的4%，到2003年的4.3%和2004年的4.2%。原因是，凡是具有下岗身份即领取下岗基本生活费的，不管是否有工作，都不再进行失业登记。这样，第一是这个指标没有包括那些下岗后没有工作的人，因而低估了失业率；

第二是随着从下岗向公开失业的并轨，下岗人数减少而登记失业人数增加，而这个增加可能并不意味着劳动力市场状况变得更糟。

根据国际劳工组织（ILO）推荐的方法和定义进行调查并估计的城镇调查失业率，被认为比较好地反映真实的失业状况，并且具有国际可比性。因此，只有使用这个失业率指标，才可以进行具有可比性的经验研究。根据已经公开发表的统计数据，我们估算出过去十年来中国城镇调查失业率（见表1）。

表1　　　　　　　　　城镇劳动力市场现状

单位：%

年份	调查失业率	登记失业率	劳动参与率
1995	4.0	2.9	75.9
1996	3.9	3.0	72.9
1997	4.5	3.1	72.1
1998	6.3	3.1	71.2
1999	5.9	3.1	72.9
2000	7.6	3.1	66.1
2001	5.6	3.6	67.3
2002	6.1	4.0	66.5
2003	6.0	4.3	63.4
2004	5.8	4.2	64.0
2005	5.2	4.2	64.6

资料来源：国家统计局《中国人口统计年鉴》（历年）；国家统计局、劳动和社会保障部《中国劳动统计年鉴》（历年）；国家统计局《中国统计年鉴》（历年）；2005年1%人口普查。

3. 农村还有多少剩余劳动力

在经历近30年的高速经济增长和成功的经济改革之后，坚持认为中国农村仍然有高比例、大规模的剩余劳动力的观点，已经成为缺乏经验证据的教条，且妨碍我们对劳动力市场形势做出正确的判断。在农村，除去进入乡镇企业就业、转移到城镇就业以及农业生产需要的劳动力之外，所谓的"剩余劳动力"，实际上是就业受年龄、性别、家庭状况和其他因素制约的劳动年龄人口，他们的就业选择范围相对有限（见图1）。农村不再如人们习惯上所说的，有1/3甚至更多的剩余劳动力，绝对数量高达1.5亿到2亿。本文采取直接观察农村劳动力加总数量、年龄结构和就业分布的方法，估算出，2005年农村剩余劳动力的比例是22%，仅仅占全部农村劳动力的1/5强。真正剩余的农村劳动力中50%是40岁及以上的经济活动人口，也就是说，40岁以下的农村剩余劳动力，充其量只有5212万。因此，"民工荒"或劳动力短缺，并不是暂时的现象，由于有其人口结构上的依据，因而是趋势性的变化。

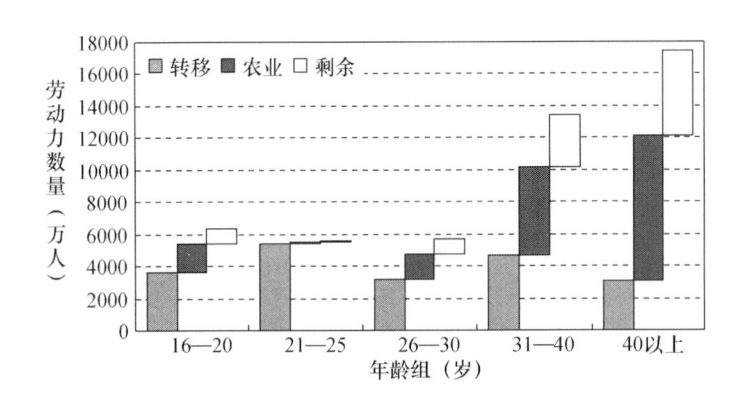

图1 转移、未转移和农村剩余劳动力数量与年龄结构

资料来源：(1) 乡村从业人员数来自国家统计局《中国统计年鉴2006》；(2) 乡村从业人员的年龄结构系根据2000年人口普查所做的预测获得；(3) 外出打工人员结构来自盛来运、彭丽荃《当前农民外出务工的数量、结构及特点》，载蔡昉主编《中国人口与劳动问题报告No.7——人口转变的社会经济后果》，社会科学文献出版社2006年版。

三 "刘易斯转折点"与就业形势

"刘易斯转折点"是一个经济发展概念，但是，对这个转折点本身进行判断，却与劳动力供求的长期格局变化有关，同时，转折点的到来也提出一系列与劳动力市场政策有关的深层含义。也就是说，当一个国家经历"刘易斯转折点"的时候，经济发展即进入一个崭新的阶段。通过劳动力市场状况，对中国的这个转折点是否已经到来进行判断，揭示它对就业形势和就业政策有什么含义，具有重要的政策意义。

大多数发展中国家都要经历一个二元经济发展的过程。突出的特征是农村劳动力的剩余为工业化提供低廉的劳动力供给，工资增长较慢，雇佣关系不利于劳动者，城乡收入差距持续保持。按照发展的逻辑，这个过程将一直持续到劳动力从无限供给变为短缺，增长方式实现一个质的飞跃，进入现代经济增长阶段。由于二元经济发展的理论框架，是由经济学家刘易斯提出的，因此，这个劳动力从无限供给到短缺的转变，即是二元经济结构转换，也被称为"刘易斯转折点"。以往的国际发展经验表明，在二元经济发展阶段，一个国家或地区可以通过形成具有生产性的人口结构，为经济增长提供人口红利，而二元结构转换的关键是传统人口红利的消失，以及增长方式的转变。

在整个改革开放期间，中国经济的高速增长也是在二元经济条件下进行的。由于这个时期劳动年龄人口（16—64岁人口）规模大且不断增长，占全部人口的比例高因而人口负担轻，保证了充足的劳动力供给和高储蓄率，为经济增长带来了人口红利。在改革期间，人口抚养比（16岁以下和65岁以上人口与劳动年龄人口的比率）每下降1个百分点，可以提高人均GDP增长率0.115个百分点，即人口抚养比的下降，对改革期间人均GDP增长的贡献率达27%。然而，通过实施30年的计划生育政策，中国的人口转变进入了一个新的阶段，总和生育率（大致可以理解为一个妇女终身生育的孩子数）已经低于2.1的更替水平，目前为1.7。作为人口转变的后果之一，劳动年龄人口的增长速度先上升而随后减缓，目前已经向零增长时期趋近。

随着劳动年龄人口增长速度逐年下降，预期在"十一五"期间将从总量上不能满足非农产业对劳动力的需求，劳动力供给长期大于需求的格局将逆转（见图2）。在设定的高位非农经济增长率和高位非农就业弹性的情况下，从2004年开始，新增劳动年龄人口数将持续低于劳动力需求量，而且两者差距越来越大。在其他各种假设下，2010年之前，也分别出现新增劳动力数量低于劳动力需求量数量的情况。根据对人口年龄结构的预测，到2013年，随着人口老龄化的加速，人口抚养比将停止下降转而提高，同样的逻辑是，人口抚养比每提高1个百分点，将使人均GDP增长率降低0.115个百分点。

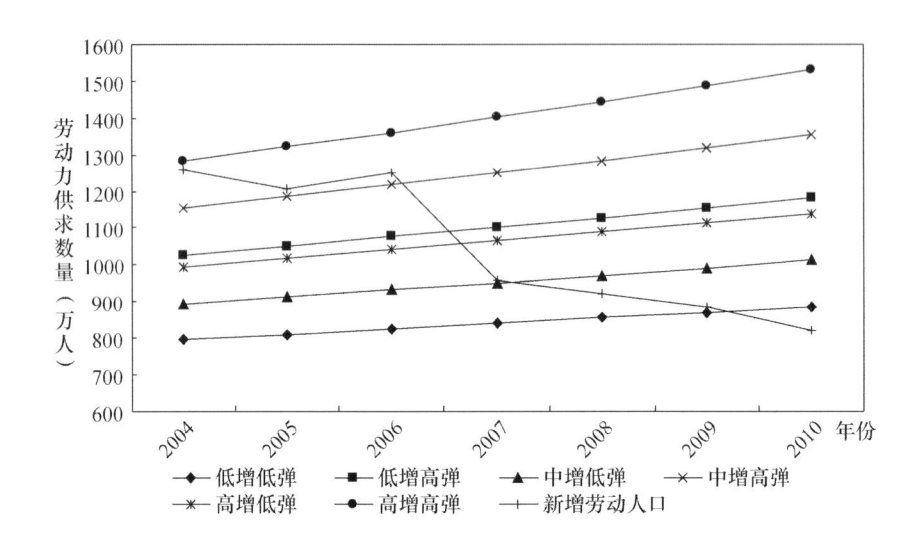

图2 非农产业劳动力供求预测

注：我们的假设是，非农经济增长率8%为低增、9%为中增、10%为高增；非农就业弹性达到1991—2003年平均水平0.297为高弹，较平均值低半个标准差的低位水平0.23为低弹。

资料来源：蔡昉、都阳、王美艳《中国劳动力市场总体状况》，载《中国劳动力市场发展与政策研究》，中国计划出版社2006年版。

  人口总量和年龄结构是劳动力供给的基础。基于上面人口结构的预测与分析，我们可以确定，目前发端于沿海地区并且蔓延于全国的劳动力短缺，不是暂时性的现象，而是"刘易斯转折点"到来的征兆。如果说"刘易斯转折点"并没有一个清晰的时点的话，我们也可以说中国经济已经进入"刘易斯转折区间"。在这个转折点上或者区间里，已经或者预期会发生以下几个与劳动力市场相关的特征变化：

  首先，劳动力在城乡的普遍短缺，及其导致的普通劳动者的工资上涨从而劳动力成本的提高。"民工荒"或劳动力短缺，并不是暂时的现象，由于有其人口结构上的依据，因而是趋势性的变化。20世纪90年代末以来，城市正规劳动力市场每年都经历着两位数的工资上涨，不仅发生在垄断行业，也发生在那些主要吸收普通劳动者就业的制造业等行业（见图3）。例如，在1997—2005年期间，实际职工工资增长了161.7%，而在城市就业的农村流动劳动力的工资提高速度甚至更快。根据对五个大城市的调查，2001—2005年期间，外来劳动力小时工资的提高速度比城市本地劳动者小时工资的提高速度高64%。把农民工工资在最近几年的迅速上涨趋势与以往十几年的停滞进行比较,更反映出目前的变化是一个根本性的。劳动力成本的这种变化趋势,已经对外商投资倾向和企业经营状况产生了一定的影响。

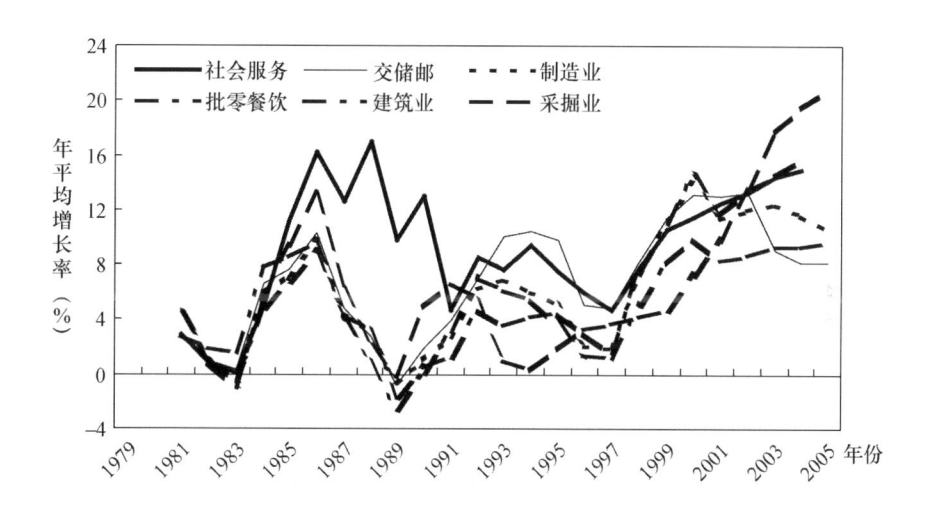

图3 若干行业平均工资的三年移动平均变化

资料来源:国家统计局《中国劳动统计年鉴》(历年);国家统计局、劳动和社会保障部《中国统计年鉴》(历年)。

其次,长期以来推动中国经济增长的高储蓄率将趋于降低。导致储蓄率持续居高的原因主要有三个:一是由于人口负担轻从而经济剩余比例大导致的高储蓄率;二是由于普通劳动者家庭收入增长缓慢,从而内需不足导致的居民高储蓄倾向;三是社会保障不充分和预期不稳定诱导居民通过储蓄来实现自我保险。随着人口抚养比下降速度减缓并且不久将转而上升,普通劳动者工资上涨将改变整体的消费倾向和储蓄倾向,以及社会保障体系的逐步完善,上述因素都将发生方向相反的变化,从而不可避免地抑制储蓄率持续居高的趋势。

由于劳动力供给趋势的变化仍然只是增量意义上的,劳动力成本与发达国家和许多发展中国家相比,在相当长的时间里仍将是低廉的,储蓄率由高到低的变化也不会发生在一夜之间,因此,中国经济很快丧失劳动密集型产品的比较优势和竞争力的判断和担心仍然过早。但是,变化了的经济发展环境迫切地提出了经济增长方式转变的要求。可以说，中国经济目前正处在一个十字路口，正确地判断发展阶段变化，并以此作为政策依据进行恰如其分的制度调整，是当前应该做出的合理反应。

从劳动力无限供给到出现劳动力短缺的"刘易斯转折点"的到来，决不意味着可以对扩大就业的努力掉以轻心。通过清除劳动力市场障碍，延缓现有比较优势丧失的速度。劳动力出现短缺现象，并不意味着现有的劳动力资源已经得到充分的利用，不再有挖掘的潜力。从城市来看，改善就业、再就业和创业的政策环境，加强对非正规就业劳动者的保障和保护，都可以在现有格局下增加劳动力供给。事实上，就在出现了普遍的劳动力短缺现象的同时，劳动力市场状况仍然可能出现反弹。这是因为，目前劳动力市场上存在的就业压力和再就业困难，在很大程度上是结构性和摩擦性的。针对这种特殊的劳动力市场情况，通过树立最大化就业原则，继续实施积极的就业政策，通过促进劳动力市场功能的健全，提高政府就业、再就业服务的效率，可以降低摩擦性失业的发生。此外，在这个转折点上，特别要注意到，最低工资制度等政策手段的运用，应该立足于保护劳动者的合法权益，而不应成为人为助长市场工资水平的扭曲力量。从农村来看，进一步改革户籍制度、增强承包土地的流动性、深化普通教育和加强对外出劳动力的培训等一系列措施，也都可以起到扩大劳动力供给、抑制工资过快上涨的效果，从而延缓劳动密集型产业比较优势丧失的速度，为增长方式的转变赢得时间。

四　政府如何推动就业最大化目标的实现

20世纪90年代末以来，政府积极的就业政策取得了良好的效果。前一节对于劳动力市场若干事实的描述和澄清，充分说明了这一成绩。但是，这并非意味着在政府积极就业政策方面，没有进一步完善的余地。

第一，就业扩大还没有成为各项经济政策的优先原则。普遍和充分的就业有助于抑制收入差距的扩大，从而是保持社会和谐的物质基础。因此，能否保持和扩大就业，应该成为各项经济政策制定的首要依据。目前，许多地方政府的经济政策，仍然把GDP和财政收入作为第一考虑因素，而这些目标与就业的扩大并不总是一致的。

第二，就业创造还没有成为引导投资方向的核心标准。在劳动力仍然丰富的条件下，全社会投资的基本方向应该是有利于最大化创造就业，表现为产业选择和技术选择的劳动密集型特征。但是，地方政府的GDP动机和对税收的渴望，常常更容易通过在重化工业领域的大规模投资，而在短期内实现。这导致在一些地区和部门，就业增长滞后于经济增长。

第三，扶助就业和再就业还没有成为全社会的一致努力和所有工作的重要目标。构建社会主义和谐社会，是全社会的共同目标。这一点通常没有什么异议。但是，作为社会和谐基础的充分就业，却主要作为劳动和社会保障一个部门或少数部门的责任。鉴于就业问题的至关重要意义，以及该问题涉及社会经济方方面面，这种工作力度是大不相称的。

第四，社会的主要就业创造行业还没有获得平等的竞争环境和公平的政策待遇。第三产业的一些部门、中小企业和非公有制经济，是改革以来就业的主要创造者。但是，这些行业、部门和企业类型，在工商注册和融资环境等方面，并不具备与那些就业效果较差对手的同等条件，因而它们的发展受到一定程度的抑制，降低了社会整体的就业效果。

促进全社会的就业增长是一项兼具经济效率和社会效益的事业，因此，就业的创造和扩大，不仅仅是劳动者的个人行为，而有赖于全社会在各个政策层面上的共同努力。因此，就业最大化应该成为各项政策制定的出发点，即政府各种经济和社会政策的制定，都以最大化创造就业机会为优先原则，从而使就业机会的扩大与经济增长同步推进，就业岗位的创造与产业结构调整协调一致，就业环境的改善与经济体制改革相得益彰。

就业最大化的含义可以从其作为社会目标和作为政策出发点两个方面来认识。作为社会目标，就业最大化是指：通过创造有利于就业的经济政策环境与鼓励就业和创业的社会氛围，使每个有劳动能力和就业愿望的公民都能获得平等的就业机会。这表现在较高的劳动参与率、较低的失业率，以及不论性别、年龄、户籍登记地，每个劳动者都平等地参与劳动力市场，并获得与其劳动技能和工作努力相对应的劳动报酬。可见，就业最大化不仅是一种境界，更需要靠制度规则和社会理念加以保障。

作为政策的出发点，就业最大化是指：政府各种经济和社会政策的制定，都以最大化创造就业机会为优先原则，从而使就业机会的扩大与经济增长同步推进，就业岗位的创造与产业结构调整协调一致，就业环境的改善与经济体制改革相得益彰。

具体来说，政府在制定各项社会和经济政策时，要以就业为标准排定政策取向的优先序。这包括：在确定一项发展或改革政策实施的先后次序时，以有利于扩大就业的政策为优先考虑；在规划地区发展和产业结构布局时，以劳动密集型产业的发展优先；在制定有关产业组织政策时，以吸纳就业能力强的中小企业发展优先；在利用各种政策手段调控宏观经济时，将恢复和扩大就业增长作为优先的考虑因素；在规划政府投资和引导社会投资时，参照各行业的就业吸收能力确定重点投资领域的优先顺序。这样，就会形成劳动力市场机制充分发挥、劳动力素质得到迅速提升、周期性失业得到充分调控的良好局面，社会发展、经济增长与就业增长的同步才具有了现实基础。为了创造上述有利于就业和创业的社会经济环境，实现最大化就业目标，政府需要履行一系列不可替代的公共职能。

首先，政府要利用法律和其他规制手段，防止劳动力资源配置上的扭曲，维护劳动力市场的竞争性。导致劳动力资源配置扭曲的一个最大因素，是生产要素价格的扭曲。如果在一个劳动力丰富的国情下，劳动力价格被人为提高，企业就会被引导进行资本对劳动的替代，产业结构变动和技术的选择都会出现不利于就业扩大的倾向，劳动密集型产业的比较优势也受到抑制，老百姓不仅会因就业不充分而减少收入，还会同时受到经济增长减弱的不利影响。因此，政府应该把自己的职能从直接干预生产要素价格形成，转变到维护生产要素市场的竞争性，为最大化就业创造良好的市场条件上来。

其次，政府要对劳动力市场上的弱势群体给予政策扶助，促进下岗和失业人员的再就业和农村劳动力转移。劳动力市场的参与者是不同质的，无论是由于个人或家庭的原因，还是由于历史和体制的原因，总是有一些群体在劳动力市场上处于劣势的地位。例如，那些年龄偏大、受教育程度较低的下岗工人，就经常遇到再就业困难。而他们处于这种不利地位，在很大程度上又是历史原因造成的。改善他们的特殊就业困境，防止他们长期陷入贫困状态，特别是避免贫困的代际遗传，从而不致使他们成为社会不和谐的因素,政府需要提供特殊的扶助,帮助他们回到就业岗位上来。而对于那些处于劳动力市场劣势地位的农民工,则需要政府通过户籍制度改革和统筹城乡劳动力市场,帮助他们获得平等的就业机会和平等的劳动力市场待遇。

最后,政府应该积极地通过立法和各种规制,保护普通劳动者的利益和权益。在劳动力丰富从而劳动力市场供大于求的条件下,劳动者在雇佣关系中经常处于不利的地位,易于受到不平等对待,雇主违反劳动立法侵害劳动者利益的现象时常发生,劳动者的工作条件和待遇也不尽如人意。虽然在微观的层次上,雇主侵害劳动者利益可能在一定程度上给其带来经济利益,但是,在社会层面上,劳动者如果长期受到不平等对待,就有可能产生不满的情绪,并且这种不满会从直接针对雇主转移到针对社会。因此,劳动者利益和权益持续得不到有效保护,是造成社会不和谐的一个重要诱因。作为公共政策的供给方,政府应该充当保护劳动者利益的代言人和执行者。目前,中国正在从长期的劳动力无限供给阶段转向劳动力短缺的新阶段,这种转折阶段正是政府和社会加大对劳动者实施保护的大好时机。一个对劳动者实施良好保护的劳动力市场,就是一道保持和增进社会和谐的有力保障线。

中国如何打破减速魔咒

一 引言

在中国的学术界和政策界，人口红利逐渐成为热门的话题，但是，围绕这个问题，特别是中国的人口红利到底可以持续多久，争论可谓众说纷纭、莫衷一是。一个最新的流行观点，是认为人口红利将长期存在。例如，有的观察者反对中国人口红利即将消失的说法，而是认为，人口红利可以在人口抚养比降到最低点之后再持续20年以上（如周婷玉，2010）。

这个观点的批评矛头所向，显然是包括本文作者在内的一些学者的判断，即在2013年左右，中国的人口抚养比将跌至谷底，随后迅速上升，人口红利从那时便消失了（如蔡昉，2010）。换句话说，争论的焦点是人口红利的延续期，即中国人口红利究竟是在2013年左右结束，还是在2030年之后才会结束。

一般来说，人们把人口红利看作是下列情形，即由于劳动年龄人口增长快，占总人口的比重大，形成劳动力供给充足和储蓄率高等有利于经济增长的条件，一旦能够将这个人口优势转化为就业和投资，则给经济增长赢得一个额外的源泉。可见，人口红利延续期的讨论是经济增长话题，而主要不是人口问题，更不能简单地理解为"生之者众，食之者少"。本文以增长理论为依据，融会二元经济理论与中国发展实际，对上述关于中国的人口红利还能持续多久的问题，做出初步的回答。

许多观察者认为，既然如预测所显示，人口抚养比在2013年前后降至最低点，那个时候就意味着人口红利的消失。例如，本文作者及其合作者估算人口红利时发现，人口抚养比每下降1个百分点，可以导致人均GDP

增长率提高0.115个百分点（Cai and Wang，2005）。如此推论的话，2013年以后人口抚养比不降反升，下列关系，即人口抚养比每升高1个百分点，人均GDP增长率降低0.115个百分点会不会成立呢？这样的话，对于这些学者来说（尽管许多人并没有想到这一点），人口红利将要消失的判断，所依据的是人口抚养比的变动率。

而相反的观点则是更加注重人口抚养比的绝对水平。譬如，假设在20世纪90年代中期，人口抚养比就算较低水平了，则在2013年之后，抚养比上升的一段时期内，直到大约2030年前后，抚养比都算得上较低。于是，依此观点，中国的人口红利可以继续保持大约20年甚至更久。如果进一步放宽条件，例如把1990年前后的抚养比看作是可以产生人口红利的水平，则后者可以延续到2030年之后。

上述两种观点都可以通过图1得到表述。图中，我们把人口抚养比定义为依赖型人口（15岁以下及65岁以上）与劳动年龄人口（16—64岁）的比率。其中包括三种预测结果，分别由胡英（预测一）、王广州（预测二）和联合国（预测三，每5年一个预测值）所估算。虽然预测数字略有差异，但显示了相同的变化型式，即2010—2015年期间，抚养比降到最低点，随后上升。

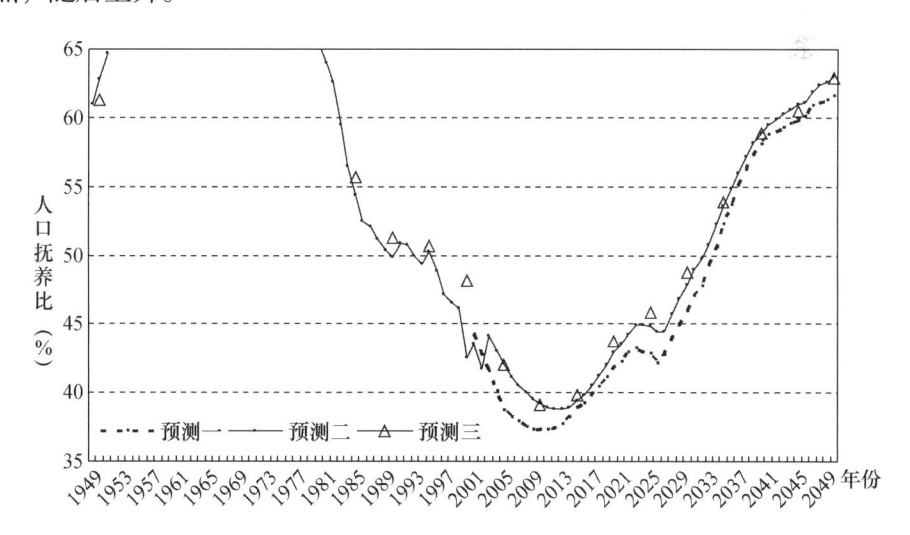

图1 人口抚养比不同估计趋势是相同的

资料来源：预测一和预测二分别由胡英和王广州所做，预测三由联合国（United Nations，2009）所做。

可见，如果以变化率为依据，我们所处的人口红利期已经为时不久了。然而，如果以抚养比45%为较低水平，以绝对水平为依据，则在2030年之前都可以继续收获人口红利。更进一步，如果以50%的抚养比为依据，则人口红利消失的年份，确乎还可以延长到2035年前后。

关于人口红利延续期的不同判断，分别有其政策含义。做出人口红利期仍然很长的判断的观察者，往往隐含着一个观点，即人口生育政策调整并不十分紧迫。然而，做出人口红利为时不久的判断的观察者，却未必一定是在强调生育政策调整的紧迫性。如果人们理解了人口红利对于经济增长的意义，以及人口红利消失对于增长可持续性的含义，则可以得出结论：探讨这个问题的针对性和关键点，其实不在于生育政策是否应该调整，而在于能否以及如何保持经济增长可持续性，以及转变经济发展方式的紧迫程度。

撇开那些算命先生式的"中国崩溃论"不谈，近来研究界也出现了若干关于中国经济减速可能性的严肃讨论。有两个依据国际范围的比较进行的研究，值得给予格外关注：一是摩根士丹利研究人员提出，按照购买力平价计算，在人均GDP达到7000美元这个"魔幻数字"时，高速增长的经济体通常开始减速（王庆，2010）；二是一篇发表在美国国民经济研究局工作论文上的文章发现，按照购买力平价计算，当人均GDP达到17000美元时，高速增长的经济体开始减速（Eichengreen, et al., 2011.）。根据日本的经验，经济增长速度减慢与人口红利的消失，在时间上也高度吻合。因此，结合中国近年来发生的阶段性变化，这些关于减速的国际经验，对于中国有重要的警示意义。

二 从经济增长角度认识人口红利消失

尽管人们给予人口红利以各种解释，并以一些指标将其定量化，但是，人口红利的本质究竟是什么，换句话说，为什么劳动年龄人口占比大并且持续扩大可以为经济增长提供一个额外源泉，迄今为止尚未清晰地得到说明。不过有一点是肯定的，这个问题明显不属于人口学的范畴，所以，我们应该从经济增长理论出发认识这个问题。

新古典增长理论假设劳动力是短缺的，因此，物质资本超过一定点的继续投入，将会遇到报酬递减现象，从而经济增长不能持续。从此逻辑出发，打破资本报酬递减规律有两个途径：一是通过技术进步，以全要素生产率不断提高的贡献率保持经济增长可持续性；二是破除劳动力短缺这个制约因素。而后一条件恰好是二元经济发展所天生具备的。一旦能够将劳动力无限供给特征转化为经济增长源泉，则意味着实现了人口红利的利用。

可见，理解人口红利，要将其置于二元经济发展框架内，与这个过程中的资本积累密切联系。刘易斯本人在阐述其二元经济理论时，就不厌其烦地表示，具有无限供给性质的劳动力的开发利用，要随时随地与资本积累联系在一起来理解。例如，他在其著名的《劳动力无限供给条件下的经济发展》中指出：

"整个过程的关键在于资本主义部门对剩余的使用。正是因为剩余被再投资于创造新资本，资本主义部门得以扩大，并吸收更多的人从生计部门到资本主义部门就业。剩余越来越多，资本形成也越来越大，因而（二元经济发展）过程持续下去，直至剩余劳动力消失。"（Lewis，1954）

据此，我们通过图2来观察人口红利与资本积累的关系。我们用曲线 D 表示人口红利显示性指标（抚养比的倒数），它所呈现的倒 U 字形变化轨迹，恰好反映其对应的具体定量指标——人口抚养比在图 1 中经历的 U 字形变化。接下来，我们用曲线 K 表示资本积累，可以看到一个不断累积性提高的趋势。如前所述，人口红利的核心是由于劳动力无限供给性质而打破新古典增长理论的劳动力短缺假设，从而保证不会出现资本报酬递减现象。既然资本积累不是一个既定的量，而是一个不断扩大的过程，因此，人口红利的动态（即处于下降过程中的人口抚养比），恰好可以为动态的经济增长提供一个使其不出现资本报酬递减的要素条件。

因此，理解人口红利对经济增长贡献的关键在于，在人口红利变化并式微的同时，资本积累则是不断扩大的。而资本投入强度越大，则面临着越加严重的报酬递减可能性。所以，图 2 中的 K 是一个上升的曲线（斜率大于零）。不考虑这一点，就脱离了人口红利作为避免资本报酬递减的作用实质。

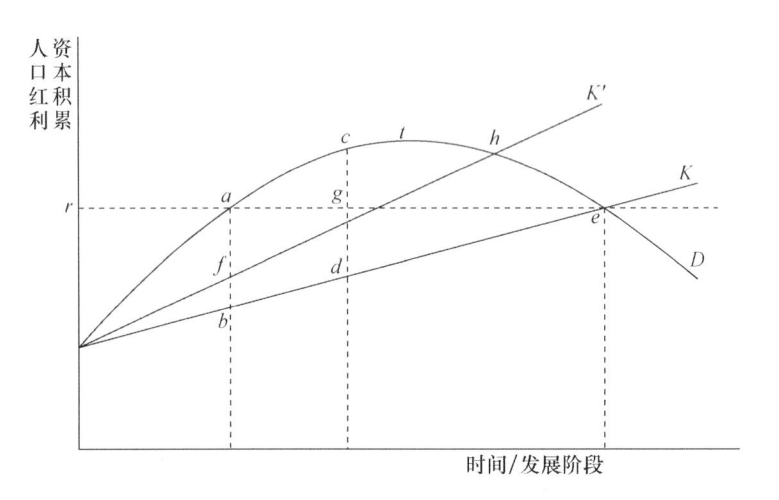

图 2　人口红利通过打破资本报酬递减律而发挥作用

在图 2 中，我们可以把曲线 D 与曲线 K 之间的距离看作是人口红利作用的力度。从中可以看到，假设在水平 r 上，人口红利显著性指标算是较高的，其发挥的抑制报酬递减的作用可以为 ab。在到达人口红利显示性指标的最高点，即图中的 c 点（其为曲线 D 上面斜率等于 K 的斜率的一点）时，抚养比对资本报酬递减的抑制作用达到最大。由于资本积累不断提高到更高的水平，因此，c 点之后人口红利作用明显减弱。例如，同样在 r 的水平上，人口抚养比就不再能够像以往那样发挥抑制报酬递减的作用了。从图中看，这个显示性指标，即人口红利的作用力度在抚养比降到最低点后，迅速递减至零即 e 点。

很显然，图中资本积累曲线 K 的斜率实际上是任意决定的。按照新古典增长理论的假设，越是在资本投入的更高水平上，越是会出现资本报酬递减的现象。换句话说，假设斜率更大的 K' 是更加接近真实水平的资本积累曲线，则人口红利作用减弱的速度更快，早在 h 点上便会降为零。

基于上述认识，我们可以得出的结论是，中国从其改革开放以来得以开发人口红利始，最大限度收获人口红利，发生在 2010—2015 年之前的一段时期内（见图 1），具体来说，就是人口抚养比在降到 37%—39% 水平之前。从 2010—2015 年开始，人口结构变动对于资本报酬递减的抑制作用迅速减弱，直至人口红利消失。而且，资本积累越是迅速，经济增长越是在更高的程度上依赖投资，则人口红利丧失越快。

关于在认识人口红利作用时，为什么要把资本积累放在重要位置的问题，还有值得进一步讨论的余地。事实上，这就是经济增长经历若干转折点以及阶段，表现出具有差异的特征，提出不尽相同要求的完整故事。理解了这个故事，不仅可以加深对于人口红利及其作用机理的认识，也自然而然引申出人口红利消失的含义，从而得出如何保持经济增长可持续性的政策结论。

我们在表1中描述了经济增长的三个重要阶段。首先，在典型的二元经济发展阶段上，由于劳动力无限供给这一决定性的特征，无论是农业还是非农产业，都以资本节约型或劳动使用型技术为主，在开放经济的条件下，劳动密集型产业具有比较优势，并在国际贸易中获得竞争力。在表中，我们假设每100个工人对应1台机器。

表1　　　　　　　　在资本积累中保持报酬不递减的经济增长

发展时期特征	工人数	机器数	政策含义
二元经济发展	100	1	存在大量剩余劳动力，不需要资本增长领先，劳动边际生产力低
刘易斯转折点	100	2	劳动生产率开始提高，人口红利尚存，资本报酬递减没有发生
新古典经济	100	3	必须靠提高TFP（包括人力资本和劳动生产率）才能保持增长可持续性

在这个发展阶段，伴随着瓶颈要素——资本的积累，经济增长过程中各种生产要素同比例增加，并且因劳动力供给充足，不会发生资本报酬递减现象。也正因为如此，以往的发展经济学家，包括刘易斯在内，都把一定的储蓄率作为经济发展的先决条件。也就是说，有了无限供给的劳动力，资本积累能够以什么样的速度进行，二元经济发展就能产生什么样的绩效。这个过程一直持续到刘易斯转折点的到来，换句话说，直到用不变的生存工资所能吸纳的剩余劳动力消耗殆尽。

其次，刘易斯转折点到来之后，因普通劳动力短缺引起的工资上涨，诱致出资本替代劳动的技术变化，这时劳动节约型技术开始为企业所采用，产业结构也逐步转向更加资本密集型和技术密集型。在表中，我们假设每100个工人开始支配2台机器。在这个阶段上，因人口红利仍然存在，在提高了的工资的吸引下，企业可以继续获得劳动力供给。也就是说，按照二元经济理论的划分，这是跨越了刘易斯转折点，人口红利尚存，并且还未到达商业化点的发展阶段。①

最后，人口红利的消失终究到来，劳动力不再无限供给，经济增长越来越符合新古典增长理论劳动力短缺的假设。就表中所示例子来看，继续增加机器，如每100个工人支配3台机器的话，生产率并不能相应增加，除非与此同时，他们的体力和脑力（都是人力资本的表现形式）相应提高，或者管理更有效率、技术更加先进、体制更易于调动积极性。而这些变化，就反映为全要素生产率（TFP）的提高。

中国的人口抚养比从20世纪60年代中期就开始下降，只是在80年代开始的改革开放时期，通过劳动力的产业转移和地区转移，丰富的劳动力资源才被转化为人口红利。特别是在过去的20年中，中国融入经济全球化，以劳动密集型产品的比较优势从中获益。然而，在最大化收获人口红利的这个时期，抚养比的下降速度却是递减的趋势，预计在2015年以前降到最低点。与此同时，资本积累以空前的速度进行，并且中国经济在2003年刘易斯转折点出现以来，显示出明显的资本密集化趋势。

例如，全社会固定资产投资与GDP的比率，从1998年的33.7%提高到2009年的66.0%，同期，工业中的资本劳动比（每个从业人员对应的固定资产净值）从7.1万元增加到20.3万元。同样的趋势也得到全国制造业数据的印证（蔡昉、王美艳、曲玥，2009）。根据前述的道理，我们可以来观察递减的人口红利显示性指标与加速进行的资本积累之间的关系，即抚养比下降的减速趋势和资本积累的加速趋势，标志着人口红利的式微。虽然这种观察结果仍然有待更加精密的检验，但是，我们可以得出的印象是，中国经济已经超越了最大化利用人口红利的发展阶段。

---

① 根据文献（参见Lewis，1972；Ranis and Fei，1961），笔者把劳动力需求增长超过供给增长速度，工资开始提高的情形称作刘易斯转折点，把农业部门和现代经济部门的工资都已经由劳动的边际生产力决定，两部门劳动边际生产力相等阶段的到来称作商业化点。

虽然着眼点不尽相同，其他研究也得出与此相似的结果。例如，世界银行经济学家在估算中国 GDP 潜在增长率及其源泉时发现（Kuijs，2009），随着固定资产投资与 GDP 比率的不断提高，相应地，资本劳动比对潜在增长率的贡献，从 1978—1994 年的 29.9%，提高到 1995—2009 年的 57.9%，2010—2015 年的 64.3%，以及 2016—2020 年的 65.7%。而这正好是就业增长对 GDP 潜在增长率贡献明显下降的结果，即在上述四个时期，就业增长贡献率分别为 34.0%、10.5%、2.4% 和 -7.1%（见图 3）。

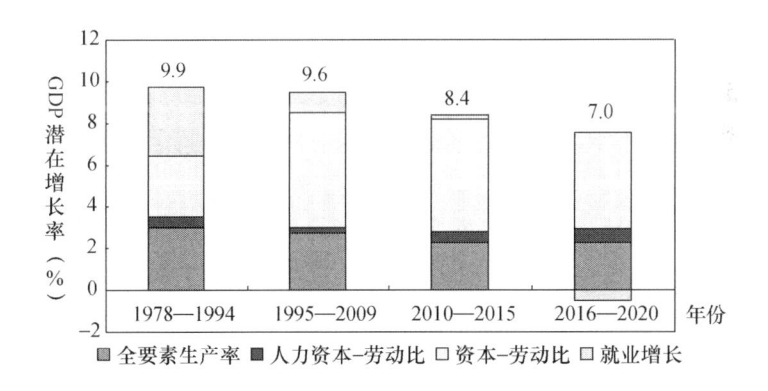

图 3　潜在增长率及其贡献分解

资料来源：Kuijs，2009。

2010 年，按照汇率计算的中国人均 GDP 为 4283 美元，而按照前述关于经济增长减速的研究口径，这个人均收入水平相当于增加一倍，即超过 8500 购买力平价美元。与此同时，人口抚养比处于停止下降、即将上升的阶段，65 岁及以上人口占总人口比重达到 8.9%。也就是说，目前的中国已经具备了减速的诸多条件，与 Kuijs（2009）预测不谋而合。国际经验显示，以这个必然发生减速的发展阶段为起点，一个国家面临着三种命运。第一种命运是欧洲、北美的前景，即在技术创新的前沿上继续推进，虽然经济增长速度较低，但质量明显提高，收入分配状况改善，实现全面建成小康社会目标。第二种命运可以日本作为参照，即在高收入水平上停滞，虽然人均收入仍处于较高水平，在世界经济中的地位却江河日下。然而，中国刚刚进入中等偏上收入国家阶段，一旦陷入这种状况，充其量是一个中等收入的日本。第三种命运以拉丁美洲和一些亚洲国家为代表，虽然较早成为中等收入国家，却始终不能跨进高收入国家的行列，经济增长缓慢甚至停滞，收入差距扩大，经常出现社会动荡和政治不稳定，即所谓中等收入陷阱。

三　如何提高劳动生产率

　　人口红利消失究竟对中国经济有什么实质性的影响，有没有办法打破这种减速"魔咒"呢？对于不同时期的经济学家来说，一个经久不衰的课题，就是探索经济增长的可持续源泉。重农学派认为是土地，但是，土地会遇到肥力递减和报酬递减。丰富的自然资源给一些国家带来先天禀赋，但是也遇到诸如"荷兰病"一类的"资源诅咒"。资本作为一种可再生投入要素，长期为增长理论所青睐，但是，资本报酬递减规律也否定其作为经济增长可持续源泉的地位。劳动力丰富固然可以延缓资本报酬递减现象的过早发生，但这种人口红利终究是有限的，随着人口转变阶段的变化而必然消失。归根结底，劳动生产率的不断提高，才是经济增长经久不衰的可持续源泉。

　　劳动生产率的提高有两种方式。一是通过提高资本劳动比率。物质资本的投入快于劳动力的投入，从而企业和产业的资本构成提高，就意味着劳动生产率的提高。现实中，这就表现为随着劳动力成本的提高，企业购买更多的机器来替代劳动者。但是，提高资本劳动比率是有限度的，可能遇到资本报酬递减现象的困扰。所谓资本报酬递减，是指在劳动者素质和技术水平不变的情况下，增加设备后工艺过程效率反而下降，包括人与设备的协调程度降低等情形。

　　二是通过提高全要素生产率。全要素生产率是指在各种要素的投入水平既定的条件下，通过提高各种要素的使用效率，而达到的额外生产效率。这个劳动生产率提高源泉可以抵消资本报酬递减的不利影响，是长期可持续的，是经济增长经久不衰的引擎。在人口红利消失，或劳动力短缺的情况下，增加资本投入时，要求设备本身也包含技术进步，要求操作者素质的提高，以及体制机制的改革，以释放出更多的微观效率。另一方面，这些因素也要通过企业的优胜劣汰和产业结构的调整发挥作用。

经济增长从主要依靠资本和劳动力的投入，到主要依靠全要素生产率提高的转变，是一个艰难的转变。从国际上看，国家贫富差别主要缘于全要素生产率的差别，而那些曾经经历过高速经济增长的国家，其终究陷入低速增长或停滞的主要原因，也是全要素生产率停滞不前。例如，前述关于在人均GDP达到17000美元时减速的研究就发现，85%的减速可以由全要素生产率增长停滞来解释。

对于那些经历过人口红利期的经济体而言，抚养比停止下降就意味着人口红利消失，如果全要素生产率贡献未能及时跟进，减速乃至停滞就在所难免。日本就是一个典型的例子。经济学家的研究发现，1990年以后，正是由于全要素生产率表现欠佳，日本相继陷入"失去的十年"和"失去的二十年"。如图4所示，在抚养比下降的过程中，日本经济保持了高速增长，而在抚养比停止下降时，经济增长便明显减速，进而，随着抚养比提高，日本经济陷入停滞。

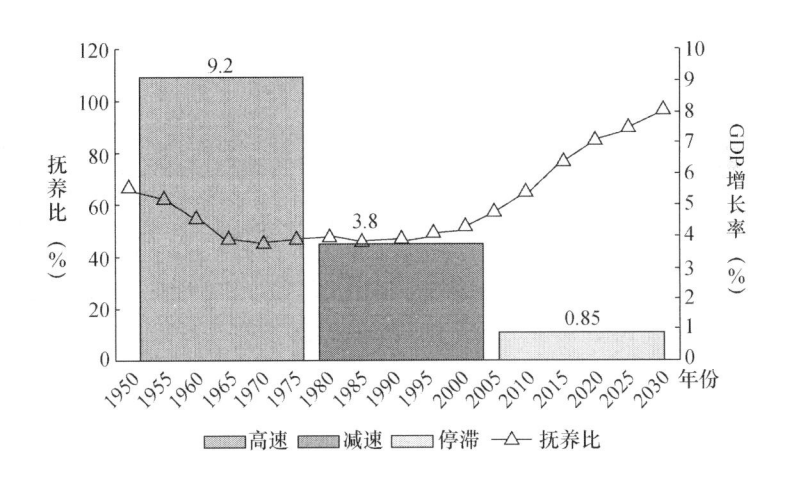

图4 日本人口红利消失与增长停滞

资料来源：人口数据来自联合国，GDP增长率来自世界银行和Hoshi, et al.（2011）。

近年来，推动中国劳动生产率提高的因素已经发生了明显的变化。根据世界银行经济学家的估算，全要素生产率对劳动生产率提高的贡献，从

1978—1994年期间的46.9%，大幅度降低到2005—2009年期间的31.8%，并预计进一步降低为2010—2015年期间的28.0%。与此同时，劳动生产率提高更多地依靠投资导致的资本劳动比率升高。在上述三个时期，资本劳动比提高对劳动生产率的贡献，从45.3%提高到64.7%，并预计提高到65.9%。

然而，单纯依靠物质资本的投资，无论是作为需求方面的经济增长拉动力，还是作为供给方面的经济增长源泉，都是不可持续的。此外，目前中国出现的投资增长，具有政府主导和资本密集程度高的特征，容易违背特定地区的比较优势，进一步伤害资源配置效率。因此，探讨提高全要素生产率的方式，对于保持未来经济持续增长，打破减速"魔咒"具有至关重要的意义。

全要素生产率实际上是一个统计残差，即在经济增长率的各种贡献成分中，生产要素增长所不能解释的部分。其实，随着人们认识水平的提高和计量技术的改进，这个残差可以不断被分解出可以解释的部分。例如，研究者已经普遍把人力资本的贡献从残差中分离出来，成为一个独立的解释变量。而目前作为残差的全要素生产率，仍然可以被看作是由资源重新配置效率和技术效率两个部分构成的。事实上，改善全要素生产率的秘籍，就是要懂得如何保持这两种效率的改善，并提高其对经济增长的贡献率。

资源重新配置效率是通过产业结构调整、升级或者高度化而获得的。例如，劳动力和其他要素从生产率低的产业向生产率高的产业转移，就是部门间资源重新配置的典型形式。除此之外，部门内部也可以形成资源重新配置效率，主要表现为生产率最高的企业得以扩大，因而效率与企业规模成正比。研究表明，全要素生产率的提高中，一半的因素来自于这种资源重新配置过程。

在中国的高速经济增长期间，资源重新配置对经济增长贡献至为显著。经济学家观察到，农业剩余劳动力向非农产业的转移，对经济增长率做出的贡献在16%—22%之间（蔡昉、王德文，1999）。实际上，人们通常所说的人口红利，在计量经济学的意义上，部分体现在这个贡献份额中。因此，不言而喻的是，随着人口抚养比降到最低点，从而人口红利消失，劳动力转移的速度也将大幅度减慢。例如，外出6个月以上的农民工数量，在

2002—2006年期间平均每年增加6.0%，而在2006—2010年期间平均每年仅增加3.7%。

表面上看，人口红利消失所导致的"民工荒"现象的出现，以及非熟练工人工资的迅速上涨，似乎预示着劳动密集型产业比较优势在中国的终结。其实，这个结论并不准确。至少在今后10年到20年中，资源重新配置效率的潜力仍将存在，并主要体现在劳动密集型产业在区域间的转移。我们至少可以看到两个因素，将会有力地支撑这个转移过程。

第一个有助于产业在区域间转移的因素是，我们迄今为止尚看不到哪个国家或者哪一组国家，有足够的规模和力量替代中国制造业大国的地位。当一些记者看到有投资者因中国沿海地区工资上涨，而把投资转移到印度和越南等地时，便尾随而至，到那些新的投资地进行采访。结果他们惊讶地发现，这些国家普通劳动者的工资也在上涨，而且与中国工资的上涨时机十分相符，涨幅也相差无几。其实，这也算不上奇怪。既然过去20—30年中，中国廉价劳动力可以抑制全球的工资上涨，今天中国的工资上涨也可以带动其他国家，特别是那些追随中国之后，等着收获人口红利的国家。

我们不妨做一个小小的实验。如果我们把不包括比中国发达程度高的韩国在内的所谓"新钻11国"（N-11）以及中国与印度的劳动年龄人口相加总的话，观察各国的份额会发现，与那些等着收获人口红利的国家放在一起，中国的劳动力份额仍然超乎寻常的高（见图5）。这意味着，由于中国的劳动力总规模和庞大份额，它不是全球劳动力价格的被动接收者，而在某种程度上是全球劳动力价格的决定者。也可以说，中国在劳动密集型产业中的比较优势，虽然因劳动力成本提高而有所削弱，但短期内尚没有足够大的竞争者，可以替代中国的地位。这给予我们一定的时间，推动产业从沿海地区向中西部地区转移。

第二个有助于产业在区域间转移的因素是，我们可以预期在一定时期内，中西部地区工资水平将继续低于东部地区。随着民工荒现象的出现以及中西部地区发展创造了更多的就业机会，农民工工资在东中西三类地区之间出现了趋同的趋势。2003年，中西部地区农民工平均工资仅仅相当于东部地区的74%，而2009年这个比例提高到96%。

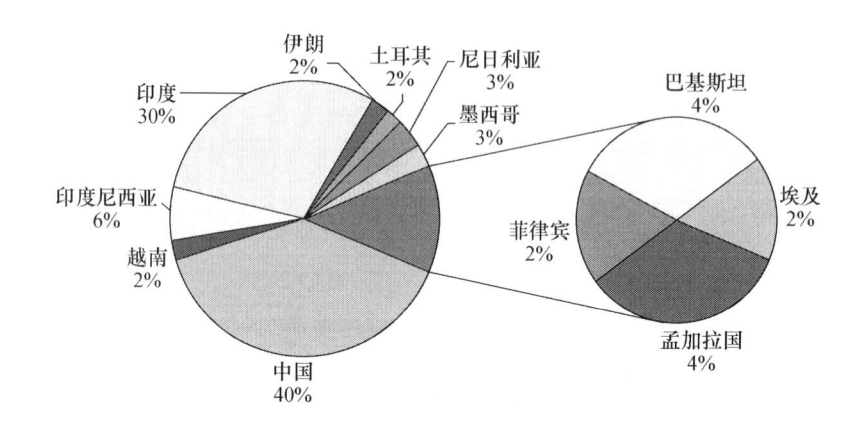

图 5　一组国家劳动年龄人口所占比重

资料来源：联合国人口预测。

不过，我们仍然可以预期沿海地区工资上涨速度会逐步快于中西部地区。因为从目前劳动争议案件总数量和发生率看，东部地区占压倒性的多数。例如，目前全国立案的劳动争议有72%发生在东部地区，这里劳动争议发生率，即每一千个职工对应的劳动争议案件数为5.2，大大高于中部和西部地区的1.5和2.0。由于劳动争议的主要争议内容是工资，这就意味着东部地区的现行工资水平更加不能使工人满意，而为了吸引劳动者，工资的继续快速上涨是可以预期的。相比而言，中西部地区的现行工资水平，对本地劳动者，特别是那些年龄偏大的农村劳动力仍然是有吸引力的，因此，在他们被动员到非农产业就业的情况下，工资的提高可能会相对平滑。这样，我们从地区工资差异以及潜在的劳动力供给角度，看到劳动密集型产业向中西部地区转移的巨大空间。

在分解出资源重新配置效率之后，能够解释经济增长绩效的残差，可以被看作是全要素生产率中的技术效率部分。这部分效率通常可以通过改革经济体制、完善激励机制、管理创新和技术创新等努力获得。如果仅仅把产业结构升级变化作为资源重新配置效率的度量指标，则产业内部的资源重新配置，即最富有效率的企业得以生存、发展，从而达到较大的规模，也常常包含在技术效率中。

提高全要素生产率特别是其中的技术效率，是企业自己的事情，政府所能做的，不是在微观层次或投资领域的越俎代庖，而是创造一个良好的政策环境，让有效率的企业存活和发展，并淘汰掉那些没有效率的企业。其实，整体经济的健康程度，取决于那些全要素生产率表现好的企业能够占主导，并不断提高其份额，因此，熊彼特所倡导的"创造性毁灭"就是提高整个经济健康程度的机制。只不过，这个机制包含的内容很多，而不是简单地把创造与毁灭相提并论。

首先，政府要舍得让那些没有效率，并且被证明没有希望回到效率轨道上的企业被淘汰出局。中国的政府特别是地方政府，长期以来扮演着发展型政府的角色，为许多企业的诞生和成长殚精竭虑，因此，在企业生存面临挑战时，政府无论从感情上，还是从现实的GDP、税收和就业考虑，都十分地割舍不开。但是，在经济发展方式和产业结构调整时期，一部分企业垮掉是取得更高整体效率所必须支付的代价。日本政府在20世纪90年代就犯了保护低效率企业的错误，而且这个错误如此严重，形成了一批该死不死的"僵尸企业"，成为"失去的十年"乃至"失去的二十年"的微观根源。

其次，政府职责是加强人力资本的积累，加快建设社会保护制度，使劳动者获得能够适应产业结构升级的技能，以及一旦经历结构性冲击，能够得到必要的社会安全网的有效覆盖。刘易斯转折点到来之后，出现了非熟练劳动者短缺的现象，他们面临着一个就业机会增加、工资上涨迅速的大好时光。然而，这个"好时光"不会延续太久。如果在这个时候，劳动力市场上产生了不利于人力资本形成的激励机制的话，如更多的就业岗位和不断提高的报酬使青年人急于辍学就业，这一代劳动者群体终究会遭遇到产业结构升级的冲击。

此外，一个有效保护暂时被劳动力市场排挤出来的劳动者的社会安全网，也是创造性毁灭机制达到预期目的的制度保障。创造性毁灭的目的不是毁灭，也不是对劳动力市场上的脆弱群体视而不见，而是通过这种机制提高整体经济的健康程度。因此，完善社会保障制度并进一步将社会保护扩展到更广泛的领域，包括教育干预、医疗援助和家庭扶持等，面临着巨大的需求和最适当的时机。

最后，政府应该把握宏观经济政策的适度性，为创造性毁灭提供一个良好的环境。熊彼特认为经济危机是实现创造性毁灭的最佳方式，所以发生危机的时候也是创造性毁灭的最好时机。其实，这只是理论上的设想或者一种理想表述而已。在危机和衰退时期，金融体系变得缺乏信心和格外谨慎，企业创新和风险投资几乎无法获得任何金融支持。此外，在危机时期，政府为了稳定就业，往往不加区分地对濒死企业进行保护，所以并不是筛选有效率企业的恰当时刻。

推而广之，过于紧缩的宏观经济政策，是不利于勇于创新的新生企业以及有活力的中小企业获得金融支持的，所以，这种政策环境并不鼓励资源重新配置的发生。反之也是一样，在过于宽松的宏观经济环境下，那些缺乏效率的企业和错配的投资，也变得容易生存和发生，因此，这时也难以发挥创造性毁灭的筛选功能。总而言之，稳定和适度的宏观经济政策力度，是保证市场行使优胜劣汰职能的合适土壤。

四　如何扩大国内消费需求

在解释日本减速乃至停滞时，学术界主流观点主要从增长因素进行，认为是在人口红利消失之后，全要素生产率表现不佳，因而丧失了经济增长引擎所致。而一个比较传统的观点仍然流行，即从需求因素进行解释，由于人口红利消失，国际市场缩小，内需未能相应扩大，导致经济增长的需求拉动因素不足。其实，对于日本来说，供给和需求两个导致减速的因素都存在。并且，中国也隐含着相同的两种危险，即增长潜力因供给和需求两个方面的因素而不足。

如果说通过经济增长劳动者增加了收入，从而城乡居民提高了生活质量，主要得益于劳动力市场的发育从而就业的扩大，旨在通过劳动力市场制度和社会保障制度的建设，降低劳动者面对的就业和生活风险的社会保护水平的提高，进而显著扩大国内消费需求，则有赖于政府发挥更大的作用。中国政府推动经济增长的积极作用及其效果，得到全世界的广泛认可。这种积极作用能否转换到社会发展领域，关系到在经济发展新阶段上，人民群众对社会保护机制提出的要求能否得到满足，从而关乎社会乃至政治稳定。

在刘易斯转折点到来之前，劳动力无限供给特征使得劳动者不是公共政策制定的关注重点，或者说对他们的关注仅仅通过吸引更为稀缺的投资资金，并为此而不遗余力地扩大基础设施投资规模，从而以增加就业机会表现出来。与此同时，由于1994年分税制改革给予中央政府更充分的财力，使其有能力承担社会保护的必要职能。特别是在应对1990年代末就业冲击期间，中央政府实施了积极的就业政策，并基本建立起社会保障体系，城市居民得以被安全网覆盖。21世纪以来，在均等公共服务的政策理念之下，以社会保障和社会保护为核心内容的公共服务迅速向农村延伸。

刘易斯转折点到来之后，随着劳动力短缺逐渐构成对经济发展的制约，对于劳动者的关注，则会越来越多地直接体现在政府政策取向上。这个倾向在地方政府身上表现更加突出。自从2004年沿海地区出现劳动力短缺现象，并逐渐蔓延到全国以来，响应中央政府"以人为本"的科学发展观，地方政府逐渐在关于劳动者权益等问题上具备了政策自觉性和主动性。如果说以前仅仅把对本地劳动者的社会保护作为自身职能和责任的话，政府越来越把这种保护延伸到农民工身上。中国的地方政府通过公共服务内容、水平和方向的调整，提高对人力资源的吸引力。其提供这类公共服务的激励，也越来越接近刘易斯转折点之前对待招商引资的程度。

在普通劳动者工资上涨，从而低收入家庭收入增长加快的情况下，如何把他们转变为新兴的消费群体，关乎经济发展方式从过度依赖出口和投资向更加依靠消费需求拉动的转变。已经进入城市务工和居住的农民工是工资提高的受惠者，应该成为这个新兴消费群的主体。农民工总数占城市就业的比重已经超过1/3。如果加上没有离开乡镇的非农产业农村工人，总规模与美国的劳动年龄人口（15岁以上人口）大致相等。在劳动力短缺推动农民工工资上涨的情况下，其扩大消费的效应必然显示出来。

目前，这个群体消费扩大主要受到户籍身份的制约。虽然他们已经被统计在城市常住人口中，但是，在没有获得城市户籍的情况下，他们的就业是不稳定的，是周期性失业的潜在承受者。同时，又因为缺乏充分和均等的社会保护，即仍然被排除在许多社会保障和公共服务项目的覆盖范围之外，他们的消费意愿受到严重抑制。因此，迫切需要加快和深化户籍制度改革，大规模把农民工转化为新市民，从而转变他们的消费模式，在城市基础设施建设、住房建设和消费品生产等领域创造出更大的需求。

制约农民工及其家庭消费的因素，是城市化的不彻底性。不仅由于城乡消费模式的差异，没有归属感的农民工和家属，依然按照农村的模式进行消费和储蓄，不能发挥城市化促进服务业发展和扩大消费需求的功能，城市基础设施和公共服务供给，也没有把尚未落户的农民工的需求完全地考虑在内。更重要的是，由于尚未成为城市居民的农民工，在就业的稳定性和社会保障的覆盖率等方面，没能与城市居民实现均等化，使得其就业和收入不稳定，消费有后顾之忧。例如，图6显示，在2008年和2009年遭遇国际金融危机冲击期间，虽然农民离开乡镇外出务工的总人数继续增加，外出天数却显著下降了，表明其受周期性影响的程度比较深。因此，城市化作为经济增长引擎的作用，要在户籍制度改革和农民工市民化的基础上才能充分发挥出来。

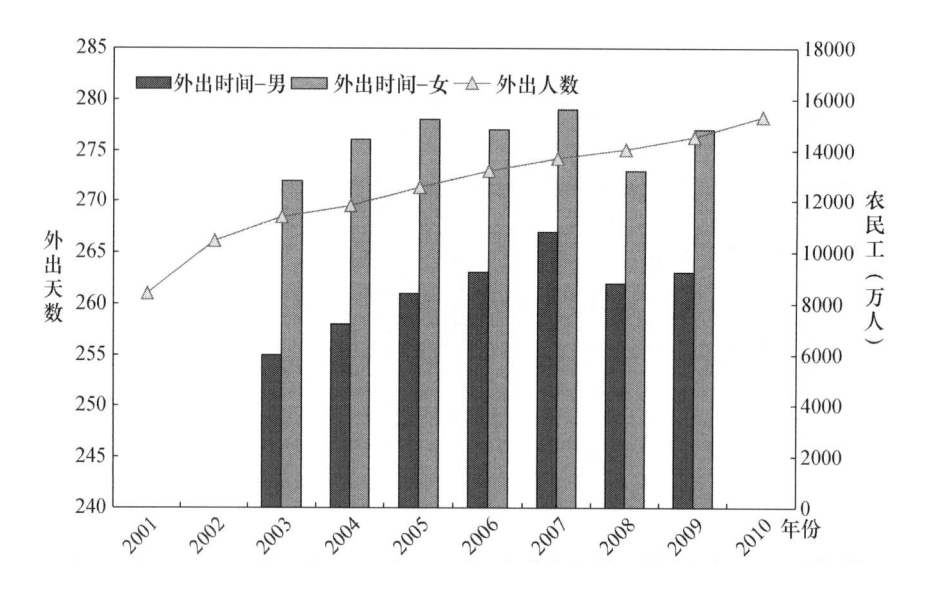

图6 农民外出务工人数与时间

资料来源：农民工总数来自国家统计局（2009）和国家统计局农村社会经济调查司（历年），2009年数字来自国家发展和改革委员会（2010）；外出时间转引自武志刚、张恒春（2010）。

虽然在理论上，一个经济体在迎来其刘易斯转折点之后，有望相应到达收入分配改善的库兹涅茨转折点，但是，这个转变并非自然而然实现的，需要顺应发展阶段的要求，在初次分配和再分配领域进行相应的制度建设。

随着刘易斯转折点的到来，工资形成越来越需要劳动力市场制度与劳动力供求关系共同进行。例如，日本在 1960 年前后达到刘易斯转折点之前，消费率一直处于下降的过程。而在到达刘易斯转折点之后，得益于已经建立的工资集体协商制度，即被称为"春斗"的一年一度的春季劳资薪酬谈判机制，收入分配状况逐步好转，消费率下降趋势在 10 年后得以扭转。而韩国的刘易斯转折点是在 1970 年前后到达的。在那之后，政府多年继续严格限制工会，对劳资纠纷采取高压政策，收入分配的改善滞后。直到 17 年以后消费率才止跌上扬，其间付出了惨痛的政治代价。[①]

刘易斯转折点的到达，意味着劳动力市场上的供求关系发生了根本性的变化，劳动力供给不再具有无限弹性的性质，在劳动力需求继续扩大的情况下，劳动者特别是农民工具有更多的就业选择机会。换句话说，他们获得了"退出"或"用脚投票"的权利。在具备这个权利的条件下，是否真正使用之，实际上情况更为复杂一些。首先，以"退出"权为保障，他们更加勇于使用"呼吁"权，包括提意见和集体谈判，乃至罢工。其次，对于那些没有什么可留恋的小型血汗工厂，通常他们会直截了当地采取用脚投票的方式，一走了之。再次，对于那些在知名大企业工作的工人，既有对劳动报酬和工作条件等待遇的不满意，又有所留恋（即某种变形的"忠诚"），因此，他们更倾向于诉诸"呼吁"手段。[②] 可见，劳资冲突的增多并不意味着工人状况的恶化，而是特定发展阶段的现象，迫切需要一个有效的制度平台来处理和规范。

参 考 文 献

蔡昉：《人口转变、人口红利与刘易斯转折点》，《经济研究》2010 年第 4 期。

蔡昉、王美艳、曲玥：《中国工业重新配置与劳动力流动趋势》，《中国工业经济》2009 年第 8 期。

[①] 关于日本和韩国刘易斯转折点到达的时间，请分别参见 Minami（1968）和 Bai（1982）。两国的消费率变化数字，可参见沈建光（2010）。有关韩国缺乏劳动力市场制度所造成的后果，还可以参见 Freeman（1993）。

[②] 关于"退出"、"呼吁"和"忠诚"作为三种表达不满的机制的作用，请参见 Hirschman（1970）。

沈建光:《工资上涨——中国经济转型的动力》,*MIZUHO*,香港,2010 年 7 月 9 日。

王庆:《中国经济减速在所难免》,新浪财经,http://finance.sina.com.cn/economist/jingjiguancha/20101008/00418743689.shtml,2010。

周婷玉:《2013 年我国人口抚养比将现"拐点",仍有 25 年"人口红利"期》,http://news.xinhuanet.com/politics/2010 - 05/18/c_ 12115988.htm,2010。

Bai, Moo - ki, "The Turning Point in the Korean Economy", *Developing Economies*, No. 2, 1982, pp. 117 - 140.

Cai, Fang and Dewen Wang, "China's Demographic Transition: Implications for Growth", in Garnaut and Song (eds), *The China Boom and Its Discontents*, Canberra: Asia Pacific Press, 2005.

Eichengreen, Barry, Donghyun Park, Kwanho Shin, "When Fast Growing Economies Slow Down: International Evidence and Implications for China", *NBER Working Paper*, No. 16919, 2011.

Freeman, Richard, "Labor Market and Institutions in Economic Development", *AEA Papers and Proceedings*, 1993, pp. 403 - 408.

Hayashi, Fumio and Edward C. Prescott, "The 1990s in Japan: A Lost Decade", *Review of Economic Dynamics*, Vol. 5, No. 1, 2002, pp. 206 - 235.

Hirschman, Albert O., "Exit, Voice, and Loyalty: Responses to Decline in Firms, Organizations, and State", Cambridge, MA: Harvard University Press, 1970.

Hoshi, Takeo and Anil Kashyap, "Why Did Japan Stop Growing? Report Prepared for the National Institute for Research Advancement (NIRA)", http://www.nira.or.jp/pdf/1002english_report.pdf, 2011.

Kuijs, Louis, "China through 2020 - A Macroeconomic Scenario", *World Bank China Office Research Working Paper*, No. 9, 2009.

Lewis, Arthur, "Economic Development with Unlimited Supplies of Labour", *The Manchester School of Economic and Social Studies*, 1954, 22, 139 - 191. Reprinted in Agarwala, A. N., Singh, S. P. (Eds.), *The Economics of Underdevelopment*, Oxford University Press, Bombay, 1958.

Lewis, Arthur, "Reflections on Unlimited Labour", in Di Marco, L. (ed.), *International Economics and Development*, New York, Academic Press, 1972, pp. 75 - 96.

Minami, Ryoshin, "The Turning Point in the Japanese Economy", *The Quarterly Journal of Economics*, Vol. 82, No. 3, 1968, pp. 380 - 402.

Ranis, Gustav and Fei, John C. H., "A Theory of Economic Development", *The American Economic Review*, Vol. 51, No. 4, 1961, pp. 533 - 565.

United Nations, "The World Population Prospects: The 2008 Revision", 2009, http://esa.un.org/unpp/.

中国必须通过的减速关

中国要经过一个减速关,似乎看上去不那么乐观。因此,我想给大家介绍一下我们为什么会减速,以及为什么说减速是个重要的关口。我们究竟是不想让它减,人为地把经济增长速度刺激起来,还是正视减速的趋势,坦然接受它,同时考虑采取什么样的政策来应对?这是本讲座意图回答的问题,也是经济学家、决策者和社会公众所关心的问题。所以,当前的确是一个"差之毫厘、失之千里"的时刻。答案应该建立在科学分析的基础上,不能人云亦云,也不能拍脑袋、想当然。

一 "狼来了"并不可怕

党的十八大提出,在2010年的基础上,到2020年国内生产总值翻一番。而党的十七大时提出的是,在2000年的基础上,到2020年人均GDP翻两番。前十年我们已经超额完成了任务目标。现在还剩下十年时间,如果再强调人均GDP翻番,就意味着要求更高的发展速度。因此,这次提出国内生产总值总量再翻一番。在2010年的基础上,我们2011年增长了9.2%,今年(2012年,下同)应该在7.5%,甚至可能还会更高。再往后看,其实不需要7%的年均GDP增长速度就可以翻番。这个目标是很宏伟的,但是并不要求很高的经济增长速度,这意味着我们可能留出余地来进行经济发展方式的转变。过去三十余年,我们一直是以接近10%的增长速度,"十一五"期间更是高达11.2%的速度。所以大家感觉如果降到10%以下,甚至到8%以下,显然是减速了。

今年上半年一直到现在,大家听到的都是经济增长速度在下降。历来国际上总有人在唱衰中国,讲中国崩溃论。国内也有很多人经常在担心。

以前喊了很多次狼来了，狼都没有来，但是截至今年9月份，狼好像终于来了。

图1是2012年1—9月份的GDP增长速度数据。从2006年到现在，即使经历了金融危机，1—9月份的增长速度从来没有像今年这么低。今年我们是7.7%。看上去终于被说中了，中国经济要减速了，那些喊"狼来了"的孩子们顿时欢欣鼓舞。但是狼来了以后好像也没那么可怕。我们一直害怕经济增长速度跌到8%以下。

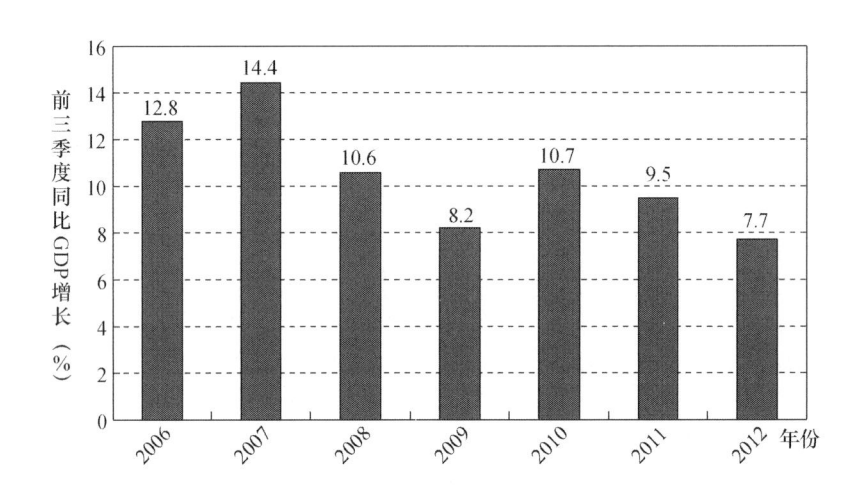

图1　2006—2012年前三季度经济增长率比较

温总理多次讲，我们不能跌到8%以下，遭受金融危机也要保8%，因为担心不能满足就业的需要，没有足够的就业岗位就会产生社会问题，居民的收入就会下降。今年1—9月份的增长是7.7%，真是到了8%以下了，然而到9月份，新增就业完成全年计划新增就业数的114%，不仅完成了全年计划，还超额了14%。通常我们是用城镇登记失业率来描述就业情况，1—9月份登记失业率是4.1%，和2011年、2010年都一样，没有什么变化，连0.1的提升都没有。同时我们也看到，到9月份，有18个省市自治区提高了最低工资标准，平均增幅接近20%。提工资意味着劳动力还是不足的，招工难胜过就业难。因此从劳动力市场状况看，形势并没有像以前认为的，降到8%以下我们就承受不起了。

图2显示的是，在人力资源和社会保障部用公共就业服务机构开办的劳务市场上，要招工的和要找工作的数据。即用岗位数做分子，用找工作的人数做分母，很显然比值大于1的话，就是岗位多，求职人数少。如果小于1，很多人就找不到工作。今年到目前为止还是1.05，岗位还是比想要找工作的人多，与去年同期基本持平。当然其中的结构也是不一样的，比如大学生想找的工作就没有那么多。

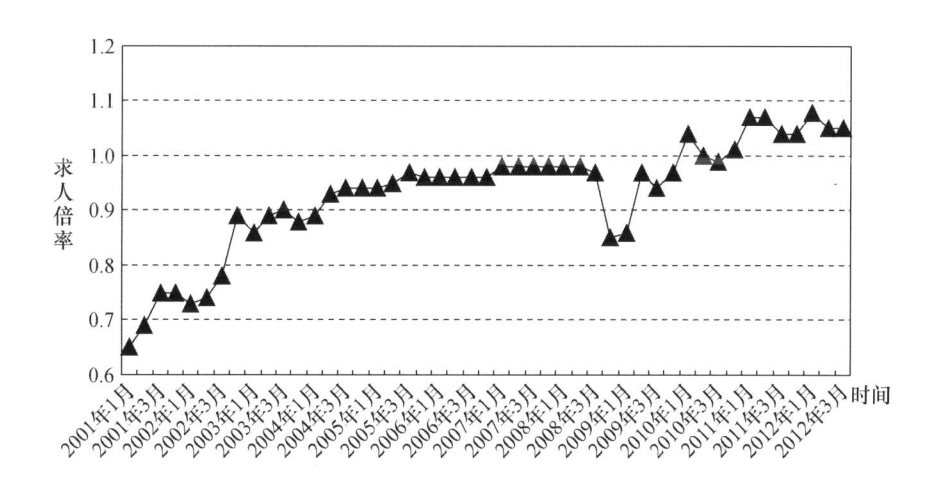

图2 2001年以来的求人倍率变化

为什么我们一直怕狼来了，但狼真的来了以后，却没有显示出它的凶恶的本性？我们的就业并没有受冲击，并不是说以前我们错了，而是说今天的劳动力市场格局跟过去不一样了。基本的原因就是，如果实际增长速度没有低于潜在增长率，就不会出现周期性失业，就不会产生对就业的冲击。潜在增长率，就是根据现有的生产要素（劳动力、资本、土地等）和全要素生产率水平决定的正常增长速度。潜在增长率有一个前提，即假设所有的生产要素充分就业，如果实际增长速度不低于潜在增长率，在这种情况下肯定是充分就业，甚至还可能出现招工难。2012年年初召开"两会"的时候，温总理宣布预计GDP增长是7.5%，到9月份为止，实际增长率是7.7%，仍然高于我们估算的2012年的潜在增长率7.5%。很显然就不会造成对劳动力市场上大的冲击。

再从更长期的因素来看。人们都在说，经济增长速度越快越好，没有人说越慢越好。其实，快当然好，但是不应该说越快越好。首先，经济增长速度并不是说谁越发达，谁的增长速度越快。高速经济增长实际上是一种赶超现象，你落在别人后头，只有快于别人的增长速度才可能赶超别人。

图3最左边是世界的平均增长速度。随后是几个代表性的穷国，它们的增长速度都很快，大概都在6%—8%的水平上。再以后是所谓的金砖国家，总体上发展也是比较快的，其中有的更快一些，有的稍慢一些。再往后是发达国家中经济比较正常健康的，像德国、美国。发达国家里头比较差的日本、希腊，都是负增长。正常健康的国家也一定是最有竞争力的，我选了澳大利亚、奥地利、加拿大，它们是正的增长速度，但是慢于赶超国家。赶超国家处在比较低的发展水平，可能缺资本，技术差别大，如果条件具备了，能够有投资增长，再多借鉴一些其他国家的技术，赶超速度就会快一些。实际上，越是发达的经济体越不可能实现超常的经济高速增长。

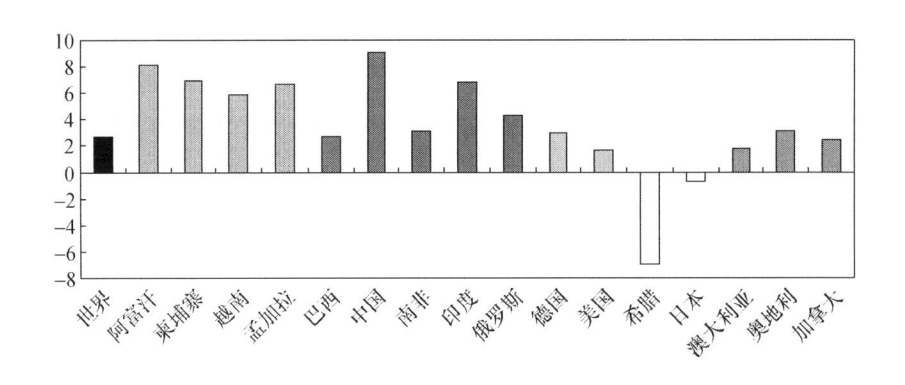

图3　高速增长是一种赶超现象

为什么比较落后的经济体在赶超的过程中，可以实现更快的经济增长速度，有很多的解释。一般来说，解释经济增长重要的一条是制度。但是，如果战乱、政治腐败或者实行高度集中的计划经济等这些因素都解决了，或者假如大家都在相同的背景下，条件不变，技术差距反而是一个后发优势。有没有人口红利也很重要。罗伯特·索罗是所谓的新古典增长理论的创始人，他假设劳动力是短缺的，不断投入其他要素比如资本，就会出现报酬递减的现象，经济增长速度就不会太快。经济增长的源泉来自于生产率的进步和技术进步，或者说全要素生产率的提高。全要素生产率表现超乎于其他的国家，经济增长速度就更快一些。

在这个假设之下，克鲁格曼在20世纪90年代就批评"亚洲四小龙"，认为这些国家和地区只有生产要素的投入，就是说只投入劳动和资本，但是没有技术进步，没有生产率的提高，特别是全要素生产率的表现不好。因此他预期这些国家和地区的经济增长是不可持续的，和苏联模式一样，最终都要停滞下来。虽然经历了东南亚金融危机，但是金融的冲击并没有伤害这些国家和地区的长期增长，"亚洲四小龙"无一例外进入高收入的行列。克鲁格曼预测不准的原因在哪里呢？原因在于新古典增长理论中的一个根本缺陷，就是它没有看到在发展中国家，特别是在当代的发展中国家，存在着人口红利，存在着二元经济，劳动力不断从低生产率的部门转到高生产率的部门，构成全要素生产率的重要组成部分。所以这些经济体可以不断地靠投入得以增长。可见，有没有人口红利决定了有没有赶超的机会。中国增长过程就是在改革开放大背景之下，充分利用人口红利所实现的。

二 人口红利已经消失

人口红利简单地说，是劳动年龄人口增长比较快，比重比较高，绝对数量比较大。因此，不用担心劳动力会短缺，永远不会构成经济增长的瓶颈。如果把劳动年龄人口当作分母，把其他的依赖性人口比如年幼、年老者的当作分子，会得到不断下降的人口抚养比，这可以帮助实现高储蓄率。因此简单地说，劳动年龄人口增长和抚养比下降，就可以带来人口红利的窗口。迄今为止，我们的劳动年龄人口不断增长，被抚养的少年儿童数量在减少，老年人口虽然也在增长，相比于劳动年龄人口较慢一些，绝对数量没有那么高，抚养比是在下降的。所以，这一段时期我们得到了人口红利。

一般讲人口红利是劳动力多、储蓄率高，其实还可以从更多的角度看。过去的三十余年，几乎在所有的增长源泉中都可以看到人口红利的因素。

对此我们做了一些分解，但是把它们合并在图 4 中。过去三十多年，我们是每年平均接近于 10% 的经济增长速度，最大的 71% 的贡献是资本投入，就是这个资本投入也是充满了人口红利。有两点大家需要理解，第一点是我刚才说的抚养比低，人口负担轻，生产出来的剩余可以储蓄起来，可以实现高储蓄率从而资本积累，就有资本可以投入了。还有一个更重要的是，按照新古典增长理论的假设，劳动力是短缺的，持续不断投入资本，就会出现报酬递减现象。表现为劳动力无限供给的人口红利，意味着打破了新古典假设的约束，因此不会遇到报酬递减现象，靠投资取得经济增长也就是可行的。

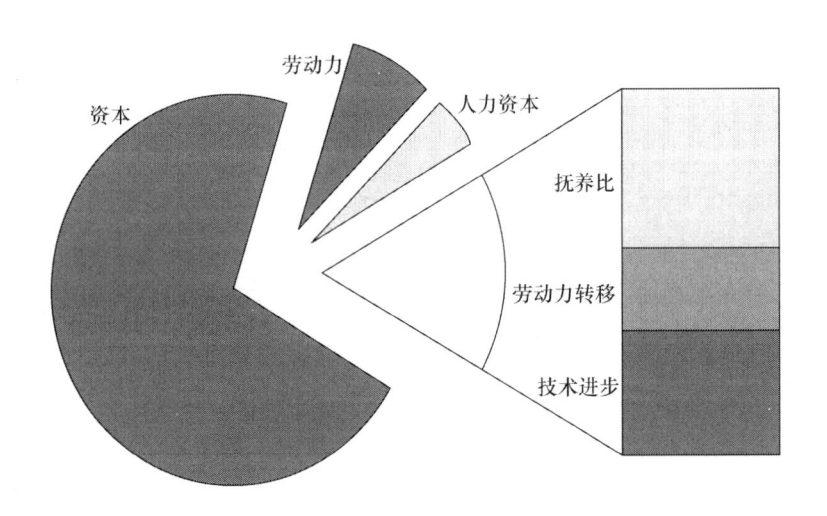

图 4　过往高速增长靠的是人口红利

说到全要素生产率的来源，一般人们可以无限地列举，比如推进改革、改善管理、技术进步、资源重新配置，等等。其实它主要是来自两个部分，一个是技术进步，还有一个是资源重新配置。你把劳动力、资本从生产率低的部门配置到生产率高的部门，生产率自然就改善了。全要素生产率的两个部分与人口红利有什么关系呢？我们又做了一个分解，也反映在图 4 里面。跟前面不是一个模型，但是意思差不多。专门看全要素生产率这一块，这里全要素生产率是 17%，其中 8 个百分点是从低生产率部门转移到生产率更高部门的劳动力转移创造，构成了全要素生产率进步的接近一半。由此看来，中国三十多年的经济高速增长基本上来自于人口红利。

当然，这并不是说体制因素不重要。20世纪60年代中期我国人口红利就开始下降。只有改革开放以后，以及中国加入WTO，融入了全球化经济，我们才开始大幅度获得了人口红利。中国的经济高速增长主要来自于人口红利，人口红利渗透于所有的经济增长源泉，是在制度条件已经存在的前提下，解释为什么我们可以实现高于其他国家的增长速度。

不过，符合逻辑的结论是，如果人口因素发生了变化，特别是人口结构发生了根本性的变化，人口红利没有了，中国经济增长的所有源泉都会发生逆转性的变化。人口红利消失和经济增长减速是什么样的关系，迄今为止还没有讨论清楚，原因是过多的肤浅研究在干扰人们深入地认识这个问题。有一个好消息就是，当人们还在争论人口红利是什么东西，或者争论人口红利什么时候消失时，我们发现人口红利已经消失了，已经没有必要争了。

最近的人口普查是2010年。根据这次普查的数据，可以清楚地看到，15—59岁的劳动年龄段的人口，2010年之后是绝对的减少。不是说在减速，而是绝对的减少，劳动力供给是负增长。以15—59岁人口做分母，15岁以前的人口和60岁以后的人口做分子，就是人口抚养比，2010年之后开始提高，而不再是下降了。按照我们前面说的，看劳动年龄人口和抚养比，发生了一个根本性的转折，一个是从正到负，一个是从负到正。根本性转折很自然地意味着，从2010年开始，人口红利已经消失。当然，它还会有一些潜力可以挖掘，但总的趋势发生了根本性的变化。人口红利消失以后，人口这个因素是影响经济增长的源泉。

图5中劳动力的增长率，2010年以后是负的，即今后它是负贡献。投资的增长率过去非常高，今后我们假设它一定会下降，因为将来储蓄率也不会有那么高了。至于全要素生产率的增长速度，我们没有说它一定会大幅度的下降，也不知道它会不会大幅度的提高，按照趋势描画了一下，假设趋势不变。

讲到这里，大家可能会问两个问题。一是人们通常是把15—64岁的人口作为劳动年龄人口，我们为什么提出15—59岁？按照我以前的研究，我曾经预计到2013年人口红利消失，也是依据15—64岁劳动年龄人口做出的判断。为什么突然转换了概念？一个原因是中国的退休制度，男60岁退休，女55岁退休，有一些工种女职工50岁就退休了。退休了以后，通

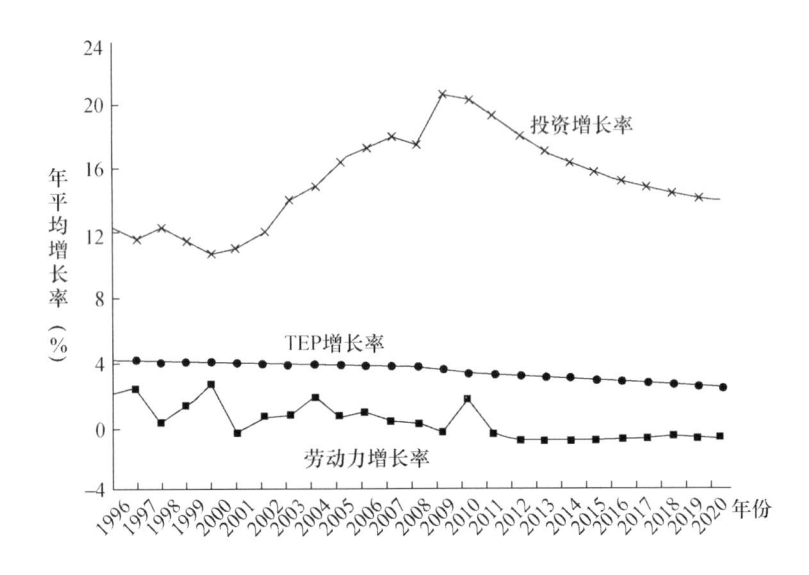

图 5　影响潜在增长率的因素变化

常人们就离开了工作岗位。第二个原因是和受教育程度有关。

如图6所示，横坐标是讲15—64岁的人口，纵坐标是受教育的年限，不管受哪一级的教育都加在一起。其中美国不仅受教育程度在每一个年龄段都比我们高，他们在各个年龄段受教育程度是一样的。也就是说假如我们挑一个24岁的美国人，问他受了几年的教育，他会告诉你14年。如果再挑一个64岁的美国人，他也说是14年，没有变化。这意味着在美国，假如劳动力短缺，找不到24岁、34岁、44岁的人，甚至连54岁的人也找不到了，那你仍可以雇一个64岁的人，除非有重体力要求，他的技能可以是一样的。日本情况也差不多。但是，中国不仅在每一个年龄段受教育程度低，更重要的是年龄越大受教育程度越低。50岁或60岁的人，基本没办法掌握劳动力市场所要求的技能。从这两个理由看，年过60岁的中国普通劳动者很难成为现实的劳动力供给，把他列入劳动力供给指标没有什么意义。因此我们采用了15—59岁做劳动年龄人口。

第二个问题是为什么要假设投资增长速度不能像过去那么快。因为我们已经超越了二元经济发展阶段，至少已经离它稍微远一点了，离新古典经济增长阶段更近一点了，这意味着新古典理论所提醒的报酬递减现象已经

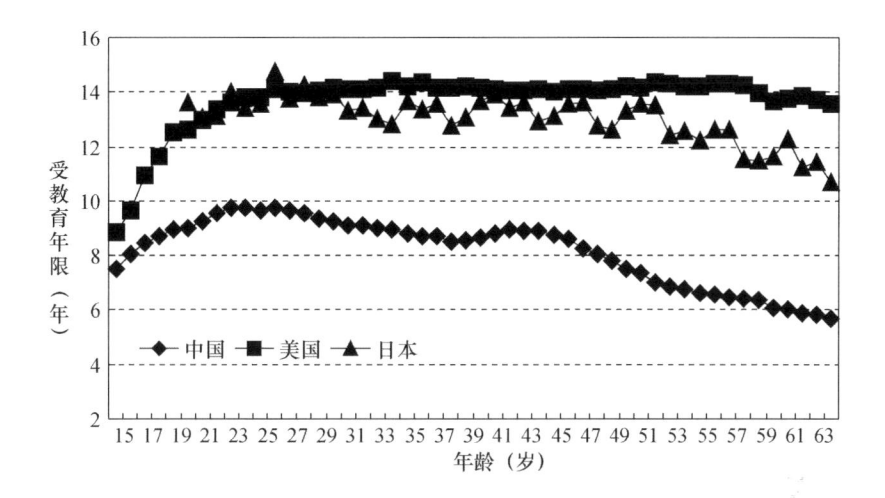

图 6　劳动年龄人口的受教育程度比较

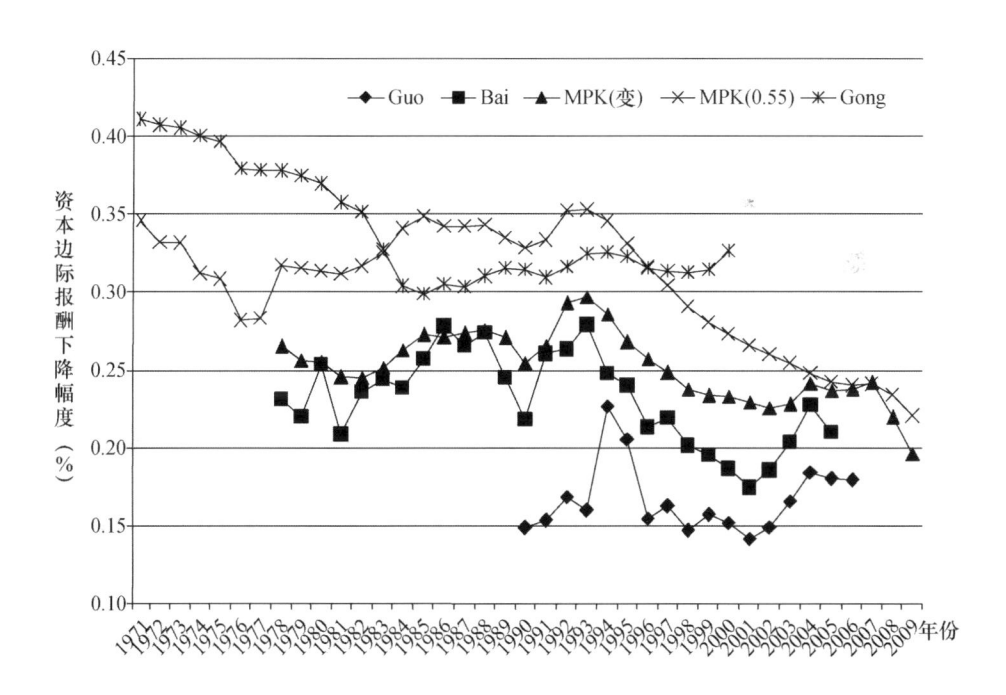

图 7　不同研究显示的资本边际报酬下降

开始发生了。我借鉴了不同的学者的估算，自己也做一些。资本的边际回报率一直在下降，过去几年的下降幅度格外快（见图7）。如果没有政府给你补贴,"打鸡血",你会愿意在报酬大幅度下降的情况下再继续投资吗?换句话说就算你愿意,你能够保证得到盈利吗?实际上这是不可能的。因此,在没有人为干预的正常情况下,投资增长的速度一定会放慢。我并没有假设它放慢太多,只是从高峰降下来,与前些年比其实还是比较高的。我认为这样的假设还是合理的。在这个假设之下,我们可以估算中国的潜在增长率是怎样的趋势。

三 潜在增长率下降的政策含义

按照上述假设进行估计,1978—1995年期间,中国的潜在增长率是10.3%。1995—2009年期间,估算的潜在增长率是9.8%,跟现实也差不了太多。在"十二五"期间,2011—2015年期间潜在增长率降到了只有7.2%。到了"十三五"期间,2016—2020年,我们平均GDP的潜在增长率每年只有6.1%。无论是7.2%还是6.1%,拿到世界上大家也会说是很好的速度(见图8)。印度实现了6%、7%的增长,被称为"印度奇迹"。但是如果说这是中国,人们还觉得不够快,都认为中国应该更快些。我们"十一五"期间大概是10.5%的潜在增长率,到"十二五"期间一下子降到7.2%,这个起伏似乎很大。其实原因也很简单。划分"十一五"和"十二五"的就是2010年,正是劳动年龄人口增长从正到负,人口抚养比从下降到上升的关键点,因此它就是一个转折点,人口红利消失了,潜在增长率出现比较剧烈的下跌也是必然的。我们面临着潜在增长率的下降,要看我们应该怎么认识它,能不能在心理上和政策上做好足够的准备。

我个人认为,我们目前的潜在增长率是一个更平衡、更协调和更可持续的增长率。我的研究是在十八大之前做的。十八大没有要求我们在7%以上,但是,今后如果每年能达到7.2%的经济增长速度,到2020年人均GDP也可以翻番。今年上半年经济增长速度显得很慢,最后结果显示出7.7%,我们会听到企业的哭声,听到投资者的抱怨、投行经济学家的呼声,听到外国人希望你能刺激经济增长的劝告声。都说如果能像2009年实施几个万亿的投资计划,经济增长速度马上会起来,企业会高兴,解决了外需不足的问题;外国人更高兴,因为你对他的需求更大了。

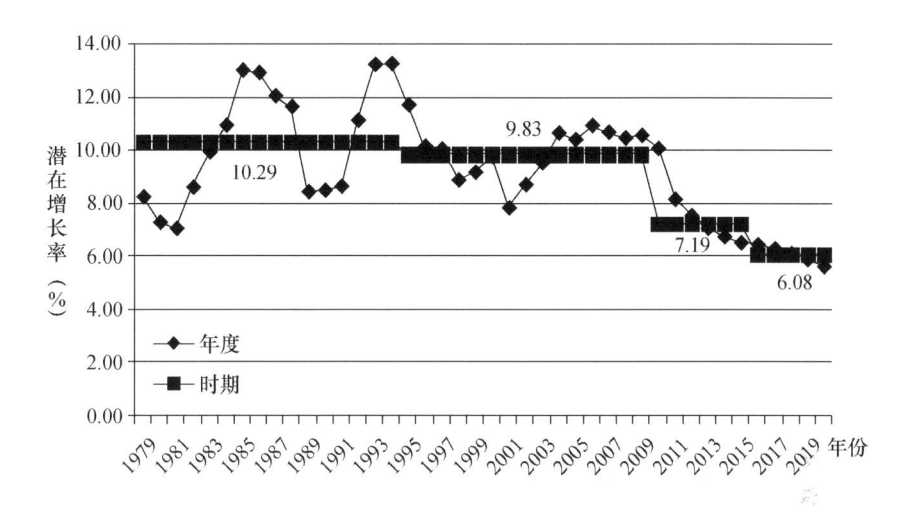

图8 估计的各个时期GDP潜在增长率

潜在增长率7.2%是我们的能力，是能够保证充分就业的，因此我们不用刺激出额外的需求。根据国家统计局数据，我们可以知道一段时间内每年经济增长速度中有多大的部分或多少个百分点来自消费需求、投资需求和出口的需求。近十年消费需求对GDP的拉动作用平均是4.5个百分点。内需中的投资需求拉动的是5.4个百分点，外需即出口需求是0.56个百分点。未来我们指望不上出口，姑且假设它的贡献将来为零。以往我们对国内投资的依赖程度也太过分了，希望将来能够缓下来，姑且也把它减掉一半，只剩2.7个百分点。这2.7个百分点加消费需求的4.5个，正好是7.2个百分点。就是说合理的需求拉动作用和潜在增长率是完全可以匹配的，我们不需要人为地加大投资以增加需求。人为刺激出的需求也许能把经济增长速度拉上去，但是超越了潜在增长率则产生不好的结果。

第一个结论，潜在增长率不应该被超越。当我们说中国经济要减速，或者更学术化一些，讲潜在增长率下降的时候，学者跟政府官员往往在一点上可以说是一拍即合。学者提出很多点子，如加快城市化速度可以产生巨大的投资需求，搞很多的建设，中西部发展仍然需要对基础设施的投入，在中西部"铁公机"的建设是有需求的。政府也觉得，就学者们提的这些新增长点而言，我都有手段、有抓手，而且过去干得也很成功。

可是大家不要忘记一点，过去搞区域发展战略，如西部大开发战略，目的是为了达到区域间均衡发展。而现在在学者的鼓动下，这个政策一旦变成意图超越潜在增长率的手段，味道就变了。过去我们尝试着去占领一些战略性的新兴产业，摸索动态比较优势，出台了很多产业政策。对这些新兴产业给补贴，给更多优惠政策，刺激这些产业的投资，政府参与在一定程度上也是合理的。但是现在也变成了超越潜在生产率的手段。遭遇金融危机，政府出台4万亿元的刺激计划，现在我们发现这个政策也能刺激经济增长，超越潜在增长率。政府熟知这些政策，跟学者提出来的经济增长点建议也正好合拍。在市场显示出资本报酬已经下降的情况下，过度的产业政策，给钱、给补贴、给土地、给其他的优惠政策，最后的结果是包括产能过剩在内的一系列扭曲。

在图9中，这条横线是中国工业的平均产能利用率。图中显示出，有一些产业的产能利用率明显要低于平均值，产能严重过剩。而这些恰恰是过去受到产业政策鼓励，给予优先发展的产业，比如钢铁、汽车、装备制造业、石油化工、有色金属，等等。我们的产业政策过度使用倾向显然需要进行调整。

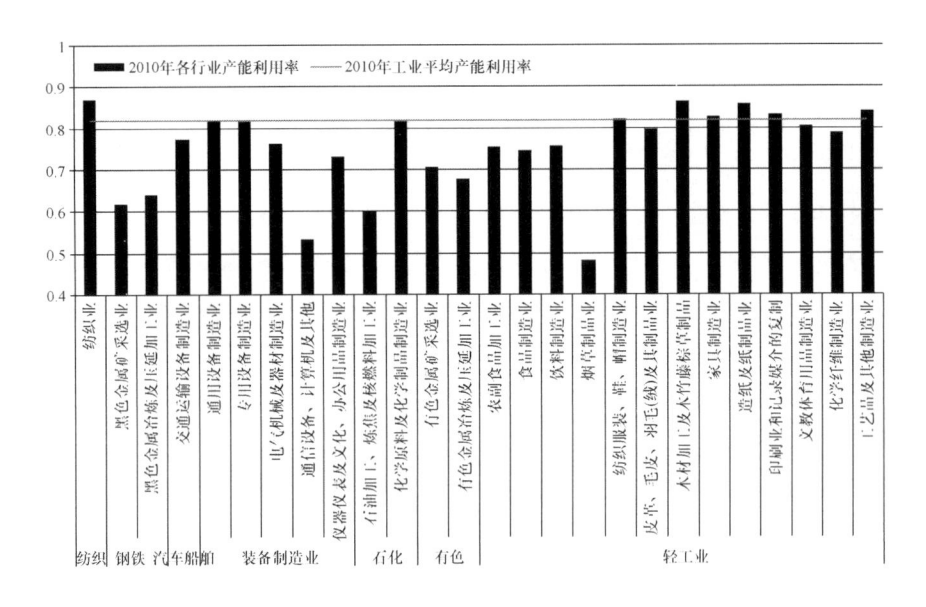

图9 受到鼓励的产业产能过剩更加严重

还有一个例子,说明过度实施的区域政策可能导致产业结构偏离比较优势。用政府引导的方式,把大量的资本投到中西部地区建设重化工业,必然造成产业的过度资本密集。我们用一个资本劳动比指标,即资本作为分子,劳动作为分母。这个比率的提高,就意味着产业的资本密集度提高。我们比较了一下,制造业的资本劳动比,目前中部和西部地区已经大大高于东部地区(见图10)。这些地区资本密集度高于沿海地区,说明其已经偏离自身比较优势。本来,区域发展战略应该着眼于促进区域协调发展和减贫。过度使用这种战略,就会造成实际增长率超越潜在增长率的不良结果。

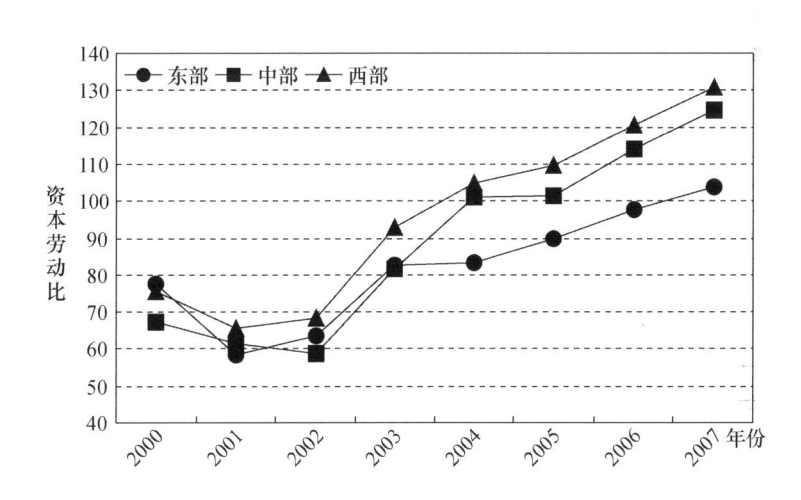

图10 三类地区制造业资本密集度

上述这些都是已经出现的苗头。假如学者告诉政府决策者,"十二五"期间潜在经济增长率是7.2%,"十三五"期间只有6.1%。政府不喜欢这样,就会用原来熟知的办法去刺激经济增长,超越潜在增长率,眼前的这些端倪就会变成未来现实中的错误。在出现减速趋势的情况下,我们距离犯错误的目标就越来越近了,不正确的认识和政策倾向伤害中国经济长期可持续发展的可能也就加大,离我们想纠正的经济发展中不平衡、不协调、不可持续的意愿也就越来越远了。

日本是一个最好的反面教员。图11中的这条曲线是日本的人口抚养比。它在下降的过程中，意味着有充足的人口红利可以获得。在它下降的二十多年间，日本实现了9.2%的高速经济增长。最后降到最低点，又持续了二十年左右是持平在那里。它的潜在增长率就大幅度跌下来。对此日本民间不甘心，政府也不甘心，就开始用各种各样的刺激方案，货币政策始终松弛，财政政策保持扩张性。日本跟我们很像，不遗余力地实施过区域发展政策、产业政策和宏观经济的刺激方案。我们最熟知的就是它刺激房地产发展，结果造成了严重的泡沫经济。到了20世纪80年代末、90年代初，这个泡沫终于破灭了，然后，随着人口抚养比上升即人口红利消失，日本经济就陷入长达20年的零增长。

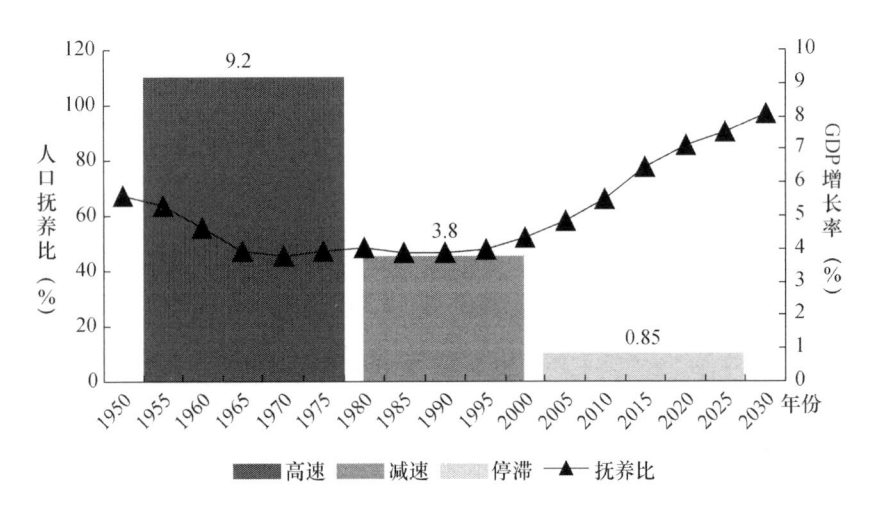

图11 人口红利消失之后日本经济的衰落

图中显示出日本在1990年以后每年的增长率是0.85%，是加上了通货膨胀率的调整，因为它的通货膨胀率这20年是负的。如果不用调整，它只有0.24%的增长率，基本上就是零增长。所以我说日本在两个意义上是典型的例子，第一个是说它的经济增长和人口红利是密切相关的。第二个是说它尝试努力去超越潜在增长率，但是最后的结果是欲速则不达，不仅没有真正实现长期的经济增长，反而陷入了长达20年的停滞，或者叫"失去的20年"。

刚才是一个结论，结论就是潜在增长率是不应该超越的。人们都说经济学是一个抑郁的科学，它不仅表现在经济学关心的这些事都比较枯燥，还表现在总是告诉我们一些坏消息。不管怎么样，人们还是喜欢高速增长，中国经济再来十年，最多二十年的9%或者10%的增长速度，就理直气壮地进入发达国家的行列了。潜在增长率的估算结果却没有告诉我们这个好消息。现在我们的潜在增长率是7.2%，几年以后又会变成6.1%，我们对这个趋势有没有办法呢？因此我要讲第二个结论：潜在增长率是可以改变的。

四　如何提高潜在增长率

当人们在说，未来二十年中国还可以有高速经济增长的时候，我们需要问两个问题：第一个问题，你所指的高速经济增长是指多少？在世界范围内说7%甚至6%也可以是高速增长，不一定是指8%、9%或者10%。第二个问题，你想要达到的高速增长是用什么办法？用前面刺激需求的办法达到更高的增长速度的办法，我认为是不可持续的，是必然伤害中国经济的。也就是说，当我们说"潜在增长率是可以改变的"，也包括潜在增长率还可能因为错误的政策伤害了生产要素的供给或者生产率的提高而降低。如果像日本一样失去20年，我们就成了典型的中等收入陷阱国家。

如果政策得力，提高了潜在增长率会怎样？这就是我们要探讨的问题。这是正确的选项，但是我们怎么提高它呢？我们也做了一些模拟。我们先从潜在增长率究竟是什么讲起。形象地说，潜在增长率就是运动员的体能和人类的极限，是科学所定义的运动员应该跑的速度。运动员的速度受到他（她）的身体能力和人类身体极限制约。而他（她）想超越潜在速度的压力是巨大的，来自于广告商、主管部门、外行的社会大众。结果如何呢？也许可以超越一时，但是受伤的概率一定会高，现在我们已经知道他们受伤的频率到底有多高了。这就是潜在增长率。

因此，就潜在增长率的含义来说，我们关心的就是劳动力供给如何，资本供给如何，生产率能有多快的提高。如果你改变了这些东西，还有可能让它更好一些。比如说我们从某某临近的国家，引进一个亿跟中国农民工一样素质，一样工资水平的劳动力，我们就重新又回到人口红利了，那么回到10%的增长速度是完全有可能的。但是事情哪有这么简单。因此，我们做了一点假设和模拟。

图 12 显示的是不同劳动参与率下的潜在增长率,实线表示的是在前边做的那些假设下,所具有的潜在增长率。劳动力是负增长,即前面说的 15 岁到 59 岁能够作为劳动力的人口在下降,但是,如果提高劳动参与率,则可以抵消这个下降的效果。因此我们模拟了一下,假设从 2011 年开始到 2020 年期间,我们的劳动参与率每年增加一个百分点,GDP 的潜在增长率就变成虚线所表示的那样了,也就是说可以提高大约 0.88 个百分点的。只是这一个因素即可以改变潜在增长率。

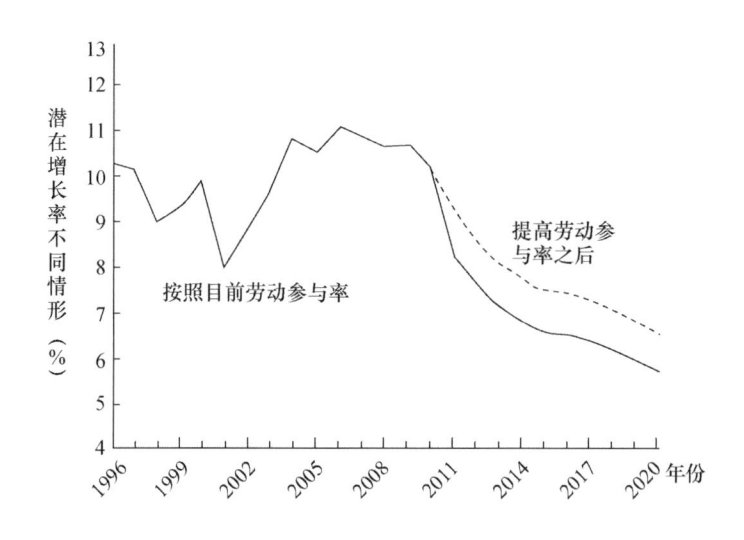

图 12 提高劳动参与率的增长效应

劳动参与率怎么提高?最经常提到而且有关部门也在酝酿的办法是延长退休年龄。比如本来应该 60 岁退休,打算延迟到 65 岁退休,当然就会增加劳动参与率。但是我前面说了,我们的劳动年龄人口到 60 岁上下的时候,受教育程度大幅度下降。这代表人力资本也好,学习新技术、新技能的能力也好,在这个年龄上都大幅度下降,实际上他是不能适应继续工作的,因为没有人愿意雇他。强行从法律上把退休年龄向后延,意味着这部分人失业的可能性非常大。所以,劳动参与率实际上并没有提高。目前这条路对中国来说走不通。有人问美国为什么能走通,那是因为美国人在各个年龄段受教育程度是一样的。

还有一个理论上提高劳动参与率的好办法，即降低失业率。不过，我们现在的城镇登记失业率只有4.1%，已经很低了。根据我的同事估算，这4.1%其实就是自然失业率。自然失业率是很难再下降的，因为在结构上和摩擦系数上总要有一些失业，所以也没有特别大的降低余地。真正提高劳动参与率的空间在于户籍制度改革，即推进农民工劳动力供给的稳定化和充分化。目前，官方用常住人口定义的城市化率是51%。而用非农业户口人口比例定义的中国特色的一种城市化率，则只有35%，中间有16个百分点的差距，就意味着有1.6亿农民工被统计为城市人口，但是没有得到城市的户口从而没有均等地享受到基本公共服务。

由于这些人没有得到充分的社会保障，因此他们就不可能一直干到六十岁或者五十几岁。因为家里有老人和孩子需要照顾，可能他们四十岁上下就退休回家了。他们也不享受失业保险和最低生活保障等，因此他们的劳动力供给是不稳定的。2009年春节期间，中国经济遭遇到金融危机外来的冲击，许多农民工就返乡了，因为一有风吹草动他们就是最早承受冲击的群体。因此，在现行的户籍制度下，这些劳动力的供给是不稳定的，他们的劳动参与率是比较低的。虽然他们回去还要劳动，但是对于非农产业的劳动参与是很低的。所以，通过户籍制度改革解决这个问题，可以产生一石三鸟、立竿见影的增长效果。

在党的十八大报告中，第一次提到要有序推进农业转移人口的市民化。户籍制度改革以后，农民工变市民了，很自然他就可以成为稳定的劳动力，该什么时候退休就什么时候退休。因此就改变了劳动力供给的这条线，进而改变了所有经济增长的要素条件，潜在增长率直接就可以得到提高。这也就意味着，公共政策可以起到替企业家来加大农业劳动力转移的力度的作用，而不是完全靠工资上涨。目前大家为了争取雇到农民工就只好涨工资，每年农民工工资以15%的速度增长，2011年则高达21%，再涨下去企业家也受不了。农民工转移得到了户口，意味着政府在制度上给它更好的激励，市民化还会加大转移力度，带来的是资源重新配置，可以提高全要素生产率。全要素生产率改进以后，也可以提高潜在增长率。

此外，农民工得到基本公共服务，有了社会保障，解除了后顾之忧，他们就可以像城市居民一样来消费。过去他们一直是消费的例外群体，人在城市生活，工资也在不断涨，甚至跟很多市民挣的差不多，但他们绝不会像市民那样消费，而是把钱攒起来带回老家。如果他们能像市民一样消费，内需中的消费需求会有大幅度提高，我们的经济增长就变得更平衡、更协调、更可持续了。

很多人说刘易斯转折点已经过去了，人口红利也消失了，还有多大的农业劳动力转移潜力呢？看上去好像没有那么大的潜力了，其实不是。所谓刘易斯转折点，就是指你用不变的工资雇不到人了。2004年以前，所有的老板都是用几十年不变的工资招农民工，都有人来干。但是从2004年以后，你再拿六百块钱、八百块钱招工就没有人干了。但是它绝不意味着没有劳动力了。我们做了一个比较，从今天开始到2020年，中国处在中等偏上收入向高收入门槛跨越的阶段上，人均GDP应该落在6000美元到12000美元。我们把处在这个阶段上的国家挑出来，它们农业劳动力的比重比我们要低很多，平均要低十到二十个百分点。即按照官方统计，我们现在还有35%的劳动力在务农。我们的研究发现官方是高估了，我们给它降了十个百分点。即使按照我们的估算值，我们也仍然比这些处在6000—12000美元人均GDP的国家高十个百分点，这意味着今后十年每年降一个百分点，差不多就有800万的农业劳动力还要转出来。因此，户籍制度改革可以继续挖掘人口红利，延长过去的人口红利，提高劳动参与水平。

我们还做了一个模拟，全要素生产率提高以后会有什么结果。我们假设，未来全要素生产率的年增长率比以前高一个百分点（见图13）。即到2020年之前，我们原来的趋势是全要素增长率每年增长5%，如果把它变成6%，经济增长速度也会明显上升，潜在增长率会增加接近1个百分点，会在7.2%的水平或者6.1%的水平上再加一个百分点。这是非常现实的假设，是提高潜在增长率的一条重要途径，非常值得我们去做努力。理论和其他国家经验显示，有一些我们过去认识到的或者没有认识到的途径，可以提高全要素生产率。

我们看到的全要素生产率通常有两条提高途径：一条是技术进步，对中国来说也有很多捷径可走。我们在技术上是和发达国家有差距的，这给我们带来一个后发优势，我们不用在所有的领域都去自主创新，这不代表我

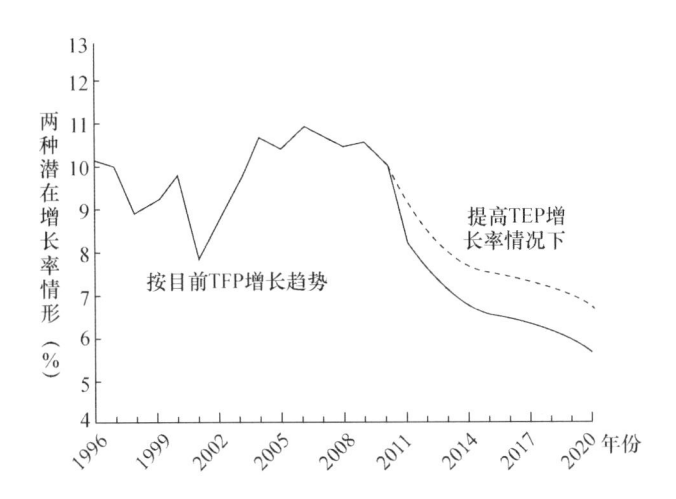

图 13 提高全要素生产率的增长效应

们不可以独立搞发明,而是说我们可以借鉴很多技术。如图 14 所示,瑞士代表的是科技最高水平,由此可以看出我们和国际上的科学技术前沿有多大的差距。我用的这个指标是一个国家发表论文被引用的数量作分子,分母是这个国家发表的全部论文数,反映发表的论文是不是科学的,是不是高水平的。如果你发表的不是在技术前沿上就没有人引用,这个比值就是

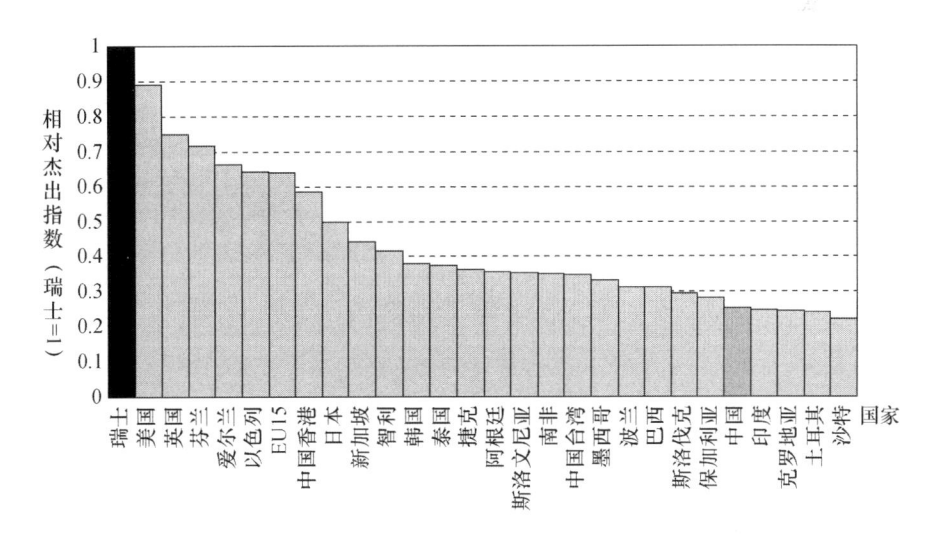

图 14 中国科技与世界前沿的差距

零。世界上最高水平依次是瑞士、美国、英国等,中国是在较低的水平,相当于瑞士水平的1/5。也就是说虽然我们发表科学论文的总量上来了,但是它的质量并不高,并不意味着我们已经进入到创新的前沿上。这个差距我们当然要赶上,目前存在的这个差距也可以说是后发优势。发达国家在每一个点上都得自主创新,而我们可以利用别人研究出来的成果,掌握起来就要简单得多,成本低得多。这种赶超过程中的技术进步,可以算是一条捷径。

还有一条途径就是资源的配置效应。从图15中,大家可以看有三种方式获得资源重新配置效率。我们知道的资源重新配置效率,是从农业把资源特别是劳动力转到第二产业、第三产业,整体经济的生产率就提高了。但是,随着剩余劳动力的减少,劳动力转移速度减慢,从这个过程获得的全要素生产率相对会越来越少。接下来你会发现在二产内部,每个行业之间还是有生产率差别的。如果你能把生产要素从生产率低的行业转移到生产率更高的行业,还能带来资源重新配置效应。更进一步,在一个行业中,企业之间的效率也是存在差异的,有的企业在全要素生产率上持续进步,有些企业则是靠政府补贴才能苟延残喘,近似僵尸。在这种情况下,你让僵尸死掉,让有生产率进步的企业去得到更多的资源,甚至兼并其他的企业扩大自身规模,最后的结果则是整体经济的效率就会更高。

全要素生产率提高的潜力我们远远没有开发殆尽。一项研究表明中国

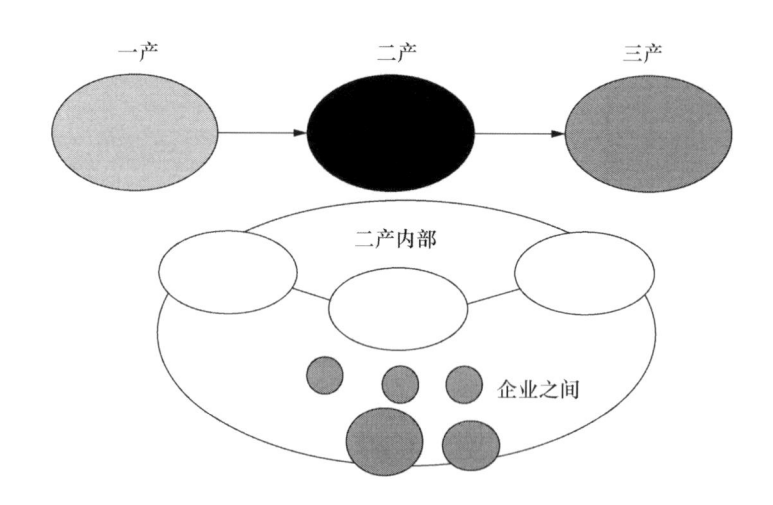

图15 获得资源重新配置效率的途径

企业之间的生产率的差距非常大。比如，我们行业内企业间的生产率差距，用不同的指标表达都比美国高。如果同一个行业中，企业之间生产率差距非常大，这就意味着你没有把生产率低的企业淘汰掉，也没有让生产率高的部门把其他的企业资源拿来扩大它的自身规模。因此就很自然地说，如果我们达到更好的配置，比如说达到美国的水平，我们的全要素生产率可以提高30%—50%。还有一项研究，是以美国为代表进行的。在成熟的市场经济国家，企业之间进入和退出、成长和死亡，这种创造性毁灭过程，所能带来的全要素生产率的进步，占到全部生产率进步的1/3到1/2。

上述两个不相关的研究得出的可以通过全要素生产率的数量级却是一样的，结果这么巧合与一致，说明我们还没有把这个全要素生产率提高途径的机会加以利用。最乐观的一种思维方式，就是看到我们哪个地方差，就说明那个地方我们有巨大的潜力。因此未来让企业生生死死成长消亡，可以期待获得巨大的全要素生产率的来源，为此我们需要改革。为什么现在我们的企业该死的不死，该壮大的不能壮大，因为是有各种各样的歧视和准入壁垒。我并不只是说歧视非公有经济，更多的是歧视小企业，歧视新成长企业，甚至地方政府会人为地挑选赢家，官员们总是觉得政府能判断谁有发展潜力。但是市场怎么会由你来决定呢？最后的结果只能是各种各样的歧视仍然存在，企业不能自由进入，甚至有的时候也不能自由退出，有能力的企业不一定有机会壮大自己，濒临死亡的企业还在打着吊针维持。这种状态就会使我们损失30%—50%的全要素生产率的进步。清除制度障碍，必然会带来新的全要素生产率的源泉。

结论是我们要创造一个创造性破坏的制度环境。我们会把重点放在国有企业改革上，但是我不倾向于一定要针对国有企业改革。国有企业有该退出的地方，也有该进入的地方。把呼吁的重点放在国有企业改革上，其实效果并不一定好。现存没有效率的国有企业可能仍然有话语权，甚至可能有强大的既得利益在支撑，因此有些改革很难推进。我们是说所有形式的不平等的竞争环境都要把它改掉，这种改革不仅仅为了解决今天的问题，它是更有一般意义的改革，是更长期的制度性建设。总之一句话，我们的改革推进的动力，就是可以带来全要素生产率的明显改进。

(本文系作者在《长安讲坛》的讲演整理稿，清华大学2012年11月15日)

正确认识和应对潜在增长率的降低

当前我国经济增长出现的下行趋势，既有宏观经济周期因素，也反映了长期潜在增长率的变化。周期性下行与长期减速是由不同因素所造成的，因此，在认识上应该避免将两者混淆，而在应对政策上，特别要防止用刺激性手段应对长期减速趋势。把目前的实际增长率与潜在增长率相比，把需求因素与供给因素相比，8%以下的 GDP 增长率是可以而且应该接受的，尽管我们仍然需要探索未来经济可持续增长的途径。本文将论述，潜在增长率不可以超越，但却可以通过改革予以提高。

一 长期供给变化与短期需求波动

供给和需求两方面因素都影响经济增长。长期看，经济增长是受到供给方因素制约的，这些因素包括劳动力、资本等要素及其生产率，以及全要素生产率。在经济发展的不同阶段，生产要素供给水平和生产率提高方式皆具有阶段性特点，构成特定的潜在增长率。在改革开放的三十余年中，得益于人口红利，我国要素供给充足，生产率提升空间巨大，潜在的和实际的增长率都达到很高水平。

根据估算，在 1978—1994 年期间，我国潜在增长率为 10.4%，1995—2009 年期间为 9.8%。这两个时期的实际增长率分别为 10.1% 和 9.9%。其中贡献因素 71% 来自于资本形成，8% 为劳动力增长，4% 为人力资本积累，7% 为人口抚养比下降，10% 为全要素生产率提高。然而，由于以劳动年龄人口于 2010 年停止增长为标志的人口红利消失，上述贡献因素都将出现不利于经济增长的变化趋势，导致潜在增长率降低。估算表明，在"十二五"和"十三五"时期，我国 GDP 潜在增长率将分别降低为 7.2% 和 6.1%。

可见，目前我国经济增长的下行趋势，固然受到欧债危机和主要发达经济体复苏乏力的需求因素制约，同时也是潜在增长率降低的表现。虽然受出口、投资和消费需求的影响，实际经济增长速度可能周期性地分别处于潜在增长率之上或之下，但归根结底，由供给方因素决定的潜在增长率，构成了未来经济增长速度的根本制约。

目前的经济增长速度与潜在增长率是相符的，需求因素也符合这个潜在增长率。例如，2001—2011年期间，拉动GDP增长的需求因素中，消费需求平均贡献了4.5个百分点，资本形成（投资需求）贡献了5.4个百分点，净出口贡献了0.56个百分点。因此，即使"十二五"期间净出口的贡献为零，投资需求减半，靠国内消费需求和一半投资需求形成的需求拉动（4.5个百分点加2.7个百分点，共7.2个百分点），也足以支撑这一时期的潜在增长率（7.2个百分点）。实际上，这样的增长速度恰好符合中央的预期，即适当的低速度有利于加快转变经济发展方式，实现中国经济增长的再平衡。

二 潜在增长率不能人为超越

在理解潜在增长率问题上，存在着一个致命的误区，即混淆经济增长的供给方因素和需求方因素。在很多情况下，人们常常会把由潜在增长率下降导致的增长减速误认为是需求不足，因而主张采取扩大需求的办法刺激经济增长。例如，日本在1990年以人口抚养比上升为标志，人口红利正式告罄，潜在增长率大幅度降低。但是，许多经济学家和决策者却认为，减速是需求不足导致的，多年来坚持采取宽松的货币政策和刺激性的财政政策，尝试了各种凯恩斯主义的刺激版本，政策倾向上不啻南辕北辙。由于未能抓住日本经济停滞的要害——全要素生产率增长率的停滞，最终日本经济陷入"失去的20年"，GDP的年平均增长率不到1%。

尝试超越潜在增长率的政策工具，可能具体体现在产业扶持政策、区域发展政策和宏观经济刺激政策之中。固然，产业政策着眼于动态比较优势，区域政策旨在促进平衡发展，应对短期宏观经济周期波动，必然包含刺激需求的政策意图和政策手段，但是，这类政策应用的限度是使实际增长率与潜在增长率相符,一旦应用过度,即用产业政策和区域政策达到某种期望的增长速度,以刺激需求的手段试图超越潜在增长率,则必然导致扭曲的结果,加重经济发展的不协调、不平衡和不可持续。从国际经验和我国现实看,通过政策手段不遗余力地"保增长",会导致欲速而不达的结果。

首先是造成生产要素价格扭曲。人为推动的大规模投资意味着过多廉价资本的投入,压低了资本要素的相对价格,导致背离比较优势的资本密集程度提高,并加剧资本报酬递减现象。日本在丧失人口红利之后,用提高资本劳动比的手段提高劳动生产率,却忽视了全要素生产率的提高。在其1990年以后劳动生产率的提高中,资本劳动比的贡献率高达94%,全要素生产率的贡献率则为-15%,成为其经济增长停滞的主要原因。

其次是造成资源的浪费,加重已经呈现的产能过剩。外在于市场力量的投资行为,容易导致资源的配置不当,投资效率降低,进而造成产能过剩的结果。例如,2010年,相对于中国工业平均水平而言,除了纺织业和轻工业中的部分具有国际竞争力的行业之外,那些被列入产业政策扶持对象的行业,产能利用率大多显著低于中国工业总体产能利用率82%的水平。其中钢铁行业的产能利用率还不到50%,有色金属行业只有70%略强。

最后是造成不恰当的保护。对于经营不善从而应该退出的企业和行业给予补贴等各种优惠,乃至政府进行直接干预防止其倒闭,总是以就业、GDP和税收的名义做出的,但其结果则是保护落后,使那些长期没有效率的企业得以继续生存,其结果是伤害竞争机制,造就僵尸企业。一旦这类企业在经济中所占比重过大,整体经济效率则必然降低。

三 潜在增长率是可以改变的

然而,潜在增长率却是可以改变的。通过挖掘相关生产要素特别是劳动力供给潜力,以及提高要素生产率和全要素生产率,可以提高潜在增长率,从而允许经济增长实现更高的速度。对于我国来说,现实中的确存在着诸多机会窗口,可以通过改革达到提高潜在增长率的目标。下列相关改革应该被置于优先地位。

第一是推进深度城市化过程。加快城市化固然也是扩大内需刺激经济增长的引擎，但是，推进农民工市民化，继续挖掘增加劳动力供给潜力，提高劳动参与率及其稳定性，是有助于显著提高潜在增长率的重要举措。一般来说，在劳动力成为经济增长制约要素之后，提高劳动参与率可以产生提高潜在增长率的效果。对于中国未来5—10年的时间来说，进一步推动农村劳动力向城市非农产业的转移，稳定其劳动力供给，是提高劳动参与率的中国特色道路。这涉及户籍制度和土地制度等领域的改革。

第二是保持教育优先发展的趋势。经济增长的长期可持续性，要求顺应创新和产业结构升级对人力资本的需要，大幅度改善和提升劳动者技能。根据中国数据估算，劳动者从第二产业的劳动密集型就业转向第二产业的资本密集型就业，要求受教育水平提高1.3年；转向第三产业技术密集型就业，要求受教育水平提高4.2年。受教育年限的提高需要长期的积累，而不是一朝一夕可以做到的。在义务教育毛入学率达到或超过100%之后，学前教育和高中教育入学率的提高，是增加未来劳动者受教育年限的关键，而高等教育发展更是建造国家创新能力的必由之路。这涉及对教育体制和培训形式进行根本性的改革。

第三是提高全要素生产率。在超越劳动力无限供给阶段之后，经济增长的唯一可持续源泉，是通过资源重新配置和技术进步实现全要素生产率的不断提高。随着三次产业之间的资源重新配置效率终将式微，今后全要素生产率提高将更多地来自于以下源泉：

其一，由于各行业之间存在着生产率的差异，生产要素向生产率更高的行业流动，可以继续获得资源重新配置效率。未来10年，是中国从中等偏上收入国家迈向高收入国家行列的关键时期，与人均GDP在6000—12000美元的中等收入国家相比，中国农业劳动力继续转移的潜力仍然是巨大的。处在这个发展阶段上的其他国家，平均的农业劳动力比重为14.8%，比中国低10—20个百分点，因为按照学者的估算，目前中国农业劳动力比重为24%左右，而按照官方统计口径，农业劳动力比重仍然高达35%左右。这意味着在今后10年乃至20年时期中，从现有的农业劳动力出发，中国每年需要减少数百万人农业劳动力，即每年降低农业劳动力比重1个百分点以上。这样的话，就能保持资源重新配置效率的持续提高，进而支撑中国经济增长的可持续性。

其二，行业内部的企业之间也存在生产率差异，允许更有效率的企业生存、扩大和发展，相应淘汰那些长期没有效率改进的企业，可以提高行业进而整体经济的生产率水平。研究表明，在美国，通过部门内企业的进入、退出、生存、消亡这种创造性破坏机制，对全要素生产率提高的贡献为30%—50%。此外还有研究表明，中国部门内企业间生产率差异巨大，如果缩小到美国的水平，可以提高全要素生产率30%—50%。这两个数字如此巧合的含义是，迄今为止，中国尚未获得这种类型的全要素生产率源泉。这就要求进行相应的改革，拆除行业进入和退出壁垒，消除生产要素流动的制度性障碍，通过竞争机制实现优胜劣汰。

深化改革固然是长期可持续增长的必由之路，但是，却不应该过于功利地看待改革，期待所有领域的改革都能够对经济增长有立竿见影的效果。面对潜在增长率的下降，一方面需要把改革推向新的高度和深度，为更长期的持续增长构建制度条件；另一方面也要做好充分的心理准备，习惯并接受较低的增长速度，把增长模式从立足于投入增长的速度型，转向立足于生产率提高的质量型。

中国经济增长的十字路口

> 这是希望之春,这是失望之冬。
>
> ——狄更斯

多年以来,经济学家和其他学科的学者,以及不属于严肃研究者的观察家,对中国经济做出了各种各样的预测和判断。无论其科学性如何,几乎无一例外地引起舆论界和民间的热议,也常常得到官方的反应。如果说,许多这类的预测仅仅是缺乏科学依据的预言的话,简单地把所有的预测都解读为"棒杀中国经济"或者"捧杀中国经济",也是欠缺理性的思维逻辑,并无助于我们对中国经济面临问题、挑战和出路的认识。

不过,本文讨论所引用的关于中国经济的预测,主要局限于那些严肃并且至少在方法论意义上具有讨论基础的研究,而忽略那些没有提供充分论据,从而缺乏讨论基础的观点,或者明显带有成见的,或者旨在炒作的观点。此外,关于中国宏观经济周期的预测,因其涉及短期问题,有些观点会随着短期外部冲击的消失、宏观经济政策的方向性调整,从而当事人预期的变化而时过境迁,所以在大多数情况下也不在本文的讨论范围之列。本文目的并不在于回应各种关于中国经济增长的预测和评价,而是尝试找出导致经济增长减速的潜在原因,争取较好的结果。

一 预测中国经济

在2010年中国经济总量超过日本之后,紧接着的问题自然是:中国何日超过美国,成为世界第一大经济体。不出所料,随之出现一系列关于中国进一步赶超的预测。最引人注目的是国际货币基金组织（IMF）的预测①，中国按照购买力平价（PPP）计算的 GDP 总量，将从 2011 年的 11.3 万亿美元增长为 2016 年的 19 万亿美元，占世界经济总量的 18%。而此期间，美国则从 15.2 万亿美元的经济总规模增加到 18.8 万亿美元，在世界经济总量中的比重下降到 17.7%。

许多国际组织和投资银行都做过类似的预测，像这样的乐观预测也不胜枚举，只不过，各种预测有的依据按照汇率计算的 GDP，有的依据按照购买力平价计算的 GDP，从而在预测中国经济总量超过美国的时间上有早有晚。

这样的预测结果也绝非天方夜谭，不过是根据过去对未来进行的外推。1990 年，中国 GDP 总量在世界上排在第 10 位，到 1995 年，中国超过了加拿大、西班牙和巴西，排在第 7 位，到 2000 年，中国超过意大利，晋升到第 6 位。随后，在 21 世纪前 10 年中，中国又依次超过了法国、英国和德国，到 2010 年终于超过了日本，成为世界第二大经济体，仅仅位于美国之后。

最直接的反映是，由于中国是全世界人口最多的国家，占全世界人口的比重接近 1/5，对我们来说，在人均收入仍然较低的条件下经济总量排在第一位，也并非值得洋洋自得的事情。不过，一些经济学家对中国人均 GDP 的预测同样是相当乐观的。

例如，诺贝尔经济学奖得主罗伯特·福格尔预测，2040 年，按照购买力平价计算，中国 GDP 总量高达 123.7 万亿美元，真正占到了世界经济总量的 40%。在人口达到 14.6 亿的情况下，中国人均 GDP 将高达 8.5 万美元，是世界平均水平的 2.4 倍，是美国人均 GDP 的 80%。② 事实上，根据联合国的预测，中国人口总量在 2035 年达到 14.4 亿以后不增反降，并且预计在 2040 年只有 14.3 亿。如果按照这个人口基数计算，届时中国的人均 GDP 已经相当接近于美国那时的水平了。

其实，所有这些关于中国经济未来的乐观预测，从中国过去三十余年的经济发展表现看来，都无令人惊讶之处。自 17 世纪之后，在西方世界进

---

① 参见国际货币基金组织官方网站 http://www.imf.org/external/data.htm。
② Robert W. Fogel, "Capitalism and Democracy in 2040: Forecasts and Speculations", *NBER Working Paper*, No. 13184, 2007.

步加快的同时，中国的经济增长便远远落在后面。1700—1820年期间，中国GDP的年均增长率只有0.85%，而人均GDP则没有增长。中华人民共和国成立之前，中国更是经历了无尽的内忧外患，经济停滞，民不聊生。在1820—1952年期间，GDP总量和人均GDP的年均增长率分别为0.22%和−0.08%，而同期欧洲的这两个增长率分别为1.71%和1.03%。

改革开放以前的中国经济增长，在受到一系列政治运动和重大政策失误影响下，虽然也实现了6%的年均增长率，但是，由于排斥市场机制、过高的积累率、产业结构失调，人民生活水平的改善十分缓慢，不仅没有实现对发达国家及新兴工业化经济体的赶超，反而拉大了发展差距，1978年农村尚有2.5亿人口未得温饱。

直到20世纪70年代末开始了改革开放的历程，中国经济才显示了前所未有的活力，中华民族开始了伟大的复兴。其间实现了不胜枚举的巨大制度变迁。例如，从人民公社大锅饭到家庭承包制的体制变革；从单一的公有制经济到多种经济成分并存的转变；从计划经济到市场成为资源配置主要机制的改革；从封闭型经济到加入世界贸易组织，成为经济全球化的重要参与者和获益者的变化。在这个改革开放的过程中，从无到有地建立起了有效的微观激励机制、现代企业制度、财政金融体制和社会保障体系。所有这些，最终都体现在国家总体实力和人民生活水平的提高上面。

在整个改革开放期间，即1978—2010年期间，中国经济增长率得以保持每年近10%的速度（见图1）。不仅是经济总量，人均收入增长也创造了奇迹。比较不同国家在类似发展阶段上，人均收入翻一番所需要的时间，英国在1780—1838年花了58年，美国在1839—1886年花了47年，日本在1885—1919年花了34年，韩国在1966—1977年花了11年。而中国在1978—1987年期间只用了9年的时间，随后又在1987—1995年和1995—2004年期间分别用8年和9年时间再次两度翻番，并于2011年再翻一番，而这一次只用了7年的时间。

早在1994年，当林毅夫、蔡昉、李周出版《中国的奇迹：发展战略与经济改革》第一版时[1]，他们在书中就按照当时显现出的中国、日本、美国

---

[1] 林毅夫、蔡昉、李周：《中国的奇迹：发展战略与经济改革》，上海三联书店、上海人民出版社1994年版，第9—10页。

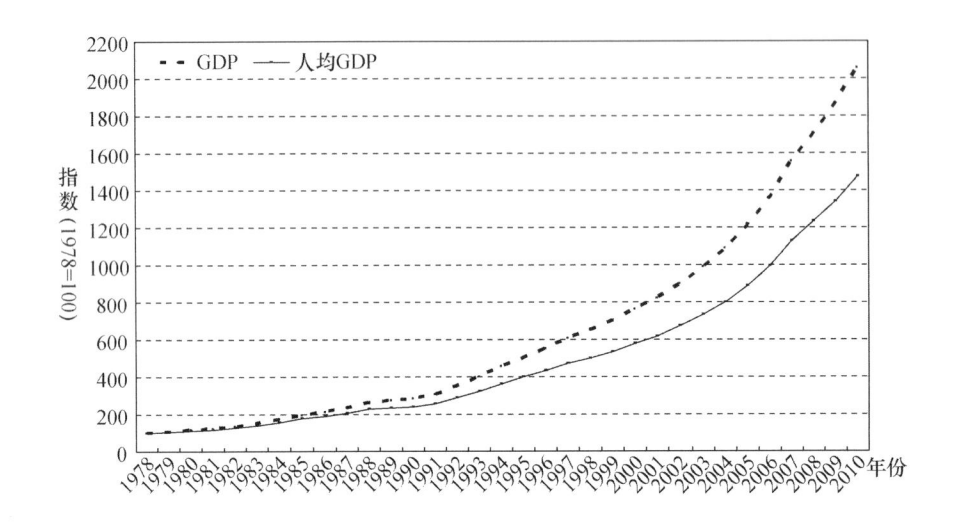

图 1　改革开放以来的经济增长

资料来源：国家统计局《中国统计年鉴 2011》，中国统计出版社 2011 年版。

的经济增长速度，假定三个国家保持各自在 20 世纪 80 年代的 GDP 增长率的话，中国经济的总规模将在 2035 年前后超过日本和美国，成为世界上最大的经济体。而如果按照当时经济学家认定的购买力平价口径计算的话，中国经济预计在 2015 年前后超过日本和美国。

即使在当时，与此类似的乐观预测也并非绝无仅有。时任世界银行副行长兼首席经济学家的劳伦斯·萨默斯也做出了 2015 年前后中国经济规模超过美国的预测。稍后，澳大利亚外交与外贸部、著名经济史学家麦迪森以及世界银行等都做出了相似的预测。而如今，类似的预测越来越成为国际组织和经济学家的共识。而且，中国能否按照这些研究预期的方向和时间成为世界上最大的经济体，超出了通常按照经济规模进行排位的意义，即关系到中国最终能否完成一个人类历史上由盛变衰，再由衰至盛的奇迹。

二　从大分流到大趋同

在前面提到的《东亚奇迹》这部报告中，世界银行对东亚地区有着颇高的期待（称之为"东亚任务"），即期冀该地区保持其既有的、显著快于世界平均水平的经济增长速度，从而于2025年在经济总量上占到世界的40%。这样，东亚就重现其历史上的辉煌——1820年东亚在世界经济中的份额就是40%。① 鉴于中国经济总规模和增量的贡献率，对东亚的这个期待，不仅也是，而且尤其是对中国的期待。

世界经济史学的最新进展，表现为逐步形成了一个共识：现有的世界经济格局，即欧洲及其衍生地区在科技和经济从而人均收入上所处的绝对领先地位，并非从来如此。

最初是人们围绕所谓"李约瑟之谜"进行了广泛的讨论，尝试回答为什么在前现代社会，中国科技遥遥领先于其他文明，而近现代中国不再具有这样的领先地位这样一个命题。相关的研究发现，在18世纪起源于西方的工业革命之前的1000多年时间里，中国一直是世界上科技最先进、经济最繁荣的国家。② 例如，公元9世纪直到13世纪，中国农业生产力处于世界最高水平。自汉代直到14世纪，中国的工业都处于较高水平。而城市化水平不仅是工农业生产率的结果，更代表了商业的发展。根据经济史学家的研究，在宋代中期，中国的城市化率远远高于欧洲的水平。相应地，与市场发展相关的一系列经济制度也得到高度发育。只是在14世纪之后，中国的经济发展和科技进步才渐渐拉开了与西方国家的距离。

以彭慕兰（Kenneth Pomeranz）等为代表的历史学"加州学派"则认为③，在1500年前后的世界，财富主要集中在东方，而中国在这个"东方"概念中的地位举足轻重。只是在那之后，欧洲才开始崛起，并且在18世纪较晚的时候，东西方的"大分流"才出现。也大约在相同的时间范畴里，中国与西方在经济、科技和生活水平上的差距明显拉大，中国愈益变成一个积贫积弱的国家。

不仅中华人民共和国成立之前的内忧外患阻碍了经济发展，共和国成

---

① 印德尔米特·吉尔、霍米·卡拉斯等《东亚复兴：关于经济增长的观点》，黄志强、余江译，中信出版社2008年版，第66页。

② 参见林毅夫《李约瑟之谜、韦伯疑问和中国的奇迹：自宋以来的长期经济发展》，载林毅夫《林毅夫自选集》，山西出版集团、山西经济出版社2010年版，第163—195页。

③ 参见彭慕兰《大分流：欧洲、中国及现代世界经济的发展》，江苏人民出版社2003年版；[美]杰克·戈德斯通《为什么是欧洲？世界史视角下的西方崛起（1500—1850）》，关永强译，浙江大学出版社2010年版。

立以后也因一系列政治运动,以及经济体制上的弊端耽搁了中华民族的复兴,中国不仅全面地远远落后于欧美发达国家,与亚洲邻国以及中国香港、澳门和台湾地区的发展差距也显著拉大了。例如,根据一项研究,仅仅因为"大跃进"和"文化大革命"所造成的损失,就使1993年的劳均产出降低了63%。①

这些失误,使得中国没有搭上迈克尔·斯宾塞所说的1950年以后世界经济大趋同的顺风车②,经济发展失去了宝贵的30年。而改革开放时期的高速经济增长,终于把数百年的"大分流"逆转为"大趋同",中国开始了中华民族复兴的宏伟征程,并以成为世界第二位经济体为象征,取得了世人瞩目的经济社会发展成就。

迄今为止,能够得到经济学家和经济史学家普遍认可,并广泛引用的长期国别历史数据,特别是现代统计体系中的国内生产总值(GDP)及其人均水平的数据,是由著名经济史学家安格斯·麦迪森(Angus Maddison)系统地整理并公之于众的。使用这套数据来看中国经济发展的由盛至衰,再由衰至盛的曲折反复,高度浓缩了前面文字讨论中的信息(见图2)。

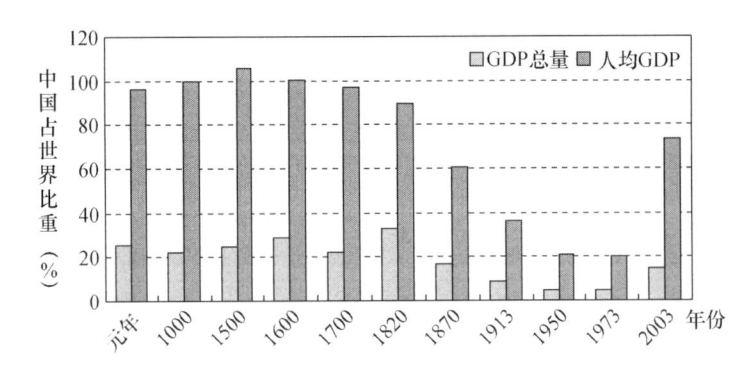

图2 中国占世界经济比重的变化

资料来源:Angus Maddison, *Contours of the World Economy, 1 – 2030 AD, Essays in Macro – Economic History*, Oxford University Press, 2007, p.379, table A.4; p.382, table A.7.

---

① Y. Kwan and G. Chow, "Estimating Economic Effects of Political Movements in China", *Journal of Comparative Economics* 23, 1996, pp.192 – 208.

② 参见[美]迈克尔·斯宾塞《下一次大趋同:多速世界经济增长的未来》,王青、刘其岩译,机械工业出版社2012年版。

如图 2 所示，就其在世界经济中的地位而言，中国人均收入所达到的最高点是 1500 年，比世界平均水平高 6%。而中国经济总规模的最高点则是 1820 年，创造了世界全部 GDP 的近 1/3。同时，这张图也以其宏大的跨度，显示了中国经济占世界经济比重不再是一个倒 U 形曲线的变化，而将 20 世纪下半叶和 21 世纪前期呈现出的趋势接续起来观察，已经呈现出一个 N 字形的变化轨迹，即自 19 世纪以后的衰落，再至 20 世纪 80 年代以来改革开放时期的宏伟复兴。

新古典经济增长理论的一个重要逻辑出发点是资本报酬递减，即随着资本投入量的增加，其报酬的增长率会降低。因此，从较低的发展水平上起步的国家相对于在较高起点上发展的国家，能够实现更高的增长率。这种增长率差异维持一个较长时期的结果，就是经济发展水平的趋同。这种理论预测的含义就是，处于较低发展水平上的国家具有赶上并超过较发达国家的机会。

然而，大量观察和研究发现，这种趋同论并不符合发展中国家和发达国家经济增长的事实。而事实是，在很长的时间里，除少数实现了赶超的国家和地区之外，总体上发达国家比发展中国家增长得更快，在这两组国家之间，趋同并没有发生，差距反而拉大了。[①] 传统新古典增长理论在经验上的这种失败，来自于其理论上的缺陷，即把经济增长的源泉——技术进步当作外生的因素，不能为模型本身解释。因此，一方面在 20 世纪 60 年代以后，经济增长理论陷入凋敝的境况，另一方面经济学家尝试着在两个方向上弥补传统理论的不足：在理论上试图将技术进步等增长因素内生化，在经验上则继续收集数据以检验趋同假说。

到了 20 世纪 80 年代中期以后，经济增长理论迎来了它的又一个鼎盛时期。在理论上，以罗默、卢卡斯等人为代表的新增长理论，通过对人力资本形成和积累特点及其在增长中的作用的研究，以及技术扩散的过程的研究，成功地把经济增长的源泉内生化，所以这种新增长理论又被称作内生的增长理论。而一旦人力资本这种具有报酬递增特点，以及技术创新、扩

---

① 进入 21 世纪以来，许多新兴经济体的增长表现显示出改变这个格局的迹象。不过，这个趋势是否能够持续下去，仍然有待观察。本书也恰恰是以中国作为案例，探讨这个趋同现象发生的原因，以及得以继续的条件。

散这种可能和需要产生垄断的因素被内生化在增长模型中，新古典理论的完全竞争假设就被突破了。

从经验上，有些学者在检验传统的趋同假说时发现了所谓的"俱乐部趋同"现象，即在那些具有同质性的国家和地区之间，例如经济合作与发展组织（OECD）国家之间、美国各州之间和日本各县之间，的确存在着趋同的趋势，而在具有异质性的国家和地区之间，差距则进一步拉大。这种与传统的新古典增长理论趋同假说部分吻合、部分抵牾的经验结果，诱导新古典增长理论的捍卫者从索罗等的理论中，发掘出一个新的概念——条件趋同。

其实，新古典增长理论很早就指出了趋同是有条件的，即人口增长率和储蓄倾向的差异会导致每个国家具有不同的长期增长率。只有在这些增长条件被假定不变的情况下，从较低起点上开始的经济增长才倾向于具有更快的增长速度，从而产生趋同趋势。坚持新古典主义注重理论与经验相吻合的传统，巴罗和萨拉伊马丁孜孜不倦地尝试把各种可能的解释变量放到经济增长模型中，以检验条件趋同假说。[①]

换句话说，最为成功的理论框架，是把新的内生增长理论与老的新古典增长理论结合起来。新的增长理论可以更好地解释处于领先地位的国家何以能够保持持续的增长，而没有出现报酬递减现象，而新古典增长理论则能够更直接地回答，为什么以及什么时候落后国家能够赶上发达国家。从经验上检验条件趋同假说的工作，实际上就是找出那些影响经济增长的相关因素，包括储蓄和投资水平、基础设施条件、体制因素、政府干预经济的程度，乃至人力资本和人口负担等因素。

中国在三十余年的时间里，显著地缩小了与发达经济体的发展水平和生活质量差距，证明了只要选对了道路，即坚持改革开放促经济发展的方向，相对落后的国家完全可以实现赶超。归根结底，经济理论只有具备对现实的一致性解释力，才被证明是正确的理论。因此，从迄今为止中国改革、开放、发展成功中总结的经验，对于趋同假说的印证，比增长理论学

---

① 参见 R. Barro and X. Sala-i-Martin, *Economic Growth*, McGraw-Hill, Inc., New York, 1995。

家的200万次回归更有说服力。①

三　何时以及为什么减速？

按照既往的表现所做出的振奋人心的预测，以及因之而生的更高的期望，并没有为中国经济的未来打下包票。曾几何时，自20世纪80年代后期开始就一直位居世界第二大经济体宝座的日本，也被国际上十分地看好，被寄予了厚望。然而，自20世纪90年代开始，日本经济相继陷入"失去的十年"和"失去的二十年"，最终失去了第二大经济体的位置。与日本不同之处在于，直至2010年，当经济总量超过日本成为世界第二大经济体的时候，中国的人均GDP仅为4382美元，刚刚进入世界银行定义的中等偏上收入国家的行列。如果中国遭遇日本式的"失去的十年"或者更久，与日本在世界名列前茅的收入水平上的徘徊不同，中国则会成为被困在"中等收入陷阱"中的典型案例。

在一片对于中国经济成就的叫好声中，开始出现一系列以预测中国减速为目的，关于高速增长的经济体何时，在什么条件下，以及以何种方式减速的比较研究。

一项研究来自于摩根士丹利亚洲有限公司的经济学家。② 他们根据世界经济史发现，在历史规律和万有引力的作用下，一个经济体经历过高速增长后终将要减速。而这个减速的拐点，是按照购买力平价计算人均GDP达到7000美元时。这些作者从经济史学家麦迪森的研究中发现，过去100年间有40个经济体达到7000美元这个人均GDP拐点，其中31个经济体在拐点之后平均减速2.8个百分点。按照相同的口径，2008年中国达到7000美元这个"魔幻数字"，类似于20世纪60年代末的日本和80年代末的韩国。而这两个经济体在类似拐点之后，经济增长率都有所减缓。

---

① 西班牙出生的美国经济学家萨拉伊马丁用"我刚刚做了200万次回归"来形容探索经济增长趋同假说的学术努力。参见 Xavier Sala-i-Martin, "I Just Ran Two Million Regressions", *American Economic Review*, Vol. 87（2）, pp. 178-83, May, 1997。

② 王庆、章俊、Ernest Ho:《2020年前的中国经济：增长减速不是会否发生，而是如何发生》，《摩根士丹利·中国经济》，摩根士丹利研究部（亚洲/太平洋），2009年9月20日。

鉴于影响中国潜在增长率的一些因素发生了变化，如劳动力供给的增长放缓、储蓄率和资本形成开始走低、改善全要素生产率的空间缩小等，因此，在这个研究团队看来，既然中国的经济成就是既往"亚洲经济奇迹"的一部分，中国目前的经济发展阶段则决定了其经济增长减速在所难免。

不过，这项研究的结论并不那么悲观，而是认为有很大的可能性和机会，例如劳动密集型产业从东部地区向中西部地区的转移，使得中国的减速不会像日本、韩国那样突然和急剧，而是可以在一个较长的持续期内逐渐完成。与此同时，在这个过渡期内，产业结构在区域间的重新布局，以及经济增长需求拉动因素的构成等方面的调整将加剧，给中国以足够的时间寻找到新的经济增长源泉。

另外一项研究在数据分析上进行得更加深入一些，由艾辰格林（Barry Eichengreen）等几位学者所完成。① 这项研究所要回答的问题，同样是高速增长的经济在何时，即怎样的人均收入水平上减速，以及对中国的比照意义。他们从国际比较中发现，按照购买力平价和 2005 年美元计算，人均 GDP 达到 17000 美元时，高速增长的经济通常遭遇明显的减速，一般来说经济增长速度降低的幅度为 2 个百分点的年均 GDP 增长率。作者估计，如果保持 9% 的 GDP 年均增长率，2015 年的中国就符合了这个口径的 17000 美元的条件。再加上作者所罗列的诸多经济增长中的隐患和不可持续因素，他们警告届时中国将有 70% 的可能性遵循这个减速规律。不过，正如有些投资经济学家所做的评论指出，这个 70% 的减速 2 个百分点的概率——即 1.4 个百分点，对于一个长期保持 9%—10% 的增长率的经济来说，似乎并不那么令人担忧。实际上，中国的"十二五"规划确定的 2011—2015 年经济增长速度是 7%，在国家财力充足和就业压力减缓的新形势下，这个增长速度反而是更加可持续的。

人口老龄化也被看作是导致经济增长速度减慢的一个重要原因。人口老龄化意味着劳动年龄人口总量增长速度减慢及至绝对数量的减少，劳动年龄人口占总人口比重也不再提高，而是趋于下降。相应地，经济增长开始丧失表现为劳动力供给充足和高储蓄率的人口红利的支撑。1990 年，日

---

① Barry Eichengreen, Donghyun Park, and Kwanho Shin, "When Fast Growing Economies Slow Down: International Evidence and Implications for China", *NBER Working Paper*, No. 16919, 2011.

本的老龄化水平即 65 岁及以上人口占总人口的比重达到 11.9%，不久之后人口抚养比，即依赖型人口与劳动年龄人口的比率就迅速提高了。大约就在人口结构发生这样变化的同时，日本经济增长速度也出现急剧的逆转，从减速开始直到停滞（见图3）。

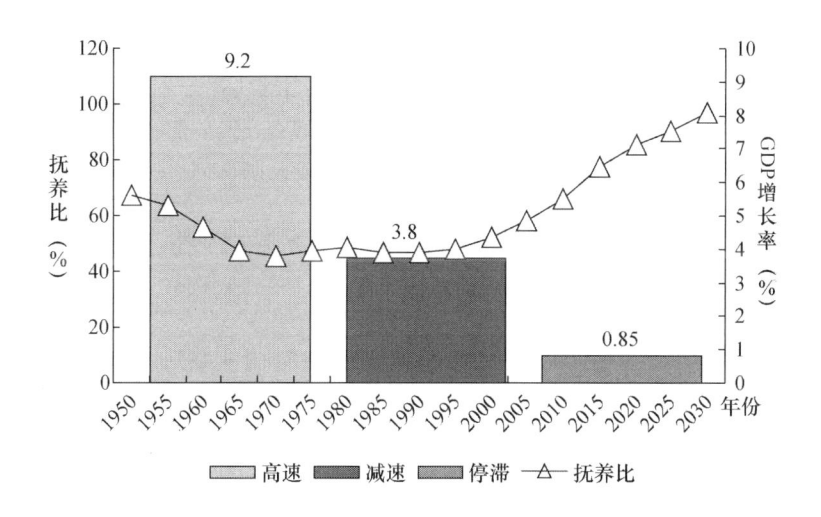

图 3　日本人口红利消失与增长减速

资料来源：人口数据来自联合国，GDP 增长率来自世界银行和 Takeo Hoshi and Anil Kashyap，"Why Did Japan Stop Growing?" Report Prepared for the National Institute for Research Advancement（NIRA），http：//www.nira.or.jp/pdf/1002english_report.pdf，2011。

按照汇率计算，2010 年中国的人均 GDP 为 4382 美元。而将其折算成前述两项研究中的减速基准点（分别为 7000 美元和 17000 美元）的话，即按照购买力平价计算的人均 GDP 的话，则大约为 8700 美元或更高。也就是说，中国目前正处在经济增长减速的期间之中。此外，2010 年中国 65 岁及以上人口占总人口比重为 8.9%，也已经十分接近于日本于 1990 年经济增长减速开始时的老龄化水平了。在大约与"十二五"时期重合的几年内（2011—2015 年），中国就将像日本一样，经历迅速的人口抚养比提高。

经济史显示的经验终究是一种概率现象，对未来的预测毕竟也不是现实。前述关于中国经济增长前景的预测，既没有断言中国经济必然发生最悲观的情景，也不意味着在其存在乐观情景的条件下，我们尽可以放宽心了。实际上，以"平均数"为外衣的国际经验，往往掩盖了许多特殊的情景和因素。

例如，正如摩根士丹利经济学家所说，中国目前的发展阶段和面临的命运，与40年前的日本十分相像。实际上，从前述人口结构变化阶段看，把当今中国与20年前的日本进行类比，更具有相似性，那以后的日本经济增长经验对于中国更具有借鉴意义。而日本在最初经济增长减速之后，并没有停下来，而是一路下跌，至今陷在经济停滞的状态。正如图1、图3所显示，在1955—1975年期间，日本实现了每年9.2%的平均增长率，而在1975—1990年期间，年均增长速度降为3.8%，此后减速则成为惯性，在1990—2010年期间，年均增长率只有0.85%。

为了及时进入未雨绸缪的状态，以便避免最坏的结果，需要以史为鉴，探寻如何避免不正常减速的途径。还以日本为例，我们不是要看它是否后来的速度不如从前了，而是要探寻为什么在不可避免的减速之后，未能实现像欧洲和美国那样的增长速度。前引艾辰格林等的文章，就提供了这方面的重要信息。他们的研究发现，典型而言，全要素生产率的停滞，可以解释85%的减速原因。

四　结语

国际经验显示，以本文所述的必然发生减速的发展阶段为分水岭，一个国家面临着三种命运：第一种命运是欧洲、北美的前景，即尽管经济增长速度不像新兴经济体那样快，但是，经济增长在技术创新的前沿上继续推进，具有很高的增长质量。例如，欧洲工商管理学院（INSEAD）从稳定的政治经济秩序、良好的教育系统、研究与开发高投入、有效的基础设施、市场内需程度以及将这些优势转化为创新力的能力等方面，对全球125个国家进行"2011年度全球创新指数"排名，结果表明，排在前10名的，除了新加坡和中国香港特区之外，全部为欧洲和北美国家。①

对中国来说，如果实现了经济发展方式从投入依赖型到生产率提高驱

---

① 张兴慧：《欧洲创新能力世界领先　全球创新能力瑞士夺冠》，《中国青年报》2011年7月4日，第4版。

动型的转变，虽然经济增长速度减慢了，但增长质量和可持续性可以得到明显提高。与此同时，更加注重收入分配状况改善、基本公共服务均等化和社会和谐，完全可以在预定的时间表内，分别实现全面建成小康社会目标和现代化建设宏伟蓝图。

第二种命运可以日本作为参照。日本在1990年以后，在高收入水平上经济增长停滞，虽然人均收入仍处于较高水平，在世界经济中的地位却江河日下，创新能力与其人均收入水平的排名不再对称。例如，在"2011年度全球创新指数"排名中，日本为第20名，远远落后于亚洲的中国香港和新加坡。这表明，一个国家固然应该也可以利用后发优势，通过技术借鉴和模仿加快其在经济上赶超先进国家的速度，但是，归根结底，经济增长的长期可持续性，取决于该国的综合创新能力。

与日本不同，中国刚刚进入中等偏上收入阶段，创新能力虽然迅速提升，但是，在总体技术水平、创新能力和人力资本存量等方面的差距仍然巨大，要跻身高水平国家的行列，中国尚有很长的路途要走。在这样的经济发展阶段上，一旦陷入经济停滞的状况，充其量只是一个中等收入的日本。

第三种命运以拉丁美洲和一些亚洲国家为代表。虽然这些经济体较早成为中等收入国家，却始终不能跨进高收入国家的行列，经济增长缓慢甚至停滞。在蛋糕不能继续做大的情况下，经济增长的分享效应日益弱化，在缺乏良好、有效制度的条件下，政治经济学的逻辑，即富人具有更强的谈判能力获得较大的蛋糕份额，就会导致收入和财富积累的马太效应，收入差距不断扩大。政治家无论是出于良好的动机，还是为了选票的需要，一次次做出改善收入状况的承诺，却因经济增长处于停滞而难以兑现，从而在政治上陷入民粹主义政策困境。贫富对立导致经常出现社会动荡和政治不稳定，国家困于中等收入陷阱之中。

虽然经济学家已有的共识是，经济增长本身并不自然而然带来收入分配状况的改善，但是，收入分配改善归根结底要以经济增长为前提。无论是拉丁美洲的经验还是发达国家的经验，都证明了经济增长和人均收入总体提高，有利于收入不平等的缩小。例如，在21世纪前10年，巴西等一些拉丁美洲国家经济增长取得较好绩效，相应地，这些国家的基尼系数也有明显的降低。而美国自 20 世纪 70 年代以后，有利于经济增长的"低垂的果子"被摘尽之后，经济增长比以前显著减缓，居民收入差距也扩大了，有着与其他发达国家相比更大的基尼系数。

迄今为止，中国的经济增长总体上是分享型的，虽然收入差距扩大导致不满，但在蛋糕不断做大的情况下，收入差距尚可容忍。如图 4 所示，中国城市居民人均可支配收入和人均生活性消费，在各收入组之间的发布变化，虽然显示出差距的扩大，但是分布类型没有发生明显的变化。换句话说，在收入差距扩大的同时，每个收入组的收入和消费水平都有所增长。这种情况在蛋糕不再增大的情况下则会改变，即一旦经济增长减速使得没有足够的增量可供分配，强势群体占有的收入份额进一步扩大，低收入群体的不满就会强烈表达出来，则难免陷入拉美困境之中。

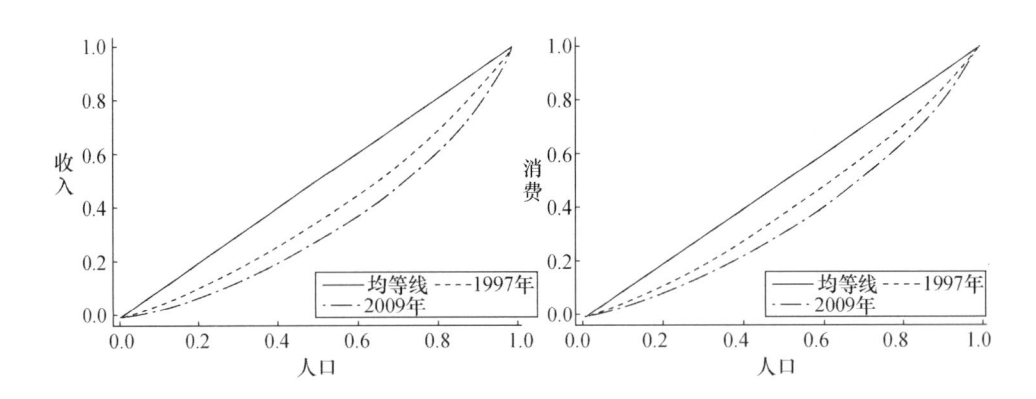

图 4　城镇居民收入和消费的洛伦斯曲线

资料来源：国家统计局《中国统计年鉴》（历年）。

事实上，中国政府已经做好了以一个较低的 GDP 增长率，加快经济发展方式转变速度的准备。在《中华人民共和国国民经济和社会发展第十二个五年规划纲要》中，中央政府建议在"十二五"时期 GDP 年平均增长率为 7%，比"十一五"时期的这项指标进一步降低 0.5 个百分点。对此，许多人表示不尽理解。在改革开放以来特别是最近的五年计划（规划）中，无论是作为指令性指标还是作为建议性或预期性指标，通常都不高于实际的经济增长速度的规定。但是，一次又一次的执行结果，最终都是实际增长速度快于规划目标。那样的话,规划指标不是与现实越来越脱离吗?

每当遭遇经济周期的冲击,如20世纪90年代末的亚洲金融危机和2008—2009年世界范围金融危机发生时,中央政府都提出要确保8%的增长率。在许多人的眼中,"保八"似乎成为一个永恒不变的最低速度要求,似乎只有保证8%及以上的经济增长率,才能确保足够的财政收入,满足最低限度的就业机会。甚至,单纯批评GDP挂帅的政府观念,也不足以遏制追求高增长速度的冲动,因为无论是对于地方政府还是中央政府来说,更充足的政府财力,也是促进社会发展与经济发展更加协调的必要条件。

因此,仅仅用约束经济增长速度的办法,并不能改变政府的速度偏好和追求高速度行为。"十二五"规划把加快转变经济发展方式作为这一时期发展的主线,即把经济增长的驱动力从要素投入转向生产率提高,把经济增长的需求拉动力从出口和投资转向国内消费需求,把经济增长的主导产业从第二产业转向第三产业。如果真正能够实现这个转变,或者在这个调整方向上有实质性进展,在政府财力充足和就业压力减小的条件下,相对低一些的增长速度,反而是更加符合发展阶段要求和更加可持续的。此外,随着中国经济发展阶段呈现出新的特征,即使以往作为保持特定高速度的约束条件,也逐渐得以放松,适度的较低速度是可行且必要的。

从另一个方面讲,当前热议的话题——避免中等收入陷阱,则是讨论如何避免超出合理范围的经济增长减速,乃至经济增长停滞。其含义则是防止过快的、过于剧烈的、不能满足就业和人民生活水平继续提高的,以及导致不能实现全面建成小康社会的减速。

应对"未富先老" 避免"中等收入陷阱"

第六次人口普查的结果确凿无疑地显示,中国已经进入低生育阶段。在整个改革开放时期,中国人口年龄结构的特点是劳动年龄人口数量大、比重高,保证了劳动力供给的充足性,创造了高储蓄率的条件,为20世纪80年代以来改革开放期间的经济发展提供了人口红利。据估算,人口抚养比(即少儿和老年依赖型人口与劳动年龄人口的比率)的下降,对这一期间人均GDP的增长,做出了26.8%的贡献。然而,根据保守的预测,中国的人口抚养比到2013年将停止下降并转而提高,意味着由年龄优势带来的人口红利的消失。

国际经验表明,人口红利的消失意味着推动经济增长的源泉必然发生变化,提出一系列挑战,应对不当则导致经济增长减速。因此,人口形势的新特征,不仅是完善生育政策的重要依据,更是提出中国经济增长的严肃课题。

一 人口红利还有多少年

多年来,对于中国人口的预测,是依据20年不变的1.8总和生育率(TFR)进行的。如今,随着官方静悄悄地放弃了这个生育率的说法,也就是说,按照国家统计局公开发表的数据,计算得出的TFR多年已经低于1.5,联合国在2010年发表的《世界生育率模式2009》中,也相应地把中国2006年的总和生育率修正为1.4,归入低生育国家的行列。

多年处于低生育水平的结果,就是人口老龄化和劳动年龄人口增长减速。根据联合国的中位预测,中国在2000—2015年期间,在劳动年龄人口增量逐年减少及至停止增长的同时,65岁及以上老年人口比重从6.8%提高到9.6%,届时老年人口超过1.3亿。所以,人口老龄化是与人口红利的消失相伴而来的。

关于人口红利可以延续到什么时候，有不同的观点。许多观察者认为，既然如预测所显示，人口抚养比在2013年前后降至最低点，那个时候就意味着人口红利的消失。对于这些学者来说，人口红利将要消失的判断，所依据的是人口抚养比的变动率。而相反的观点则是更加注重人口抚养比的绝对水平。譬如，假设在20世纪90年代中期，人口抚养比就算较低水平了，则在2013年之后，抚养比上升的一段时期内，直到2030年前后，抚养比都算得上较低。于是，依此观点，中国的人口红利可以继续保持大约20年甚至更久。

讨论人口红利并不属于人口学的范畴，而应该从经济增长理论出发认识这个问题。新古典增长理论假设劳动力是短缺的，因此，物质资本超过一定点的继续投入，将会遇到报酬递减现象，从而经济增长不能持续。从此逻辑出发，打破资本报酬递减规律有两个途径：一是通过技术进步，以全要素生产率不断提高的贡献率保持经济增长可持续性；二是破除劳动力短缺这个制约因素。而后一条件恰好是二元经济发展所天生具备的。一旦能够将劳动力无限供给特征转化为经济增长源泉，则意味着实现了人口红利的利用。

可见，理解人口红利，要将其置于二元经济发展框架内，与这个过程中的资本积累密切联系。也就是说，看人口红利作用，不仅仅是观察抚养比的绝对水平，而是要把抚养比与资本积累水平结合起来考察。具体而言，如果说在20世纪90年代，50%的抚养比足以抑制资本报酬递减现象发生的话，在今天的资本积累水平上，同样的抚养比则不能阻止资本报酬递减。如图1所示，过去十余年中，在抚养比下降逐渐减速的同时，中国工业的资本总量却在加速积累。

我们可以得出的结论是，中国从其改革开放以来得以开发人口红利开始，最大限度收获人口红利，发生在2010—2015年之前的一段时期内（见图1），具体来说，就是人口抚养比在降到37%—39%水平之前。从2010—2015年开始，人口结构变动对于资本报酬递减的抑制作用迅速减弱，直至人口红利消失。而且，资本积累越是迅速，经济增长越是在更高的程度上依赖投资，则人口红利丧失越快。

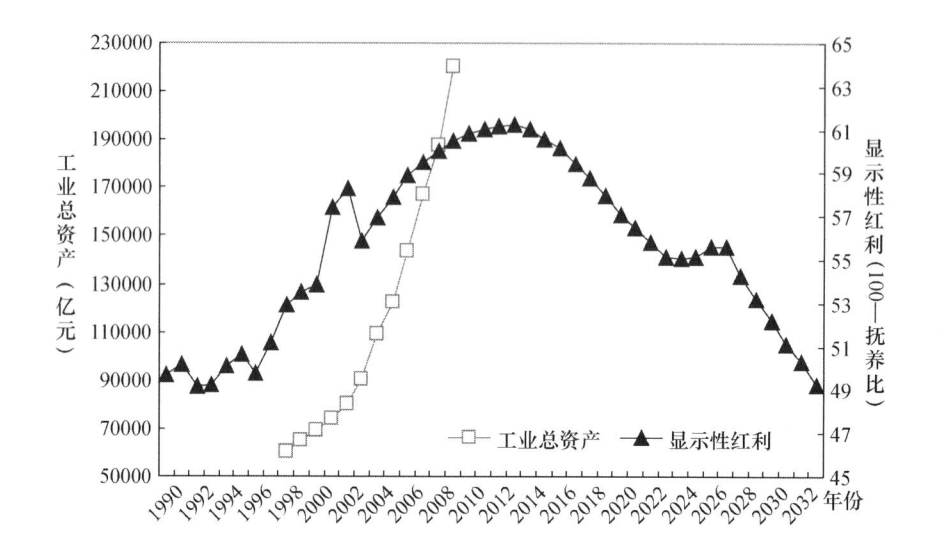

图 1 人口红利随资本积累加快而式微

注：工业总资产是按照 1990 年不变价调整过的；显示性红利为"100—人口抚养比"。

资料来源：抚养比数字来自国家统计局《中国人口统计年鉴》相应年份。没有数字提供的年份系估计数；工业总资产数字来自国家统计局《中国统计年鉴2010》。

二 "未富先老"的经济增长含义

随着经济增长和社会发展，人口逐渐老龄化是一般性规律。但是，不一般的是中国在较低人均收入的发展水平上，进入了更为老龄化的人口转变阶段。例如，根据国际上常用的统计，2010 年，中国 65 岁及以上人口比例为 8.3%，世界平均为 7.5%。而同年按照现价计算的中国人均 GDP，仅为世界平均水平的 47.7%。在 2015 年，韩国和泰国将与中国一道，经历人口抚养比降至最低点的转折，但是，目前韩国的人均 GDP 是中国的近 4 倍，泰国的收入水平也略高于中国。所以，讲中国人口问题的挑战时，与其一般地说人口老龄化，不如说"未富先老"更为准确。

未富先老直接给中国带来经济增长可持续性的考验。经济学家发现在全球化过程中，从全球化中获得比较大的收益的是两头：一头是富裕的国家，另一头是比较穷的国家。按照国家排列，各国在全球化中获益的程度，可以用一个U字形的曲线表示，尤其是把这个全球化时期世界经济格局与全球化之前的倒U字形曲线相比，就更加突出了。

用经济理论解释这个现象，就是说那些相对穷的国家，在丰富且廉价的劳动力上有比较优势，可以生产出最便宜的东西拿到国际市场去得到全球化的红利；而富裕的国家，具有较高的管理水平和科技创新能力，在资本密集型和技术密集型产业中有比较优势，可以在全球化中得到兑现。恰恰是处在中间的这些国家，虽然根据传统的比较优势理论，任何国家都有自己的比较优势，但是它们与处在两头的国家相比，的确没有特别显著的比较优势，因此这类国家在全球化中获益就少，经济增长表现不佳，及至困于中等收入陷阱。

未富先老意味着什么？首先，"先老"即人口年龄结构的迅速变化，正在使中国逐步丧失劳动力充足且廉价的比较优势，在2015年的时候，全国的劳动年龄人口增量等于零，从那以后变成负增长。随着劳动力短缺和劳动力成本上升，以往的劳动密集型制造业产品的竞争力必然下降。

其次，"未富"则意味着，刚刚步入中等偏上收入阶段的中国，尚不全面具备在资本密集型和技术密集型产业中的比较优势和竞争力。这个阶段就比较优势来说，我们处于相对尴尬的境地，也可以不准确地说，我们面临着"比较优势真空"。虽然不可能有真正意义上的比较优势真空，只是说这个时候我们的比较优势十分地不显著，过去的经济发展方式不能支撑持续增长。因此，作为一个开放的经济体，中国不仅是一个典型的中等收入国家，而且面临着"中等收入陷阱"的危险。

三　避免"中等收入陷阱"

许多先行者特别是东亚经济体的经验表明，如果选择了正确的战略，跨越"中等收入陷阱"是可以期待的。中国不仅仍然有着技术上的后发优势，而且可以从已有的经验和教训获得前车之鉴，应对"未富先老"，规避"中等收入陷阱"。

首先，中国迫切地需要实现向生产率驱动型的增长模式的转变。世界银行估计，在中国的潜在增长率构成中，就业增长的贡献始终是迅速下降的，在"十二五"时期已经成为微不足道的增长源泉。资本—劳动比的提高是迄今保持高增长率的主要因素，并将在2010—2015年期间保持高位，以维持经济增长速度。但是，这种投资拉动的经济增长模式，维系着中国经济的不平衡，导致增长的不可持续性。也就是说，当人口老龄化来临时，中国经济便越来越趋向于具有了新古典增长特征，没有全要素生产率提高而单纯依靠要素投入的增长模式难以为继。

经济学家的共识是，日本在20世纪90年代初人口红利消失后，恰恰是由于全要素生产率表现欠佳，因而陷入"失去的20年"。如果说长期的经济增长停滞使日本陷入"高收入陷阱"的话，中国一旦步其后尘则必然陷入"中等收入陷阱"。经济学家研究各国经济增长减速的结果表明，85%的减速可以为全要素生产率下降来解释。提高全要素生产率及其对经济增长的贡献，中国仍有巨大潜力，需要在诸多方面做出努力，包括提高劳动者素质，顺利实现产业升级；进一步解除劳动力流动的制度障碍，以获得资源重新配置效率；转变政府职能，改革投融资体制，在优胜劣汰中提高企业整体效率，等等。

其次，中国应加快向国内消费拉动型增长模式转变。在传统比较优势式微和新的比较优势尚不显著的发展阶段上，扩大国内消费需求是保持经济增长可持续性的重要途径。对中国而言，从初次分配和再分配领域入手，改善居民收入分配状况和提高基本公共服务水平，是扩大消费的关键。随着劳动力短缺现象普遍化，普通劳动者的工资已经开始持续上涨，改善收入分配的条件趋于成熟。然而，国际经验表明，既有的收入分配格局并不会自然而然得到改变，而有赖于劳动力市场制度和社会保护机制的建立。

对中国来说，在初次分配领域，加快形成劳动力市场制度，特别是通过工资集体协商制度，以使工资随着生产率提高而提高，是发展阶段的要求。从再分配领域，应把重点放在以解决农民工社会保障覆盖率上。近年来，虽然农民工的工资上涨较快，就业环境也显著改善，但是，他们参加基本社会保险项目的水平仍然很低。例如，2009年农民工加入基本养老保险的比例只有9.8%，参加失业保险的比例只有3.7%，参加基本医疗保险的比例为13.1%。对农民工社会保护不足的一个重要制度基础，是现存城乡分割的户籍制度，即那些在城市务工的农民工及其家属，尚未成为户籍意义上的城市居民，流动性还很强，所以常常被社会保障所遗漏。因此，以农民工市民化为主要内容的户籍制度改革也应加快进行。

最后，中国的人口政策需要与时俱进地进行调整。虽然人口转变归根结底是经济社会发展所推动的，人口老龄化的趋势终究难以逆转，但是，在坚持计划生育基本国策前提下，进行生育政策调整确实有三个充足的理由。

第一，通过政策调整促进未来人口平衡的空间仍然存在。调查显示，从目前中国家庭的生育意愿看，平均每对夫妻期望的孩子数大约是1.7个。具体来说，在1997年、2001年和2006年生育意愿调查，分别显示出的期望孩子数分别为1.74、1.70和1.73个。而政策生育率，即生育政策允许的孩子数平均为1.5，实际总和生育率为1.4。可见，在政策生育水平和生育意愿之间仍然存在一定差异。

第二，按照政策预期，独生子女政策已经成功地完成了历史使命。1980年中共中央在正式宣布这个政策时说道："到三十年以后，目前特别紧张的人口增长问题就可以缓和，也就可以采取不同的人口政策了。"如今，当年设定的这个"采取不同的人口政策"的条件，比当初所能预计的要成熟得多，因此，政策调整具有充分的合法性依据。

第三，各地政策调整的实践提供了改革的路径和线路图。目前，绝大多数省份已经允许夫妻双方都是独生子女的家庭生育二胎（俗称"双独"政策）。这种政策松动并未产生显著的生育率变化。按照这一路径，一旦政策演进到夫妻有一方是独生子女就可以生育二胎时（即"单独"政策），政策调整的覆盖面就扩大到较多人群，或许会对人口均衡性产生一定的长期效果。

人口红利消失导致的工资上涨及其意义

根据各种预测，中国 16—64 岁劳动年龄人口将于"十二五"期间停止增加，意味着在改革开放时期对高速经济增长做出积极贡献的人口红利即将消失。这个转折点发生在人均收入处于中等偏上水平，意味着中国面临着未富先老的挑战。与此同时，劳动力短缺导致的普通劳动者工资的上涨，又提供了一个改善收入分配的机遇，迎来库兹涅茨转折点。因此，高度关注民生，刺激消费需求，转变经济发展方式，是延续高速经济增长的关键。

一 中国的人口红利正在消失

对于中国人口的预测，大多是依据 20 年不变的 1.8 总和生育率（TFR）进行的。如今，随着官方静悄悄地放弃了这个生育率的说法，也就是说，按照国家统计局公开发表的数据，计算得出的 TFR 多年已经低于 1.5，联合国在 2010 年发表的《世界生育率模式 2009》中，也相应地把中国 2006 年的总和生育率修正为 1.4，归入低生育国家的行列。

多年处于低生育水平的结果，就是人口老龄化和劳动年龄人口增长减速。根据联合国的中位预测，中国在 2000—2015 年期间，在劳动年龄人口增量逐年减少直至停止增长的同时，65 岁及以上老年人口比重从 6.8% 提高到 9.6%，届时老年人口超过 1.3 亿。

迄今为止，中国人口年龄结构的特点是劳动年龄人口数量大、比重高，保证了劳动力供给的充足性，创造了高储蓄率的条件，为 20 世纪 80 年代以来改革开放期间的经济发展提供了人口红利。按照作者及其合作者的估算，人口抚养比（即少儿和老年依赖型人口与劳动年龄人口的比率）的下降，对 1982—2000 年期间人均 GDP 的增长，做出了 26.8% 的贡献。然而，根据保守的预测，中国的人口抚养比到 2015 年就停止下降，并转而提高，意味着由年龄优势带来的人口红利的消失。

随着经济增长和社会发展，人口逐渐老龄化是一般性规律。但是，不一般的是中国在较低人均收入的发展水平上，进入了更为老龄化的人口转变阶段。例如，根据国际上常用的统计，2010 年，中国 65 岁及以上人口比例为 8.3%，世界平均为 7.5%。而同年按照现价计算的中国人均 GDP，仅为世界平均水平的 47.7%。在 2015 年，韩国和泰国将与中国一道，经历人口抚养比降至最低点的转折，但是，目前韩国的人均 GDP 是中国的近 4 倍，泰国的收入水平也略高于中国。所以，讲中国人口问题的挑战时，与其一般地说人口老龄化，不如说"未富先老"更为准确。

二 "中等收入陷阱"挑战

未富先老直接给中国带来经济增长可持续性的考验。经济学家发现在全球化过程中，从全球化中获得比较大的收益的是两头：一头是富裕的国家，另一头是比较穷的国家。按照国家排列，各国在全球化中获益的程度，可以用一个 U 字形的曲线表示，尤其是把这个全球化时期世界经济格局与全球化之前的倒 U 字形曲线相比，就更加突出了。

用经济理论解释这个现象其实很简单，就是说那些相对穷的国家，在丰富且廉价的劳动力上有比较优势，可以生产出最便宜的东西拿到国际市场去得到全球化的红利；而富裕的国家，具有较高的管理水平和科技创新能力，在资本密集型和技术密集型产业中有比较优势，可以在全球化中得到兑现。恰恰是处在中间的这些国家，虽然根据传统的比较优势理论，任何国家都有自己的比较优势，但是它们与处在两头的国家相比，的确没有特别显著的比较优势，因此这类国家在全球化中获益就少，经济增长表现不佳，及至困于中等收入陷阱。

未富先老意味着什么？首先，"先老"即人口年龄结构的迅速变化，意味着我们的要素禀赋发生了变化，劳动力变得昂贵了，资本似乎便宜了但并未成为丰富的要素，意味着我们在丧失原来在劳动密集型产业中的比较优势。劳动力供给即劳动年龄人口的新增量，在"十二五"时期迅速降到零。我们从16—64岁劳动年龄人口这个代表劳动力供给的指标看，在整个"十二五"期间，正好是农村劳动年龄人口转移数量，不再足以补偿城市的需求的变化时期，两者相抵消，在2015年的时候，全国的劳动年龄人口增量等于零，从那以后变成负增长。劳动力供求关系的变化，劳动力开始持续短缺，是"先老"的一个表现。

其次，"未富"则意味着，我们并不会在非常短的时间内，一下子在资本密集型和技术密集型产业中得到足够显著的比较优势。因此，这个阶段就比较优势来说，我们处于相对尴尬的境地，也可以不准确地说，我们面临着"比较优势真空"。虽然不可能有真正意义上的比较优势真空，只是说这个时候我们的比较优势十分地不显著，过去的经济发展方式不能支撑持续增长。

中国是否就此滑入中等收入陷阱，取决于我们进行怎样的政策选择。从已经达到的人口转变阶段看，年龄结构的变化正在使中国逐步丧失劳动力充足且廉价的比较优势，随着劳动力短缺和劳动力成本上升，以往的劳动密集型制造业产品的竞争力必然下降。作为一个开放的经济体，中国不仅是一个典型的中等收入国家，而且面临着"中等收入陷阱"的危险。

不过，许多先行者特别是东亚经济体的经验表明，如果选择了正确的战略，跨越"中等收入陷阱"是可以期待的。因此，中国不仅仍然有着技术上的后发优势，而且可以从已有的经验和教训获得前车之鉴，应对"未富先老"，规避"中等收入陷阱"。

三　工资上涨与库兹涅茨转折点

与人口红利逐渐消失相一致，我们可以看到普通劳动者的短缺和工资加速上涨。无论是观察一般的非农行业，即主要反映正式工人的工资水平，比如建筑业和制造业，还是单独挑出农民工的工资，还是看农业中的雇工工资，2003年以来上涨都十分迅速。例如，农民工工资年平均增长率超过10%，农业中雇工工资上涨幅度更高。如果几个部门显示出同样的趋势的话，我们就不能说是结构性原因或者是暂时现象，结论应该很明确，工资上涨是劳动力短缺造成的，所以应该是一个长期趋势。

同时我们看到,长期以来我们缺的是技术人才和熟练工人,但是今天出现的则是非熟练工人或普通工人的短缺,因此这部分人的工资增长更快,以至出现比较显著的熟练劳动力和非熟练劳动力工资的趋同。

这种现象表明,中国的收入分配出现了一个机会。经济学家过去发现,随着一个国家的经济发展过程,收入差距先上升,到其峰值后趋于下降,即呈现一个倒U字形变化轨迹,也称库兹涅茨曲线。普通劳动者工资的提高,就可以逐步创造条件,迎来这个倒U字形的转折点。相应地,收入分配改善有助于加快经济发展方式转向内需拉动型。

在中等收入阶段,由于比较优势的变化,外需的减少是不可避免的。虽然伴随着资源禀赋结构的变化,产业结构调整本来可以以渐进的方式进行,但是,由于世界性金融危机之后,发达国家复苏缓慢,全球经济再平衡的调整也趋于降低主要进口国家的需求,美国"无就业复苏"及保护主义抬头,也将抑制中国出口的增长。因此,中国经济面临着过于紧迫的调整任务。既顺应发展阶段变化的客观要求,也为了应对这个特殊的国际经济变化趋势,中国经济只有转向以内需,特别是最终消费需求拉动的增长模式,才可能实现再平衡,获得经济增长的可持续性。

另一方面,内需与我们目前的生产结构和产业结构,以及资源禀赋仍然是适应的,这样使我们的产业结构调整不至于采取休克的方式,过于剧烈,从而可以避免出现比较优势真空的状态。内需扩大可以继续利用现有产能,为产业结构调整赢得时间。根据亚洲开发银行的分类,按照购买力平价,中国日均消费在2—20美元的"中等收入者"人口占比为66%,消费总额占79.2%。这个特征显示,第一,占总人口比重很大的中等收入者仍然是一个收入水平较低的群体,与中国目前的产业结构乃至出口结构的层次,即相对低端的消费品制造业,是比较适应的。第二,由于他们的消费占总消费的比重较大,随着这个群体的继续扩大,其消费需求可以在相当长的时间内支撑内需拉动的经济增长。

然而,国际经验表明,既有的收入分配格局并不会自然而然得到改变,而有赖于劳动力市场制度和社会保护机制的建立。从2011年开始实施的"十二五"规划,把保障和改善民生作为加快转变经济发展方式的根本出发点和落脚点,提出了相应的目标要求。围绕实现这些目标,制度建设格外重要。

对中国来说，在初次分配领域，加快形成劳动力市场制度，特别是通过工资集体协商制度，以使工资随着生产率提高而提高，是发展阶段的要求。从再分配领域，应把重点放在以解决农民工社会保障覆盖率上。近年来，虽然农民工的工资上涨较快，就业环境也显著改善，但是，他们参加基本社会保险项目的水平仍然很低。例如，2009年农民工加入基本养老保险的比例只有9.8%，参加失业保险的比例只有3.7%，参加基本医疗保险的比例为13.1%。

对农民工社会保护不足的一个重要制度基础是现存城乡分割的户籍制度，即那些在城市务工的农民工及其家属，尚未成为户籍意义上的城市居民，流动性还很强，所以常常被社会保障所遗漏。因此，以农民工市民化为主要内容的户籍制度改革也应加快进行。

劳动力供求的新趋势及其经济发展含义

一 引言

宏观经济分析的一个传统，是把长期经济增长与周期性波动相分离。固然，决定长期经济增长的因素很多属于慢变量，例如人口因素决定的劳动力供给格局，通常不会直接影响宏观经济周期现象。但是，类似的慢变量是影响经济增长方式的重要因素，而增长方式影响投资活动，从而对宏观经济稳定性产生影响。特别是，当那些直接与资源禀赋相关的慢变量在发生结构性变化的时候，如人口结构变化导致劳动力要素从无限供给转变为短缺时，增长方式与这种变化的适应性如何，就成为长期因素与短期因素的连接点。

近年来，西方宏观经济学中把增长与周期以及稳定政策相联系起来的文献日益增多，许多研究者的确已经对相对长期的投资行为与周期性的波动之间的关系给予关注，并从理论和实证上做了一些工作（如 Aizenman and Marion, 1999; Ramey and Ramey, 1995）。但是，结合中国计划经济遗产以及转轨经济特点的相关研究仍然鲜见。在对中国的研究方面，在劳动经济学家做出人口红利即将完结、劳动力已经出现短缺的结论之后（如蔡昉，2005），从事短期宏观经济研究的研究者也给予反应，并分析了这种变化对资产价格的可能影响（哈继铭，2006）。

本章作者已经在过去几年所发表的各种文章中，反复提供并更新关于劳动力即将出现短缺的证据，分析方法也是经得住推敲的。出于未雨绸缪的考虑，我们希望经济学界尽快把这个问题的研究，推进到关于劳动力短缺、劳动力成本上升对于长期经济增长以及宏观稳定性的含义，而不要继续停留在非实证性的关于是否出现劳动力短缺现象的争论上面。

早在2003年,珠江三角洲地区就开始出现以"民工荒"为表现形式的劳动力短缺现象。随后,这一现象不仅没有消失,而且扩大到长江三角洲地区,进而蔓延到中部地区劳动力输出省份,并且推动了普通劳动者工资的上涨。最近一两年,媒体不仅广泛关注劳动力短缺现象,而且已经注意到由此导致的一个可能的后果——劳动力成本的上升。这种"民工荒"现象,不仅是制度性因素引起的结构性劳动力短缺,同时具有其人口结构根源。也就是说,由于人口年龄结构的变化,劳动年龄人口的增长速度逐渐减缓,人口老龄化速度加快。这种人口因素导致的劳动力短缺,标志着劳动力无限供给特征的完结,消除二元经济结构的刘易斯转折点正在到来。

伴随着各地普遍出现劳动力短缺现象,以及由此导致的工资总体水平提高较快、企业劳动力成本出现上升趋势,许多人担心,中国劳动密集型产业的比较优势从而在国际市场上的竞争优势将会被削弱甚至丧失。春江水暖鸭先知,国内外投资公司的经济分析人员和各类企业的经理人员,甚至一些地方政府官员,对于劳动力成本上升这个现象的敏感程度,要远远超过多数宏观经济学家。例如,黄益平、沈明高(2006)指出,近期出现的劳动力短缺现象表明,中国劳动力无限供给的现象开始走向终点,劳动力成本开始稳步上升。全球纺织网(2006)的一篇报道,采访了参加2006年广州商品交易会的一些企业经理,听到关于因劳动力短缺而导致人工成本上升的普遍抱怨,并得到信息:过去一年之中企业的人工成本至少上升了10%。更有甚者,一些跨国投资企业,已经开始把劳动密集型企业的投资重点转向印度、越南、孟加拉国等劳动力成本更为低廉的国家(周详等,2005)。

在二元经济条件下,工资长期处于生存水平。当现代经济部门的扩大把农业中剩余劳动力吸收殆尽时,如果前者继续产生对劳动力的需求,工资则必须上涨,相应地引起农业中工资水平的提高。可见,人口转变进入一个阶段,必然导致劳动力从无限供给到短缺的刘易斯转折点,进而引起工资水平和劳动力成本的上升。本文通过考察劳动力成本上涨趋势,讨论该现象的政策含义,提出延长劳动密集型产业比较优势,以及实现经济增长模式转轨的思路,并对相关的制度性安排提出政策建议。

二 劳动力成本上涨是真实的

在以往的文章中（蔡昉等，2006），作者已经预测了在"十一五"期间劳动年龄人口净增量将不足以满足非农产业劳动力需求的情况，从而劳动力短缺将不再是暂时性的和相对的现象，而是发展阶段的结果，是绝对的事实。以下我们分别使用宏观数据、微观调查数据和国际比较的分析，观察和判断中国劳动力成本的变化趋势。

首先，我们来描画城市工资水平的总体变化趋势。利用劳动和社会保障部与国家统计局发布的数据，我们可以观察城镇总体和分行业的平均工资水平及其变化。从全部行业平均工资看，在20世纪80年代的变化特点是增长率低、波动幅度相对大，反映了经济增长在"活"与"乱"怪圈中周而复始；90年代的特点是工资上涨率不断下降，反映了国有企业效益恶化和严重冗员的情况；90年代末以后的工资大幅度增长，在一段时间内可能反映了国有企业"减员增效"式改革以及扭亏为盈的效果，随后则可能反映劳动力短缺的情况。在可以获得的16类行业数据中，我们选择6类主要吸收普通劳动者就业的行业，将实际平均工资的变化进行描述（见图1）。可以清楚地看到，其中大多数行业在20世纪90年代末以来，平均工资水平都呈现出上升的趋势。

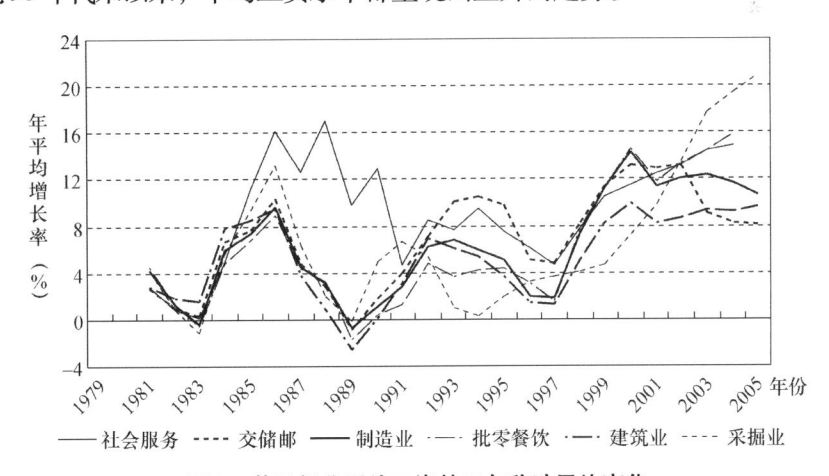

图1 若干行业平均工资的三年移动平均变化

资料来源：根据国家统计局《中国劳动统计年鉴》（历年），国家统计局、劳动和社会保障部《中国统计年鉴》（历年）数据计算。

值得指出的是，官方统计并公布的平均工资数据，是通过正式登记的单位报告制度汇集起来的。由于近年来就业渠道的多元化（蔡昉等，2004），这个统计体系对真实劳动力市场的反映有两个缺失：第一，过去10—20年期间，正式单位外的就业越来越重要，而且自90年代末以来已经成为吸纳再就业和外来劳动力的主要渠道。第二，在同一期间，正式单位使用了越来越多的非正式雇佣劳动力，这些劳动力的工资往往不同于正式职工，但是通常没有统计在报表系统之中。因此，如果不能收集单位外就业以及单位内非正规就业者的工资信息，则工资变化趋势有可能被扭曲。

其次，我们利用工资变化的微观数据做进一步的描述。由于加总工资数据统计方法的局限，其变化趋势并不确保反映劳动力市场的全貌，因此，在利用加总数据观察了总体工资水平提高趋势之后，我们还有必要用微观数据进一步验证。中国社会科学院人口与劳动经济研究所于2001年和2005年，遵循相同的随机抽样原则，两次在上海、武汉、沈阳、福州和西安五个城市进行了劳动力调查。① 利用这两次调查的数据，我们可以观察2001—2005年城市劳动力市场上外来工和本地工小时工资的增长幅度，以作为宏观变化的佐证。

表1显示，在4年之间，五个城市外来劳动力小时平均工资提高了32.2%，而城市劳动力小时工资提高了19.6%。其中，即使对于那些受教育程度比较低的外来劳动力和城市劳动力来说，小时工资也都提高了，意味着普通劳动者短缺程度的增强，而这部分对劳动力成本的影响最大。在这期间，城市劳动力与外来劳动力之间的工资差距有所缩小，反映了在工资普遍上涨的同时，劳动力市场的整合程度也在相应提高。②

最后，我们进行制造业工资的国际比较。长期以来，中国制造业在国际市场获得的竞争力是以低工资取胜的。目前中国制造业职工的工资水平，仍然只有美国等发达国家的3%左右，甚至低于很多被看作是中国制造业产业竞争者的国家和地区（例如可参见 Banister，2005 和 Roach，2006）。而且，我们取得的工资数据主要反映的还是正规部门正规就业的情况，农村流动劳

---

① 以下简称五城市劳动力调查。
② 普通工人工资的上涨具有逐年加快的趋势。据笔者在河北保定地区建筑工地的调研，2006年一年中，建筑业小工的日工资从20元左右提高到50元甚至更高。

表1　　　　　　　　　　城市劳动力市场工资变化

单位：元/小时，%

	外来劳动力			城市劳动力		
	2001年	2005年	增长	2001年	2005年	增长
初中及以下	2.8	3.4	22.9	4.2	4.6	10.5
高中或中专	4.2	5.6	33.3	5.0	6.0	19.6
大专及以上	8.7	10.7	23.4	8.0	10.0	25.3
合计	3.5	4.6	32.2	5.7	6.8	19.6

资料来源：中国城市劳动力调查，2001年、2005年。

动力和下岗失业职工再就业所在的非正规部门，实际工资水平更低。但是，在绝对工资水平低于所有发达国家和相当多的发展中国家的同时，中国制造业工资的增长速度却异常迅速，无论是与发达国家进行比较，还是与发展中国家或者转轨国家进行比较，都有更快的增长率。这表明，随着劳动力短缺的出现，中国的低工资成本特征正在发生变化。

三　中国经济竞争力会丧失吗

长期以来，中国处于一种二元经济发展的过程中，劳动力无限供给是其典型特征。换句话说，无论是政府的政策制定和制度安排，还是企业的产业组织选择和技术选择，或者整体经济的产业结构形成，都是在这种结构特征下进行的。一旦劳动力无限供给特征逐渐消失，劳动力成本提高，中国经济将进入一个人们并不熟悉的发展环境。如何在这种变化了的环境下保持增长的可持续性，中国经济面临一系列挑战和制度调整。除了一部分经济学家认为劳动力短缺是短期现象，尚未认识到或者不肯承认劳动力成本已经在提高这个现实外（如樊纲，2005），观察到这个崭新现象的学者对于其政策含义通常产生两个反应。

第一个反应，是做出中国经济特别是劳动密集型产业的竞争力会受到削弱乃至消失的判断。这种判断属于反应过度。就劳动力成本上升这个现象来说，如果是一种人为干预的结果，例如，在某些国家曾经发生过因最低工资立法和工会活动，造成工资成本超越真实的要素稀缺性而上升，则必然产生影响竞争力的效果。相反，如果劳动力成本的上升是真实地反映了劳动力短缺的状况，是生产要素禀赋变化的自然结果，则不仅不会削弱竞争力，反而通过推动增长方式的转变，提高长期竞争力和增长的可持续性。况且中国目前显现出来的劳动力供给倾向于减缓的趋势，只是从增量上来观察。从总量的角度观察，实际上，中国劳动年龄人口在很长时间内，都将处于很高的水平，占总人口的比重也较高，并且在2005—2015年期间，仍然将保持年平均0.7%的增长率。也就是说，劳动年龄人口总量大和占人口比重高的特点，将在相当长的时间内保持（见表2）。

表2 分年龄组人口预测

单位：亿，%

分组 年份	0—14 岁		15—64 岁		65 岁及以上	
	绝对人数	比重	绝对人数	比重	绝对人数	比重
2005	2.82	21.4	9.34	71.0	1.00	7.6
2010	2.64	19.5	9.78	72.2	1.12	8.3
2015	2.58	18.5	10.01	71.9	1.33	9.6
2020	2.62	18.4	9.92	69.7	1.69	11.9
2025	2.58	17.9	9.86	68.4	1.97	13.7
2030	2.44	16.9	9.66	66.8	2.36	16.3

资料来源：United Nations,"World Population Prospects: the 2002 Revision", United Nations Population Division, Department of Economic and Social Affairs / United Nations Population Division, 2003。

鉴于以上分析，首先，中国经济在短期内并不会丧失劳动力丰富的比较优势从而在劳动密集型产业上的国际竞争力；其次，即使在将来劳动力出现绝对短缺，资源禀赋结构发生了实质性变化的情况下，只要能够实现经济增长方式的转变，仍然可以获得动态比较优势的收益，寻找到新的经济增长源泉。即使少量国外投资者做出了把投资向其他劳动力成本更低的国家转移的姿态，也并不值得大惊小怪。跨国企业并不必然都是具有战略眼光的国际投资者，其中甚至不乏靠"血汗工资制"赚钱的投机者。毕竟，与其说中国引进外资是因为资金短缺，不如说更是利用国际投资者的资源配置能力（蔡昉，2006）。因此，在资源禀赋结构出现变化端倪之际，正可以借此大浪淘沙的机会，改善中国外资企业的素质构成。换句话说，当中国的劳动者接受低廉的工资水平的时候，我们不应该人为地抬高它，而把投资者吓跑。而当劳动者不再接受血汗工资时，说明就业机会更多了，该走的投资者尽管让他走。

第二个反应，是做出中国应该开始从劳动密集型产业向资本密集型产业进行调整的判断。这个判断也是反应过度。我们已经证明，中国的资源禀赋结构尚未而且在近期不会发生根本的变化，因而这个调整还没有现实依据。从比较优势和产业结构关系的角度看，资本密集型产业优先发展的条件是要素禀赋结构从存量的意义上发生根本性的变化，即不仅劳动力实质性短缺从而工资水平上涨，而且资本开始过剩从而利率水平降低。而我们目前所观察到的仅仅是劳动力从无限供给到短缺的一个转折点的到来，资源禀赋结构的变化尚不是存量意义上的。这时，资本密集型产业并未获得比较优势。

从人口结构优势的角度看，中国高速经济增长得益于劳动力的充足供给和高储蓄率，使得资本报酬递减的规律没有发生。也就是说，高积累率和高投资率的背后是资本的高回报率。而且，这个资本高回报率目前尚未出现明显的递减趋势。[1] 至于中国对于出口的依赖，更是以劳动密集型产品的比较优势为基础的。根据一项研究（Batra and Khan，2005），按照要素密集程度观察目前具有显示性比较优势的中国制造业产品，资本密集型产品尚没有占据任何地位，而具有比较优势的主要是劳动密集型和技术密集型产品（见表3）。在1700多种产品中，中国具有比较优势的制造业产品，主要集中在非熟练劳动密集型中，居第二位的是技术密集型，随后是人力资本密集型，最后是自然资源密集型。2003年与2000年相比，这种情况没有发生很大的变化。

即使到了资源禀赋结构发生根本性变化的时候，中国也不必然要经历从劳动密集型产业结构向资本密集型产业结构的转变。向资本密集型产业调整的一个重要条件是其所要求的投入资源是可以获得的，而且相对价格

---

[1] 最近的一项研究表明（白重恩、谢长泰、钱颖一，2007），中国目前的资本回报率约为20%，与其他经济体相比并不低。与此同时，资本回报率的省际离差趋于缩小。虽然作者没有明确地指出这一点，但是我们可以推测，资本回报率的这种趋同，与劳动力资源优势在各省之间的梯度差异有关。

比较低廉。依靠重化工业化实现的经济增长，能耗和原材料消耗都是巨大的。在粗放型增长方式尚未转变的条件下，中国必然在能源和矿产资源消耗大国方向上愈走愈远。如果能源和原材料的对外依存度持续提高，将进一步受到国际上能源争夺战和价格控制战及其导致的价格上涨的严重制约。

表3　　　　　　　　　　具有比较优势的制造业产品分类

单位：个数，%

	2000 年		2003 年	
	产品数	比例	产品数	比例
人力资本密集型	350	20.1	334	19.3
自然资源密集型	97	5.6	94	5.4
技术密集型	575	33.0	600	34.6
非熟练劳动密集型	674	38.7	660	38.1
其他类型	48	2.8	45	2.6
合计	1744	100	1733	100

资料来源：Batra and Khan，2005。

从劳动密集型产业到资本密集型产业的调整，并不是经济增长方式转变的实质。从一种要素密集型产业为主到另一种要素密集型产业为主的变化，是按照比较优势理论，在具备特定条件的前提下，通过生产者的产品结构和技术结构的选择，获得国际贸易利益的一种结构调整。但是，这种调整并不是经济增长方式转变本身。从历史上看，长期处于劳动力短缺状态的苏联经济，就持之以恒地推行重工业优先发展战略，但是，由于其从未实现经济增长方式转变，从20世纪70年代以后，全要素生产率的增长率始终为负数（吴敬琏，2003），最终未能保持经济增长的可持续性。

许多事实都表明，新技术和新制度的出现改变了传统比较优势理论的实现条件和实现方式（如参见Roach，2006）。这启示我们，即使在生产要素禀赋结构发生变化的情况下，适应比较优势变化的结构调整并不仅仅指向资本密集型产业。但是，从单纯依靠资本和劳动的投入转向依靠技术进步和生产率提高的增长方式转变，则是必须进行的，而且是方向确定的。

增长方式是指在经济增长和产业结构变化过程中，在宏观和微观的层面上，生产要素和其他投入品的配置方式，最终表现为增长结果对不同效益源泉的依赖程度。在一个描述经济增长的生产函数中，在常规生产要素即资本、土地、简单劳动和人力资本带来的产出增长之外，还有一个产出增长的残差值没有被解释，这个额外的产出增加就是技术进步或者效率的改进所带来的，通常被称为全要素生产率（或 TFP）。该因素在经济增长中贡献份额的大小，通常成为经济学家判别经济增长方式的标准（Krugman，1994）。

无论是按照比较优势动态变化的趋势进行产业结构的调整，还是把经济增长方式从单纯依靠投入转到主要依靠生产率提高的轨道上，都要求形成一个发育良好从而没有价格扭曲的产品市场和生产要素市场。而这个体制条件的形成，有赖于在正确方向上的进一步改革。目前，地方政府单纯追求产值的行为，常常导致对于投资力度和方向的干预，宏观经济政策或者其他政策往往还会产生扭曲生产要素相对价格的效果。在新的情况下，各级政府应该避免用政策手段人为干预产业结构的形成，以及劳动力市场上工资的形成，防止对传统增长方式的延续和劳动力成本上升造成推波助澜的倾向。因此，按照市场经济的原则，准确定位并矫正政府经济职能，是转变经济增长方式的关键（吴敬琏，2003）。

四 面对阶段性变化的政策选择

我们做出目前的劳动力成本上升趋势，不会影响中国经济竞争力的判断，也不意味着可以对这种变化趋势无动于衷、无所作为或者我行我素。实际上，以劳动力供求关系变化为特征的刘易斯转折点的到来，对于经济发展是一个极其重要的信号，提出了一系列政策挑战，既要防止无所作为，又要避免过度反应。在改革开放的近三十年中，由于人口转变成功形成的人口红利，通过资源配置机制的改革得以释放，并且通过中国参与经济全球化的过程而作为比较优势得以实现，从而延缓了资本报酬递减的过程，为经济增长提供了额外的源泉。中国在劳动力的质量和价格上体现出来的资源比较优势，通过确立了劳动密集型产品在国际市场的竞争地位而得到发挥。

虽然伴随着资源禀赋结构的变化，一种比较优势终究要让位于另一种比较优势，为经济增长提供源泉；但是，毋庸置疑，长期形成并持续的比较优势固化了特定的产业结构和经济增长方式，实现产业结构的调整和经济增长模式的转变需要时间。因此，在准确判断比较优势变化、充分认识到产业结构调整和增长方式转变的必要性的同时，也需要通过一系列符合经济发展规律的作为，让现存的增长潜力得以充分发挥。这就要求我们采取正确的政策手段，延长劳动密集型产业的竞争优势，为经济增长方式的转变赢得时间，最终保持经济增长的可持续性。

实际上，中国在这个发展阶段上，一方面正处于二元经济结构转换的转折区间，面临诸多紧迫而不熟悉的调整，另一方面仍然处于从计划经济向市场经济转轨期间，一系列体制问题还没有理顺，经济生活中有大量的矛盾性现象。其中之一就是，在劳动力特别是非熟练劳动力开始出现短缺的同时，大量处于边缘地位的城乡劳动年龄人口不能就业或不能充分就业。例如，20世纪90年代后期以来出现的严重失业和退出劳动力市场现象，在2002年以后有所缓解，但这个问题远远没有得到根本解决，今后也还会出现反复（见表4）。因此，继续实施积极的就业政策，发育劳动力市场，创造更多的就业岗位，对于充分利用人力资源潜力从而延长人口红利的收获期，始终是至关重要的。

表4　　　　　　　　　　城镇劳动力市场现状

单位：%

年份	调查失业率	登记失业率	劳动参与率
1995年	4.0	2.9	75.9
1996年	3.9	3.0	72.9
1997年	4.5	3.1	72.1
1998年	6.3	3.1	71.2
1999年	5.9	3.1	72.9
2000年	7.6	3.1	66.1
2001年	5.6	3.6	67.3
2002年	6.1	4.0	66.5

续表

年份	调查失业率	登记失业率	劳动参与率
2003 年	6.0	4.3	63.4
2004 年	5.8	4.2	64.0
2005 年	7.0	4.2	62.5

资料来源：国家统计局《中国人口统计年鉴》（历年）；国家统计局、劳动和社会保障部《中国劳动统计年鉴》（历年）；国家统计局《中国统计年鉴2005》（历年）。

首先，通过改善就业、再就业环境，挖掘劳动力供给的制度潜力，可以延缓劳动力成本上升趋势。以劳动力无限供给为特征的二元经济结构，不仅表现为传统经济部门和现代经济部门之间的分野，更是对劳动力市场分割的一种特征性概括。随着刘易斯转折点的到来，解决发展过程中农村劳动力转移障碍、就业再就业不充分和劳动者权益没有得到充分保障等一系列问题的条件逐渐成熟。顺应经济发展阶段转折时期的内在逻辑，推进制度创新和政策调整，有利于促进仍然存在的农村剩余劳动力的转移，以及城市劳动力资源的更充分利用，通过扩大就业面，缓解劳动力短缺对工资成本提高的压力，对于保持经济增长可持续性具有至关重要的意义。

从长期经济增长的角度看，在劳动力需求变化趋势既定的条件下，劳动力供给的大小和效率以及满足程度，取决于人口增长和年龄结构、劳动力市场功能的完善水平、劳动力流动性和劳动参与意愿等一系列因素。劳动力市场上的制度性障碍，都会不同程度地对上述因素产生负面的干扰效果。而清除这些制度性障碍，无疑有利于劳动力供给能力的扩大，延缓劳动力短缺从而工资成本上升的进程，保持目前的劳动密集型产业的比较优势和竞争力，为经济增长方式的转变赢得时间。

我们以农村劳动力的转移为例进行分析。目前，乡村劳动力总数大约为5亿人[1]，其中，1亿多在乡镇企业就业，1亿多已经转移到城镇，农业生产尚需要近2亿劳动力，劳动力剩余似乎还有1亿多（参见章铮，2006）。然而，根据已有的研究，农村劳动力转移是按照一定的人力资本顺

---

[1] 值得注意的是，由于农村没有退休制度，农村劳动力的定义范围与劳动年龄人口是一致的，即16—64岁人口。

序进行的，即那些在受教育水平和年龄上面占优势的劳动者率先转移出来。这就是说，经历了多年的农村劳动力大规模转移，留下尚未转移的农村劳动力，实际上是从年龄、性别、教育水平、技能和婚姻状况等一系列因素上处于不利地位的群体，而其中最重要的障碍是年龄。他们因人力资本的欠缺，在克服过多的制度性障碍上踯躅不前。实际上，目前流动劳动力已经表现出年龄增大的趋势。例如，从五城市劳动力调查的样本看，2001年外来劳动力平均年龄为28岁，30岁及以下的劳动力比例为68%；2005年外来劳动力平均年龄为33岁，30岁及以下的劳动力比例为41%。

因此，我们可以通过改革户籍制度等清除制度性障碍的措施，挖掘来自农村的劳动力供给潜力。第一是通过创造更好的劳动力转移和流动环境，降低转移过程中需要克服的各种门槛，使那些年龄偏大、受教育水平偏低以及在其他方面处于劣势的农村劳动力也具备一定的转移条件和转移意愿，扩大经济增长中的劳动力供给。第二是通过创造更多更平等的就业机会、平等的社会保障体系以及定居条件，使目前处于不断流动状态的农村转移劳动力，能够逐步稳定下来。农村劳动力转移的不稳定性，归根结底是造成非农产业劳动力供给不稳定的主要原因。同时，人口居住和就业的稳定性地域转移，才能根本改变目前城乡分割的二元结构状况。

其次，要避免对劳动力市场的过度干预。政府规制是政府履行经济职能的一种重要方式。但是，这种规制的运用可以起到良好的规范经济活动、促进经济增长的效果，也可以产生不恰当的干预和扭曲的副作用。从中国劳动力市场转轨和发育的角度，目前至少有两个原因，使得劳动力市场规制特别容易受到政府的青睐，而且的确是履行政府在发展和改革中必要职能的题中应有之义。

第一，劳动要素与其他要素相比具有不尽相同的特点，即这种要素的载体是人本身。正如马歇尔曾经指出过的，劳动这种投入品不像砖头，后者自己并不在乎是被用去修下水道还是造宫殿。但是，对于劳动这种要素来说，在生产过程中被怎样使用却是重要的。因此，劳动的使用过程涉及如何对待劳动者的问题。特别是在落实以人为本的科学发展观和构建社会主义和谐社会的过程中，善待普通劳动者尤其具有现实针对性和发展含义。

第二，中国正在走向其经济发展的刘易斯转折点，而这个转折点的到来意味着，无论是企业还是政府，都具备了改善劳动者待遇的物质条件。与此同时，劳动力市场上供求关系的转变，也改变着雇佣关系中的相对主体地位，即从长期的雇主主导型关系转向工人主导型关系。在这样一个转折时刻，政府倾向于通过把那些伤害劳动者利益的行为认证为违法或违规行为，从而利用规制杠杆推动这种新型劳动关系体系的形成。

但是，政府和社会在促进劳动力市场规范化的同时，也应该防止伤害市场机制和价格信号，从而导致市场不能发挥其配置资源的功能，降低资源配置效率的情况发生。毕竟，劳动力这个特殊的要素市场，仍然要遵循市场经济原则，其价格信号要正确地反映资源的相对稀缺性。

发展经济学和劳动经济学文献中，记录了大量的过度规制损害效率的案例。首先，一些文献表明，对劳动力市场的过度规制对经济增长绩效产生负面效果。例如，对印度的研究再次证明了在许多发展中国家所发现的，政府旨在保护工人利益的劳动力市场监管措施，导致制造业投资、就业、生产率和总产出水平的下降，从而没有达到其福利初衷，反而提高了城市的贫困率，伤害了穷人的利益（提莫西·贝斯利和鲁宾·伯格斯，2006）。其次，大量对于最低工资制度效果的研究表明，要么这种最低工资没有成为有效的工资标准，一旦其得到有效贯彻，则往往产生损害就业创造的不利结果，即政策效果与初衷适得其反。一项对于哥伦比亚和墨西哥的比较研究印证了这个结论（Bell，1997）。最后，如果从扶贫的角度看最低工资的效果，学者们发现在不同情况下效果不尽相同，即最低工资是否有利于减少贫困，取决于诸如最低工资相对于贫困线的设定水平、劳动需求弹性大小、收入分享机制和贫困的性质等因素（Fields and Kanbur，2005）。

可见，劳动力市场规制与政府的经济职能一样，是一门设计的艺术。效果是积极的还是消极的，取决于政策制定者对于劳动力市场上一系列规律的理解程度，也与劳动力市场所处的阶段相关。近年来各地开始了许多与劳动力市场规制相关的政府行动，旨在保护劳动者的权益，从大的方向上是符合客观需要的。但是，仍然要防止在这个规制的过程中出现损害市场机制和要素价格信号的现象。例如，2006年各地普遍提高了最低工资标准（见图2），这在一定程度上反映了劳动力市场供求状况的变化，也反映了保护劳动者利益的政策意图。但是，如果一些地方不顾劳动力供求的实际情况,一味追求提高最低工资标准,而忘记这些规制本身的意义,则可能产生不利的劳动力市场结果,不仅降低企业的雇佣意愿,也对工资成本提高起到推波助澜的作用。

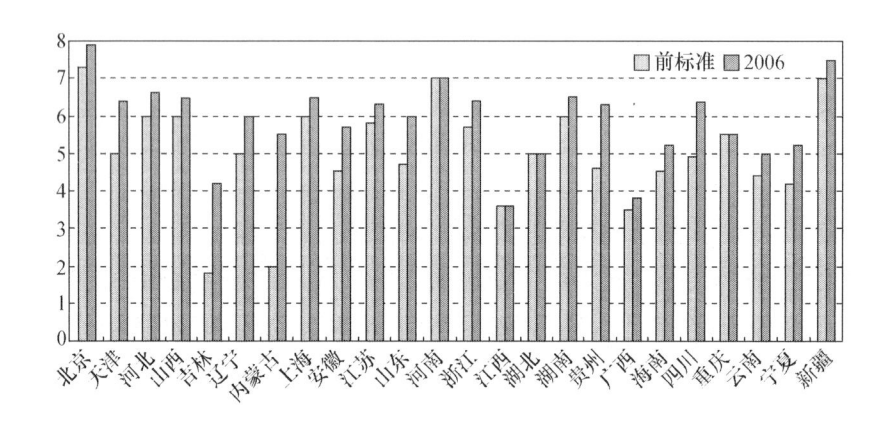

图2 各省、自治区和直辖市最低工资变化

资料来源:劳动和社会保障部网站,http://www.molss.gov.cn/gb/ywzn/2006-11/29/content_150969.htm。

第三,通过发展教育和培训,以劳动力质量代替数量,有效扩大人力资本存量,减小劳动力成本提高带来的冲击。中国劳动密集型产品的比较优势和竞争优势,实际上是供给充足的劳动力数量与其人力资本的优势。在劳动力数量优势逐渐消失的过程中,如果在人力资本存量上可以取得一个长足的提高,则具有延长人口红利的明显效果。

对五个城市劳动力调查数据的分析表明,不论是外来劳动力还是城市本地劳动力,在初中及以下、高中或中专和大专及以上这三个教育阶段上,受教育年数每增加一年,工资都会有显著的增长。这一结论的政策含义就是:发展教育永远是增加劳动者收入以及推动经济增长的引擎。要使每个人接受更多的教育,就要进一步深化教育。但是,资源是有限的。深化教育,即提高所有人的受教育年数,必须加大国家对教育的投入。怎样利用有限的资源,通过合理配置而获得人力资本存量的最大化,是我们面临的重要政策选择。

如果把城市劳动力市场上的外来劳动力和本地劳动力进行比较,我们可以发现，2005年，外来劳动力如果受过高中或中专教育，与仅受过初中及以下教育相比，工资回报显著提高。但是，如果受过大专及以上教育，与仅受过高中或中专教育相比，工资回报没有显著变化。类似地，城市劳动力如果接受高中或中专教育，与仅受过初中及以下教育相比，工资回报不会显著提高。而一旦接受大专及以上教育，与仅受过高中或中专教育相比，回报则会显著提高。

可见，对外来劳动力而言，首要的是要让他们中的更多人接受高中或中专教育，这将使得外来劳动力的工资显著提高。由于大专及以上教育的回报与高中或中专教育相比没有显著差异，在扩大可用于农村教育的资源的同时，应该逐步提高高中或中专教育在农村教育发展中的优先地位。根据五个城市劳动力调查数据，2005年，外来劳动力中接受过高中或中专教育的比例还较低，仅为23%，提高的空间很大。而对于城市劳动力而言，仅仅接受高中或中专教育，其对工资提高的作用不再重要。城市劳动力必须接受大专及以上的教育，才会显著提高工资水平。因此，目前高等教育大众化发展趋势是符合资源配置效率原则的。

最后，避免重蹈赶超战略覆辙。在发展理论和发展政策中，历来就有一个旷日持久的争论。一派主张按照比较优势原则配置资源，形成具有国际竞争优势的产业结构和技术结构。这样，通过发展更快地实现资源禀赋结构的提升，到了新的生产要素替代旧的生产要素成为相对丰富的资源时，就可以实现比较优势的转换和产业结构、技术结构的升级。而另一派则主张及早预见到动态比较优势，通过主动的发展战略，形成更高级的产业结构和技术结构，实现赶超发达经济的目标（参见林毅夫、蔡昉、李周，1999）。

当前的比较优势不能违背，否则就不会具有竞争优势加快经济增长，实现赶超的目标也就会落空。由于能够发挥比较优势的发展战略，归根结底靠的是有一个信号准确、功能完善的市场机制。因此，当比较优势发生变化时，市场上关于生产要素的相对价格信号就会相应变化，生产者自然遵照这种动态比较优势进行产业结构的调整。如果研究者和政策制定者能够预先观察到比较优势的变化趋势，进行充分的研究，就可以在政策上未雨绸缪，更加主动。但是，如果研究者和政策制定者的预见是错误的，进行不适当的引导甚至干预，就有可能从遵循比较优势的发展战略轨道，陷入赶超发展战略的陷阱中。因此，我们对当前中国经济中发生的长期变化，要进行充分的观察和研究，避免做出错误的判断。即使有了可靠的证据做出判断，也要遵循经济发展的自身规律，政策变化需要顺水行舟，而不能反应过度。

参 考 文 献

白重恩、谢长泰、钱颖一：《中国的资本回报率》，《比较》2007年第28辑，中信出版社2007年版。

蔡昉：《经济增长方式转变与可持续性源泉》，《宏观经济研究》2005年第12期。

蔡昉：《全球化、经济转型与中国收入分配优化的政策选择》，《改革》2006年第11期。

蔡昉、都阳、王美艳：《劳动力市场总体状况》，载《中国劳动力市场发展与政策研究》，中国计划出版社2006年版。

蔡昉、王美艳：《非正规就业与劳动力市场发育——读解中国城镇就业增长》，《经济学动态》2004年第2期。

樊纲：《民工荒是一个短期暂时性问题》，http：//news.beelink.com.cn/20050910/1928546.shtml，2005。

哈继铭：《人口红利将带来中国的"黄金十年"》，《21世纪经济报道》2006年12月13日，http：//info.finance.hc360.com/2006/12/13082460536－3.shtml。

黄益平、沈明高：《中国经济发展面临重大转折》，http：//www.caijing.com.cn/cns/sypd/cjwc/2006/09/14/1822701.html，2006年。

林毅夫、蔡昉、李周：《比较优势与发展战略——对"东亚奇迹"的再解释》，《中国社会科学》1999年第5期。

全球纺织网：《纺企直面工资成本高升之累》，http：//cn.globaltexnet.com/data/info/2006/04－26/006－67848.html，2006。

提莫西·贝斯利和鲁宾·伯格斯：《劳动力市场监管对经济发展的阻挠——来自印度的证据》，《比较》2006年第26辑，中信出版社2006年版。

吴敬琏：《当代中国经济改革》，上海远东出版社2003年版。

章铮：《中年和已生育女性就业：乡村劳力转移新课题》，http：//news1.jrj.com.cn/news/2006－12－01/000001817819.html，2006。

周详等：《劳动力成本年涨近10%，中国不能总靠廉价劳动力》，http：//

news. china. com/zh_ cn/finance/11009723/20051201/12902596. html, 2005。

Aizenman, J. and N. Marion, "Volatility and Investment: Interpreting Evidence from Developing Countries", *Economica*, Vol. 66, 1999, pp. 157 – 178.

Banister, Judith, "Manufacturing Earnings and Compensation in China", *Monthly Labor Review*, August, 2005.

Batra, Amita and Zeba Khan, "Revealed Comparative Advantage: An Analysis for India and China", *Working Paper*, No. 168, August 2005, Indian Council for Research on International Economic Relations, New Delhi.

Bell, Linda, "The Impact of Minimum Wages in Mexico and Colombia", *Journal of Labor Economics*, Vol. 15, No. 3, 1997, Part 2: Labor Market Flexibility in Developing Countries (Jun.), pp. S102 – S135.

Fields, Gary and Ravi Kanbur, "Minimum Wages and Poverty", *Working Paper*, WP 2005 – 18, 2005, Department of Applied Economics and Management Cornell University, Ithaca.

Krugman, Paul, "The Myth of Asia's Miracle", *Foreign Affairs*, November/December, 1994.

Roach, Stephen, "China's Rebalancing Imperatives: A Giant Step for Globalization", *Morgan Stanley Research*, December 1, 2006, Morgan Stanley & Co. Incorporated.

Ramey, G. and V. A. Ramey, "Cross – Country Evidence on the Link between Volatility and Growth", *American Economic Review*, Vol. 85, 1995, pp. 1138 – 1151.

中国制造业向何处去

自 2004 年以来，沿海地区的民工荒逐渐演变为普遍的招工难和涨薪潮，大幅度提高了制造业的成本，引起了人们对中国能否保持劳动密集型制造业竞争优势的担忧。既然普遍流行的观点认为，迄今为止中国制造业获得的巨大全球份额，靠的就是丰富且廉价的劳动力，而且事实也的确如此，那么，随着普通劳动者工资的持续提高，因而不断削弱这一要素成本优势，许多制造业行业的国际竞争力终将丧失，产业向外转移似乎是必然的。

本文并不简单地赞成这种观点。因为决定产业竞争力的关键不直接在于工资水平，而在于单位劳动力成本，后者由工资水平和劳动生产率或人力资本存量共同决定。虽然工资水平提高无疑会改变劳动密集型产业中的成本，但是，劳动者素质仍然可以发挥某种抵消作用。即劳动力成本的优势，既可以在较低工资和较低人力资本的组合上形成，也可以在较高工资和较高人力资本的组合上形成。特别是从长期来看，回答中国制造业何去何从的问题，不在于做出某些简单的判断，而需要分析究竟什么因素决定着制造业的长期竞争力。本文分析表明，创造人力资本条件是保持制造业竞争优势的关键。本文拟采用一种反向思维的方式，从考察潜在的制造业转移目的地入手，看制造业有无可能，或者在什么情况下会流出中国。

一 发达工业化国家？

许多发达的工业化国家曾经占有巨大的制造业份额，后来相继为"亚洲四小龙"和中国沿海地区所超越。在遭遇了金融危机并且复苏乏力、失业率居高不下的压力下，这些发达国家当然希望能够把制造业转移回国内。例如，美国明确提出了"再工业化"、"重振制造业"等政策目标，并且成为奥巴马总统的竞选口号和竞选举措。经济学家也为此制造了充分的理论基础、经验证据和舆论材料。

例如,保罗·萨缪尔森从理论上推导出美国"无就业复苏"的受害者或者"占领华尔街"的急先锋们,实际上是国际分工的直接受害者。这位诺贝尔奖获得者,曾经热衷地推崇李嘉图的比较优势学说,称其是社会科学中首屈一指既正确且重要的理论,但几年前又与时俱进地证明了,全球化并不必然使加深贸易的各国均等地获益,而在受损的或获益较少的国家内,由于劳动力不是同质的,那些低技能群体则因全球化而成为受损者(Samuelson,2004)。

还有的经济学家发现,美国劳动力市场出现的两极化倾向,即高低两端岗位增长较快,而需要一定技能的中间层次就业岗位减少(Autor,2006),降低了低收入家庭受教育激励,进而低端劳动者的教育水平不适应产业结构变化。随着全球化深入,可贸易部门的岗位大量外流,使得这个群体被新的国际分工排斥在外,最终表现为美国社会产生大量的穷人,收入差距不断扩大。另一位诺贝尔经济学奖获得者迈克尔·斯彭斯也发现,过去20年里美国的可贸易部门没有创造任何新增岗位,并断言产业外迁摧垮了美国经济(Spence,et al.,2011)。

可见,无论是就事论事还是为了选举的需要,奥巴马总统把迁出去的岗位拉回美国的意图是真诚的,也算是合乎逻辑。问题在于是否具有可能性和可行性。乔布斯逝世前曾经促成了一次硅谷企业家与奥巴马的会面,其间奥巴马问乔布斯能否把苹果在中国的工作机会带回美国,乔布斯直言不讳地回答:那些岗位回不来了,除非你能够培养出3万名合格的工程师。乔布斯的话没有说完,其实他还应该补充:除非你能够找到性价比堪与中国相媲美的一线工人。那么,美国的教育和培训能够提供出这些工程师和工人吗?

虽然美国仍然拥有世界上最高水平的大学教育,在科技创新领域继续占有领先地位,但是,前述劳动力市场的两极化,即对人力资本要求高的产业和对人力资本要求低的产业扩张快,而处在中间的产业处于萎缩状态,一度形成所谓"从中学直接进入中产阶级"模式。许多青少年不读大学,甚至高中入学率也大大降低,整体人力资本水平下降。此外,大量来自发展中国家的移民涌入，也大幅度降低了美国劳动者的受教育程度。例如，美国 25 岁及以上人口的平均受教育年限，从 2000 年的 13.22 年降低到 2010 年的 12.45 年，其与世界 173 个国家同一指标的中位数的比率也相应降低（见图 1）。至今，在美国已经找不到既接受一线岗位报酬，又胜任普通熟练程度技能的工人，遑论制造业回流。

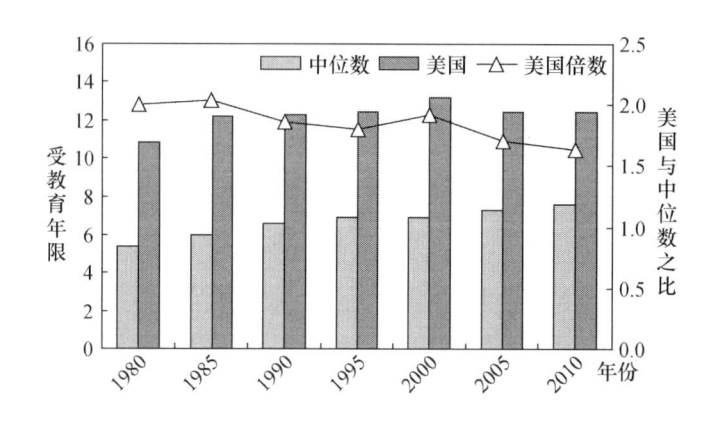

图 1　美国 25 岁及以上人口的受教育年限变化

资料来源：联合国开发计划署官方网站，http://www.beta.undp.org/content/undp/en/home.html。

其实，美国也好、日本也好、德国也好，都仍然堪称制造业大国，其制造业在价值链上的位置远远高于中国。选举中巧舌如簧的政治家有所不知或者故意不讲的是，利用保护主义的手段抑制或伤害中国制造业，并不能把相同的岗位回流到这些国家。因此，结论是中国制造业不会转移回到发达的工业化国家。实际上，以制造业立国的德国在金融危机中能够立于不败之地，恰恰在于并不尝试在相同的价值链上与中国争夺制造业份额，而是来自于技术含量更高的制造业领域，反而保持了竞争力和就业的扩大，形成了值得发达国家艳羡不已的德国经济可持续增长模式。不过，中国劳动力成本的变化也说明，值得探讨的问题比以往更加在于，中国制造业在攀升价值链的过程中，将越来越多地遭遇与这些国家的直接竞争。因此，所谓保持制造业竞争力的命题，实际上等同于能否在更高的价值链上获得竞争力。这种新的竞争力不仅取决于劳动力数量或工资成本，更取决于劳动力质量或人力资本。

二　人口红利后继者？

中国制造业固然不会流回到具有刚性的高工资和高福利发达国家，那么会不会转移到其他发展中国家，特别是那些被认为具有潜在人口机会窗口的国家呢？中国于 2004 年到达以劳动力短缺和工资上涨为标志的刘易斯转折点之后，预计在 2013 年到达劳动年龄人口停止增长、人口抚养比停止下降的人口红利转折点，劳动力无限供给的特征趋于消失。与此同时，许多其他发展中国家的人口转变落后于中国，还可以预期要经历劳动年龄人口继续增长的一段时间。如果这些国家潜在的人口红利可以转化为丰富而廉价的劳动力资源，按照著名的雁阵模型，就具备承接劳动密集型制造业的条件。

创造过"金砖四国"概念的高盛集团，后来又制造了一个具有经济增长潜力并且与人口红利相关的"新钻 11 国"的概念。这些国家分别是韩国、印度尼西亚、墨西哥、巴基斯坦、菲律宾、孟加拉、尼日利亚、伊朗、越南、土耳其、埃及。其中韩国是一个高收入国家，并且其人口转变进程与中国相仿，即大约在 2013 年到达人口红利消失的转折点，实际上不应该在这个分类之中。而没有包括在"新钻 11 国"中的印度，似乎更符合在劳动力供给潜力和工资水平上与中国构成竞争的标准，所以，我们将印度替代韩国纳入与中国的比较之中。潜在的制造业承接国家无疑远远超出这个范围，这里仅仅是以这些国家为例，想要说明的道理将会具有一般性。

在上述国家中，有的无疑在劳动力成本上面比中国有优势，如在印度、越南和孟加拉等国家，人均 GDP 和工资水平显著低于中国。但是，土耳其和墨西哥的人均 GDP 大大高于中国，工资也比中国高出很多，因此从劳动力成本角度尚不构成很大的竞争力。需要注意的一个重要事实是，中国作为一个人口大国和劳动力大国，上述国家加总起来也无法代替中国的地位。例如，2010 年在全部进行比较的 12 个国家中，15—64 岁劳动年龄人口总量中，中国占到了 38% 的绝对多数比重。如果不包含印度这个世界第二人口大国的话，中国在全部劳动年龄人口中的比重更高达 55%。即使到 2020 年，中国劳动年龄人口比重仍然保持很高，高于许多其他国家。

中国劳动力的庞大规模和占绝对优势的比重，决定了这些国家替代中国成为世界制造业中心的可能性，至少从目前来看还是微乎其微的。也就是说，即使中国劳动密集型产业的一个较小比例转移到某个或某些国家，都会引起相关国家劳动力需求的强劲提高，以致劳动力供给不足，进而因工资上涨而降低其竞争力。近年来人们已经发现，在一些尝试承接中国劳动密集型产业的国家，劳动力短缺和工资上涨的趋势十分明显。以印度为例。虽然该国人口规模和劳动年龄人口规模都十分庞大，但是，由于劳动者受教育程度低，2010年25岁以上人口的平均受教育年限只有4.4年，很多人并不能胜任新兴产业岗位的要求，因此，实际上印度的有效劳动力供给并不充足。由此可以解释为什么按照某种标准，印度工资上涨幅度连续10年居于亚洲各国之首。

可见，观察劳动力供给不仅要看绝对数量和相对数量，还要看劳动者的技能是否符合岗位的要求。换句话说，劳动力数量与人力资本共同决定着制造业的归宿。我们来看25岁以上人口人均受教育年限的情况。在11个与中国进行比较的国家中，只有墨西哥和菲律宾的受教育年限高于中国，高13—14个月。而更多的国家在人均受教育年限上大大低于中国，如孟加拉比中国低33个月。如果我们把25岁及以上人口总量和人均受教育年限的乘积，作为一个国家的人力资本总量的话，则2010年中国在这12个国家中所占比重超过50%（见图2）。

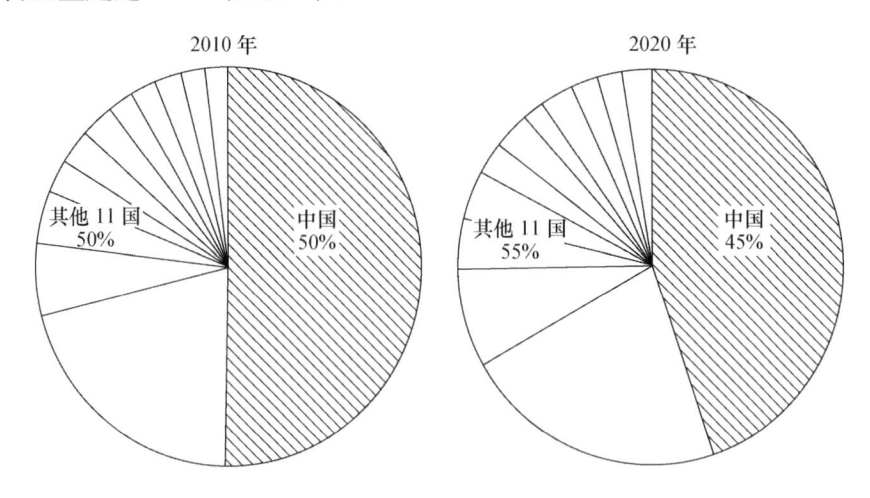

图2 中国与其他竞争国家的人力资本总量份额

资料来源：根据联合国数据计算。

潜在的人口红利国家人力资本总量不足,也影响其经济总量和制造业的聚集效应。虽然经典的比较优势理论把生产要素禀赋从而相对价格差别,作为各国发挥比较优势从贸易中获益的依据,但是,根据新贸易理论的观察与解释,产业聚集所产生的规模经济,更是大多数要素禀赋类似的国家之间进行贸易的基础(Krugman,1991)。虽然2004年以后,决定中国制造业特别是劳动密集型制造业的区域分布的因素有所变化,即聚集效应的作用降低,成本效应的作用提高(Qu et al.,2012),但是,相对于上述不能形成足够规模的国家来说,中国产业配套形成的规模经济仍是难以比拟的。

根据2000—2010年期间的人均受教育年限以及劳动年龄人口增长速度预测,2020年中国25岁及以上人口的平均受教育年限将达到8.63年,届时中国人力资本总量仍将占全部12个国家总量的45%。这个预测有两个含义:其一,今后10年中国人力资本总量仍然将保持巨大的优势。劳动密集型制造业的一定份额固然会转移到其他发展中国家,但是,中国作为这类产品制造者的地位不可能完全被替代,甚至不可能在很大程度上被替代。其二,中国保持制造业大国地位的关键,是人力资本积累或教育发展的速度和质量。人口转变是一个不可逆的过程,第一次人口红利终究要消失,但是劳动力素质可以加快提高,第二次人口红利可以是无限量的。

三 中国的中西部地区

中国作为一个大国经济的最重要特征,是地区之间在资源禀赋和发展阶段上的巨大差异。换句话说,中西部地区可以具备所有雁阵模型要求的承接产业转移的条件。撇开中国地区之间巨大的发展差异不说,仅人口转变上的差异就可以为上述论断提供有力论据。由于生育率下降是经济社会发展的结果,中国地区之间在发展阶段上的差异,也导致中西部地区在人口转变过程中处于相对滞后的阶段。例如,2010年第六次人口普查数据显示,全国人口自然增长率(出生率减死亡率)为5.05‰,东部地区平均为4.68‰,中部地区平均为4.73‰,西部地区平均为6.78‰。相应地,剔除人口流动的因素之后,即主要按照户籍人口进行比较的话,中西部地区的人口抚养比也仍然低于东部地区。可见,在人口红利总体而言即将消失的同时，中西部地区尚有潜力可以挖掘。

首先，劳动力供给潜力在中西部地区。目前沿海地区的农民工很大部分来自于中西部地区。例如，2010年全部1.53亿离开本乡镇6个月及以上的农民工中，中西部地区占68.2%，农民工中跨省流动的比例，中部地区为69.1%，西部地区为56.9%，其中大量的是流向东部地区。更广义地说，东部地区内部的劳动力流动，也表现为从不发达地区到发达地区的模式。由于户籍制度的制约，农民工在年龄偏大以后通常退出跨地区打工的行列，很大一部分返回家乡务农，使得农业劳动力绝大多数在40岁以上。因此，挖掘劳动力供给潜力，主要是依靠中西部地区制造业发展，进一步推动农业劳动力的区域内转移。

其次，中西部地区劳动力成本将保持相对低于东部地区。可以想象到，那些年龄偏大的农业剩余劳动力，一旦在家乡就可以找到非农就业机会，一定会乐于接受大大低于东部地区的工资水平。这是因为中西部地区较低的生活费用，以及劳动者无须克服跨地区流动的物质费用和心理成本，都等同于提高了实际工资率。近年来虽然出现了农民工工资在地区间的趋同现象，但是从趋势上看，未来沿海地区的工资上涨速度将快于中西部地区。例如，以工资争议为主要内容的劳动争议案件，70%以上都发生在沿海地区，超过这类地区就业的比重，意味着中西部地区劳动者对工资的满意程度，是大大高于东部地区的。

最后，中西部地区已经具备发展制造业的条件。除去劳动力在数量、技能和成本上的优势之外，西部大开发战略、中部崛起战略和东北等老工业基地振兴战略的实施，显著改善了中西部地区的交通运输、能源电力等基础设施，制约产业发展的瓶颈因素得以逐步消除。而且，随着居民收入水平的提高和消费需求在经济增长中拉动作用的增大，以及中西部地区产业聚集和配套的强烈需求增长，未来的制造业越来越具有内需的性质，长距离运输的必要性和成本也会降低。这些都创造了这些地区加快工业化进程的物质条件。

根据经济理论，产业在这个地区而不是另一个地区的分布，既取决于生产要素成本的相对低廉性，也取决于产业集中所形成的集聚效应。以往劳动密集型制造业在沿海地区的高度集中，既是由于劳动力从中西部地区向这里的源源不断流动,提供了丰富而成本低廉的劳动力资源,也是由于这里良好的产业配套能力。但是,随着劳动力等生产要素成本的大幅度提高,近年来影响中国制造业区域布局的要素成本效应已经超过了集聚效应。相应地,劳动密集型制造业已经开始了地区转移进程,2003 年以后中西部地区(主要是中部地区)的比重有了明显的提高(Qu et al., 2012)。

四 总结和政策建议

人口红利的内涵是人力资本,因此,与人口红利相伴而来的劳动力成本优势,不仅在于劳动力数量的无限供给,更在于劳动者承载的受教育水平和技能的持续改善。由这两个标准进行判断,目前集中在中国沿海地区的制造业,不会回流到发达国家,也不会大规模转移到其他发展中国家,而主要将逐渐转移到中西部地区。据此,未来中国仍有条件保持制造业大国的地位,而且在相当长的一段时间内仍然作为劳动密集型制造业大国。

中国的制造业大国地位,将主要体现在两个方面:一方面,沿海发达地区加快制造业升级,通过技术进步实现全要素生产率的继续改善;另一方面,中西部地区承接劳动密集型产业,继续转移农业剩余劳动力,以获得资源重新配置效率。然而,正如人口红利的充分利用需要相应的制度条件一样,保持中国制造业大国的地位,提升制造业的价值链,需要创造与经济发展新阶段相适应的制度条件。下面我们择要提出两个紧迫的政策需求:

首先,创造有利于人力资本积累的政策环境。归根结底,中国已经接近于人口红利消失的转折点,劳动力数量不再具有绝对的优势,保持单位劳动力成本优势的关键则在于劳动者受教育水平和技能的不断提升。在劳动力短缺的条件下,非熟练劳动者就业机会增加了,工资水平也上涨了,都会产生不利于继续在学和升学的导向。这是一种典型的劳动力市场失灵表现,要求政府发挥更积极的作用。在教育和培训的供给方面,政府应该增加公共投入,降低家庭和个人的教育(培训)支出比重。同时,通过劳动力市场制度建设,政府可以矫正失灵的市场信号,提高人力资本回报率,引导家庭和个人对人力资本投资。

其次，创造有利于提高劳动生产率的政策环境。正如单位劳动力成本的计算方式（即劳动力成本与劳动生产率的比率）所显示的那样，在由工资表示的劳动力成本不可避免提高的情况下，劳动生产率提高越快，单位劳动力成本提高越慢，劳动力优势得以保持。然而，提高劳动生产率不能仅仅依靠提高资本劳动比，即用资本替代劳动，而更根本的办法是提高全要素生产率。因为在劳动力短缺条件下，资本劳动比的提高是受到资本报酬递减规律限制的，而全要素生产率的提高才具有可持续性。

在这方面，日本1990年人口红利消失之后的经济增长状况，对中国是一个重要的教训。在1991—2000年期间，日本劳动生产率的提高中，资本深化的贡献率高达94%，而全要素生产率的贡献率为 - 15%（APO, 2008）。对于超越人口红利的经济体来说，没有全要素生产率的提高，就不能保持持续的经济增长。这就是为什么日本经历了20年经济增长停滞的原因。中西部地区将会承接劳动密集型产业，但是不应该重复沿海地区早期工业化的模式，良好的政策环境是关键。对政府来说，创造一个允许企业进入和退出，并借此机制扩大有效率企业的规模，提高其比重，淘汰无效率企业，比直接代替企业进行产业或技术选择，要有效得多。

参 考 文 献

Asian Productivity Organization (APO), "*APO Productivity Databook 2008*", the Asian Productivity Organization, 1 - 2 - 10 Hirakawacho, Chiyoda - ku, Tokyo 102 - 0093, Japan, 2008, p. 23.

Autor, David H., Lawrence F. Katz, and Melissa S. Kearney, "The Polarization of the U. S. Labor Market", *NBER Working Paper*, No. 11986, 2006.

Krugman, Paul, "Increasing Returns and Economic Geography", *Journal of Political Economy*, 99 (3), 1991, pp. 483 - 499.

Qu, Yue, Cai Fang, and Xiaobo Zhang, "Have the 'Flying Geese' in Industrial Transformation occurred in China?" In Huw McKay and Ligang Song (eds), *Rebalancing and Sustaining Growth in China*, The Australian National University E - Press and Social Sciences Academic Press, 2012.

Samuelson, Paul, "Where Ricardo and Mill Rebut and Confirm Arguments of Mainstream Economists Supporting Globalization", *Journal of Economic Perspectives*, Vol. 18, No. 3, 2004, pp. 135 – 146.

Spence, Michael and Sandile Hlatshwayo, "The Evolving Structure of the American Economy and the Employment Challenge", *Working Paper*, Council on Foreign Relations, Maurice R. Greenberg Center for Geoeconomic Studies, March, 2011.

工资与劳动生产率的赛跑

2012年春节后，民工荒再次成为各地热点和难点，而且严峻程度大大高于往年。令人费解的是，不久以前，人们还深深地沉迷于劳动力无限供给的幻觉，何以突然间，企业特别是中小企业就面临着如此严重的招工难以及由此引起的前所未有的加薪压力。严格地说，劳动力并不存在绝对意义上的短缺，企业能否雇到所需工人，取决于能否支付工人所预期的工资水平。只是提高工资的能力，无论对企业而言还是对整个中国经济而言，都在于劳动生产率是否得到同步提高。正如有的企业家所说，不涨薪是等死，涨薪是早死。这似乎是一个悖论。其实，这里我们面对的是一场工资与劳动生产率的赛跑，企业能否生存，则在于劳动生产率能否赢得这场比赛。

遭遇到动荡的世界经济负面打击，也经历了以治理通货膨胀和抑制房地产泡沫为优先目标的宏观调控影响，2011年中国经济不可避免地会有所减速。然而，不像以往那样，实体经济增长减速并没有导致严重的就业冲击。与人们预期相反，劳动力市场供不应求已经成为常态，为劳动者免受就业冲击提供了坚实的屏障。全年城镇登记失业率仅为4.1%。周期性现象常常预示着结构性变化。因此，从表面周期现象看到背后的长期结构性问题，有助于决策者抓住解决问题的关键，防止以短期的手段解决长期问题的缘木求鱼倾向。沿海地区部分企业的经营困境，看似缘于出口不振和中小企业融资难，但其背后却有着更根本性的问题，即随着刘易斯转折点的到来，劳动力短缺和工资持续上涨，中国传统的劳动密集型产业正在失去比较优势，经济增长模式面临着重大变化。与此相应，则是劳动力市场从二元经济向新古典模式的转换，各种看似对立的现象同时存在，提出崭新的挑战。本文将从工资与劳动生产率之间的关系出发，通过解析中国经济发展阶段变化的早熟特点，对劳动力短缺现象和工资上涨的前景做出判断，对提高劳动生产率的途径提出政策建议。

一 工资上涨压力来自何处

在改革开放以后长达20余年的时间里，主要通过劳动力市场配置就业的普通劳动者，特别是农民工的工资没有显示实质性的提高。这并不奇怪，因为直到2004年之前，中国处于典型的二元经济发展阶段上，具有劳动力无限供给的特征。以民工荒现象为标志的劳动力短缺现象首先于2004年出现，随后就从未间断，并推动着普通劳动者工资的持续上涨。因此，按照二元经济理论的定义，我们把2004年看作是刘易斯转折点到来的年份。如果说这个转折点的标志有些模糊，对于其是否已经到来还值得争论的话，我们再来看另一个可以十分确定的转折点，即15—64岁劳动年龄人口停止增长，相应地人口抚养比不再下降的转折点。根据联合国的预测，中国15—59岁劳动年龄人口增长率逐年下降，预计在2013年前后达到峰值，届时劳动年龄人口总量接近10亿。在达到峰值之前，劳动年龄人口或就业年龄人口的增长率已经递减。因此，无论如何我们不能够说劳动力仍然是无限供给的了。

二元经济向新古典模式转换的重要起点是刘易斯转折点。发展经济学一般认为有两个刘易斯转折点（参见Lewis，1972；Ranis and Fei，1961）。劳动力需求增长速度超过劳动力供给，工资开始提高的情形称作第一个刘易斯转折点。此时农业劳动力工资尚未由劳动边际生产力决定，农业与现代部门的劳动边际生产力仍然存在差异。而把农业部门和现代经济部门的工资都已经由劳动的边际生产力决定，两部门劳动边际生产力相等阶段的到来称作第二个刘易斯转折点或商业化点，这时才意味着二元经济的终结。

鉴于此，许多研究者愿意将其看作或者称作刘易斯转折区间。一方面，把刘易斯转折看作是一个区间固然有不方便之处，如无法具体指出转折的时间点，妨碍讨论中的措辞；另一方面，这样认识刘易斯转折也有其合理的成分，因为这样有利于观察两个刘易斯转折点之间的距离或者需要经过的时间。由于我们无法预测第二个刘易斯转折点的到来时间，这里可以引进另外一个同等重要的转折点，即人口红利消失点。从统计上说，这个转折点是指劳动年龄人口停止长期增长的趋势，相应地人口抚养比不再降低的人口结构变化转折点。

在某种程度上，可以用这个人口红利消失的转折点作为参照，来理解第二个刘易斯转折点或商业化点，因为后者是理论意义上存在，终究需要一个具体的象征性的时间点来代表。也就是说，在劳动力供给绝对量不再增长的情况下，必然产生农业与非农产业劳动边际生产力迅速趋同的压力。因此，刘易斯转折点到人口红利转折点之间，我们可以认为是刘易斯转折区间，是二元经济到新古典模式转换的重要区间，其间劳动力市场性质是二元经济特征与新古典特征并存，区间的终点便是新古典占主导的模式的起点。

这样，我们可以看到，脱胎于二元经济的发展过程，将会经历两个转折点，一个是人们感受到劳动力短缺的刘易斯转折点，另一个是实实在在的劳动力不再增加的转折点，我们可以称之为人口红利转折点。如果说前一个转折点是一个警钟，其到来之后仍然可以给我们一些适应和调整的时间的话，后一个转折点则是一个事实，其到来将给一个经济发展时期画上句号。因此，两个转折点之间的时间长度很重要，关系到经济增长的可持续性。

早期实现工业化的国家并没有经历过明显的二元经济发展阶段，没有显而易见的共同轨迹可循。但是，东亚发达经济体经历过这个阶段，可以作为参照系，对我们应该有所借鉴。根据学者们的研究和人口统计及预测，日本于 1960 年前后到达刘易斯转折点（Minami, 1968），1990 年之后到达人口红利转折点，其间有三十余年的调整期。虽然在 1990 年之后日本经济陷入停滞，但终究在这个调整期间日本成为高收入国家。韩国于 1972 年前后经过了刘易斯转折点（Bai, 1982），迄今为止尚未到达人口红利转折点，预期于 2013 年前后与中国一起进入人口红利消失的发展阶段。也就是说，韩国两个转折点的间隔高达 40 余年（见图 1）。

按照同样的标准判断，如果同意说中国于 2004 年经过了刘易斯转折点，那么随着 2013 年劳动年龄人口不再增加，人口抚养比停止下降，从而迎来人口红利转折点，则意味着两个转折点之间充其量只有 9 年的调整时间。更不用说，如果像笔者的许多同行所争论的那样，中国尚未到达刘易斯转

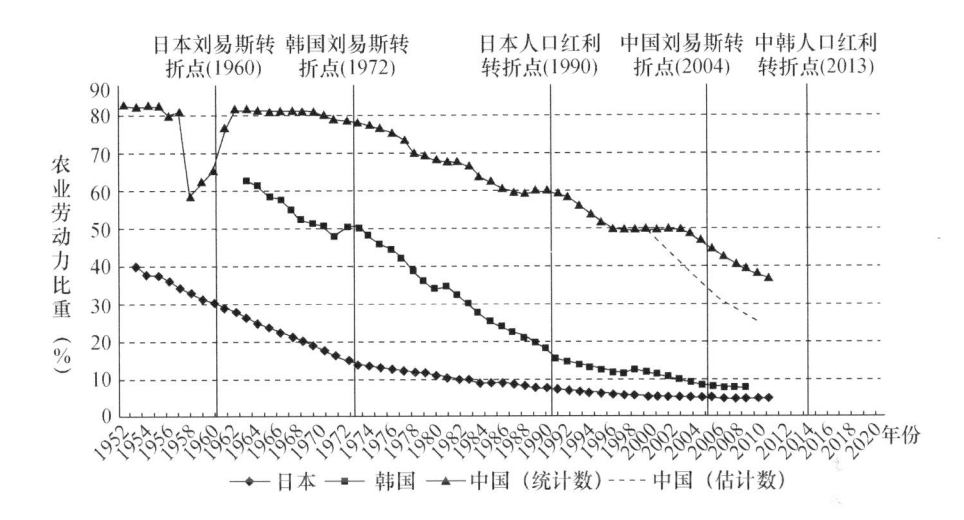

图 1　中日韩两个转折点时间比较

资料来源：中国的数据来自于国家统计局《中国统计年鉴 2011》，中国统计出版社 2011 年版；国家统计局《新中国五十五年统计资料汇编》，中国统计出版社 2005 年版；日本的资料来源于 Ryoshin Minami, "The Turning Point in the Japanese Economy", *Quarterly Journal of Economics*. Vol. 82, No. 3., 1968, pp. 380 - 402 及日本统计局网站, http：//www.stat.go.jp/；韩国的资料来源于韩国统计局网站数据库，http：//kosis.kr/eng/database。

折点（如参见蔡昉、杨涛、黄益平主编，2012），则不是两个转折点同时到来，便是人口红利转折点率先到来。不过，这在逻辑上并不成立，因为劳动年龄人口绝对数量都已经不增长了，遑论劳动力无限供给。但不管怎么说，两个转折点间隔如此之短，对中国的挑战是巨大的。分析表明，如果说日本和韩国的两个转折点之间的时间关系，主要是由劳动力转移速度或需求方因素决定的话，中国则更多地受到人口转变速度或供给方因素的影响。很显然，在转折点上面的这个特殊性，给中国应对挑战带来更大的难度。这无疑可以解释为什么民工荒现象这么严重，工资上涨压力如此之大。也有助于我们做出判断，在相当长的时间里，劳动力短缺和工资上涨压力不会消失。

二　工资提高是可持续的吗

在经济增长继续保持对劳动力的强大需求的同时，劳动力供给速度减慢并进而停止增长，必然推动普通劳动者的工资上涨，这就是劳动力供求关系法则。普通劳动者工资上涨相应提高中低收入家庭的人均收入水平，有助于改善收入分配现状，刺激消费需求的扩大，无疑是经济发展的目的所在。但是，工资增长的可持续性在于劳动生产率保持同步提高，如果劳动生产率提高滞后，不能支撑工资的增长，在微观层面上就会造成企业的经营困难，在宏观层面上导致通货膨胀。那样的话，经济增长相应也会陷入不可持续的境地。

那么，总体来说，中国经济的劳动生产率能承受得起工资的上涨吗？从数字表面看，2003年以后在劳动生产率与工资上涨之间，在工业部门基本保持了同步，农业中劳动生产率提高更快。特别是，长期以来工资上涨滞后于劳动生产率的提高，因此，近年来的工资提高也有补偿的因素。但是，如果更深入地进行分析，我们对此还是需要保持高度警惕的。

首先，当我们计算部门劳动生产率时，所依据的劳动者数据通常是被低估的。目前工业和建筑业企业大量使用劳务派遣工，而这些工人常常没有进入企业就业人员的正规统计中。例如，2010年城镇居民的总就业中，大约有1.1亿人没有进入企业和单位的统计报表中。而农民工没有被企业列入统计报表的比重显然更大。如果把这部分工人计算在内的话，意味着计算劳动生产率的分母会显著加大，实际劳动生产率一定会降低。

其次，目前劳动生产率的提高具有不可持续性。通常，提高劳动生产率要两个途径：一是通过增加资本投入来替代劳动力，表现为资本—劳动比的提高；二是通过提高全要素生产率，即生产要素的使用效率的全面提高。20世纪90年代以来，劳动生产率的改善基本上是靠资本—劳动比的提高达到的。例如，根据世界银行专家高路易的估算，中国资本—劳动比提高对劳动生产率的贡献，从1978—1994年的45.3%提高到了1995—2009年的64.0%，并预计进一步提高到2010—2015年的65.9%。而全要素生产率对劳动生产率的贡献，则相应从1978—1994年的46.9%下降为1995—2009年的31.8%，进而2010—2015年的28.0%（Kuijs，2010）。

由于在劳动力短缺条件下，资本—劳动比的持续提高会导致资本报酬递减，因此作为提高劳动生产率的手段是不可持续的。日本的教训十分有助于说明这一点。日本在1960年到达刘易斯转折点之后，劳动生产率加速提高，其中全要素生产率的贡献率也较高，如在 1960—1991 年期间，资本—劳动比提高对劳动生产率的贡献在 50% 上下，而全要素生产率的贡献也十分显著。然而，1991—2000 年期间，资本—劳动比提高的贡献一下子提高到 94%，全要素生产率贡献变成 -15%（Asian Productivity Organization, 2008）。与此相伴随的，则是日本经济"失去的十年"。中国近年来也显示出资本报酬递减的现象。如图 2 所示，伴随着资本劳动比率的迅速上升，资本边际报酬出现了明显的下降趋势。

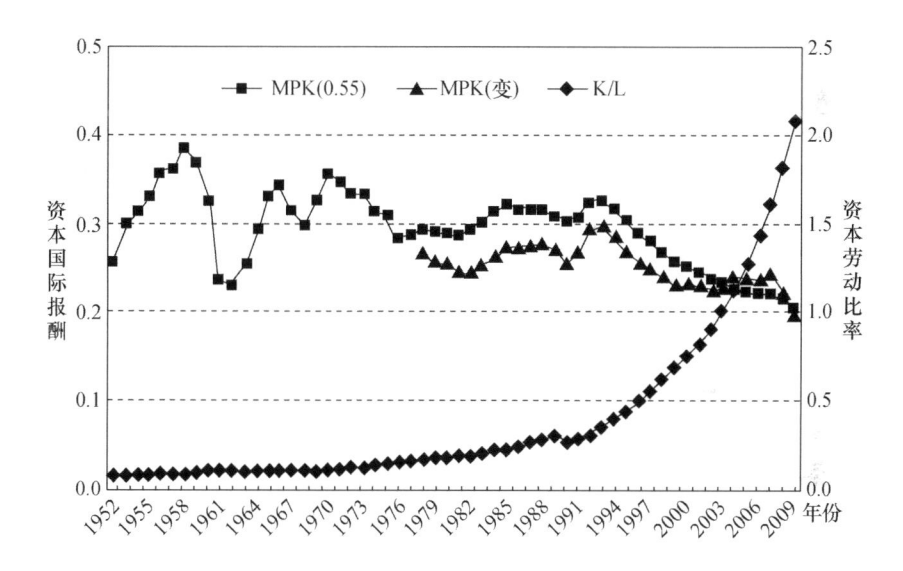

图 2　资本边际报酬和资本劳动比率

注：资本是 1952 年不变价的资本存量，劳动是全社会就业人数。资本边际报酬是资本平均生产率乘以资本产出弹性得到。资本平均生产率是以 1952 年不变价 GDP 除以资本存量得到的。MPK（变）是以收入法 GDP 中的资本报酬份额为资本产出弹性，MPK（0.55）是以资本产出弹性等于固定值 0.55 得到的。

资料来源：Cai Fang and Zhao Wen, When Demographic Dividend Disappears: Growth Sustainability of China, Forthcoming, 2012。

在劳动生产率提高速度快于工资上涨速度的情况下，由于两者并不同时发生，所以也会出现名义物价上涨的现象发生，即工资提高引起消费扩大，进而拉动物价上涨。虽然由于劳动生产率也提高了，总体上是不影响实际生活水平的,但是,整体上涨的物价水平,终究对低收入者有不利影响。从这个意义上,今后我们不可避免地与更高的通货膨胀水平共舞,要形成有效保护低收入者的社会保护政策。换句话说,在预见到这种基本趋势的情况下,宏观经济政策目标不应对于物价上涨过度敏感,而应该在价格稳定和充分就业目标之间保持良好的平衡。

宏观经济高度关注通货膨胀无疑是正确的,但是,在实施偏紧的财政政策和货币政策时,调控对象往往倾斜地指向中小企业,造成后者在面对日益提高的生产要素成本压力的同时,还经常会遇到融资困难。在产业结构调整加速的时期,偏紧的宏观经济政策阻碍这种结构调整。另一方面,一旦劳动生产率的提高速度不能领先或同步于工资上涨速度,成本推动型和需求拉动型的通货膨胀压力都会上升,会伤害经济增长可持续性和社会稳定。因此,实现宏观经济稳定,不仅有赖于执行适当的调控政策,更在于提高劳动生产率。

三 如何提高劳动生产率

从以上分析可以得出的结论有三点:第一,只要中国经济保持适度的增长速度,在人口红利转折点即将到来的情况下,劳动力短缺现象将继续存在,产生对工资上涨的压力。第二,在工资增长和劳动生产率的赛跑中,两者能否保持同步或者劳动生产率提高更快一些,是工资上涨健康与否的关键,做不到这一点则会导致无法承受的通货膨胀压力。第三,单纯依靠提高资本—劳动比的办法不能长久支撑经济增长,必须保持全要素生产率的持续提高。

对于任何国家的任何发展阶段来说,提高全要素生产率的任务都是十分艰巨的。那些落入中等收入陷阱的国家,以及陷入"失去的20年"的日本经济,都是因为没有能够实现这一惊险的跳跃。具体来说,提高全要素生产率有两条途径,分别要求有适当的制度环境予以开通。

第一是通过产业结构变化获得资源重新配置效率。劳动力从生产率低的农业转向生产率更高的非农产业,就是实现资源重新配置的经典路径。计量表明,20世纪80年代初至今,劳动力从农业向非农产业转移产生的资源重新配置效率，对 GDP 增长的贡献平均为 8.2%，占全要素生产率贡献的 34.3%。随着农业剩余劳动力的减少，劳动力转移速度减慢，这一贡献因素将趋于下降。不过，随着农业劳动生产率的提高，劳动力转移仍有潜力，未来的转移主体，将是那些年龄超过 40 岁，跨地区转移有困难的农业劳动力。根据人均 GDP 为 6000 美元到 12000 美元的国家的平均农业劳动力比重看，中国在未来的 10 年中每年至少要把农业劳动力比重降低 1 个百分点。如果劳动密集型产业能够以适当的方式，在适当的程度上尽快从沿海地区转移到中西部地区，有利于挖掘劳动力转移潜力，资源重新配置效率仍可获得。

第二是通过行业内部生产要素向生产率更高的企业集中。企业在竞争的压力下，要想生存就必须通过采用新技术、改善管理、改革体制、提高职工素质等手段获得技术效率。如果存在一种竞争环境，效率高的企业得以生存、发展和扩大，效率低的企业相应萎缩乃至被淘汰，整体经济的健康程度就能够得到明显提高，全要素生产率表现就会良好，因此有利于支撑可持续的经济增长。在一个成熟的市场经济中，由于农业比重已经很小，产业结构调整产生的资源重新配置效率已经微不足道，因此，其全要素生产率进步主要表现在技术效率的提高，并通过竞争淘汰低效率企业。例如，对美国的研究表明，制造业内部表现为企业进入、退出、扩张和萎缩的资源重新配置，对生产率提高的贡献高达 1/3 到一半（Foster, et al., 2001; Foster, et al., 2008）。

妨碍中国经济通过上述两条途径实质改善全要素生产率的因素，在于探索动态比较优势过程中政府对经济活动的过度介入。在一个国家到达刘易斯转折点，从而面临着劳动密集型产业比较优势逐渐丧失的情况下，投资者和企业必然对此做出必要的反应和调整，相应地，也要承受转型的成功和失败后果。要激励投资者和企业将这种探寻健康地进行下去，需要构建一个"创造性毁灭"的环境，即让失败者退出，把成功者留下并由此生存、发展和壮大；同时形成一种适当的风险补偿和分摊机制，帮助投资者敢于和甘于承受创新的风险。如果这种创造性毁灭机制不存在，社会的这种旨在探寻比较优势的风险投资，相比其应有的水平就会低很多。这时，探寻动态比较优势的努力，就会呈现出一种假象，似乎这是一个具有外部性的活动，单个的投资者和企业缺乏激励去做，因而，政府取而代之或者介入其中，似乎就是顺理成章的了。

正如可以看到的，这类政府干预可以体现在一系列政府战略和政策之中。首先，在诸如实施产业振兴规划、确定战略性新兴产业目录等产业政策，以及区域发展战略等长期发展政策中，政府实现着干预投资领域乃至直接进行投资等意图。其次，在应对宏观经济周期现象时，政府通过出台经济刺激方案等宏观经济政策，引导或直接投资于自己确定的优先领域，并存在把刺激政策长期化、常态化的倾向。再次，政府通过对企业、行业、产业进行补贴等保护性政策，实现自身的投资与扶持意图。现实中，上述三种政策手段是相互配合、相互补充和协调执行的。

这类政策手段潜在地具有妨碍全要素生产率提高的作用。首先，近年来中西部地区的工业化加速，具有与这类地区比较优势相背离的倾向，不利于实现资源重新配置效率。例如，2007 年，中国制造业的资本—劳动比，在中部地区和西部地区分别比东部地区高 20.1% 和 25.9%。也就是说，中西部地区制造业变得更加资本密集型，重化工业化程度更高了。其次，不利于创造性毁灭机制的形成，妨碍全要素生产率的提高。目前，政府主导的经济增长主要表现在政府投资比重过高，国有经济仍然具有垄断地位，相应地，中小企业遇到进入障碍以及其他发展条件如融资方面的歧视对待。在国有经济受到更多的保护，并且相应地形成对非公有经济的相对抑制的情况下，创造性毁灭的机制不能发挥作用，而且必然产生对新技术应用的阻碍。

因此，为了防止出现没有劳动生产率根基的工资上涨趋势，保持中国经济的竞争力和可持续增长，既不是要违背劳动力供求关系抑制工资上涨趋势，也不能人为推动工资上涨，而政府应该着眼于创造良好的优胜劣汰政策环境，让各类企业充分竞争，达到全要素生产率显著提高的目标。

参 考 文 献

杨涛、黄益平主编：《中国是否跨越了刘易斯转折点？》，社会科学文献出版社 2012 年版。

Asian Productivity Organization, "APO Productivity Databook 2008", the Asian Productivity Organization, 1 - 2 - 10 Hirakawacho, Chiyoda - ku, Tokyo 102 - 0093, Japan, 2008, p. 23.

Bai, Moo – ki, "The Turning Point in the Korean Economy", *Developing Economies*, No. 2, 1982, pp. 117 – 140.

Foster, Lucia, John Haltiwanger and C. J. Krizan, "Aggregate Productivity Growth: Lessons from Microeconomic Evidence", in *New Developments in Productivity Analysis*, NBER/University of Chicago Press, 2001.

Foster, Lucia, John Haltiwanger, and Chad Syverson, "Reallocation, Firm Turnover, and Efficiency: Selection on Productivity or Profitability?" *American Economic Review*, Vol. 98, 2008, pp. 394 – 425.

Kuijs, Louis, "China through 2020 – A Macroeconomic Scenario", *World Bank China Research Working Paper*, No. 9, World Bank, Washington, DC, 2010.

Lewis, Arthur, "Reflections on Unlimited Labour", in Di Marco, L. (ed.) *International Economics and Development*, New York, Academic Press, 1972, pp. 75 – 96.

Minami, Ryoshin, "The Turning Point in the Japanese Economy", *The Quarterly Journal of Economics*, Vol. 82, No. 3, 1968, pp. 380 – 402.

Ranis, Gustav and Fei, John C. H., "A Theory of Economic Development", *The American Economic Review*, Vol. 51, No. 4, 1961, pp. 533 – 565.

United Nations, *World Fertility Pattern*, 2009, http://www.un.org/esa/population/publications/worldfertility2009/worldfertility2009.htm, 2010.

人口转变与就业变化

一　导　言

相比于大多数的发达国家，中国由于实施了严格的计划生育政策，因此在很短的时间内就完成了人口的转变。在中国的改革过程中，人口的转变体现为出生率的迅速下降，青年人口比例的快速缩减，劳动年龄人口增长放缓，以及老龄化的加剧等各个方面。我们知道，当青年人口比例增长的速度超过了老龄人口比例提高的速度时，中国可以享受充足的劳动力供给和富有生产能力的人口结构。而随着人口的转变继续进行，劳动年龄人口的增长愈来愈慢，同时老龄人口比例的增长速度也开始提高。这些变化给中国社会的发展带来许多方面的挑战。在本文中，我们旨在研究人口转变过程及其与就业变化和中国经济发展的关系。在本文的第二部分，我们回顾了近年来人口变化的总体态势并对未来几年劳动年龄人口的状况做出初步的预测。接下来的第三部分，我们分析了人口转变对劳动需求、劳动供给以及工资水平等劳动力市场各个方面的影响。进而在第四部分我们把目光转向经济和产业发展方面，分析劳动力短缺和工资的快速上涨对制造业的影响，同时提出了一国国内的"雁阵模式"假说。进一步地，在第五部分，我们从人口和经济两个方面讨论了中国区域间的发展差异，并且提出可以尝试在发展相对落后具有相对充裕人口并且劳动力成本较低的内陆地区延续人口红利。最后，第六部分对全文的分析和测算进行了总结，并且对中国在当前转型阶段合理的发展模式进行了探讨。

二 人口转变和刘易斯转折点

刘易斯关于经济发展的经典理论认为,发展中国家在二元经济阶段具有无限充足的劳动力供给。也就是说,现代部门可以以不变的工资水平获取源源不断的农村转移劳动力(Lewis,1954)。因此,在这个发展阶段劳动力市场方面的主要问题体现在劳动供给超过劳动需求的就业问题。随着二元经济发展到了一定的阶段,当现代部门在现有的工资水平上的劳动需求超过了农村剩余劳动力的供给时,经济的发展就到达了一个重要的转折点,即刘易斯转折点(Lewis,1972)。尽管这一理论得到许多发展中国家和发展经济学家的关注和认可,但是关于人口发展的状况在二元经济的发展中究竟扮演了怎样的角色,在到达了这个转折点的时期经济会面临怎样的变化和挑战却很少有一致的认识。[①]

在过去的几十年,中国的人口状况发生了极大的转变,总体生育率始终下降。首先,当前中国的生育率处于1.4的一个很低的水平(和日本接近)。其次,农村人口的转变过程落后于城市。农村和城镇人口年龄结构的差异导致了城市部门通过从农村转移出来的劳动力获得其所需求的劳动力。再次,其实早在1970—1980年之间,1980年实施计划生育政策之前,中国的生育率已经开始快速下降。在那之前,每对夫妇生育孩子的数量即生育率已经从6—7个下降到少于3个。这就说明,生育率的变化不仅仅受计划生育政策效果影响,社会经济的发展同样导致了生育率的下降。

那么,这样长期持续的低生育率水平固然会导致人口的年龄结构发生变化。当然,持续的低生育率所导致的人口转变需要一定的过程。这体现在,劳动年龄人口首先快速增长,接着增长放缓,最终停止增长。相关估算表明劳动年龄人口的增加会加速下降,直至2015年下降到零左右进而开

---

① 在20世纪60年代,刘易斯的理论非常盛行,大量文献探讨日本在当时是否到达了刘易斯转折点(如Minami,1968)。然而,讨论韩国和中国台湾是否到达了刘易斯转折点的研究较少。而届时讨论东亚奇迹的新古典主义的论断开始盛行(如世界银行,1997)。这可能正是因为缺乏对于东亚国家和地区到达刘易斯转折点后劳动力市场将面临怎样的挑战,进而经济在到达转折点后的中等收入国家的发展态势将面临分化的相关研究所致。

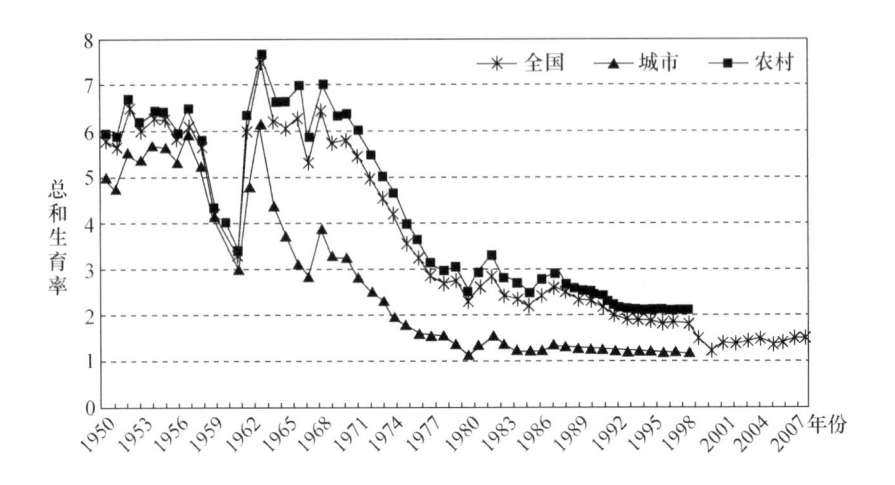

图 1　中国农村和城市总和生育率下降

资料来源：1998 年前的总和生育率由中国人口信息中心的数据计算，1998 年后的全国生育率由各年的人口普查和调查数据得到。

始负增长（胡英，2010）。这与 20 世纪 90 年代日本的情况有所不同，我们知道，日本的抚养比在 1970 年达到最低点，然后在这一水平上持续了 20 年左右。而中国的情况则是，抚养比在到达最低点后仅会停留短暂的一段时间然后就会迅速丧失人口红利。那么人口态势如此的变化将直接导致劳动力短缺和工资上涨。如果我们把人口扶养比（抚养人口/劳动年龄人口）作为反映人口红利水平的指标（反向指标，及抚养比越高人口红利越小）可以发现，抚养比始终在提高（也就意味着人口红利在逐渐消失）。在 2010—2015 年之间我国的抚养比会到达最低点，然后开始快速提高。近年来城市部门始终通过农村转移的劳动力获得了其劳动需求，有相关较详细的预测通过考虑到农村转移到城市的劳动力的情况（胡英，2010），发现到 2015 年，城市劳动年龄人口增加的数量会少于农村劳动年龄人口减少的数量，那么届时总的劳动年龄人口会开始缩减（见图 2）。联合国的相关预测也得出了同样的结论。这就意味着，如果没有工资上涨或者其他方面的激励的话，农民工的数量将难以满足城市劳动力需求的缺口。

经验研究已经证明人口红利是驱动经济快速发展的重要动力源泉（Williamson，1997）。人口转型的快速进行首先给中国经济带来了丰厚的人口红利,推动其在改革期间高速的经济增长。接下来,随着人口态势转变和经济逐渐发展,中国经济会逐渐接近刘易斯转折点,这就对中国未来的经济增长提出了挑战。本文通过全面分析人口转变过程,试图说明在这样的转型阶段中国正在或者将要面临怎样的问题和挑战。

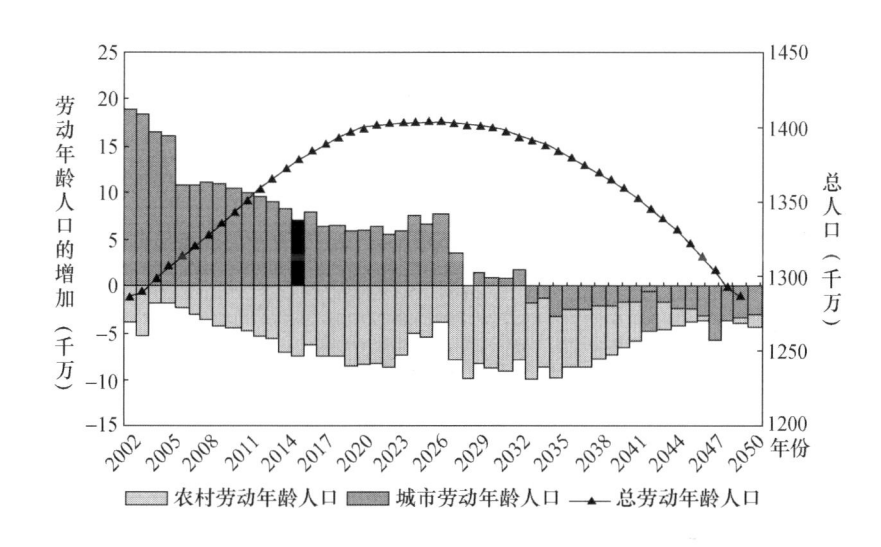

图 2 中国农村和城市劳动年龄人口的变化

资料来源:根据胡英 2010 年的预测数据计算。

三 人口转变对劳动力市场的影响

我们知道中国经济仍将保持较强劲的增长势头,那么这就必然会进一步产生对劳动力的需求,然而人口的转变会使劳动供给方面逐渐短缺,劳动供求两个方面会发生根本性的转变。这些就会对中国经济今后的发展带来挑战。首先一个方面,就体现在劳动力市场上供求关系的变化。

(一) 劳动供给停滞,劳动需求仍然强劲

人口的转变和经济发展会改变劳动力市场上的供求格局。如果我们把 16—64 岁的劳动年龄人口每年的增长看作劳动供给方面,同时把城市就业

数量看作劳动需求方面，那么两方面的比较就可以清晰地表明劳动力市场的基本态势（表1）。由于农业劳动力的数量始终在减少，农村的非农就业也不会再增加，那么包括农民工在内的城市就业就代表中国经济的总体劳动力需求。如表1所示，从2003年开始我国的劳动需求方面就已经超过了劳动供给。

表1　　　　　　　　　　劳动力需求和供给的增长

单位：千万

年份	需求方面 (1)		供给方面 (2)	净供给 (3) = (2) - (1)
	农民工	城市本地劳动力	劳动年龄人口	差额
2003	9.2	4.78	13.58	-0.4
2004	4.33	4.34	8.48	-0.19
2005	7.55	4.27	11.49	-0.33
2006	6.34	5.17	11.23	-0.28
2007	4.85	5.45	10.08	-0.22
2008	3.44	3.56	6.85	-0.15
2009	4.92	3.76	8.46	-0.22

资料来源：作者根据《中国统计年鉴》（各年），《中国农户调查年鉴》（各年）和《中国人口年鉴》（各年）计算。

进一步地，我们可以根据《中国统计年鉴》的相关数据计算得到单位产出增长可以带动的就业增长，即就业弹性的情况（就业增长率/产值增长率）。我们发现，在2004—2009年，总体的非农就业弹性平均为0.32，其中第二产业的就业弹性为0.38，第三产业的就业弹性为0.26。也就是说GDP平均每上涨1个百分点，将带来0.32个百分点的就业增加。这样简单估算的就业弹性的含义为，产出增长一个百分点对应就业增长几个百分点，其中并未考虑工资的变化带来的影响。然而我们知道，工资的上涨会导致劳动需求的减少，故而更为精确的就业弹性应该通过估计完整的劳动需求方程来获得，方程的被解释变量为劳动力数量，解释变量为产出水平和工资水平。那么进而，我们可以依据制造业的规模以上企业数据估算制造业的需求函数来获得就业需求弹性。我们的估计方程是这样设定的：

$$\ln L_i = \beta_1 \ln Q_i + \beta_2 \ln wage_i + year + \varepsilon_i$$

其中 L 为就业数量，Q 为产出水平，$wage$ 为工资水平。表2是对2000—2007年制造业规模以上企业进行估计劳动需求函数的结果。我们看到，在加进了工资成本变量的模型估计的结果显示，就制造业而言，这样估算的需求弹性和前面估算的第二产业的简单需求弹性基本吻合。对于整体的制造业，其就业弹性约为0.37，其中劳动密集型产业较高，约为0.39，非劳动密集型产业略低，约为0.36。从这里的结果中我们还看到工资劳动力成本的变化可能给就业需求带来的影响，总体而言，工资上涨1个百分点，劳动需求会下降4.2个百分点，而劳动密集型产业的这一弹性更小些，约为4个百分点。

表2　　　　　　　　　劳动需求函数（制造业）

	全部产业	劳动密集型产业	非劳动密集型产业
产出（对数）	0.3721***	0.3895***	0.3596***
	(0.0004)	(0.0006)	(0.0005)
劳动力成本（对数）	-4.3064***	-4.1502***	-4.4254***
	(-0.0044)	(-0.0066)	(-0.006)
年份效应	yes	yes	yes
r2_a	0.64	0.63	0.64
aic	3472931	1531092	1938459
N	1682391	754627	927764

资料来源：作者根据2000—2007年制造业规模以上企业数据测算。
注：*** 代表在1%的水平上显著。

（二）工资快速上涨

那么有了对劳动供给情况和劳动需求情况大致的了解，我们可以据此粗略地预计未来劳动力市场上的基本表现。我们知道劳动年龄人口的数量在未来的2015年左右将达到最高值并随后开始负增长。如果我们简单地假定在劳动需求方面就业的产出弹性不变，我们可以大致模拟在未来我国经济增长速度和就业弹性在不同的水平的组合情况下，就业的需求会有怎样的变化。我们计算得到,在经济增长在7%、8%和9%的三种情况下,以及就业弹性在0.32—0.38之间的各个情况组合下(前面各种计算结果的较低水平和较高水平),就业的需求的增长在2%—3.5%之间(即经济增长率*就业弹性)。而与此同时,劳动供给将停止增长,这样供求两方力量的影响自然会导致工资水平的上涨。如图3所示,进入21世纪以来,图中所示的几个行业的平均工资年增长率(3年移动平均的水平)均超过了8%,工资上涨的速度位居世界其他国家的前茅。而工资如此快速的上涨自然会提高企业所需承担的劳动力成本。

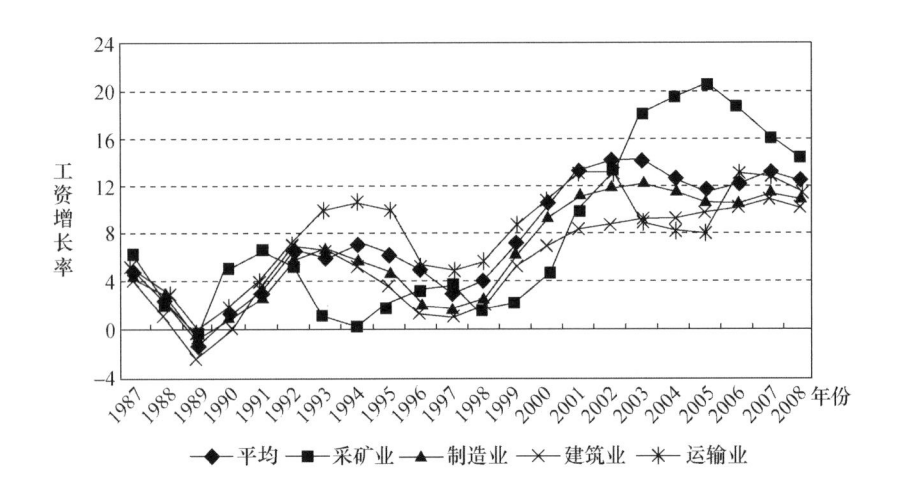

图3 部分行业工资增长率(三年移动平均值)

资料来源:《中国劳动统计年鉴》(各年)。

四 劳动密集型产业何去何从

接下来,中国未来发展面临的第二个方面的挑战就是,持续的劳动力短缺引起的工资上涨会改变中国经济原有的比较优势。中国经济能否在新的发展阶段,在逐渐丧失劳动密集型产业的比较优势且尚未获得资本密集型产业和技术密集型产业上新的比较优势的时候保持当前的增长态势,也就是国际经验显示需警惕的"中等收入陷阱"(Eeckhout and Jovanovic,

2007），成为我们需要关注的问题。

（一）对劳动密集型产业的冲击

应该说，劳动力成本的提高给不同类型的企业造成影响的程度会有所差别，比如劳动密集型的产业和非劳动密集型的产业在劳动成本所占企业总成本上的情况是不一样的，因而在面对劳动力成本上涨时受到的冲击也不同。我们知道，虽然劳动密集型产业采用更多的劳动力和更少的资本来从事生产，故而从这个角度上看劳动密集型产业的劳动成本占总成本的份额可能更大；但是另一方面，劳动密集型产业雇佣的更多的是低端的劳动力，其工资水平也低。特别是在刘易斯转折点到来之前，劳动力的供给相对是无限的，普通劳动者的工资长期停滞在低水平上，低端劳动者和高端劳动者的工资差异显著，从图4中可以看到在2004年之前，劳动密集型产业的劳动成本占总成本的比重反而低于资本密集型产业。

如图4所示，随着经济的发展和产业技术的升级，劳动成本占总成本的比重总体上呈现下降趋势，这一点对于非劳动密集型产业尤为明显。但是有意思的是，对于劳动密集型产业，劳动成本占总成本的份额则是呈现先下降后上升的趋势。这是因为，在经济发展逐渐接近刘易斯转折点的时候，劳动密集型产业所需求的普通劳动力的工资水平摆脱了长期停滞的状态开始快速上涨。我们看到，在2004年之前，鉴于低廉的劳动力成本，劳动密集型产业的劳动成本占总成本的份额甚至少于非劳动密集型产业；然而在那之后，由于普通工人的工资水平快速上涨，劳动密集型产业劳动成本占总成本的份额开始超过了非劳动密集型产业。而从劳动力成本与企业利润的比值上可以看出，劳动密集型产业的这一指标始终高于非劳动密集型产业，而且二者的差距还在逐年扩大。总体上而言，在未来面临劳动力成本快速提高的影响下，劳动密集型产业的总成本会有更大幅度的提高，同时其利润水平也会受到更为严重的侵蚀。

如果我们进一步看东中西部各自的情况则可以发现（表3），在2000年，东部沿海地区其劳动成本占总成本和总利润的比值显著低于中西部，有较为明显的劳动力成本上的优势。但是伴随着整体经济的发展，特别是后来对中西部提供的一些投资倾斜政策使得中西部的综合经营成本有所下

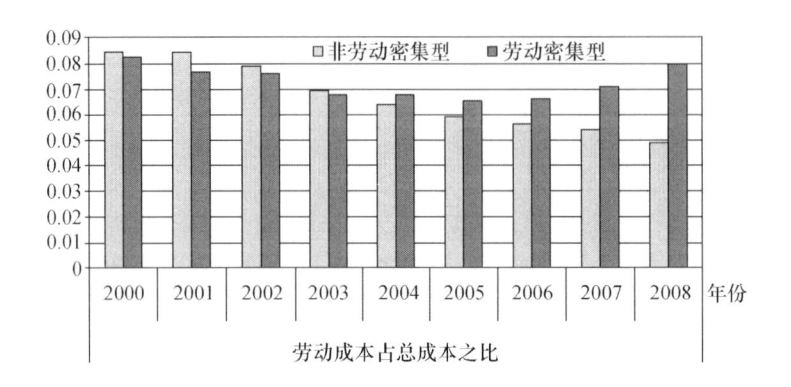

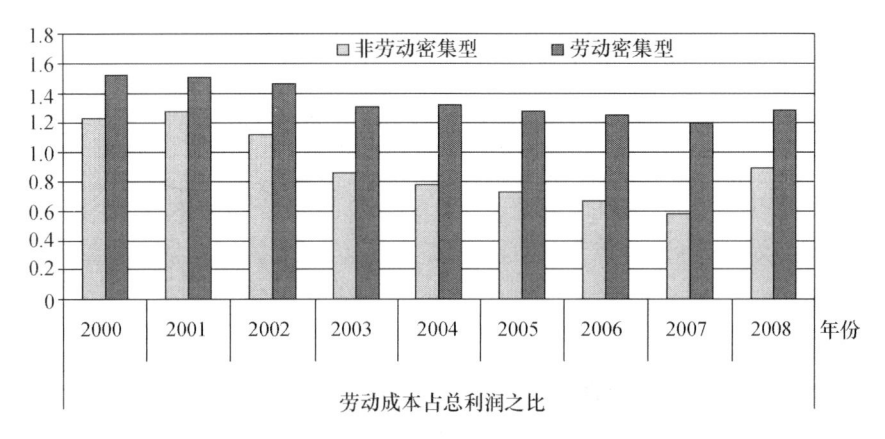

图 4　劳动成本占总成本及利润的比值（分区域）

资料来源：作者根据 2000—2007 年中国制造业规模以上企业数据计算整理。

表 3　　　　　劳动成本占总成本及利润的比值（分区域）

		非劳动密集型			劳动密集型		
		东	中	西	东	中	西
劳动成本/总成本	2000 年	0.072	0.104	0.117	0.077	0.103	0.149
	2008 年	0.048	0.049	0.058	0.080	0.077	0.084
劳动成本/总利润	2000 年	1.146	1.121	1.977	1.334	2.855	7.969
	2008 年	0.925	0.757	1.073	1.374	0.785	1.230

资料来源：作者根据 2000—2007 年中国制造业规模以上企业数据计算整理。

降，同时沿海地区愈演愈烈的"用工荒"推动了东部地区的劳动力成本快速提高。在这些因素的影响下,我们看到中西部地区劳动力成本无论是占总成本还是总利润的份额在 2008 年也显示出了很大程度的下降,而东部沿海地区则不断提高。对于劳动密集型产业,其在 2008 年劳动成本占利润和总成本的份额已经开始超过了中西部地区,故而中西部地区愈发显现出其在劳动力成本和发展劳动密集型产业方面的优势。

(二) 一国内的"雁阵模式"

那么在面临劳动力成本提高的冲击下,劳动密集型产业的发展将何去何从呢?许多证据表明,随着经济发展阶段的改变,一个国家(或者经济体)会逐渐淘汰落后的产业结构(劳动密集型产业)至更不发达的国家或地区,同时升级自身的产业结构以求求经济增长的新的动力源泉,这也就是我们通常所说的"雁阵模式"(Okita, 1985; Kojima, 2000)。我们知道,沿海地区具有便利的地理条件方面的优势,因而成为中国制造业产生的发源地。在过去的几十年里,依靠交通、外资、政策扶植等方面的便利条件,同时依赖源源不断的充足低廉的劳动力的供给,我国东部沿海的劳动密集型产业逐渐发展壮大,此外借助于产业集群效应的发挥,使得沿海地区逐渐发展为劳动密集型产业格局(路江涌,2006)。然而,在制造业特别是劳动密集型产业日益发展的同时,我国经济也逐渐接近刘易斯转折时期,劳动力的供给开始不再是无限的。我们看到,近年来沿海甚至内陆地区不断出现"用工荒"现象(蔡昉,2010; Zhang et al., 2011)。这就为我国制造业产业结构的演化以及在区域间重新布局提出了挑战。蔡昉等(2009)通过对 2000 年至 2007 年中国各区域的劳动力成本和全要素生产率的测算和分析,认为中西部地区有条件承接东部沿海地区的劳动密集型产业,从理论上论证了"雁阵模式"在中国内部发生的可能性。阮建青等(Ruan & Zhang, 2010)也从省级区域水平上验证过中国纺织行业雁阵模式发生的事实。

事实上我们了解到,面对区域发展的差异,以及比较优势的变化,企业已经开始寻求向中西部地区转移。我们依据对规模以上企业数据的计算和整理,得出了制造业全部产业的就业、资产以及产值在 1998—2008 年之间在东、中、西三类地区的所占份额情况（图5左列出了产值的情况）。①同时我们也给出了我们所选择的12个劳动密集型产业的区域分布情况（图5右，产值的情况）。② 我们看到，虽然我们观察到制造业及其中的劳动密集型产业在1998—2008年间是更加集中于东部沿海地区的。然而同时我们还发现，产业在集中的过程中似乎存在"转折点"。首先，对于总体的制造业，我们看到其产值的份额在2004年左右达到最高点，之后则逐年有所下降；而我们整理就业和资本的情况同样表现出了存在增长放缓的趋势。而如果我们观察劳动密集型产业，"转折"的趋势更为显著。三个指标中，除了就业之外，产值和资产两项指标在东部沿海地区的份额都是先上升后下降，"转折"点在2004—2005年之间。也就是说，在2004—2005年的时候，制造业已经开始向中西部地区转移。

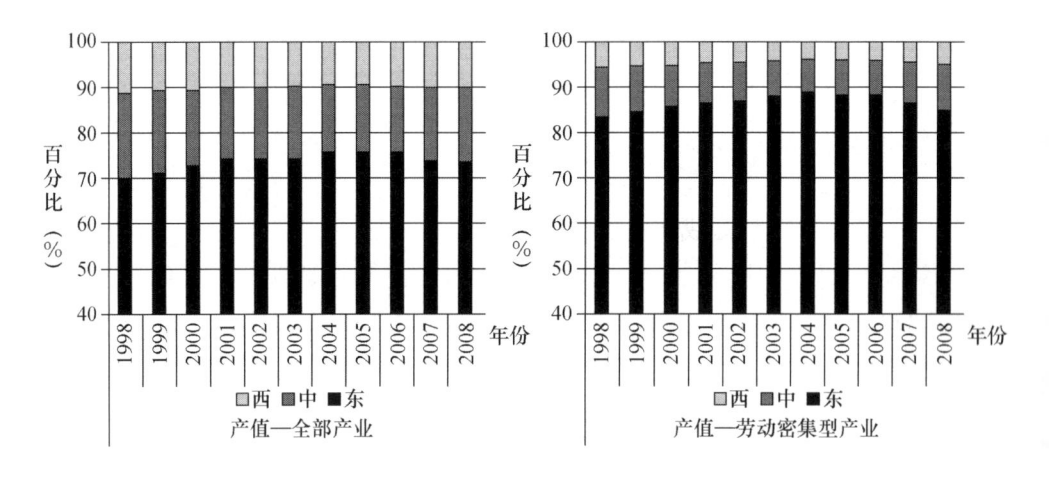

图5 制造业及劳动密集型产业的区域分布

资料来源：作者依据1998—2008年中国制造业规模以上企业数据计算整理。

---

① 东部沿海地区包括北京、天津、河北、辽宁、上海、江苏、浙江、福建、山东、广东、海南；中西部内陆地区包括山西、吉林、黑龙江、安徽、江西、河南、湖北、湖南、内蒙古、广西、重庆、四川、贵州、云南、西藏、陕西、甘肃、青海、宁夏、新疆。

② 12个劳动密集型产业分别为：纺织服装鞋帽（18）、皮毛羽毛制品（19）、木材加工（20）、家具制造（21）、文教体育用品（24）、塑料制品（30）、金属制品业（34）、通用设备（35）、专用设备（36）、仪器仪表（39）、通信设备计算机（40）、电气机械器材（41）。

五 在内陆地区延续人口红利

事实上,在面临工资快速上涨劳动密集型产业何去何从的问题上,一个自然的答案就是由具有更低劳动力成本、拥有较丰富年轻劳动力的邻国承接我国的劳动密集型产业。在2010—2015年,中国开始逐渐丧失人口红利的时候,印度和越南等国家可能成为潜在的产业转移目的地。然而,我们发现我国的劳动密集型产业并没有转移到印度和越南等邻国,而是从国内的沿海地区转移到内陆地区,如前文所述。通常我国可以分为东中西三个地区。中国的不同省份和不同地区间在GDP、教育、基础设施以及自然资源禀赋等其他方面发展差异巨大,其差异程度之大甚至不亚于国家间的差异。这就意味着中国可以首先在一国国内实现资本和产业的重新配置之后才开始产业向国外的转移。

(一) 中西部内陆地区拥有较低的劳动力成本和更好的盈利表现

首先,我们看到不同区域间的工资差异很大。我们计算了沿海和内陆两个区域的工资劳动力成本的水平。[①] 看到对于整体制造业而言,东部沿海地区初始的劳动力成本始终高于内陆地区,在2008年沿海地区和为3万元,在中西部地区分别为2.7万元和2.9万元。进一步地,我们通过观察三个区域要素的成本和收益的情况(见图6),发现从2005年开始内陆地区的盈利能力快速赶超,其与沿海地区的差距开始缩小,并且于2006年发生了重大转变,在2007年内陆地区的总资产利润率和人均利润均反超了东部沿海地区。而特别地在2008年遭遇金融危机的冲击时,沿海地区的盈利情况大幅下滑,与此同时,内陆地区遭遇冲击的影响并不明显。蔡昉等(2009)的研究也表明内陆地区比沿海地区有更快的全要素生产率提高速度和贡献率。因此我们有理由认为这些要素的收益情况可能会诱致我国的产业在区域间布局的调整和变化。

---

① 我们对劳动力成本的度量为工资、福利之和。

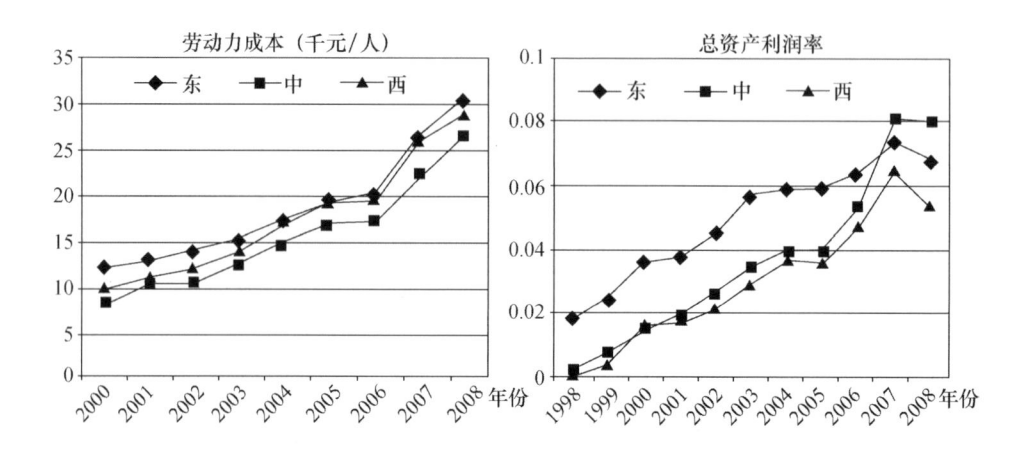

图6 区域要素成本和收益

资料来源：作者依据1998—2008年中国制造业规模以上企业数据计算整理。

（二）中西部地区拥有相对充裕的人口和劳动力资源

从经济的指标上我们已经看到，沿海地区面对其较高的劳动力成本和表现渐差的要素收益，产业已经开始呈现向中西部地区的转移。除此之外，在人口和劳动力禀赋方面，区域之间也是存在差异的。具体来讲，从人口资源和劳动力构成的情况上看，中西部地区仍然存在一段时期的人口红利上的潜力。虽然我们看到我国总体的人口出生率和自然增长率逐年下降，且处于较低的水平上，由此带来了老年抚养比的快速提高，并且根据相关预测，劳动年龄人口的比重约在2015年达到顶点后开始下降，也就是我们获取显示性人口红利将趋于终结。但是我们知道，对于地域广泛且区域发展程度差异巨大的中国而言，其东中西部的差异不仅体现在经济发展的各个方面，同时还体现在人口的发展和增长上。

虽然我们无法得到各区域在各个年份的劳动年龄人口的具体变化，但是我们可以基于2000年第五次人口普查和2010年的《中国统计年鉴》的数据来观测两个时点上不同区域的出生率和老年抚养比等主要决定劳动年龄人口状况的变量的情况，以此可以对区域间人口红利状况做出大致的推断。图7的上半部我们给出了中国31个省（直辖市、自治区）各自的人口自然增长率，并且依照东、中、西三个区域计算了各自的人口自然增长率。我们看到如果从分地区的情况上看，东部地区有更低的人口增长率，西部地区平均的人口自然增长率（6.78‰）高于全国平均水平（4.68‰）。那么接下来，人口发展的这个差异更是体现在了老年抚养比的情况上，图7的下半部显示，中西部地区的老年抚养比远远低于全国平均水平和东部沿海地区。

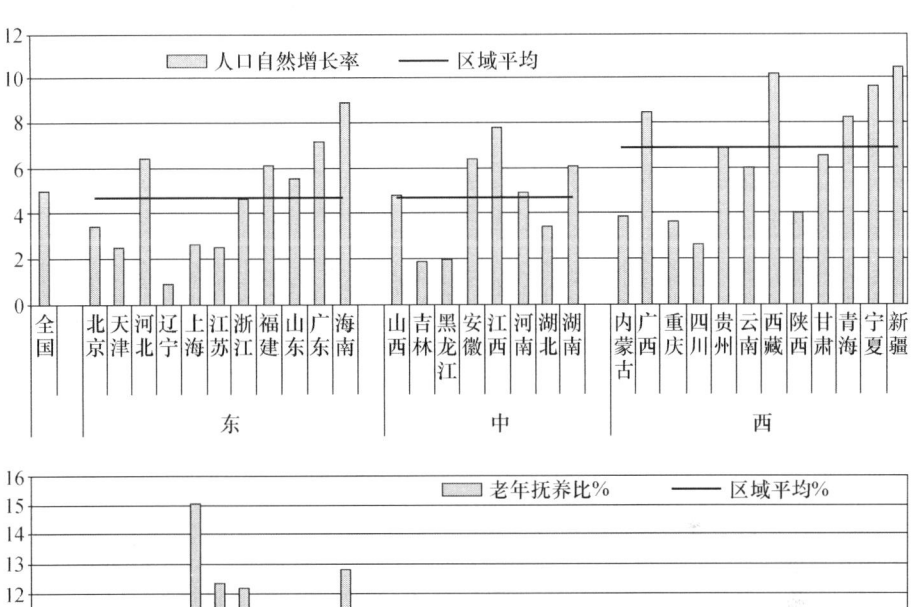

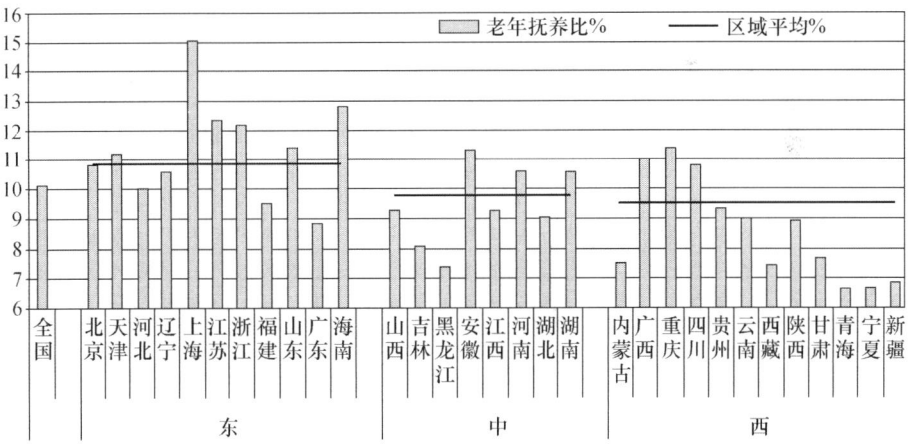

图7 区域间人口差异

资料来源：国家统计局。

注：人口自然增长率数据来源于2010年中国统计年鉴，老年抚养比由2000年第五次全国人口普查数据计算整理。

具体来看，对于人口自然增长率较高的一些省份，其水平有的在7‰左右，这一水平和我国全国人口自然增长率在 21 世纪初的水平相当，也就是说，如果简单地假设这些区域的人口发展遵循和全国相似的发展路径的话，自现在起仍有 5—10 年的人口红利期。如果我们观察老年抚养比的情况，其基本结论也是一样的，中西部地区在 2005 年平均的老年抚养比分别为 9.75% 和 9.52%，这一水平和全国在 1996 年和 1997 年的水平相当，那么这样看来，其人口红利将较之全国多延续 8—9 年。同理，东部沿海地区的人口自然增长率低于全国平均水平，同时老年抚养比高于全国平均水平，所以其人口红利结束的时点也要相应地早于全国其他区域。同时，我们知道，由于目前的调查制度采用"常住人口"的标准，即把部分转移劳动力（在所在地居住 6 个月以上）纳入其流入地的统计，那么考虑到这个因素，由于从中西部地区转移到沿海地区的劳动力中更多为年轻人，所以如果按照户籍标准计算的抚养比的话，那么中西部地区的水平可能更低。

六　结论与讨论

根据相关预测，我国的劳动年龄人口预计于 2015 年达到顶点后开始减少，同时随着经济的发展，我国的农村剩余劳动力逐渐转移殆尽，因此，中国的劳动力市场正在从刘易斯的二元经济所对应的劳动力无限供给的阶段转向新古典经济模式。从就业的问题来看，二元经济结构最大的问题是存在大量的劳动力但是缺乏就业岗位，然而在新古典模式下，就业问题更主要的是集中于周期性失业、结构性失业和摩擦性失业的问题。故而从政府责任来看，我们过去的二元经济下的主要任务就是要扩大就业，消除影响劳动力就业的障碍，但是到了新古典时期，宏观经济政策直接应对的目标应以宏观经济政策和劳动力市场政策应对周期性失业和自然失业。

然而同其他国家经历的从二元经济到新古典经济的转变过程有所不同的是，作为区域间的发展程度存在很大差异的国家，我们可以充分地利用区域继起方面的优势，更好地完成这一过渡。随着沿海地区经济发展到一定阶段，其工资劳动力等要素成本快速提高，那么在沿海地区实现产业的升级无论是从应对劳动力成本上涨的角度还是经济进一步发展的角度都是顺应经济发展一般规律的。而对于中西部地区而言，鉴于其经济乃至制造业发展相对落后，劳动力等生产要素成本还相对较低，其具有承接东部沿海地区劳动密集型产业的条件。同时对于具有相对较高出生率以及较低老年抚养比的中西部地区，其还具有相对充足的劳动力禀赋，那么产业向中西部地区的转移无疑可以进一步地挖掘中西部地区的人口红利。而要让邻国来承接我国的劳动密集型产业还需要较长的一段时间，因此有望首先将一国国内的"雁阵模式"和产业重新配置。另外，中国的劳动年龄人口占"新钻11国"（包括印度但不包括韩国）的40%左右，那么中国在世界的劳动力市场上很大程度上是扮演了劳动力价格制定者的角色。单单从劳动力的规模上看，中国的劳动力队伍庞大因而很难被取代，并且其他国家也需要时间来承接这些产业。同时，我们看到劳动密集型产业在我国区域间的重新配置正在进行，并且将继续进行下去。

另外需要考虑到的一点是，中国全部劳动力中的24%依旧在从事农业就业。这一比例与大部分发达国家相比仍然很庞大，这就表示仍有部分潜在剩余劳动力可供挖掘。但是，当前的很大的问题是，50%以上的农村劳动力的年龄都超过了40岁。这样的人口构成很难继续提供向东部沿海地区转移的劳动力。事实上，大部分退休的农民工选择返回家乡照顾家庭。然而我们认为，如果部分的非农产业可以转移到劳动力所在的当地地区，或者是当地省份的城市，那么这些年纪较大的劳动力可能愿意离开其从事的农业而继续从事工业生产部门的就业。这些劳动力在一定程度上仍然是潜在的劳动力供给。因此，从这个角度上看，推动产业向中西部转移的趋势可能在一定程度上更好地惠及农民工。同时我们还应该更注重从顶层设计的角度规范户籍制度改革。当经济逐渐接近刘易斯转折点时，总体上人口红利逐渐式微，迫切需要创造新的经济增长源泉。而中央和地方政府看到了城市化的潜在贡献，故而形成进一步深化户籍制度改革的强烈动机。在劳动供给变为短缺的时候，只有赋予其更多的城市社会服务和福利才能更好地吸引农民工和转移劳动力，户籍制度改革应该在更广的范围内和更深的层次上展开。

参 考 文 献

蔡昉：《"民工荒"现象：成因及政策涵义分析》，《开放导报》2010年第2期，第5—10页。

蔡昉、王德文、曲玥：《中国产业升级的大国雁阵模型分析》，《经济研究》2009 年第 9 期，第 4—14 页。

胡英、蔡昉、都阳：《十二五时期人口变化及未来人口发展趋势预测》，载蔡昉等主编《中国人口与劳动问题报告 No. 11》，社会科学文献出版社 2010 年版。

路江涌、陶志刚：《中国制造业区域聚集及国际比较》，《经济研究》2006 年第 3 期，第 103—114 页。

南亮进、马欣欣：《日本经济的刘易斯转折点》，《中国劳动经济学》2020 年第 6 卷第 1 期，第 5—51 页。

Eeckhout, Jan and Boyan Jovanovic, "Occupational Choice and Development", *NBER Working Paper Series*, No. 13686, 2007.

Kojima, Kiyoshi, "The 'Flying Geese' Model of Asian Economic Development: Origin, Theoretical Extensions, and Regional Policy Implications", *Journal of Asian Economics*, Vol. 11, 2000.

Lewis, Arthur. "Economic Development with Unlimited Supplies of Labour", *Manchester School of Economic and Social Studies*, 22. 1972, 1954.

Lewis, Arthur "Reflections on Unlimited Labour", in Di Marco, L. (ed.) *International Economics and Development*, Academic Press, 1972.

Okita, Sabro, "Special Presentation: Prospect of Pacific Economies", in Korea Development Institute (ed.) *Pacific Cooperation: Issues and Opportunities*, Report of the Fourth Pacific Economic Cooperation Conference, Seoul, Korea, April 29 – May 1, 1985.

Ruan, Jianqing and Xiaobo Zhang, "Do Geese Migrate Domestically? – Evidence from the Chinese Textile and Apparel Industry", IFPRI Discussion Paper 01040, December, 2010.

Williamson, Jeffrey, "Growth, Distribution and Demography: Some Lessons from History", *NBER Working Paper*, No. 6244, 1997.

World Bank, *China 2020: Development Challenges in the New Century*, Washington, D. C., 1997.

（此文系与王美艳、曲玥合著）

自然失业、周期失业与宏观政策选择

在劳动力无限供给特征逐渐消失的条件下，劳动力市场经常遇到的、主要的矛盾也会发生变化。在典型的二元经济发展时期，劳动力过剩是常态，因此，劳动力市场的主要矛盾是如何通过加快非农部门的增长，为源源不断产生的农业剩余劳动力找到出路。而一旦刘易斯转折点到来，劳动力市场上经常遭遇到的失业现象，则主要是由于结构性和摩擦性因素所造成的自然失业。与此同时，周期性失业现象的发生，也打上了转折点的烙印。本文针对当前宏观经济形势，分析劳动力市场的新特征，提出与保持就业稳定相关的政策建议。

一 "奥肯法则"及其在中国的适用性

人们常常会引用奥肯法则来引证经济增长与就业或失业的关系。因此，研究这个法则在中国的适用性，可以加深我们对就业或失业现象本质的认识。在经济学中，奥肯法则实际上是一个拇指规则，即仅仅反映在经济增长率变化与失业率变化之间的一种相关关系，与其说它是个法则，不如说它是一个特定国家、特定时期的经验表述。撇开增长率与失业率孰因孰果不说，奥肯根据美国的经验发现，1个百分点的失业率下降与3个百分点的额外产出增长率相联系。目前美国的这种关系则被改写为1个百分点的失业率下降与2个百分点的额外产出增长率相联系。值得注意的是，奥肯法则中发挥作用的失业率，主要是指反映宏观经济周期性的组成部分，而不是与摩擦性和结构性因素相关的自然失业率。换句话说，如果失业率主要由自然失业率构成，上述关系就不会十分明显。

我们用城镇调查失业率进行"奥肯法则"的检验，即观察在1979—

2004 年期间，中国是否存在实际 GDP 增长率与失业率变动之间的显著负相关关系。统计检验表明，这两个变量之间不存在显著关系。图 1 清楚地显示了实际 GDP 增长率和失业率变动之间关系，在中国和美国的明显不同。

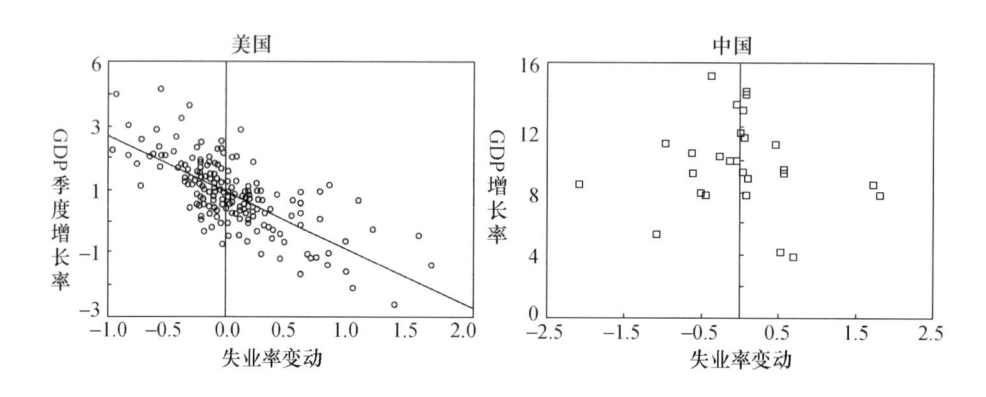

图 1　增长率与失业率之间关系：中美比较

资料来源：美国图形引自 http://en.wikipedia.org/wiki/Okun's_Law；中国图形系根据回归结果绘制。

我们所得出的经济增长率与失业率变化之间没有显著关系的经验结果，一方面说明中国目前的失业率构成中，最主要的成分是由于摩擦性和结构性因素造成的自然失业率，另一方面说明影响经济增长率的因素是多方面的，微小的周期性失业因素所能反映出的促进经济增长效果，在统计上并不能充分显示出来。

在诸如美国这样的市场经济国家，中央银行通过观察失业率的变化来做出货币政策方向的决策，是因为奥肯法则有效。但是，在中国这一经验关系不存在的条件下，仅仅通过货币政策和财政政策调节经济增长速度，并不能取得直截了当地治理失业的效果。因此，治理失业的更重要领域在于发育劳动力市场，完善其功能，提高劳动力供给与需求之间的匹配程度，缩短劳动者陷入结构性和摩擦性失业状态的时间。

二　自然失业：劳动力市场主要矛盾

失业通常由三个部分组成：摩擦性失业、结构性失业和周期性失业，前两部分构成自然失业，仅仅与诸如就业服务和就业培训等劳动力市场功能有关，而与经济增长及其周期关系较小，所以这部分失业率不依经济景气的变化而变化。周期性失业是与宏观经济景气密切相关的。一个经济中总体失业由自然失业和周期性失业构成的相对比例，决定着治理失业和促进就业政策的主要方向和效果。可见，理解失业的性质，对于我们认识劳动力市场状况，提出正确的政策建议至关重要。

我们从城镇劳动力市场可以看到，按照国际通行的口径计算的城镇调查失业率从2002年开始，官方统计的登记失业率从2003年开始，都是逐年下降的。这种失业水平相对于中国所处的发展和转轨阶段而言是较低的。而现实中仍然存在的失业现象和找工作难的现象，则绝大部分可以归结到自然失业中。在以前的一项研究中，作者曾经估算在1995—2002年期间，自然失业率为4.43%。如果假设这个水平是相对稳定的话，我们可以将其与1998年以后的调查失业率相比较（见图2）。从中可以看到，在全部失业率中，自然失业率越来越占主导的地位，而周期失业率的构成部分越来越小。主要由于劳动力市场不健全、产业结构调整和各种不利于就业扩大的规制而产生，并且不能通过宏观反周期政策予以消除的周期性失业，是当前发展阶段失业的主要表现，主要得依靠完善劳动力市场功能予以降低。

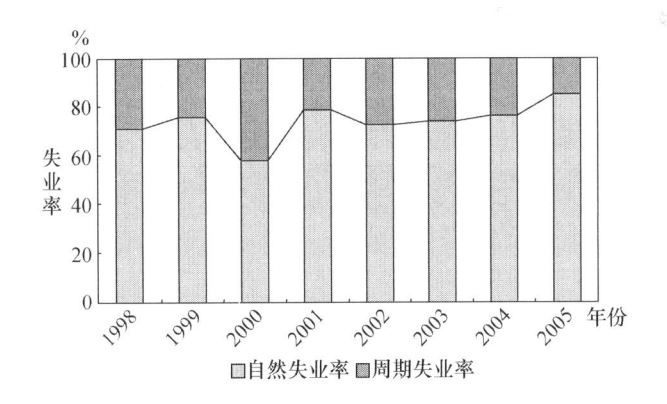

图2 城镇调查失业率构成

资料来源：自然失业率的估计见蔡昉、都阳、高文书《就业弹性、自然失业和宏观经济政策——为什么经济增长没有带来显性就业?》，《经济研究》2004年第9期；按照定义，周期失业率系城镇调查失业率减自然失业率得出。

自然失业是一种持续存在的现象，但诸多可变因素都可以影响到自然失业的水平。例如，如果技术进步和产业结构变化的幅度和速度较快，就可能比较经常和较大幅度地引发自然失业；但是，如果信息传递、职业培训、政府规制状况等反映劳动力市场发育水平和运行效率的条件良好，就可以通过劳动者对变化的更快适应而降低自然失业率；此外，社会保障覆盖率和水平等一系列因素可能会通过影响劳动者寻找岗位的激励，而影响自然失业水平和持续时间。

三　周期失业与潜在就业冲击

在中国劳动力市场上，周期性失业也是存在的，特别是在经济增长遭遇冲击而速度减缓的时候。因此，保持经济增长的可持续与稳定，对就业具有重要意义。但是，由于经济结构中的原因，仅仅靠经济增长也不能完全治理和防范周期性失业现象。对中国投入产出表的计算发现，在中国经济中，拉动经济增长效果最明显的部门，与拉动就业效果最明显的部门是不一致的。在图3中，产出乘数表示一个部门使用一定单位的最终投入所创造的总产出，而就业系数表示一个部门直接和间接带动的全部就业。从中可以看出，部门对于总产出做出的贡献与其对就业拉动的贡献，常常是不一致的，甚至两者之间呈现某种程度的反向关系。由于这样一种关系的存在，在地方政府有着追求GDP的强烈发展动机的情况下，着眼于总量的宏观调控中，常常会产生压增长、伤就业的结果。

金融机构的行为也助长这样的倾向。在银行系统存在大规模存差的情况下，由此导致，它们在对货币政策信号做出反应或执行上级银行指令时，一定会按照最有利于自身经济利益的原则进行，这就是所谓"上有政策，下有对策"。

中国目前的产业结构、项目结构和企业结构，具有一种二元的性质，即一端是高度资本密集型的大型企业和大型项目，单位投资的就业吸纳能力比较低；另一端则是劳动密集型的小企业和小项目，是当前创造就业的主要力量。而在一个从紧的货币政策下，特别是配合以行政手段进行信贷控制时，中央银行的政策信号和指令，就会与基层银行的激励相悖。后者面

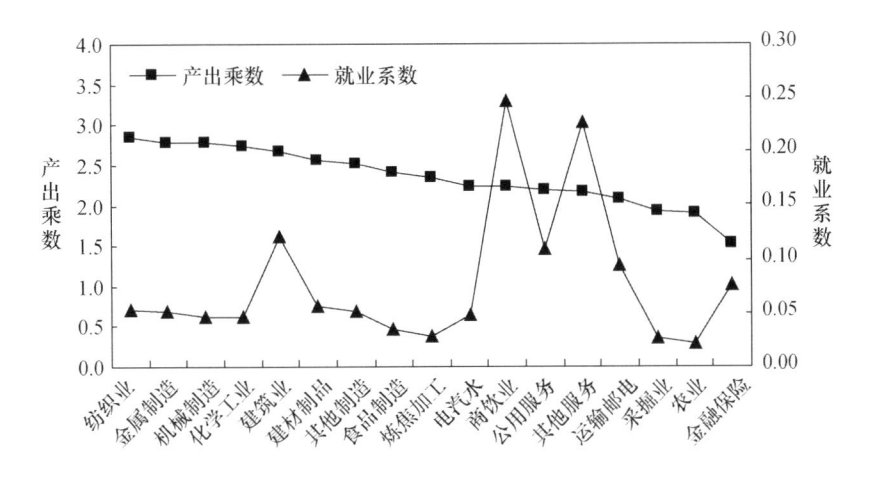

图3 增长与就业：替代抉择还是平衡兼顾

资料来源：根据朱剑《重化工业的就业联系》，《中国劳动经济学》2006年第3卷第2期计算。

临的两难处境便是：由于货币政策信号的导向和上级银行的强制要求，贷款规模必须压缩；同时，由于庞大的存差规模的存在，又不能不贷，贷款质量必须绝对保证。"理性"选择的结果则是，一方面压中小企业和小项目贷款，既满足政策要求，又保证贷款安全；另一方面给大型企业和项目更多的贷款，以相对安全的贷款实现"堤外损失堤内补"。

每一轮宏观经济调控，中央政府都会强调不要"一刀切"，要"有保有压"。但是，中央调控当局与基层银行激励不相容及其产生的目标不一致，最终必然导致压的是符合比较优势、有利于就业的小项目和中小企业，保的是投资周期长且处于产业链条上游的大项目和大企业，甚至是一些违背比较优势的不善投资（mal-investment）或过度投资（over-investment）项目和企业。宏观调控的结果最后与其初衷南辕北辙，并非仅仅一种担忧，而是人们在历次宏观调控时期经常会观察到的实际情形。

在劳动力无限供给性质消失的情况下，周期性因素可能恶化劳动密集型企业的经营和生存状况。在转折点到来之前，不善投资形成的产业结构和生产能力，虽然造成结构性矛盾，但是，从积极的方面说，也还是有利于经济增长的。而在转折点到来的情况下，虽然长期来看，这类部门和企业，因其所遵循的是传统的经济增长方式而难以为继，但是，在实际中，由于这类企业有其特殊的垄断地位优势，反而把不利因素转嫁给那些符合比较优势并潜在地符合新的经济增长方式要求的中小企业。

在刘易斯转折点到来以及开放经济的条件下，一系列提高企业生产成本的因素，对经济周期产生影响。从 2007 年开始显示出来的制造业成本提高，逐渐演化为所有工业部门的成本提高趋势，主要表现在能源、原材料和劳动力成本的提高。除了通过企业提高技术效率和劳动生产率弥补这个成本提高因素之外，通常，这需要通过两个出口来解决：一个是靠通货膨胀外部消化，即产品涨价；一个是靠挤压企业利润内部消化。实际中两种情形都发生了，但针对不同行业的企业来说，消化的方式和产生的效果是不一样的。

由于上游行业垄断性强，依靠通货膨胀消化的可能性大一些。同时，上游行业劳动密集程度低，受劳动力成本提高的影响也比较小。下游行业多是竞争性的，又是劳动密集程度比较高的部门，受冲击比较大，主要得靠挤压利润来消化。在以下情况下，这种趋势表现为对下游产业中的中小企业利润的挤压。例如，在 PPI 提高而尚未传导到 CPI，或者难以传导的情况下，意味着下游企业承受生产成本的提高，却没有能够通过价格的提高加以消化。当工业企业的利润水平整体下降，但下游部门的企业利润下降幅度明显大于上游部门的企业利润下降幅度时，意味着下游企业承受更加严重的生产成本提高压力。由于这类部门没有外部化解上升成本的出路，其利润必然受到挤压。

如果我们大体上按照上下游的区分，来对部门和企业进行排列的话，恰好吸纳就业最多的企业大多在下游，其利润减少就意味着其中的一部分已经难以为继，表现为许多中小企业倒闭，导致就业损失。从这个意义上说，利润下降通常是就业冲击的先导，劳动密集型中小企业利润下降所导致的缩减生产甚至倒闭，则直接表现为就业减少。处在上游的部门受到的伤害较小，虽然有助于维持增长速度，但是由于其劳动密集程度低，所以也无助于就业的扩大。

四　政府促进就业的责任

20 世纪 90 年代末以来，政府积极的就业政策取得了良好的效果。通过政府的努力和市场机制逐步发挥作用，中国城乡就业的增长是十分迅速的，大幅度推进了二元经济结构的转换。但是，这并非意味着在政府积极就业政策方面，没有进一步完善的余地。除了我们熟知的可以通过宏观经济政策抑制或刺激需求的作用影响周期性失业之外，也可以通过一系列其他措施改变自然失业的水平。面临的问题在于，一个应对常规的结构性失业和摩擦性失业的机制尚未在中国形成。从劳动力供给的趋势性变化看，中国大规模、突发性、冲击型的失业高峰已经过去，未来需要应对的主要是结构性和摩擦性的自然失业现象。

在中国，财政政策目标和货币政策目标的表述中都没有就业的地位。但是，由于这两个宏观政策手段是为宏观经济总目标服务的，所以，经济增长、通货膨胀、就业和国际收支也是其遵循的目标。但是，在如此众多的目标之间，往往存在着矛盾之处，面对目标之间冲突时，就难以保证就业目标的高度优先序了。特别是，许多地方政府仍然把GDP和财政收入作为政策制定的第一考虑因素，而这些目标与就业的扩大并不总是一致的。

一个值得改进并能够及时获得效果的方面是，政府各个部门在积极就业政策中的职能可以更加明确地划分。一方面是政府劳动或人力资源部门职能的回归。实际上，在20世纪90年代后期，中国遭遇到了严峻的劳动力市场冲击后，劳动部门把所有责任都揽在了自己身上。但是，一个部门根本不可能履行这么多的职能。在常规就业越来越属于劳动力市场功能问题的新形势下，真正旷日持久存在的、持续不断产生的失业现象，并且成为学者和政策制定者长期关注点的失业现象，就是由结构性原因和摩擦性原因造成的自然失业。

归根到底，降低自然失业率才是劳动主管部门的唯一责任。而与经济增长和周期现象有关的失业、就业问题，则是宏观部门的责任。这种重新定位将有利于而不是削弱政府在就业扩大中的责任和作用。同时，这也将进一步扩大劳动或人力资源部门在就业中的责任。例如，在图2中我们看到，自然失业率在总体失业率中的比重越来越大。如果简单地把这个部分看作是主要应该由劳动部门解决的任务，而越来越小的周期性失业部分是宏观经济部门的责任的话，劳动部门更加任重道远。

认识和应对招工难

2012年春节后，民工荒再次成为各地热点和难点，而且严峻程度大大高于往年。直至不久以前，人们还深深地沉迷于劳动力无限供给的幻觉，突然间，无论沿海地区还是中西部地区，企业特别是中小企业日益面临严重的招工难以及由此引起的前所未有的加薪压力。如果说在劳动力过剩条件下就业困难关乎民生的话，在二元经济尚未消失条件下出现招工难问题，则既关乎民生又影响中国经济增长的可持续性。因此，对于如何认识和应对招工难现象，应该给予多年以来对待就业难现象同样的重视程度。

一 为什么招工难来得如此迅速

我们需要从中国经济正在经历的转折，来认识何以从就业难到招工难的转变如此迅速。在改革开放以来的很长时间内，主要通过劳动力市场配置就业的普通劳动者，特别是农民工的工资没有实质性的提高。这是因为直到2004年之前，中国处于典型的二元经济发展阶段，具有劳动力无限供给的特征，大量农村剩余劳动力和企业冗员的存在，抑制了非熟练劳动力工资的提高。以民工荒现象为标志的劳动力短缺现象首先于2004年出现，随后就从未间断，并推动着普通劳动者工资的持续上涨。因此，按照二元经济理论的定义，我们把2004年看作是刘易斯转折点到来的年份。

如果说这个转折点的标志有些模糊，对于其是否已经到来还值得争论的话，我们再来看另一个可以十分确定的转折点，即15—64岁劳动年龄人口停止增长，相应地人口抚养比不再下降的转折点。由于劳动年龄人口持续增长和抚养比下降创造了人口红利，因此这个转折点意味着人口红利的消失，所以也称作人口红利转折点。根据最新预测，中国15—64岁劳动年龄人口增长率逐年下降，预计在2013年前后达到峰值，届时劳动年龄人口总量接近10亿。自那时以后，劳动力的绝对数量不再增加。而且，在达到峰值之前，劳动年龄人口的增长率已经递减。因此，无论如何我们不能够说劳动力仍然是无限供给的了。

中国招工难现象之所以一经发生就如此迅猛，是因为上述两个转折点之间的间隔时间很短。根据研究和统计，日本于1960年前后到达刘易斯转折点，1990年之后到达人口红利转折点，其间有30余年的调整期。虽然在1990年之后日本经济陷入停滞，但终究在这个调整期间日本成为高收入国家。韩国于1972年前后经过了刘易斯转折点，迄今为止尚未到达人口红利转折点，预期于2013年前后与中国一起进入人口红利消失的发展阶段。也就是说，韩国两个转折点的间隔高达40余年。

按照同样的标准判断，如果同意说中国于2004年经过了刘易斯转折点，那么随着2013年劳动年龄人口不再增加，人口抚养比停止下降，从而迎来人口红利转折点，则意味着两个转折点之间充其量只有9年的调整时间。可见，两个转折点到来之间的时间短暂，使得劳动力短缺现象出现之后，在较短的时间内就演变为严重的民工荒或招工难现象。中国的这一转折特点，也给劳动力市场性质打上了特殊的烙印。

二 转型期劳动力市场的双重特征

中国的劳动力市场正在从二元经济所对应的模式转向与新古典经济相对应的模式，劳动力市场的表现既存有二元经济特征又表现出一定的新古典模式的特点。因此，在认识二元经济下劳动力市场性质的基础上，也需要把握新古典模式下的劳动力市场的相关特征，因为过去阶段的一些特征仍然存在，而后者在一定程度上也是转型的目标所指。我们可以尝试借鉴这两种分析框架来认识当前的问题，提出有针对性的政策建议。我们先把新古典模式的劳动力市场与刘易斯劳动力市场类型进行对比（见表1）。通过这样的一个对比，可以了解到当前我们的劳动力市场特征既不是纯粹的二元经济结构，同时也不是典型的新古典模式。

表 1　　　　　　　劳动力市场的新古典和刘易斯类型特征比较

	新古典类型		刘易斯类型
工资决定	基于劳动边际生产力,主要依据市场供求关系形成	VS	基于分享劳动平均生产力的生存工资
市场出清	劳动力市场通过工资变化可以结清供求差异		存在制度障碍,使得供大于求不能被市场结清
就业问题	周期性失业、结构性失业和摩擦性失业		农业中的就业不足和城市的劳动力无限供给
政府责任	以宏观经济和劳动力市场政策应对周期性和自然失业		促进就业扩大和消除制度障碍

我们首先来看工资决定的问题。在刘易斯模式描述的二元经济结构下,劳动力是无限供给的,农业中劳动边际生产力极端低下。务农收入远远低于非农产业的工资水平,外出务工劳动力的工资,受到劳动力供给数量的制约而长期得不到提高。户籍制度等体制因素,使得农民工的工资并不由其劳动边际生产力决定。而在新古典模式下,理论上劳动者工资是基于劳动的边际生产力,通过市场机制和劳动力市场制度作用而决定。随着农村剩余劳动力的减少和劳动力短缺普遍出现,各类产业和行业都出现资本替代劳动的趋势,劳动生产率显著提高。与此相伴随,农业和非农产业工人工资自 2004 年以来持续大幅度提高。

接下来我们看劳动力市场出清的情况。在刘易斯模式下,既由于劳动力无限供给的特征,也由于存在着劳动力部门转移和区域转移的制度障碍,劳动力供求关系不会通过工资水平的调节而得以出清,所以长期存在二元经济结构,劳动力供大于求是一种常态。而在新古典模式下,在理论上或趋势上,劳动力市场可以通过劳动力流动和工资调节结清供求差异。

直至 20 世纪 90 年代后期,在国有企业减员增效改革之前,这种劳动力供求关系表现为农村的劳动力剩余和城市的企业冗员,没有表现为失业率的上升,经济波动也没有反映在失业率变化上面。而在 1997 年通过改革打破铁饭碗的情况下,城市则出现大规模的失业和下岗现象。根据估算,2000 年调查失业率一度高达 7.6%。随着政府实施积极的就业政策,特别是劳动力市场发育水平的提高,就业形势逐渐转好,2002 年以后登记失业率保持在高度稳定的状态。

进而,从就业的问题来看,二元经济结构最大的问题是存在大量的劳动力但是缺乏就业岗位,因此在过去相当长的一段时期,我们所有的就业政策都立足于劳动力供大于求的前提而制定,其目标旨在创造尽可能多的就业岗位以扩大就业;而在新古典模式下,就业问题更主要的是集中于周期性失业、结构性失业和摩擦性失业的问题,这些问题更多地需要通过宏观经济政策,通过政府的劳动力市场政策来解决。

最后,从政府责任来看,二元经济下的主要任务就是要扩大就业,消除影响劳动力就业的障碍;但是到了新古典时期,宏观经济政策直接应对的目标也就更加明确了,即以宏观经济政策和劳动力市场政策应对周期性失业和自然失业。

三 应对招工难的政府对策

认识到中国劳动力市场转型的特殊性之后,关于政府应该如何应对的政策建议也就呼之欲出了。总体来说,我们应该抓住招工难现象背后的劳动力市场新特征,改变传统政策思路,消除认识上的固化和偏颇,防止决策失误。

首先,在劳动力市场出现总量偏紧的情况下,不能对结构性和摩擦性就业困难掉以轻心。随着产业结构调整的加速,在新的就业机会不断被创造出来的同时,一部分传统岗位也不可避免地消失。如果需要转岗的劳动者技能不能适应新岗位的要求,则会面临结构性失业风险。由于我国劳动力市场发育尚处于较低水平,人力资源配置机制尚不健全,在产业结构变化过程中,劳动者还不能做到无摩擦转岗。因此,摩擦性失业现象也会经常存在。

包括各类毕业生在内的新成长劳动者群体,虽然受教育程度较高,但其人力资本与劳动力市场对技能的需求有一个匹配的过程。至于那些缺乏新技能的城镇就业困难群体,与劳动力市场需求的衔接则会遇到更多摩擦。因此,上述两个劳动者群体最易受到这两类失业的困扰。这是最适宜发挥政府促进就业职能的领域,对劳动力市场功能和政府公共服务能力提出更高要求，即要求政府有针对性地提供就业、创业、转岗和在岗培训，规范和完善人力资源市场功能，从劳动者能力和市场配置效率两个方面降低自然失业率。

其次，在劳动力无限供给特征逐渐消失的情况下，要更加关注经常性发生的周期性失业现象。在市场配置资源和引导经济活动的条件下，宏观经济的周期性波动不可避免，与宏观经济周期相对应的周期性失业现象也同样不可避免。在我国当前的发展阶段，进城务工的农村转移劳动力，由于没有获得城市户口，就业不稳定，往往要承受更大的周期性失业冲击。例如，国际金融危机对我国实体经济和就业的冲击，导致上千万农民工在2009年春节提前返乡，就是这种周期性失业的表现。

从一般经验和中国特殊性看，应对这种类型的失业有两条途径：第一，借助宏观经济政策手段，发挥货币政策和财政政策的宏观调控作用，熨平经济周期。为此，宏观经济政策要把就业置于优先地位，以就业状况为依据确立政策方向和力度，降低周期性失业风险。第二，通过改革消除劳动力市场的分割对周期性失业的放大效应。为此要加快推进基本公共服务按属地原则均等供给的进程，把农民工纳入城镇失业保险、就业扶助等公共服务范围，降低他们面对就业冲击的脆弱性。

最后，在非熟练劳动力短缺和工资上涨迅速的情况下，要防止形成人力资本培养的负激励。加快转变经济发展方式，要求经济增长的驱动力转向更多地依靠生产率的提高，经济增长的拉动力转向依靠消费需求，产业结构中第三产业比重明显提高。这一系列转变都主要以产业结构升级和优化的方式表现出来，要求产品质量和服务质量进一步提升，抵御风险能力进一步增强，必然对劳动者素质提出更高要求。按照目前相应产业的劳动者受教育水平估算，如果劳动者从第二产业的劳动密集型就业转向第二产业的资本密集型就业，要求受教育水平提高1.3年；转向第三产业技术密集型就业，要求受教育水平提高4.2年；即使仅仅转向第三产业的劳动密集型就业，也要求受教育水平提高0.5年。

近年来，随着就业岗位增加，对低技能劳动力需求比较旺盛，一些家庭特别是贫困农村家庭的孩子在初中阶段辍学现象比较严重。例如，调查显示，2010年部分贫困农村地区的初中三年累计辍学率高达25%。从家庭的短期利益着眼，这种选择似乎是理性的，但是，人力资本损失最终将由社会和家庭共同承担。这部分劳动者会在产业升级加速的将来处于缺乏竞争力的状态，成为新一代就业困难群体。因此，政府应该切实降低义务教育阶段家庭支出比例，巩固和提高义务教育完成率，而通过把学前教育纳入义务教育，让农村和贫困儿童不致输在起跑线上，也大大有助于提高他们在小学和初中阶段的完成率，并增加继续上学的平等机会。

农民工市民化的紧迫性和推进路径

一　引言

人们通常在一般规律上了解在经济发展过程中，农业份额下降和劳动力部门转换的现象及其必然性。但是，由于以下几个原因，人们对于这样的转变实际上是怎样表现的，每个阶段会呈现出什么样的特征，哪些变化是具有根本性意义的，哪些标识可以用来判断根本性的变化，却不是认识得十分清楚。首先，发展经济学理论的解说和预测不尽相同，观点莫衷一是。例如，刘易斯从其做出转折点描述和判断的意义上，说明他认为农业劳动力转移是一个持续并且单向的过程；而托达罗则把农业劳动力转移看作可以是一个有来有去的双向流动过程。其次，先行国家和地区中不同的时期实际表现各异，似乎看不到完全相同的变化轨迹。再次，中国的变化十分迅速，如果发生一个根本性的变化，往往使人在认识上应接不暇。此外，诸如中国劳动力供给长期大于需求、农业剩余劳动力数量庞大等传统观念，也常常干扰人们从新的角度去认识新的情况。

不过，中国长期以来的劳动力转移路径及其正在发生的新变化，与刘易斯的二元经济发展过程及其转折点的描述十分吻合，启发我们可以把相应的理论概念借鉴来比照中国的实践。虽然中国的人口转变因其受政策的影响及完成得较早，但是，其产生的人口结构改变后果，却恰好验证了刘易斯转折点的主要特征。① 刘易斯在对日本转折点作出判断时,就把生育率的下降作为一个重要观察点（Lewis,1958）。由于人口政策和经济社会发展,中国在整个改革开放时期,都处在劳动年龄人口总量迅速增加且比重不断上升的过程中,通过充分的劳动力供给和高储蓄率为中国经济增长提供了人口红利（Cai and Wang,2005）。然而,目前城镇劳动年龄人口的净增量全部来自农村劳动力的转移,呈现逐年减少的趋势,预计到2015年转为负增长。相应地,人口抚养比也开始大幅度提高,传统意义上的人口红利消失。目前出现的普通劳动者工资上涨和经常性的民工荒现象,就是这种人口结构变化与高速经济增长保持对劳动力强烈需求之间产生矛盾的体现。

上述人口转变的趋势也反映为外出农民工的增量已经开始逐年减少。虽然外出6个月以上的农民工人数从2000年的7849万迅速增加到2008年的1.4亿,但是增长速度却已经显著地降低。另一方面,不包括农民工在内的城镇就业总量却继续增长,保持稳定的增长速度（见表1）。如果我们把城镇就业增长趋势作为经济增长对于劳动力需求的显示性指标的话,则意味着不断出现的劳动力短缺具有其劳动力供给与需求关系上的根源。对于二元经济发展来说,这种新趋势虽然并不意味着劳动力供给的枯竭或者劳动力供求关系的不平衡,但却预示着劳动力无限供给特征的消失,即刘易斯转折点的到来。②

以刘易斯转折点的到来作为一个经济发展阶段的里程碑,从理论的角度认识中国二元经济终结并揭示其相应的政策含义,有助于我们认识未来经济增长的潜力,以及保持社会和谐的关键领域。而农民工无疑是这个理论认识和政策关注中的一个主题词。③ 可以说,农民工的地位和身份如何变化,决定着经济增长和社会稳定的前景。在2030年之前的20年中,中国人

---

① 我们把劳动力需求增长超过供给增长速度、工资开始提高的情形称作刘易斯转折点。此时农业劳动力工资尚未由劳动边际生产力决定,农业与现代部门的劳动边际生产力仍然存在差异。而农业部门和现代经济部门的工资都已经由劳动的边际生产力决定,两部门劳动边际生产力相等阶段的到来,可以称作商业化点,这时才意味着二元经济的终结（参见 Lewis,1972；Ranis and Fei,1961）。

② 关于中国经济是否迎来其刘易斯转折点,国内外的学术界存在争论。笔者关于该转折点已经到了的证据,可参见蔡昉（2008）和 Cai（2008）。

③ "中国工人"被选为美国《时代》周刊2009年年度人物,并被排在第三名位置上,表明中国农民工不仅对于中国经济社会做出巨大贡献,而且对于世界经济具有重要意义。

口转变的后果将进一步显现：2015 年前后劳动年龄人口将停止增长，2030 年前总人口将达到峰值。对于一个长期以来依靠丰富而便宜的劳动力实现了高速经济增长的国家来说，应对这些重大转变带来的挑战，挖掘人口红利的潜力，并未雨绸缪，实现经济增长方式的转变，是保持增长可持续性的关键。

表1　　　　　　　　　农民工与城镇就业的数量与增长速度

年份	农民工		城镇就业	
	人数（万）	年增长率（%）	人数（万）	年增长率（%）
2001	8399	7.0	23940	3.4
2002	10470	24.7	24780	3.5
2003	11390	8.8	25639	3.5
2004	11823	3.8	26476	3.3
2005	12578	6.4	27331	3.2
2006	13212	5.0	28310	3.6
2007	13697	3.7	29350	3.7
2008	14041	2.5	30210	2.9

资料来源：国家统计局（2009）；国家统计局农村社会经济调查司（历年）。

本文的以下部分是这样组织的：第二部分揭示作为刘易斯转折点到来的题中应有之义，在劳动力流动和劳动力市场变化趋势中，已经日益显示出农业不再是剩余劳动力的蓄水池，因而农民工进城的不可逆转性愈发确定。第三部分讨论"托达罗悖论"的政策含义，指出继续目前农民工"有来有去"的模式，从经济增长的角度已经没有合理性，而从社会发展方面更可能存在一定的风险。因此，恰当的政策选择应该是按照农民工市民化的思路推进城市化进程。第四部分讨论把农民工纳入城市社会保障制度中，或者更一般地说，把他们纳入城市公共服务对象的迫切性和可行性。最后部分对主要结论及其政策含义做简单总结。

二 农民工进城的不可逆转性

虽然刘易斯转折点并不是也不应该是一个黑白分明的、把前后发展阶段截然切断的分界线,而更应该被看作是一个连接两个发展阶段的转折区间,或者是经济发展过程中的一个长期历史趋势的起点(Minami,1968),但是,我们仍然借助这个转折点的分界,对其到来前后劳动力市场及其相关表现进行分析。在距离刘易斯转折点较远的情况下,农业中劳动力剩余程度高,劳动边际生产力趋近于零,劳动力转移出来并不影响农业生产,因而农民外出打工并不会引起农业生产方式的变化。此外,由于这个时期非农产业只是在边际上,并且不稳定地吸纳农业剩余劳动力,农业仍然作为一个剩余劳动力的蓄水池。而在进入刘易斯转折点之后,或者这个起点开始之后,情况发生了本质性的变化。

首先,农业生产方式对于劳动力大规模稳定外出做出了长期的调整。由于农业剩余劳动力的向外转移是持续大规模进行的,数量每年有稳定的增长,推动农业机械化和现代化对此做出反应,即农业技术变化逐渐从早年的不重视劳动生产率,转向以节约劳动力为导向。从农业机械总动力来看,改革开放30年期间始终是以比较稳定的速度在增长,在基数增大的情况下,近年来并没有减慢的迹象。而更为显著的变化是农用拖拉机及其配套农具的增长趋势和结构的变化。在1978—1998年的20年中,农用大中型拖拉机总动力数年平均增长2.0%,小型拖拉机总动力年平均增长11.3%,而在1998—2008年的10年中,大中型拖拉机总动力年平均增长率提高到12.2%,小型拖拉机动力增长率则降到5.2%。拖拉机配套农具的增长消长也类似,大中型配套农具年平均增长率从前20年的0.0%提高到后10年的13.7%,小型配套农具增长率从12.1%降低到6.9%。按照农业技术诱致性变迁理论(Hayami and Ruttan,1980),这种农业机械化加快过程中的劳动节约倾向,反过来印证了农业剩余劳动力的实质性减少。

其次,城镇非农产业对农村转移劳动力依赖日益加深,或者说对农民工形成了刚性需求。从劳动年龄人口变化趋势看,城镇这个年龄组的人口增长已经停止,所需劳动力净增量完全来自农村。据国家统计局的调查,截至2008年年底，全国打工时间在6个月以上的农民工总量为2.25亿人。其中，跨乡镇外出流动就业的农民工人数为1.4亿，占农民工总数的62.3%；在本乡镇范围之内从事非农就业的农民工人数是8500万人，占农民工总数的37.7%。在外出就业的农民工中，常住户外出就业的农民工人数为1.1亿人，占农民工总数的49.6%；举家外出户农民工人数为2859万人，占农民工总数的12.7%（盛来运，2009）。

从这两个变化趋势，可以观察刘易斯转折点前后劳动力转移的不同特征。在转折点之前，城镇或非农产业对劳动力需求的周期性变化，通常导致农业劳动力数量的反向增减，即农业就业规模不是由自身需求决定的，在统计意义上是一个余项，农业仍然是剩余劳动力的蓄水池。而在转折点到来的情况下，城镇和非农产业的劳动力需求波动，则较少引起农业劳动力的反向变化。即一方面农业不再具有消化剩余劳动力的功能，另一方面城镇和非农产业调节劳动力市场短期供求变化的能力也增强了。其结果是，农业不再作为剩余劳动力的蓄水池。图1表明，大约以20世纪90年代中后期为转折，此前非农产业就业增长率与滞后一年的农业就业增长率都波动比较剧烈，统计上有较大的变异程度。由于劳动力总量在继续增长，两者多数年份都是正增长，并且由于农村劳动力转移要求与受非农产业就业的约束都很强烈，两个增长率之间的关系并不稳定。在转折点之后，两个就业增长率变异程度明显降低的同时，两者之间呈现显著的负相关关系，在1998—2008年期间两者相关系数为-0.748，农业就业以负增长为主。也就是说，只有到了这个发展阶段，非农产业就业的增长和农业就业的减少才成为常态的和密切关联的。

中国遭遇金融危机后农民工就业的调整，也验证了前面揭示的这种劳动力市场性质的根本性变化。普遍的看法是，在遭到出口减少、部分外向型企业倒闭冲击的情况下，农民工大规模失业，因而被迫返乡。其实这是个牵强的说法，缘于就业冲击与春节在时间上的重合。由于农民工在城市没有户籍身份，因此，他们仍然以农村老家为根，回乡过春节是每年惯例，春运期间的交通紧张程度即为证据。不仅如此，农民工在有工作时休假并不规律，而就业不稳定的特点使得他们一旦失去工作，或者就业和收入不满意，也会常常以暂时回乡休息作为一个阶段性缓冲。诚然，2008年年底

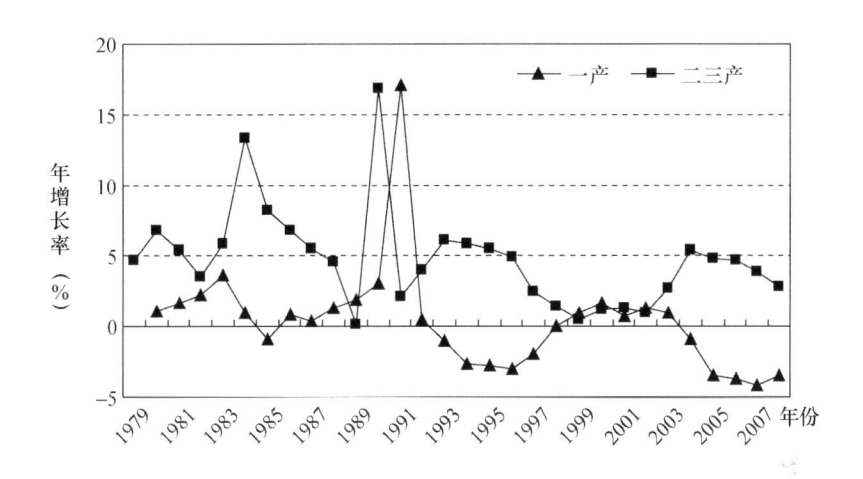

图 1　农业就业与非农就业的数量关系

资料来源：国家统计局《中国统计年鉴》(历年)，中国统计出版社。

的出口状况跌到谷底，造成部分农民工失业以及整体制造业就业形势不好，由于这时农民工通常也不愿再找工作，所以出现了提前返乡的现象。因此，人们广为引用的大量农民工因金融危机返乡潮，实际上很可能是正常回乡过年加部分提前返乡现象的误读。春节后绝大多数农民工回城并基本就业的事实（回城率为95%，就业率为97%），就是明显的证明。更不用说很快就在各地出现了民工荒，即劳动力短缺现象。

三　"托达罗教条"的终结

托达罗因其对于迁移动因的研究而广为人知，而他的理论中最具影响的莫过于所谓的"托达罗悖论"。在代表性文献中（Todaro，1969；Harris and Todaro，1970），他提出吸引农村迁移者的是城乡预期工资之差，即把城乡实际工资差由城市失业率进行修正。这样，就形成了一个悖论，即所有改善城市就业状况从而降低失业率的努力，则因扩大了城乡预期工资的差距，而加大农村劳动力的迁移动机。或者进一步，所有改善迁移者状况的努力，都会进一步引起迁移者的涌入，反而恶化迁移者在城市的就业和居住环境。与此相应，"托达罗悖论"则因而转化为"托达罗教条"，包括对农村向城市的迁移要加以控制，劳动力流动模式应该是"有来有去"，从而只是把迁移者作为临时过客等一系列政策倾向。

"托达罗悖论"的一个假设是农业中不存在失业现象，背后的含义是，农业仍然是剩余劳动力的蓄水池。与此相对应，"托达罗教条"寄希望于通过保持城乡劳动力迁移的两极在推力和拉力上面的平衡，发挥农村作为化解社会风险的功能。从经济发展的层面，这个假设是缺乏动态的，没有把农业份额下降规律乃至二元经济发展的内涵充分考虑在内。如前所述，中国经济已经到达刘易斯转折这个新的发展阶段，打破"托达罗悖论"乃至改变"托达罗教条"所隐含的政策倾向，是客观的必然性。如果说在我们今天观察到的这个转折点之前，随着城市经济周期性波动农民工经常性返乡，把承包地作为一种后备就业机制，可以起到防止流动劳动力在城市遭遇失业风险从而陷入绝对贫困的作用，在缺乏对农民工的社会保护机制的条件下，不啻为一种经济和社会泄洪渠。但是，一旦农业不再是剩余劳动力的蓄水池，劳动力流动不再是"有来有去"式的，从终极方向上看，推力和拉力的均衡终将要打破，因此，这种以迁移劳动力的间或返乡为表现的风险防范机制，已经失去了存在的基础。

历史上日本在经历20世纪60年代大规模劳动力从农村向城市转移之后，当代欧洲发达国家的外籍工人，在遭遇经济危机或经济低迷周期时，都没有出现劳动力大规模倒流的现象，而是通过从制造业到服务业，从正规部门到非正规部门的就业调整应对风险。金融危机时期农民工对劳动力市场的反应，已经显示出与国际经验的类似之处。如他们返乡过春节随即回城后，经历了从制造业到服务业以及建筑业的就业调整，实现了相对充分的就业[①]，以至不久后出现了劳动力短缺现象。这充分意味着，用"托达罗教条"和"有来有去"的传统观念进行劳动力流动的管理，已经不符合时代的要求。

[①] 例如，作为应对金融危机对就业潜在影响的一项措施，城市政府放松了对于走街串巷摊贩的管理，首先使农民工就业转向生活服务业。随即，中央政府投资带动的经济刺激方案，投资结构更加向基础设施建设和服务业倾斜，也为农民工进行就业转换创造了更多的机会（参见 Cai, Wang and Zhang, 2010）。

另一方面，农民工在城市长期居住和工作的意愿及倾向①，与其缺乏稳定的市民身份的现实发生了抵牾。金融危机对中国实体经济造成负面影响，进而导致劳动力市场趋紧，也给农民工就业及工资带来冲击。虽然农民工中在城市居住 6 个月以上的，已经在统计意义上算作城市人口，构成了 46% 城市化率的组成部分，但是，他们并没有享受到均等的公共服务和社会保护，在企业面临困难时，农民工往往首当其冲，就业和收入都不稳定，加上社会保障覆盖率低，成为城市里的边缘人和脆弱群体。据调查（汝信等，2009，第 7—8 页），2009 年全国法院系统受理的劳动争议案件比上年同期增长 30%，在沿海地区增加幅度更高达 40%—150%。其中，农民工是提起劳动争议最多的群体，而且他们的维权重点已经开始从讨回欠薪转向社会保障等问题。这一方面表明由就业和收入引发的社会风险的存在，另一方面显示需要改变传统管理观念，转向遵循经济发展规律的要求，把农民工的市民化作为新的战略思维，推进城市化进程。

"托达罗教条"终结的一个表现，是以农民工为主要构成部分的城市常住人口的加速扩大，从而加速了城市化进程。但是，这个城市化速度与统计口径的变化有很大的关系。在严格实行户籍制度，没有自发性人口迁移和流动的计划经济时期，如 1964 年的第二次人口普查和 1982 年的第三次人口普查，都是把非农业户口统计为城市人口，把农业户口统计为农村人口。随着农村劳动力向城市流动规模越来越大，既然户籍制度调整的进程未能与这个人口流动保持同步，户籍身份不再能够准确地反映城乡的实际居住状态。针对这种新情况，1990 年进行的第四次人口普查采用了常住人口的概念，即那些离开家乡进城超过一年的流动人口，也被算作城市常住人口。这次人口普查的结果，随后被国家统计局用来作为基础，对 1982 年到 1990 年的所有数据进行了调整。到了 2000 年的第五次人口普查，离开家乡进入城市的时间只要达到半年，即使没有改变户籍，也被作为城市常住人口。国家统计局也据此对 1990—2000 年期间的城市化数据进行了调整。从此以后，城市人口被定义为：在城市居住 6 个月或以上的居民，而无论其户口登记地在哪里。其结果是，城市化率与非农化率产生了较大的差距，2007

---

① 调查表明，在农民工中，有接近 70% 在城市居住已经超过 3 年，有 39% 超过 8 年（张秀兰，2009）。

年城市化率比非农化率高出 12 个百分点（见图 2）。

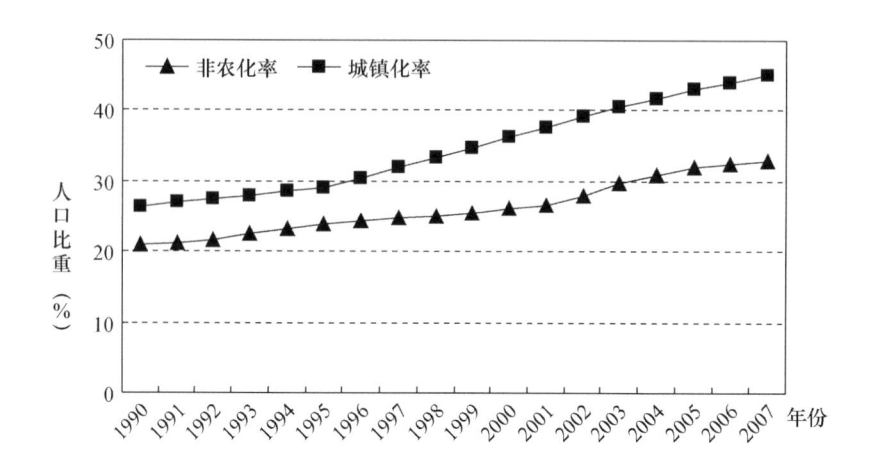

图 2　人口的城市化率与非农化率

资料来源：国家统计局《中国人口和就业统计年鉴》（历年），中国统计出版社。

有人认为，由于现行统计中的城市人口有很大一部分是务农者，因而城市化率略有高估，即被高估了 10%（Chan，2009）。其实，城市化固然与产业特点有关，但更主要是按照人口的集聚程度来定义的，因此，部分人口从事农业倒并不应该成为判断城市化是否被高估的依据。由于户籍制度是中国特有的制度现象，背后具有丰富的福利含义，因此，我们仍然应该从户籍制度的角度来判断和认识真实城市化水平。与计划经济时期严格执行人口迁移和流动控制的情形相比，农民工现在可以进入城市，不限期地自由择业和居住，应该看作是户籍制度改革的重要一步，由此形成的城市化水平提高，不应该简单地被说成是高估。①

但是，从公共服务的均等性来讲，这种城市化模式的确具有非典型化的特点，即被统计为城市常住人口的农民工及其家属，没有享受到与城市户籍人口相同的社会保障和社会保护的覆盖，在诸如义务教育、保障性住房等其他公共服务方面，他们也没有获得均等的权利。这种非典型性的城

---

① 相应地，从前述农民工就业、居住权利和实际规模的扩大看，笔者也不赞成陈金永教授（Chan and Buckingham，2008）关于户籍制度改革没有实质性的进展，甚至有所倒退的判断。

市化，妨碍了城市功能的发挥，抑制了城市化对经济增长和社会发展的促进作用。具体来说，这种城市化模式首先导致城市化进程的不稳定性。无论是因经济周期因素还是最终预期，没有获得正式市民身份的农民工及其家属，仍然把农村老家作为自己的归宿。由于城乡消费模式的差异，没有归属感的农民工和家属，仍然按照农村的模式进行消费和储蓄，不能发挥城市化促进服务业发展和消费需求扩大的功能。因此，未来的城市化应该从单纯的人口比率提高，转向更加关注公共服务覆盖面扩大的内涵上来，通过消除46%的常住人口城市化率与33%的非农户籍人口比率，实现农民工的市民化。

四 公共服务均等化的条件

刘易斯转折点还隐含着另外一层含义，即地方政府对于外来劳动力的态度的转变。中国政府是一个发展型政府（Oi，1999；Walder，1995），而地方政府还可以看作是竞争型政府（Breton，1996）。更准确地说，地方政府在财政分权的条件下，有着强烈的发展本地经济的动机，因而尝试以有效率的方式最大化发挥政府职能。这种关注经济发展的政府类型，对于政府所履行的职能，包括直接介入经济活动和提供公共物品，其最为关心的部分是有利于本地经济发展的领域。蒂布特（Tiebout）通过构造一个迁移者"用脚投票"（vote with their feet）的模型，解释地方政府提供公共服务的行为，尝试找到公共服务供给与需求之间的市场解（曹荣湘主编，2004）。这个假说的含义是，由于迁移者对于由地方政府支出提供的公共服务有特定需求和偏好，他们会根据一个地区或社区的公共服务提供水平，选择自己的迁移目的地。反过来，地方政府如果对本地居民的数量具有特定的需求和偏好，则会通过调整自己的公共服务供给行为，尝试吸引或排斥迁移者。

虽然对于蒂布特模型有不同的看法，本文也并不需要承认地方政府的公共服务能够获得市场均衡解。但是，该假说为地方政府看到农民工对地方经济增长重要性的情况下，提供更好的公共服务具有了内在的激励相容因素。在刘易斯转折点之前，二元经济所具有的劳动力无限供给特征，决定了非农产业发展可以在不提高工资等就业待遇的条件下，劳动力需求得以充分满足，劳动力不会成为经济增长的瓶颈要素，因而，地方政府的主要干预领域不在劳动力市场，而是集中于招商引资。经济发展一旦到达刘易斯转折点，劳动力短缺经常性地发生，一方面，企业通过提高工资、改善待遇和工作条件等方式逐渐展开对劳动者的竞争，另一方面，从地方政府的行为上，我们也可以看到一种倾向，通过某种形式的劳动力市场干预，或者提高对农民工的公共服务覆盖水平，帮助本地区获得更好的劳动力供给环境。

例如，制定和调整本地最低工资，就是地方政府干预工资水平的一种机制。自1993年当时的劳动部发布《最低工资条例》和1994年通过《劳动法》，地方决定的最低工资制度开始实施。在早期时间里，该法规实施的特点是标准较低、调整较少、较少应用于农民工。但是，随着2004年以后民工荒在各地普遍出现，意味着劳动力短缺成为经常现象，一方面，中央政府要求各地至少每两年进行一次调整；另一方面，各城市政府感受到劳动力短缺的压力，竞相提高最低工资水平（见表2）。与此同时，最低工资

表2　　　　　　　　　城市最低工资调整情况

单位：个数，%

年份	样本城市数	调整的城市数	样本城市平均增长率	调整城市平均增长率
1996	129	32	3.6（7.2）	14.4（7.2）
1997	142	80	7.6（8.0）	13.5（5.9）
1998	209	31	2.4（6.4）	15.9（7.7）
1999	227	152	16.9（14.2）	25.3（9.4）
2000	255	79	8.8（15.9）	28.7（15.8）
2001	274	122	9.2（16.8）	20.7（20.0）
2002	286	167	9.8（11.4）	16.8（10.3）
2003	286	77	4.4（8.3）	16.3（7.7）
2004	286	186	15.6（16.6）	24.0（14.9）
2005	286	132	10.9（15.5）	23.6（14.9）
2006	286	253	18.4（14.4）	20.7（13.6）
2007	286	154	10.8（14.3）	20.0（13.9）
2008	286	200	13.6（11.9）	19.4（9.4）

注：括号中的数字为标准差。

资料来源：根据城市最低工资数据库（由中国社会科学院人口与劳动经济研究所收集）计算得到。

水平与市场工资水平同步提高。① 此外,许多地方政府还通过与劳动力输出省份的协作,帮助企业联系劳动力的稳定和定点供给;许多城市逐步放松关于农民工落户的条件,如规定了购房面积标准、劳动合同年限,以及社会保险累计缴纳年限等落户标准,并且这些类似的标准逐步得以降低;地方劳动和社会保障部门灵活地掌握社会保险缴费水平,以扩大对农民工的覆盖率。所有这些政府努力,表现出地方政府对于以人为核心的城市化的激励相容。

对农民工来说,最必需且最为欠缺的公共服务是养老保险和失业保险。从有关劳动和社会保障的法律、法规上讲,基本社会保障制度的覆盖,是城市农民工的权利。然而,实际中他们参加社会保险的比例,迄今为止仍然很小。据2009年的调查,在城市打工6个月以上农民工的养老保险覆盖率为9.8%,失业保险覆盖率仅为3.7%(盛来运,2009)。既然农民工加入各种社会保险没有法律障碍,现实中覆盖率低的问题在于农民工个人和企业的缴费意愿,以及地方政府的相应制度安排。正如前面所分析的,刘易斯转折点到来对于地方政府公共服务意愿具有重要影响,农民工在社会保障领域享受充分而均等权利的条件也已经成熟。

首先,从养老保险制度覆盖农民工的条件看。目前的职工基本养老保险制度主要由两个部分组成,即统筹的部分和个人账户部分。社会养老保险资金是按照现收现付的原则征缴和支出的。在1997年开始实行现行制度后的很长一段时间里,由于历史欠账的原因该资金账户严重亏缺,只好与个人账户混账管理,以后者弥补前者的不足,形成个人账户的空账运行。所谓的历史欠账,核心是如何以现行的职工缴费支付在改革之前没有资金积累的退休人员养老金,难点在于抚养比。如果把主要由年轻人构成的农民工纳入社会养老保险制度,则意味着大幅度降低抚养比。与此同时,随着辽宁省社会养老保障制度试点的完成,以及试点地区扩大到了11个省份,个人账户已经有了一定的积累。反映在每年的社会养老保险资金收支中,出现了显著的结余。农民工的加入不仅可以增强社会统筹能力,也能通过个人账户的积累为自己未来储蓄。可见,农民工加入养老保险不仅不

---

① 关于农民工工资的增长情况,请参见 Cai, Du and Wang(2009)。农民工的工资可以作为非熟练劳动者和市场决定工资的代理指标。

加重负担,而是一种积极的贡献力量。至于农民工加入社会养老保险的积极性,则需要该制度的不断完善,特别是提高可携带性和降低缴费率。

其次,从失业保险制度覆盖农民工的条件看。迄今为止,农民工加入失业保险的比例微乎其微,除了关于农民工"有来有去"的"托达罗教条"的传统观念影响之外,一个担心是农民工就业不稳定、流动性大,可能形成贡献不充分而受益的现象。其实,失业保险的性质是现收现付,农民工参保,作为受益者与作为贡献者的意义是同等的。目前失业保险的最低缴费期规定是1年,受益期为12个月到24个月。农民工的就业状况丝毫没有超越这个制度框架的特殊之处。根据一项调查,除去占全部调查对象11%的外出不足1年的农民工,一年之内岗位变动和城市变动次数较多外,农民工总体上一年的岗位和城市变动次数都少于1次,而且外出时间越长,变动频率越小(见表3)。此外,农民工通常具有较低的保留工资和岗位预期,一旦失业找到新工作的时间周期较短。也就是说,农民工的就业状况完全可以满足最低缴费期和规定受益期的要求。

表3 农民工外出年限与就业流动性的关系

单位:个数,%

外出年限	有效调查人数	占全部百分比	年均变动工作次数	年均变动城市数
1年以下	362	11	4.00	3.89
1—3年	658	20	0.87	0.76
3—5年	454	14	0.50	0.42
5—8年	475	15	0.34	0.27
8年以上	1268	39	0.18	0.14
全部	3217	100	0.82	0.75

资料来源:张秀兰等(2009)。

此外,失业保险作为一种现收现付制度,意味着当年的基金收入不应该显著大于当年基金支出,更不应该形成一个大规模的累积结余。而事实上,自2003年以来,失业保险基金收入显著大于支出,每年结余规模巨大,2008年已经达到332亿元,累积结余达到1288亿元,累积结余为2008年支出额的5倍。这种过度结余,意味着参保人贡献与受益的不对等,降低了参保意愿。通过调整这个制度安排，提高包括农民工在内的职工参保激励，不仅可以扩大农民工的失业保险覆盖面，还能进一步完善劳动者的社会保护机制。

五 结语

引起世人瞩目的中国奇迹，不仅表现为前所未有的高速经济增长率，还表现为中国在较短的时间内，较为完整地走完了西方国家在更长期时间里才完成的各种转变，包括人口转变和经济发展阶段跨越。这样一个浓缩的经济发展和转型过程，为发展经济学观察二元经济向一体化经济转变中的阶段现象，以及转轨经济学检讨从计划经济向市场经济转变所需要的条件，印证相应经济学假说，提供了良好的案例。特别是，中国刘易斯式的二元经济发展跨越了刘易斯本人在理论上预见的第一个转折点，为该理论模型注入了新鲜养分。反过来，借鉴相应的分析范式和概念，判断中国经济社会面临的新挑战和新机遇，也对中国进一步发展提供了有益的理论工具。

伴随着刘易斯转折点的到来，农民工成为城市经济发展不可或缺的劳动力供给来源，非农产业对农民工的需求成为常态，农业不再是剩余劳动力的蓄水池，因此，农村劳动力转移不再是"有来有去"式的。按照经济发展规律，城市化应该与非农化更加紧密地结合在一起同步进行。然而，过去10年、20年乃至30年的超常规城市化速度，是在没有提供均等的公共服务的条件下，仅仅把居住超过6个月的农民工统计为常住人口的结果。既然现存的城市公共服务的排他性来自于户籍制度，相应的改革逻辑顺序则是放开户籍制度。但是，由于城市政府在面临为农民工及其家属提供公共服务，特别是创造社会保障覆盖、子女义务教育和升学、保障性住房等方面的均等机会时捉襟见肘，虽然一些地区进行了改革户籍制度的种种尝试，但总体而言，户籍制度改革迄今为止没有取得根本性突破。不过，一旦我们认识到户籍制度的核心是公共服务的供给，而中国特色的地方政府在劳动力短缺逐渐成为普遍现象的情况下，会利用公共服务供给覆盖水平的扩大，加速农民工实际上市民化的进程，以此保持城市劳动力供给的可持续性。当户籍人口与非户籍人口享受相同的公共服务时,户籍制度就不再具有原来的社会排他性功能。

既然以均等化公共服务为核心的农民工市民化是推进城市化,完成二元经济结构的转换的嚆矢,旨在实现制度变革的改革目标的确定和实施政策,都应该把重点放在这些有利于把扩大农民工纳入社会保障制度,以及获得平等的公共服务的相关领域。党中央、国务院已经明确要求推进户籍制度改革,放宽中小城市落户条件,使在城镇稳定就业和居住的农民有序转变为城镇居民。从激励相容的改革原则出发,城市政府推进城市化的一个可用手段则是,通过劳动力市场制度的建设,为农民工就业提供更加稳定的保障与保护。在此基础上逐步把制度建设推进到更大范围的公共服务领域,实现真正意义上的城市化以及城市化与非农化的同步,顺利通过刘易斯转折点,完成二元经济结构的转换。

参 考 文 献

蔡昉:《刘易斯转折点——中国经济发展新阶段》,社会科学文献出版社 2008 年版。

曹荣湘主编:《蒂布特模型》,社会科学文献出版社 2004 年版。

国家统计局:《中国统计年鉴》(历年),中国统计出版社。

国家统计局农村社会经济调查司:《中国农村住户调查年鉴》(历年),中国统计出版社。

汝信、陆学艺、李培林主编:《2010 年中国社会形势分析与预测》,社会科学文献出版社 2009 年版。

盛来运:《金融危机中农民工就业面临的新挑战》,提交"城乡福利一体化学术研讨会"论文,四川成都,2009 年 4 月 16 日。

张秀兰、田明、刘凤芹、高颖、陈林、胡晓江:《农民工养老保险调研报告》,人力资源和社会保障部农民工养老保险研讨会,北京,2009 年 9 月 15—16 日。

Breton, Albert, *Competitive Governments: An Economic Theory of Politics and Public Finance*, New York: Cambridge University Press, 1996.

Cai, Fang, "Approaching a Triumphal Span: How Far is China Towards Its Lewisian Turning Point?" *UNU - WIDER Research Paper*, No. 2008/09.

Cai, Fang and Dewen Wang, "China's Demographic Transition: Implications for Growth, in Garnaut and Song (eds)", *The China Boom and Its Discontents*, Canberra: Asia Pacific

Press, 2005.

Cai, Fang, Dewen Wang and Huachu Zhang, "Employment Effectiveness of China's Economic Stimulus Package", *China & World Economy*, No. 1, 2010.

Cai, Fang, Yang Du and Meiyan Wang, "Migration and Labor Mobility in China", *Human Development Research Paper*, No. 9, 2009, New York: United Nations Development Programme, Human Development Report Office.

Chan, Kam Wing, Urbanization in China: What is the True Urban Population of China? Which is the Largest City in China? unpublished memo, 2009.

Chan, Wing Kam and Will Buckingham: "Is China Abolishing the Hukou System?" *The China Quarterly*, Vol. 195 (September), 2008, pp. 582 – 606.

Harris, J. and M. Todaro: "Migration, Unemployment and Development: A Two Sector Analysis", *American Economic Review* No. 40, 1970, pp. 126 – 142.

Hayami, Yujiro and Vernon Ruttan, "*Agricultural Development: An International Perspective*", Baltimore and London: The John Hopkins University Press, 1980.

Lewis, Arthur, Unlimited Labour: Further Notes, Manchester School of Economics and Social Studies, XXVI (Jan.), 1958, pp. 1 – 32.

Lewis, Arthur, " Reflections on Unlimited Labour", in Di Marco, L. (ed.) *International Economics and Development*, New York, Academic Press, 1972, pp. 75 – 96.

Minami, Ryoshin, "The Turning Point in the Japanese Economy", *The Quarterly Journal of Economics*, Vol. 82, No. 3, 1968, pp. 380 – 402.

Oi, Jean C., "Local State Corporatism", in Oi, Jean C. (eds.) *Rural China Takes Off: Institutional Foundations of Economic Reform*, Berkeley: University of California Press, 1999.

Ranis, Gustav and Fei, John C. H., " A Theory of Economic Development", *The American Economic Review*, Vol. 51, No. 4, 1961, pp. 533 – 565.

Todaro, M. P., "A Model of Labor Migration and Urban Unemployment in Less Developed Countries", *American Economic Review*, March, 1969, pp. 138 – 148.

Walder, Andrew, "Local Governments As Industrial Firms", *American Journal of Sociology*, 101 (2), 1995.

经济增长和城市发展的可持续性

2011年,按照常住人口统计口径的城市化率超过了51%,但是非农业户口的比重大概只有34%,中间至少有17个百分点的差距。这个差距体现在公共服务均等享受的差距。我们城市的功能是什么?其实最重要的一条,人口聚集在这里,要为他提供生活服务、生产服务,但是政府首先要做的是公共服务。

一 经济增长现在处在什么阶段,对城市化提出什么要求

我们首先要讲到两个转折点。第一个是刘易斯转折点,就是普通劳动力出现了短缺,普通劳动者工资出现持续上涨。从2010年开始,就业年龄人口(15岁到59岁的劳动年龄人口)已经绝对下降了,这必然导致劳动力转移速度要有所下降。与此同时,经济增长还在继续,对劳动力需求还在继续扩大,因此劳动力供求关系的变化导致工资必然上涨,而且是普通劳动者的工资上涨。据此判断,中国大概在2004年已经进入了刘易斯转折点。

第二个是中国人口红利消失的转折点。表现为人口抚养比下降到最低点,随后就不下降了,转而继续往上涨的时候,人口红利就消失了。按照官方的预测,大概在2009年到2013年之间,保守地说2013年是中国人口红利消失的转折点。

这两个点之间的区域可以叫作刘易斯转折区间。这个区间多长?相应也提供了调整和反应的时间。按学者研究,日本1960年到达了刘易斯转折点,此后工资上涨较快,劳动力开始出现短缺,30年后到1990年到达了人

口红利消失的那个点，即人口抚养比降到最低点，此后人口抚养比就开始上升，转折区间经历了30年。韩国1972年到达了刘易斯转折点，人口红利消失的时点则跟中国完全一样，即2013年，两个转折点之间经历了40多年。

如果中国2004年到达转折点的话，2013年到达另一个转折点，中间只有9年，调整的时间很短。因此中国首先将面临未富先老带来的挑战，是以前任何国家都没有经历过的。因此，这就要求加快转变经济发展方式。

在这个时候，人们判断中国有可能要减速。根据国际上的研究，按购买力平价计算，GDP在人均7000美元和人均17000美元之间为减速区间，经济增长减速的可能性最大。按相同口径计算，中国目前人均GDP在10000美元左右，恰好落在减速区间，同时又处在刘易斯转折区间。因此，未来经济发展更可能是处在减速阶段。按照我们今年政府工作报告的安排，速度将减到7.5%，这跟"十二五"规划、节能减排以及提高经济增长质量的要求是一致的。

二 解决未来经济增长可持续的问题需要一些条件

转变传统的依靠大规模劳动力投入和资本投入的经济增长模式，必然要求产业结构升级，要从劳动密集型向创新驱动型、技术含量更高、人力资本含量更高的增长模式转变。为此就对人力资本提出更高的需求，不仅是对高素质的科技人才，更是对高技能的熟练劳动者。而推进人力资本的积累，在中国最迫切要解决的则是教育的公平问题。

人口高度聚集的城市，同时也应该是思想和创意高度密集的地方，对于更快、更优先地解决人力资本积累、技术创新、制度创新的问题，城市有义不容辞的责任，也是加快深度城市化的题中应有之义。特别是，消除城市化面临的制度障碍，是进一步延长人口红利，释放尚有的农村剩余劳动力的关键之举，也是推动基本公共服务均等化重要着力点。

这些制度需求都意味着，未来的城市化不应该是以土地开发为中心的，而是以人口聚集为中心的，城市化要体现城市本身的功能，要为聚集的人口提供社会化的生活服务，包括推动服务业的更快发展、提供均等化的基本公共服务、创造有利的就业和创业环境，以及搭建思想和创意交流沟通的平台。

三 重新认识城市的功能，实现城市职能回归

城市的功能是什么？产业聚集导致人口的聚集，城市本身要为聚集的人口提供包括基本公共服务在内的生活服务，这是城市本来的功能。城市需要有密度，欧洲、北美、东亚等发达国家的人口密度都是很高的，其中含义是人口集聚度越高，提供服务的规模效益越明显，政府提供的基本公共服务效益也就会更高。

城市化需要与服务业同步发展。第三产业比重没有达到目标，除供给制约外，还有需求制约的因素。过去人口没有聚集到这个程度，没有足够的真实的城市化，就不能产生足够多的服务业需求。现在虽然城市化率达到51%，农村人口已经流入并聚集在城镇了，但是他们没有享受城市市民的均等待遇，因此只是城市的生产者，还不是城市的消费者，需求仍然没有产生出来。从生产型服务业的角度也是一样，我们过去所长期依赖的经济增长模式，价值链比较低端的制造业，既不需要产前的设计创新和技术创新，也不需要产后的营销等各种过程。因此，产业结构升级也是生产型服务业的巨大需求之一。

我国城乡差距依然很大。除了收入差距之外，更重要的城乡差距还是基本公共服务上的差距。这些都导致了人们还要大规模地流动。除了遵循更高收入进行经济流动这种比较理性的选择之外，人们其实还有寻租性质的流动，也就是说仅仅为了不同的生活方式，不同的福利待遇而进行流动和迁移。更加均等的城乡基本公共服务水平，是城市化更加有序的一个重要条件。

政府管理是稀缺性的资源。过去，这种资源在相当大程度上用于发展经济和发展产业上，而较少用在提供基本公共服务的职能。随着刘易斯转折点的到来，劳动力短缺现象日益严峻，现在地方政府已经开始越来越把提供基本公共服务当作自己重要的政府责任。因此，城市应以吸引、容纳和服务人口为中心，相应的政府是公共产品的提供者，而不应该是经济发

展的促进者。在传统体制下,城市变成了一个等级森严的行政区域。城市政府把职能扩展到了发展经济、社会文化各个领域。真正想推进城市化,保持城市发展的可持续性,应该放弃以产业为中心、以 GDP 为目标的发展理念,而变成提供基本公共服务,实现城市本身的基本功能。对级别低的城市和其他城乡地区,应更多辐射,而非行政管辖。

从国际经验看中国城市化道路

我国正处在快速城市化的时期，如何准确引导这一城市化过程，走一条既符合共同规律，又具有中国特色的，以促进人的发展为内涵的新型城市化道路，是摆在我们面前的重要任务。城市化首先具有一般性规律，因此，我们可以从城市化的理论和经验，特别是不同国家走过的城市化道路中汲取大量的借鉴。同时，由于中国具有人多地少、人均资源偏低、历史发展和文化传承悠久，改革开放30多年来在经济发展和社会转型等方面取得的重要进展，以及全球化、市场化和本土化都对中国城市化施加独特的影响，中国更需要走一条符合国情的中国特色的城市化道路。把国际经验教训与中国实际加以比较，更有利于我们自觉地走一条"以人为本"、节约土地、可持续发展的中国城市化道路。

一 城市化水平与速度

早在20世纪80年代初期，世界银行对中国城市化水平的判断是，与低收入国家的平均水平一致（王慧炯、杨光辉主编，1984）。但是，考虑到中国工业比重特别是重工业比重大大高于低收入国家，因此，结论是中国的城市化相对滞后于工业化。经济合作与发展组织（OECD）一份关于中国城市化的报告，认为中国对城市人口的界定过窄（Kamal－Chaoui et al.，2009）。根据这个判断，一家基金管理公司套用国际通常使用的城市人口界定标准，在其报告中指出，中国的实际城市化水平，不是像官方统计所显示的那样只有45%左右，而是要比这个比例高出20个百分点，显然超过了60%。与此相反的观点也大有人在，甚至有人认为真实的城市化比官方统计数字低10%左右（Chan，2009）。

总体来看，虽然一直有一些学者认为中国城市化水平滞后，越来越多的观点则认为中国城市化水平与经济发展是相适应的，或者说经过20世纪80年代以来城市化加速，城市化与非农就业水平之间的偏差呈逐步缩小的趋势。更主要的是，中国的城市化速度究竟是快还是慢，是否具有可持续性呢？

在不同的国家和不同的发展时期，城市化速度不尽相同。虽然以往有的研究曾经指出，长期来看，世界各国和各种分组的国家，虽然处在不同的发展阶段，面临相异的经济发展状态，城市化速度却十分接近（Kelley and Williamson，1984，pp. 136 – 137），但是，从世界城市化变动的数据分析来看，在一定的时期，处在不同发展阶段，以及不同时期相同类型的国家，城市化速度的确是有差异的。图1显示的是按照人均收入水平分组的城市人口比重与城市化速度之间的关系，时间跨度为1950—2050年期间的100年。每5年有一个城市化率的数字，与之进行对照的是随后5年平均的城市化年平均增长速度。也就是说，我们把时间和空间糅合在一起观察长期和短期的城市化速度规律。从图中可以看到，两个变量之间高度负相关。即越是城市化水平较低，随后的城市化速度越快。整体来看，发达国家自20世纪80年代以来，城市化速度始终在年平均0.5%以下，而发展中国家的城市化年均增长率，迄今为止保持比发达国家高接近1个百分点，预计在2030年以后降到1%以下。

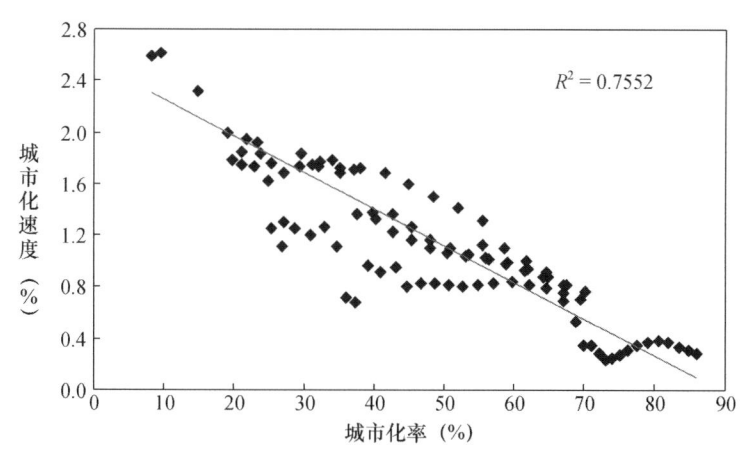

图1 城市化水平与城市化速度关系

注：观察值分别发达国家、发展中国家、最不发达国家在1950—2050年期间每5年城市化率（城市人口比重），所对应的随后5年城市化速度（城市人口比重的年均增长速度）。

资料来源：UNESA（2007）。

国际比较表明，中国的城市化发展进程比除韩国外的所有经合组织国家都快。在过去 55 年来，中国城市人口比例以每年 2.1% 的速度增长，仅次于韩国 2.4% 的增长速度，也是智利和法国的 3 倍，印度的 2 倍（OECD，2010）。在 1978—2008 年期间，中国城市人口比重的年平均提高速度，在整个 30 年间为 3.2%，在过去 20 年为 2.9%，而在过去 10 年为 3.2%。中国城市化水平从 1978 年的 18%，到 1988 年的 26%，1998 年的 33%，乃至 2008 年的 46%，整个过程中的城市化水平提高速度不仅都大大高于图 1 中拟合曲线所代表的常态增长速度，而且显著超过了各组别在整个期间的最大城市化速度。很显然，这是一种对于计划经济时期城市化进程缓慢的补偿性增长速度，按照常态规律很难长期保持。

除去图 1 中显示的城市化水平进一步提高，会减缓城市化速度的表面关系外，还因为中国人口结构变化异常之快，而使得今后的城市化进程不可避免地减速。随着中国人口再生产类型逐步进入低生育阶段，15—64 岁劳动年龄人口的增长率，从 20 世纪 90 年代以来就开始放慢，目前正呈现递减速度日益加快的时期，而且全部来自农村的贡献，预计到 2015 年全国作为整体达到零增长，以后则为负增长，意味着农村不再有净增劳动力可供大规模转移。事实上，随着刘易斯转折点到来，除了 2009 年的特殊情况，2003 年以后农民工外出人口增长率都是逐年下降的。

由于城市化进程在相当大的程度上，是没有改变户口性质的往日农民，按照定义被统计为城市常住人口的结果。他们像城市人一样就业和生产，由于两个原因，他们的消费模式与城里人却不尽一致：一个是他们预期仍然要回到农村老家，所以他们的收入是为回乡而准备的，是按照农村模式消费和储蓄的。一个是他们不能享受全部城市公共服务，包括社会保障、义务教育等，所以他们的消费有更多的后顾之忧。而城市基础设施和公共服务供给，也没有把他们的需求完全地考虑在内。因此，城市化作为经济增长引擎的作用，并不能从这种城市化模式中充分发挥出来。

以人为本的城市化，要求把简单的城市常住人口的增加，改变为尽享城市公共服务的市民的增加。换句话说，就是把已经进城的农民工身份转换为市民。设想作为常住人口的农民工及其随迁家庭已经发挥了一半的城市化功能，进一步以市民化为内涵的城市化可以在城市化数字不变的情况下,发挥另一半城市化功能。这样,即使今后城市化速度低于过去,只要是符合这个更深刻内涵定义的,反而可以事半功倍,从而实现真正意义上的高速城市化战略,达到高度城市化的目标。

二 城市化方针与城市形态

世界银行(2009)指出,大多数国家人均收入达到3500美元时,人口城市化的"重头戏也就结束了"。但是,城市化仍然进行,主要表现在城市形态的调整上面。城市形态的内容涉及城市由村镇、小城市、中等城市到大城市的演变规律,以及城市内部结构及演化规律。广义地说,城市形态还可以包括城市结构和空间分布等问题。从中国目前的人均GDP来看,似乎处在"重头戏结束"的发展阶段上,因此,未来的城市化进程可能更多的文章不是做在速度上,而是城市形态的调整。因此,需要进一步明确中国城市化方针,结合国际经验和中国国情选择适当的城市形态。

在20世纪80年代,国家城市化方针是"控制大城市规模,合理发展中等城市,积极发展小城市"。围绕这个方针,关于城市化道路的争论,主要形成了小城市论、大城市论、中等城市论、多元发展论、城市体系论等主张。在80年代和90年代,发展小城镇被认为是"适合我国国情、具有自己特点的社会主义城镇化道路"。虽然也有主张发展中等城市为主的观点,但严肃的研究并不多见,也没有产生很大的影响。与此同时,主张重点发展"条件较好的大中城市"和"中心城市",从而形成促进中小城市发展的"极核"的观点却不少见,有些研究还运用外部性概念,实际验证了大城市具有远大于小城镇的规模效益。例如,王小鲁(2002)等提出适合国家当前条件的100万—400万人口的优化城市规模区间。

越来越多的中国学者赞成一种多元化的城镇化模式,或大中小城市互相协调,东中西部差异化发展道路,从而形成一种城市体系。如周一星提出,"不存在统一的能被普遍接受的最佳城市规模,城镇体系永远是由大中小各级城镇组成的,而各级城市都有发展的客观要求,所以城市化的模式应该是多元的、多层次的"。国家"十一五"规划纲要提出"坚持大中小城市和小城镇协调发展,……把城市群作为推进城镇化的主体形态,逐步形成……高效协调可持续的城镇化空间格局"的城市化方针和道路的新思路，可以说是深入城市化研究的政策反映。但是，在城市化道路和城市形态选择问题上，认识并没有统一。

在发达国家城市化"重头戏"结束之后，城市发展的主要趋势是集中。例如，从经济集中度（5%经济最密集地区的GDP比重）来看，法国在1801—1999年期间由3点几提高到9点多，日本在1900—2000年期间由3点多提高到接近9，加拿大在1980—2006年期间由3上升到5，荷兰在1850—2006年期间由1点多上升到4（世界银行，第9页）。世界银行还用三个国土面积基本相同的国家，进行经济集中度与经济发展水平关系的比较，加纳、波兰和新西兰的经济集中度分别为27%、31%和39%，而人均国民总收入分别为600美元、9000美元和27000美元。这鲜明地揭示了经济集中度对于经济增长的重要性，也提示了城市形态选择的方向。在OECD国家，小城市（人口规模在10万到50万之间）居住的人口量低于其他任何城市，并且其增长速度也较为缓慢（年均增长仅为0.4%）。中等城市的增长率比小城市快得多，但仍低于大城市，并且这些城市居住的人口少于那些超过100万人口的城市，越大的城市，人口增长率越高。

获得聚集效应本来就是城市发展的题中应有之义。经济学家把聚集效应的源泉总结为共享、匹配和学习（Duranton & Puga，2004）。共享机制是指企业和个人可以共享具有不可分性的设施，共享多元化的投入品供应，更加细密的分工以及分担可能面临的风险。其中，城市化得以使企业分享具有不可分性的大的基础设施，被认为是提升企业生产效率的重要源泉（Mills，1967）。基于匹配的微观基础是指，城市化可以提升匹配的质量或匹配的概率。而学习机制则是指城市化有助于知识的产生、扩散和积累。聚集效应的逻辑延伸则是城市集中的好处。最近的研究表明，城市区域扩大2倍将产生3.5%—8%的全要素生产率增长。而且，这些聚集经济同样适用于包括中国在内的发展中国家（OECD，2010）。

虽然中国的城市化方针一直具有抑制大城市发展的倾向，但是，在高速经济增长时期，与聚集效应相关的城市自身发展规律，仍然显示出经济集中度提高的趋势。OECD（2010）的研究揭示了1998—2004年中国53个大都市地区中，所有大都市的GDP占全国GDP份额的变化（见图2）。其中，上海、广州及深圳在国民经济中的重要性增大，每个城市与1998年相比，2004年占全国GDP份额都提高了一个百分点。非常重要的是，长江三角洲地区的八个大都市地区，2004年GDP占全国GDP的17%，高于1998年的13%。与之相比，珠江三角洲的三个大都市地区GDP从1998年占中国GDP的5.3%增加到2004年占7.5%。

然而，由于城市集中产生的诸如较高的运输成本、拥挤的街道，以及由于较长上下班交通时间、较高的健康成本、更高的碳排放及环境恶化引起的生产率降低一类的负外部效应，城市集中并不会自然而然地产生为个体和社会共享的聚集效应，而需要实施相应的公共政策，以便最大化聚集的积极效果。OECD国家的经验表明，一旦这种负外部性开始起作用，城市规模便会影响经济表现。经合组织报告"全球经济中的竞争城市"（2006年）表明，当达到极限并且规模不经济性比聚集经济更重要时，收入及城市规模之间的关系变为负面关系。总体而言，非常小及非常大的城市比经合组织中的平均城市区域经济增长率低。

其实，图2也显示出，中国大都市地区的经济动态并不相同。1998—2004年期间，28个沿海大都市地区中的6个在GDP中的份额下降；东北6个大都市中的4个GDP份额下降；在华中7个大都市地区中只有一个所占份额下降；而在西部的12个大都市中只有2个下降。虽然解释这种区域差异性可能涉及多种因素，但是获得聚集效应，尤其是在已有城市化水平上继续集中的规模优势，并非是无条件的。成功的政策，特别是社会政策，无疑可以确保城市扩展使正面聚集效应利益最大化，并将空间成本及拥挤的影响最小化。因此，在土地资源稀缺、大城市发展长期受到抑制，以及人口城市化快于土地城市化的背景下，中国的城市化道路应该以促进人的发展为前提，更加向大城市和城市群的发展倾斜，提高经济集中的程度。

然而，经济集中并非城市越大越好，而是需要通过城市群的规划和发展，形成合理的城市分布格局。城市化不仅描述了人口向城市集中的进程，城市规模的分布在城市化进程中也表现出一定的规律性。城市经济学家认为，城市规模的分布是反映市场机制在城市发展过程的作用的重要指针。Ades和Glaeser（1995）就认为，在那些经济集中化程度高的国家，特大型城市的规模较之市场化国家的大型城市规模更大。而对于市场机制运行良

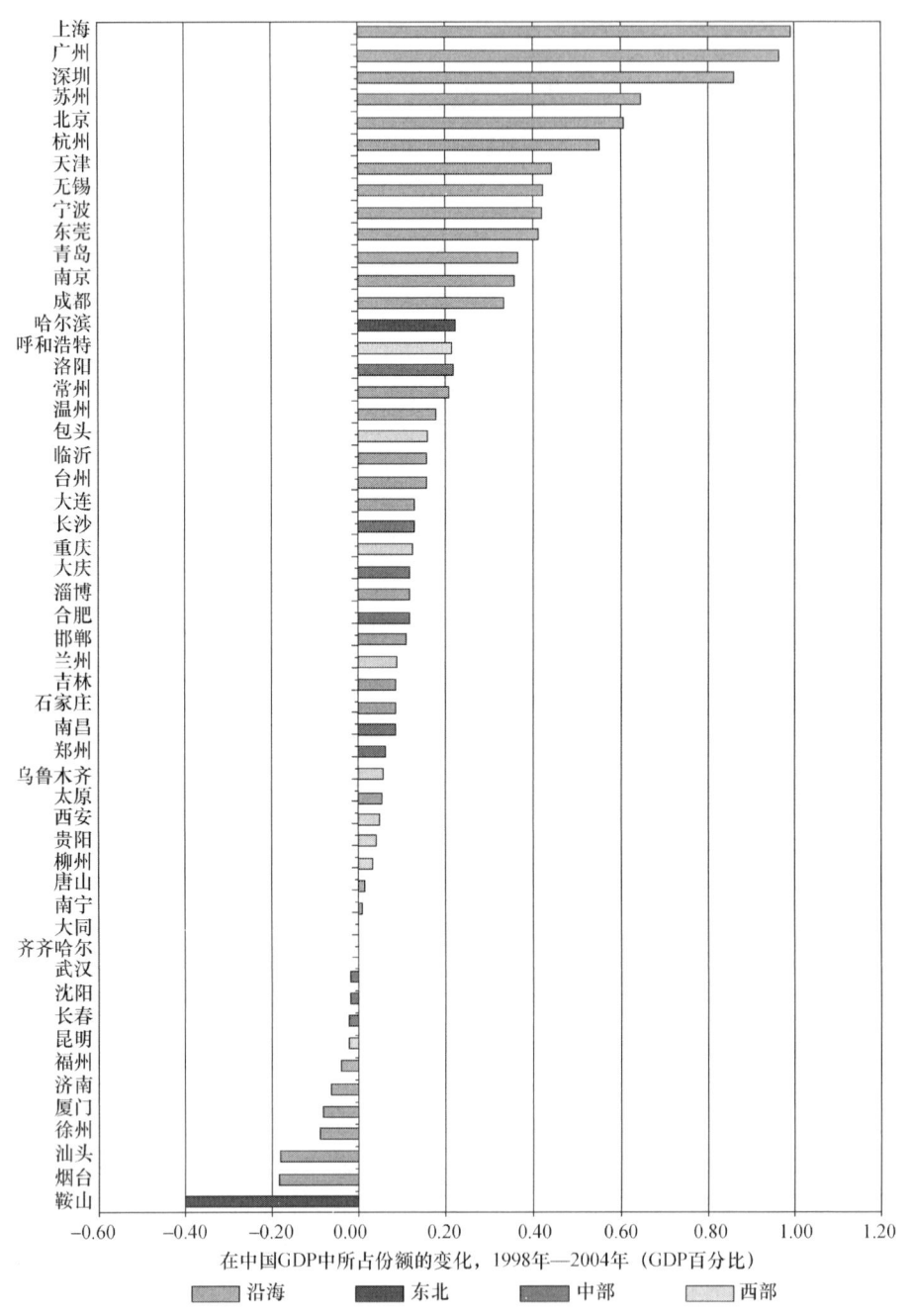

图 2 中国大都市地区 GDP 份额的变化（1998—2004 年）

资料来源：OECD，2010。

好的国家，城市规模的排序和城市规模之间存在着一定的规律性，即所谓的"城市排序—城市规模"法则。① 该法则指出，第二大的城市人口规模是最大的城市的一半，而第三大城市则是最大城市的人口规模的1/3，依次类推。通过大量的实证研究，经济学家们发现，该法则和很多国家的实际情况相吻合（Brakman, et al., 2001; Soo, 2003）。

作为一种经济现象，"城市排序—城市规模"法则为什么会引起很多经济学家的思考。Krugman（1996）认为，自然资源的分布也符合该法则②，因此，只要城市是按照市场经济的方式配置资源，那么其大小的分布也会符合各自的自然资源等禀赋结构的优势。Axtell 和 Florida（2001）认为，由于企业会根据资源禀赋和要素价格选址，城市规模也就相应地因为企业的产生而形成。在上述诸多假说中，无论对"城市排序—城市规模"法则做出何种解释，市场配置资源都是城市形成和发展的基础。我们可以利用中国和美国的数据进行对比，来观察中国的城市发展是否符合一般的规律。图3是利用1991年美国135个城市区域的数据绘制的，该图的横轴是每个城市的人口的对数，纵轴是城市规模排序的对数。从该图中我们可以看出，实际的数据和拟合的直线非常吻合，拟合优度（R^2）达到0.986。Gabaix 等（2004）认为，数据自动地展现出如此一致的关系令人颇感惊奇。

我们再来观察一下中国的城市会呈现出什么样的画面。中国的城市人口统计体系包括两个口径的统计，其一为户籍人口，即取得城市本地户口的居民；其二为常住人口，不仅包括户籍人口，还包括在城市居住6个月以上但没有本地户籍的人口。

由于近年来人口流动的规模越来越大，户籍人口无法准确反映城市的实际生产、生活的人口规模，相形之下，常住人口则是更加合理的指标。2000年的第五次人口普查，提供了关于城市户籍人口和常住人口比较权威的数据，我们以该数据为基础，对全国664个城市的规模和排序之间的关

---

① 排序—规模法则是 Zipf 法则的近似描述。后者可以这样来表达：用 S_i 表示城市 i 经过标准化后的规模（城市 i 占总的城市人口的比例），如果对于大于一定城市规模 S 的城市，能够满足下述条件，$P(size > S) = \frac{\alpha}{S^\zeta}$，其中 α 是个常数，而且 $\zeta = 1$，则表示城市规模的分布符合 Zipf 法则。

② Krugman 所举的例证是河流规模的分布。

系进行了拟合，所得结果见之于图4。

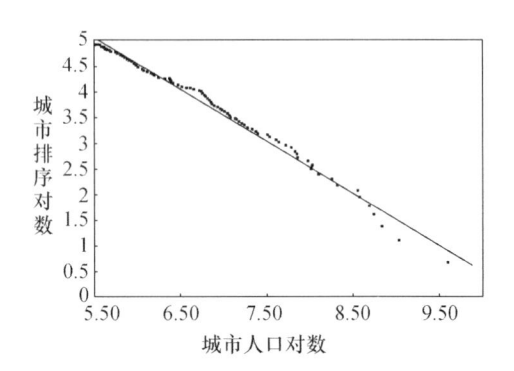

图3　美国135个城市区域人口规模和排序的关系

资料来源：转引自 Gabaix and Ioannides， "the evolution of city size distributions." in Henderson ed. Handbook of Urban and Regional Economics Vol. III, North – Holland Press, 2004.

从总体上看，中国的城市规模分布模式和市场经济国家有比较大的差异，我们看到用中国的资料所绘制的图4和图3明显不同。图3中，实际分布点基本在拟合直线的附近，而图4则散落在拟合线的周围，拟合优度明显低于图3的情形。可见，中国独特的城市管理体制和城市化战略的确对中国城市发展产生比较大的影响。

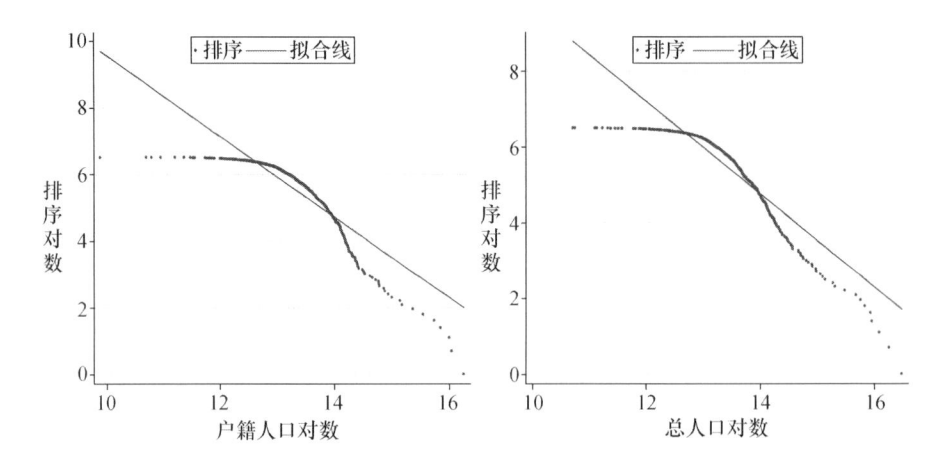

图4　中国664个城市人口规模和排序的关系

资料来源：《第五次人口普查分县资料》，中国统计出版社2002年版。

三 城市紧凑度：面积与人口

与集中型城市化相类似，针对中国国情，着眼节约土地、转向低碳经济发展的另一个城市发展要求，是走紧凑型的城市化道路，即通过紧凑型城市（compact city）的发展提高土地利用率和交通效率。紧凑型城市至少包括三个特征：较高的人口密度、更为集中的城市服务、土地的综合利用和公共交通的良好连接。"紧凑型城市"这一概念作为一种空间发展战略，在很多发达国家所普遍采用，特别是在欧洲和日本。例如，欧洲委员会鼓励各欧洲城市在环境与生活质量目标的基础上变得更加紧凑。英国政府已将城市紧凑化作为其可持续发展政策的一个核心要素，而荷兰政府也采取了类似行动。日本政府引入了"生态紧凑型城市"的概念，作为其最优先的城市政策之一。实施这种战略的措施包括增加居住密度、居住集中化、混合土地用途、指定区域外的开发限界等措施来强化城市土地使用、城市服务和交通运输设施的集中化，以及很高程度的土地使用规划控制措施（OECD，2010）。

虽然紧凑型城市有诸多优点，这种城市化模式并非完美无缺，也不是可以自然而然享受其紧凑效应的。需要一系列有效的规划和政策，才能最大限度地发挥其正面效应，防止出现因人口密度过大产生的交通堵塞、污染增加、地价和房价高涨等负面效应。例如，从 OECD 国家经验看，紧凑城市与高密度开发这两个概念是不同的。紧凑型开发优先考虑靠近城市中心区并从中心区向外辐射的开发，而高密度开发的概念则主要基于住宅单元的集中，不考虑是否靠近城市中心区或城市便利设施。紧凑型开发战略强调从每个城市核心区的辐射。

因此，借鉴发达国家的经验，把握紧凑型城市特点及政策要点，有助于中国从国情出发，走中国特色的紧凑型城市化道路。不过，从目前中国的城市化实践看，由于土地扩张过快，当务之急仍然是处理好人口城市化与土地城市化之间的关系。由此作为出发点，选择和借鉴紧凑型城市道路经验十分具有针对性。

按照经济合作组织（2009）归纳的城市标准，城市可以从区域、人口和经济活动几个方面来定义。可见,城市化本身即包括人口的城市化,也包括面积的城市化,城市的发展必然引致建成面积的扩大。那么,究竟空间的扩大与人口的扩大有怎样的关系,中国的土地城市化是否超越了人口城市化的要求呢?我们可以利用国际一般经验进行一番比较。

各国城市化都意味着大量征用土地和城市的空间扩展,发达国家和发展中国家都如此。经济合作组织(2009)指出,OECD国家的城区面积在过去的半个世纪中翻了一番,但同期世界其他国家的城区面积则增长了4倍。我们以1955—2005年为观察期,发现按照城市人口比重定义的城市化水平,在此期间与城区面积的扩大速度是类似的,即在这个时期中,OECD国家城区面积增长了1.1倍,其他所有国家的城区面积则增长了4.2倍(United Nations,2007)。

如果把这个用众多国家城市化过程中面积与人口的关系作为一个参照系的话,我们可以发现中国的确具有土地城市化超越人口城市化的特点(见图5)。诸多观察显示,由于城市政府需要依靠土地出让收入进行城市建设,从而热衷于在推进城市化的发展思路下扩大城市土地面积,因而使得城市的面积扩张领先于人口的扩大,成为城市化过程中面积与人口之间关系一般规律中的一个例外。在1981—2007年期间,城市建成面积的年平均增长率为6.2%,而城市人口的年平均增长率仅为4.2%。在2000—2007年期间,在城市面积年均增长率提高到6.8%的同时,城市人均增长率则下降到3.7%。

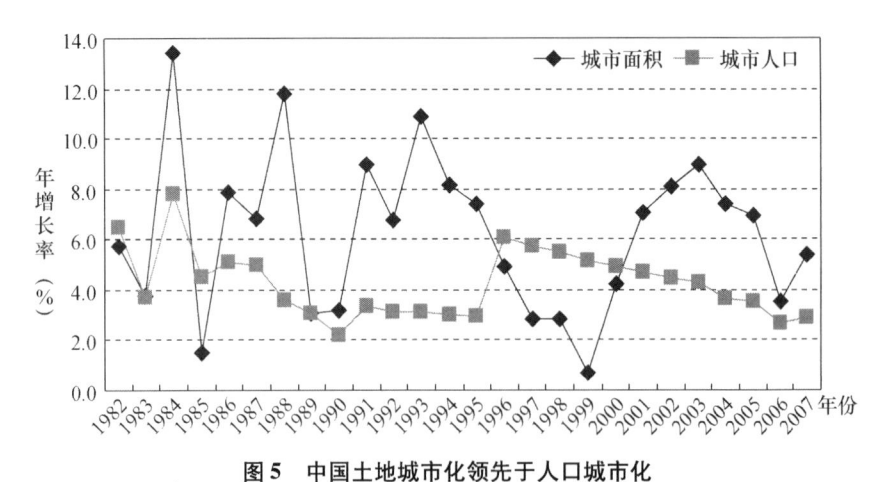

图5 中国土地城市化领先于人口城市化

资料来源:城市建成面积数据来自于刘守英(2009);城市人口数据来自于国家统计局(历年)。

另一方面,中国当前这种城市化模式还造成土地利用的低效率。按照胡焕庸最初划分的"瑷珲——腾冲人口地理分界线",该分界线东南部分面积占全国国土面积的43%,1990年居住者占全国94.2%;而该线西北部分面积占57%,1990年人口占全国人口的5.8%。因而在人口居住集中的广大地区,人口密度大,土地特别是耕地稀缺这些特征,是在城市化过程中需要给予特别关注的国情。也就是说,在推进城市化时,应该妥善处理好城市土地的合理有效利用,农村宅基地的恰当处置,以及农村耕地的节约和保护等问题。

由于中国城市化的不彻底性,即在以农民工为主要推动力的城市常住人口增长的同时,这些人群仍然处于一只脚在打工的城市,另一只脚在农村老家的状态,即他们在城市的永久居住权利和预期问题并没有解决。由于农民工中的大多数仍然把家庭留在农村,自己也预计在劳动年龄偏老的某一时期返乡居住,因此,打工收入被用来在农村建房。2008年,农村住宅投资总额为4365.2亿元,其中农户投资3711.5亿元,虽然这反映了农民收入提高后对住房需求的正常提高,但是,随着外出常住人口的增加,总体上农村人口已经日益稀疏,许多新建房屋被空置,还占用了有限的耕地。

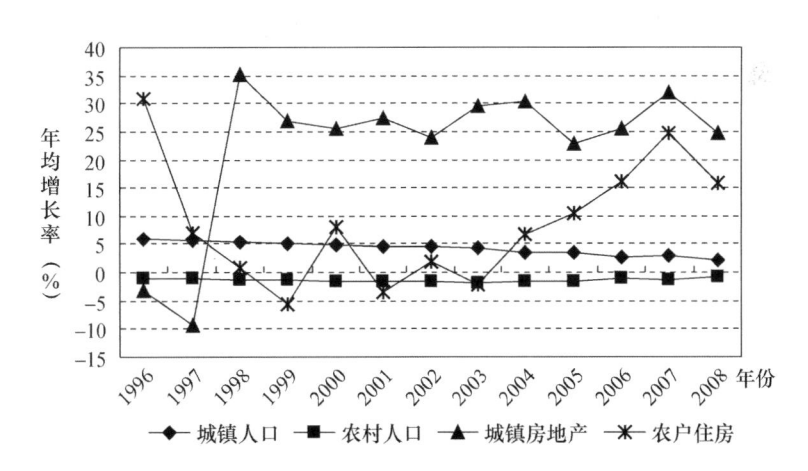

图6 城乡人口增长与住宅投资增长

注:城乡人口皆为常住人口;由于缺少住房建设价格指数,城镇房地产和农户住房投资额均使用现价数据,但是,由于这期间消费者价格指数变动并不显著,图中显示的趋势仍然是说明问题的。

资料来源:国家统计局(2009)。

如图6所示，在1996—2008年农村常住人口始终处于负增长的同时，农户住宅投资总额继续增加。把这个结果与城市的土地扩张领先于人口扩大的现象进行比较，可以进一步揭示出农村土地利用的效率潜力，以及实现农民工的市民化对于经济增长的潜在刺激作用。

四 城市病：如何避免贫民窟

关于是否真正要推动以人为中心的城市化，不仅在中国始终众说纷纭，在国际上也是一个存在争议的话题。中国的理论界、舆论界和决策界对大规模的人口城市化的疑虑，与早年国际上关于城市化的怀疑思潮以及发展中国家存在的一些城市化的负面现象密切相关。其中一个现象就是贫民窟或棚户区的大量涌现。例如在印度，主要城市都有贫民窟。孟买的贫民窟最多，全市1200万人口中有60%的人居住在贫民窟里，早在奥斯卡获奖影片《贫民窟的百万富翁》拍摄之前，就已经闻名于世。

城市化带来的人口和产业的聚集不仅推动了经济发展，也使得社会结构发生变化，但并不必然产生"城市病"。除了否定城市化必然性的极端观点外，还有许多人着眼于城市规模来认识城市病问题，同样是缘木求鱼，我们可以借鉴社区效应（neighborhood effect）理论，来理解城市化过程中发生的一些社会现象。例如，社区的影响是城市内贫困持续存在的重要原因。在一些发展中国家，城市贫民窟的存在很大程度上是社区效应的集中体现。

城市社区之所以对城市社会发展产生影响，在于社区状况是影响个人行为的重要因素。这其中，公共财政对社区教育的投入是重要的环节（Hussar and Sonnenberg，2001）。Murray（1998）等就发现美国城市的社区之间，小学的生均支出有明显的差异，而这种差异又会在未来传递到劳动力市场上，成为造成不平等的根源（Hanushek，1986）。这一点，对于处于快速城市化进程中的发展中国家尤其重要，如果公共财政难以在城市不同的社区之间公平的分配，那么城市贫困就有可能在城市内部持续存在，形成所谓的"贫民窟"。

社区效应理论还通过"群分效应"（peer group effect）解释城市贫民窟的存在。该理论认为，如果城市社区在一开始就是由贫穷的成员构成，那么社区成员之间会产生相互影响的效果，而且这种效应还会跨期存在，并有可能在代际传递。从国际经验和教训看，贫民窟和棚户区的普遍存在与否，与一系列经济和社会因素相关，虽然在很多国家成为一种历史遗产，积重难返因而长期挥之不去，但是，归根结底这种现象是可以通过政策调整决定的。

首先是土地制度从而土地的分配和管理状况。较早的研究和观察就显示，土地分配是否平均或者农村居民是否有稳定的生计，决定了农村人口向城市迁移的有序性。土地兼并从而高度集中所造成的大量失地农民，只好进行超出其理性决策的向城市迁移。在进入城市后没有良好就业和公共服务的情况下，只好集中居住在破陋的棚户区。此外，城市的土地和住房管理也助长了贫民窟的出现。例如，印度贫民窟成之初，主要都是从非法占用公共或者私人土地开始的。比如，孟买世贸大厦旁边的一片贫民窟，显然是当初参与大厦建设的工人居住的地方。政府的房租控制导致缺乏建房户出租房的积极性，是造成贫民窟蔓延的重要原因。孟买已经十五年没有建设新的出租房，当700多万人挤在恶劣的贫民窟里时，孟买却有40万套住房空置。

中国农村的土地制度虽然面临着一系列改革要求，也因为征地、人口变动、转租转包等造成了部分失地农民，但是，农业基本经营制度下的承包土地制度，却保障了农村居民每个人的基本就业和生活需求；宅基地供给也保障了农民的住房需要。迄今为止，这个制度是农村人口向城市迁移理性的重要根基。随着城市住房制度的改革，市场化的建房、购房和租房正方兴未艾，保障性住房在许多城市也发展很快，农民工未尝不可以加入到建房、购房、租房和享受保障性住房的行列之中。

其次是产业结构状况和经济增长的正规程度。在许多发展中国家，城市规模的扩大是在工业发展水平较低的情况下发生的，大量新移民不能在制造业部门找到正规工作，而过度发展的第三产业水平低，只能提供非正规就业，甚至许多移民在地下经济部门从而非法或半合法地工作。移民的这种低收入状况，使得他们只能承受得起聚居在极端恶劣的棚户区中。

而中国的情形恰恰相反，即中国工业化程度在相当长的时间里领先于城市化，由此导致不断扩大的就业规模，足以保障新移民的收入持续得到提高，生活质量不断得到改善。由于在20世纪90年代后期遭受就业制度改革、东南亚金融危机和宏观经济低迷等冲击，国有企业职工大规模下岗，在再就业过程中形成非正规就业，加上农民工就业的非正规化，形成了一定的非正规就业规模（见表1）。

表1　　　　　　　　中国与其他发展中国家就业结构和类型比较

单位:%

	三次产业增加值比重			非正规就业
	农业	工业	服务业	（农民工）比重
中国	12	57	31	21（35）
印度	21	27	52	83
亚洲	15	33	52	70
拉丁美洲	11	30	59	54

资料来源：三次产业产值比重来自 IMF（2006，Chapter 3）；中国非正规就业比重来自蔡昉、都阳、王美艳（2006），括号内为农民工与城镇就业人数的比率；其他国家和地区的非正规就业比重来自 Jutting and de Laiglesia（eds.）（2009）。

但是，除了对于非正规就业的定义和估算在口径上的不同，使中国的情形不同于其他发展中国家之外，在拿中国与其他发展中国家相比时，还有两个特点值得注意：第一，中国城市居民的非正规就业在性质上是属于就业机制转变中的调整，在就业形式更加灵活的同时，他们的居住和享受城市社会保护的状况并没有恶化。第二，随着21世纪初以来劳动力市场形势的好转，非正规就业规模有所缩小。在政府通过立法和社会保护项目的覆盖等形式，显著改善农民工就业和生活环境的情况下，后者的就业非正规程度也大幅度降低。

最后是公共服务的可获得性和均等程度。在许多发展中国家，在整体公共服务水平较低的情况下，公共服务和社会保护对于移民存在严重的歧视，社会对他们的包容程度低，使得这些新移民在居住上也处在被排斥的状态。归根结底，贫民窟的核心是经济贫困和社会排斥。在中国，农村劳动力是比较了城乡收入和生活质量差距而进行的理性迁移。自21世纪以来，中央政府和地方政府不断改善农民工工作和居住的制度环境，并且正在逐步把他们纳入社会保障和社会保护框架中。

从国际城市化经验教训，我们可以得出结论，城市化过程中的经济贫困和社会排斥现象，归根结底是政策选择问题，贫民窟并不必然出现，也不会自然消失，而是因整体经济社会发展的健康程度而异的。健康的经济增长模式、合理的产业结构、适宜的政府行为、包容式的社会结构，都可以在制度层面保证不会出现普遍的贫民窟现象。随着当前均等化公共服务政策的继续推进，并且从城市管理的角度未雨绸缪，贫民窟在中国出现的可能性很小。

参 考 文 献

蔡昉、都阳、王美艳：《中国城市贫困和收入差距——劳动力市场冲击与就业非正规性的影响》，《中国社会政策》2006 年第 1 期。

顾朝林：《国际城市化经验、政策和趋势》，未发表背景报告，2009 年。

刘守英：《土地的城市化：从外延扩张转向理性增长》，未发表背景报告，2009 年。

OECD：《经济合作组织国家的城市化发展趋势和政策》，背景报告，2009 年。

Ades, A., and Glaeser, E., "Trade and Circuses: Explaining Urban Giants", *Quarterly Journal of Economics*, 110: 195 – 227, 1995.

Baldwin, R., P. Martin and G. Ottaviano, "Global Income Divergence, Trade and Industrialization: The Geography of Growth Take – Off", *Journal of Economic Growth* 6, 2001, pp. 5 – 37.

Brakman, S., H. Garretensen, and C. van Marrewijk, *An Introduction to Geographical Economics*, Cambridge University Press, 2001.

Department of Economic and Social Affairs Population Division, United Nations (UNESA), World Urbanization Prospects: The 2007 Revision, ESA/P/WP205, United Nations, New York, 2008.

Fujita, M. and J. Thisse, "Does Geographical Agglomeration Foster Economic Growth? And Who Gains and Looses from it?" CEPR DP 3135, 2002.

Gabaix and Ioannides, "The Evolution of City Size Distributions." *Handbook of Urban and Regional Economics*. in Henderson ed. Vol. III North – Holland Press, 2004.

Hanushek, E., "The Economics of Schooling: Production and Efficiency in Public Schools", *Journal of Economic Literature*, 49, 3, 1986, pp. 1141 – 1177.

Hussar, W. and W. Sonnenberg, "Trends in Disparities in School District Level Expenditures per Pupil", National Center on Education Statistics, 2001.

IMF, "Asia Rising: Patterns of Economic Development and Growth", *World Economic Outlook*, September, 2006.

Jutting, J., and J. de Laiglesia, eds., *Is Informal Normal? Towards More and Better Jobs in Developing Countries*, Paris: OECD Development Centre, 2009.

Marshall, A. *Principles of Economics*, London: MacMillan, 1920.

Mills, Edwin S., "An Aggregative Model of Resource Allocation in a Metropolitan Area", *American Economic Review Papers and Proceedings* 57 (2): 197 – 210, 1967.

Rosenthal, Stuart S. and William Strange, "Evidence on the Nature and Sources of Agglomeration Economies", In Vernon Henderson and Jacques Francois Thisse (eds.) *Handbook of Regionaland Urban Economics*, Volume 4. Amsterdam: North Holland, 2004.

Soo, K, "Zipf's Law for Cities: A Cross Country Investigation", Working Paper at Center for Economic Performance, London School of Economics, 2003.

Williamson, J. G., "Migration and Urbanization", in H. Chenery and T. N. Srinivasan (eds.), *Handbook of Development Economics*, Volume 1, Amsterdam: North Holland, 1988, pp. 425 – 465.

真正的城市化应该解决什么问题

在整个改革开放期间即 1978—2011 年的 30 余年，中国城市化率每年提高 1 个百分点，或者说城市常住人口占全部人口的比重每年提高 3.2%，属于世界上最快的城市化速度。2011 年中国城市化率已经达到 51.3%。但是，考虑到中国的特殊国情，如果以非农业户籍人口占全部人口的比例来衡量城市化水平的话，同年这个比重仅为 34.7%。这两个指标之间存在的 16.6 个百分点的差别，具体表现为 1.59 亿外出农民工进入城市却没有获得市民身份。

据此完全可以得出这样的判断，近年来表面上突飞猛进，而没有伴随户籍制度改革实质性跟进的城市化，实际上是不完整的城市化。这种不完整性表现在，它不能胜任解决完整意义上城市化所能够解决的问题。换句话说，没有伴随农民工市民化的城市化，不能充分履行中国现阶段所迫切期待于城市化的必要功能。本文将逐一分析这些功能，并提出实质性推进农民工市民化的政策建议。

一 基本公共服务均等化

有人把表现为农村居民向城市迁移的城市化描述为追逐"城市之光"的过程。这里所谓的城市之光，并非仅指城市更加丰富多彩的文化生活，更是指城市所能提供的更好、更充分的基本公共服务。世界经济社会发展史表明，覆盖全体居民的社会安全网、更好的教育和更强的社会凝聚力，无不与包容性的城市化相伴而来。

在中国目前的情况下，由于没有城市本地户口，农民工在基本社会保险制度、最低生活保障及其他社会救助项目、子女义务教育、保障性住房等基本公共服务上的覆盖率，大大低于城镇居民和户籍就业人员，其中许多项目甚至在制度上就把农民工排斥在外了。例如，按照相关法律规定，五类基本社会保险项目应该以就业身份而不是户籍身份予以全覆盖，但是，户籍制度仍然发挥着阻碍农民工获得充分覆盖的功能。2011 年，在这些基本社会保险项目中，农民工覆盖率相当于城镇户籍就业人员覆盖率的比率分别为：社会养老保险为 23.2%，工伤保险为 47.9%，基本医疗保险为 31.6%，失业保险为 20.1，生育保险为 14.5%。

2011 年，全部城镇就业人员中，农民工已经占到 35.2%，而新增城镇就业人员中，农民工比例更高达 65.4%。也就是说，没有城市户籍、未能均等地获得相应基本公共服务的农民工，已经是城镇就业的主体。作为劳动力供给的主体，尚未能够充分享受基本公共服务的农民工，一旦在劳动力市场上面临着脆弱性，必然给中国经济整体带来风险，以至诱发社会风险。

首先，随着产业结构调整的加速进行，行业竞争和企业竞争的加剧，许多现存的岗位将不断被破坏掉。虽然新的岗位也相应被创造出来，但是，由于结构性和摩擦性因素，许多劳动者会遭遇一段时间的失业。就个体而言，能否应对这种就业冲击，取决于劳动者的人力资本状况。由于平均而言，目前中国农民工只具有略高于初中毕业的受教育程度，因此，他们在产业结构调整中经历结构性失业的概率将较大。

作为一种规律性现象，伴随着产业结构调整，劳动力市场对人力资本的需求将提高。例如，目前作为农民工集中就业的劳动密集型第二产业和劳动密集型第三产业岗位，分别要求平均受教育年限 9.1 年和 9.6 年，而资本密集型的第二产业和技术密集型的第三产业岗位，则分别要求平均受教育年限 10.4 年和 13.3 年。根据 2011 年农民工的人力资本状况估算，他们的平均受教育年限仅为 9.6 年。也就是说，农民工的平均人力资本尚不能适应从劳动密集型产业向更加资本密集型和技术密集型产业的转移。因此，如果没有社会保险项目的充分覆盖与保护，面临可能的劳动力市场冲击，将来会有一批农民工处于十分脆弱的劳动力市场地位。

与此同时，20 世纪 80 年代以后出生的新生代农民工，已经是进城农民工的主体，所占比重已经超过 60%。这些人绝大多数没有务农经验，也没有回到土地上的意愿,而且他们中相当大一部分,实际上是在城镇长大且受教育的。据2010年调查,在16—30岁的农民工中,有32.8%在16岁以前生活在城市、县城或镇,有38.4%在城市、县城或镇上小学。因此,他们即使失去了工作,也不会走他们父辈"有来有去"的老路。如果以他们为主体形成新一代城市边缘性群体的话,社会风险将是巨大的。

二 挖掘劳动力供给潜力

中国长期处于二元经济发展阶段,享受到有利的人口年龄结构,具有劳动力无限供给的特征。劳动年龄人口持续增长和人口抚养比持续降低,通过以下几种途径转化为人口红利。首先,劳动年龄人口的长期上升趋势,加之教育规模的迅速扩大,为经济增长创造了充足的劳动力供给和必要的人力资本条件。其次,充足的劳动力供给延缓了资本报酬递减现象发生的时间,人口抚养比的长期降低则维系了高储蓄率。这使得中国在较长时间里可以依靠资本的投入推动经济增长。再次,劳动力大规模从生产率低的农业,转向生产率更高的非农产业,创造出资源重新配置效率,成为改革期间全要素生产率提高的重要组成部分,进而成为高速经济增长的源泉。

唯其如此,一旦人口结构向着不利于经济增长的方向发生变化,即人口红利消失的话,潜在经济增长率必然下降。事实是,中国15—59岁劳动年龄人口已于2010年到达峰值,随后开始负增长。伴随着劳动力供给的变化,资本边际回报率也已经开始降低。即便生产率提高速度保持不变的话,中国GDP的平均潜在增长率,也将从"十一五"期间的10.5%下降到"十二五"期间的7.2%,并在"十三五"期间进一步下降到6.1%。

潜在增长能力是一个与生产要素的供给能力以及全要素生产率提高速度相关的概念,因此,靠以刺激投资为抓手的需求拉动,并不能改变潜在增长率。然而,从供给方因素入手,提高潜在增长率是可行的,也是必要的。根据我们所做的一项模拟,至少有两个变量的改变,可以显著地提高未来的潜在增长率,而这两个变量都可以通过农民工的市民化产生有利的变化。

第一,如果在2011—2020年期间,每年把非农产业的劳动参与率提高

1个百分点的话,这一期间的年平均GDP潜在增长率可以提高0.88个百分点。在劳动年龄人口负增长的情况下,仍有增加劳动力供给的办法,那就是提高劳动参与率。农民工没有城镇户口,社会保险覆盖率低的现实,意味着他们作为城镇所需劳动力的主要供给者,就业预期不稳定,从终身来看,非农劳动参与率也较低。

这表现在,一方面,随着宏观经济的波动,农民工常常受到周期性失业的冲击,许多人甚至不得已而返乡;另一方面,由于不能享受相关的社会保险和社会救助,特别是不能预期在城市颐养天年,他们在较低的年龄上就主动退出了城市劳动力市场。据国家统计局调查,2011年,在本乡镇就业的农民工中,40岁以上的占60.4%,而在外出农民工中,40岁以上仅占18.2%。可见,以市民化为核心的城市化,无疑可以稳定农民工的劳动力供给,提高他们的实际劳动参与率,产生提高潜在增长率的积极效果。

第二,如果在2011—2020年期间,全要素生产率的年平均提高速度每年增加1个百分点的话,这一时期的年平均GDP潜在增长率可以提高0.99个百分点。固然,提高全要素生产率有诸多途径,但是,在农业劳动力比重仍然较高的情况下,推动剩余劳动力的持续转移,可以继续获得资源重新配置效率。刘易斯转折点的到来,并不意味着农业中剩余劳动力的即刻消失,而只是以不变的生存水平工资,不再能够吸引劳动力转移。

2003—2011年期间,农民工工资的年均实际增长率达到12%,并且呈现逐年加速的趋势。这个增长速度是符合中国经济到达刘易斯转折点的预期的。但是,工资增长如果继续加快,超越劳动生产率提高的速度,以及超过企业的承受力,就可能演变成休克式的结构调整,不利于中国经济增长的可持续性。因此,借助政府公共政策的调整,即推进以农民工市民化为核心的城市化,既可以达到推动农村劳动力继续向城市转移的目的,提高全要素生产率,又能够给企业留出必要的时间进行调整与适应。

三 扩大居民消费需求

一国的经济增长,除了依靠生产要素供给和生产率提高的支撑之外,还需要与潜在增长能力相应的需求拉动。针对2012年经济增长减速,有两种观点：一种观点认为，受世界经济低迷特别是欧债危机的影响，中国经济放缓是外需不足所导致，如果外部环境不能得到恢复，中国经济可能会遭到更大的冲击。这种观点倾向于建议政府采取必要的刺激措施。第二种观点认为，中国应该把外需不足当作倒逼经济转型的动力，逼其转向内需特别是消费需求拉动。笔者在赞成第二种观点的基础上，拟补充一句：出现外需孱弱的现象可能是好事，避免了过于强劲的需求把增长速度拉到潜在产出能力之上。

实际上，中国潜在增长率的降低，为实现经济增长供给方因素与需求方因素的平衡，创造了宽松而有利的环境，是经济增长可以不再过度依赖投资需求。例如，在2001—2011年期间，拉动GDP年度增长率的需求因素中，消费需求贡献了4.5个百分点，资本形成（投资需求）贡献了5.4个百分点，净出口贡献了0.56个百分点。因此，即使"十二五"期间净出口的贡献为零，投资需求减半，靠国内消费需求和一半投资需求形成的需求拉动（4.5个百分点加2.7个百分点，共7.2个百分点），也足以支撑这一时期的潜在增长率（7.2个百分点）。

不过，通过改革特别是通过推进农民工市民化为核心的城市化，潜在增长率将有所提高，因此也需要更强劲、更可持续的需求因素与之适应。今后，无论是世界经济的复苏乏力，还是中国比较优势所发生的变化，都难以使我们预期更乐观的出口需求。同时，过度依靠投资拉动的传统增长模式也需要转变，所以我们也不寄希望于过快的投资需求增长。因此，说城市化蕴含着深厚的内需潜力，实际上指的是，以农民工市民化为核心的城市化所创造的国内消费需求。

在农民工成为实质意义上的城市市民之前，由于他们的终身收入流缺乏稳定性，其消费充满了后顾之忧，并不能成为像城镇居民一样的正常消费者。通常，农民工需要把收入的1/4左右汇回农村老家，作为个人的保障手段以平滑自身消费。这意味着，如果通过户籍制度改革，很大一部分农民工的社会保障覆盖率能够达到城镇居民水平的话，即便在收入不提高的情况下，他们可以列入消费预算的收入至少也可以增加1/3。可以预期的是，市民化的过程必然会进一步增强农业转移劳动力的收入稳定性，扩大其劳动参与率，收入增长也是自然而然的，这将大幅度地扩大居民消费需求。

我们可以粗略地算一笔账,看农民工市民化所产生的需求收入效应,或可能创造何种数量级的消费需求。如果农民工像城市户籍职工一样筹划自己的收支预算,也就是把原来汇寄回家的1/4工资留在手里,他们可支配的工资可以提高33.3%,提高幅度相当于从城镇居民收入五等分组中的"较低收入户"提升到"中等偏下户",而通常这个收入组的提升可以将消费支出提高29.6%。换一个角度看,如果他们不再把工资的1/4寄回家,1.59亿农民工按照2011年平均工资计算的工资总额,将达到3.9万亿元,相当于这一年全国居民消费支出16.49万亿元的23.6%。或者说,如果农民工把这1/4工资用于消费,可以把全国居民消费支出提高约6%。

不仅如此。根据中国的投入产出表,在国内最终消费支出中,大约3/4是城乡居民的消费支出,1/4是政府消费支出。后者是指政府部门为全社会提供公共服务的消费支出,以及免费或以较低价格向居民提供货物和服务的净支出。以农民工市民化为核心的城市化,一方面由于为农业转移劳动力提供了更稳定的就业机会,以及更加均等的基本公共服务,可以大幅度提高居民的消费水平,另一方面又因强化了政府提供均等化基本公共服务的责任,可以合理地扩大政府消费规模。这两个效果进而都将表现为国内消费需求的扩大,有助于促进经济增长更加平衡、更加协调、更可持续。

四 转变农业生产方式

进入到21世纪,中国的"三农"事业经历了黄金时期,主要表现在国家财政对农业的明显倾斜,以及实施一系列"多予少取"和"只予不取"的政策措施。例如,在2001—2011年期间,在国家财政总支出增长4.8倍的同时,财政对农林水事务的支出增长了9.8倍。2011年农民拿到手里的各类直接补贴即达1407亿元。近年来农村居民收入增长速度快于城镇居民,城乡收入差距呈现缩小的趋势。虽然农村年轻人大规模外出导致农业劳动力年龄偏大,但是,由于农业机械化速度加快,市场化和社会化农业生产服务体系日臻完善,农业劳动生产率未出现下降的情况,粮食生产实现了九年连续丰收。

但是，总体而言，中国目前"三农"事业仍然是建立在政府补贴的基础上，而不是靠现代化的生产方式以及价格激励机制。国家各类种粮补贴逐年增加，粮食最低收购价格不断提高。许多"三农"问题学者和政策研究者，仍然把农业看作是一个天生的弱质产业，缺乏国际竞争力，从而不能完全自生自立。与此相应的政策倾向，出于对农业产业式微和农村经济社会凋敝的担忧，希望继续把劳动力流动和人口迁移保持为一个"有来有去"的候鸟型模式。这应该是造成现今没有市民化的城市化的政策根源。

其实，羞羞答答的城市化，并不能造就一个建立在价格激励和规模化经营基础上的现代化农业生产方式。在缺乏稳定的定居预期的情况下，外出的农民工不敢转让承包土地的经营权，更不愿意放弃已经闲置的宅基地，造成在最严格的土地管理制度下，土地的生产和生活利用率却有所下降。

例如，2011年农民工总规模为2.53亿，其中9415万在本乡镇从事非农产业。这些劳动者从就业性质来看，无疑已经离开土地，但是，他们中很多人仍然兼营农业，承包土地和宅基地无疑也继续保留。同年，外出农民工即离开本乡镇6个月及以上的农村劳动力为1.59亿，其中1.26亿属于住户仍在农村的外出家庭成员，他们无暇从事农业生产，但承包地和宅基地并不会放弃。此外，还有3279万举家外迁农村人口，已经完全脱离了农村生活和生产活动。但是，他们名下的承包地和宅基地使用权，在很多情况下也没有放弃。有些在把承包土地转包他人耕种的情况下，却享受着政府给予的种粮补贴。

由此可见，在务农劳动力大幅度减少的同时，农业经营户总数，即或者全业或者兼业或者仍然实际拥有承包土地经营权的农户数量，并没有实质性减少。这导致农业经营规模不能随着农业就业比重的下降而相应扩大，妨碍了农业劳动生产率的提高。作为家庭联产承包制的一个结果，中国农业土地分布具有零散、细碎、经营规模小的特点。在劳动力总数减少的情况下，如果未能根本改变这种土地经营状况，不仅不利于机械化耕作，土地边界和田埂还浪费土地，较小的经营规模，更妨碍生产者对价格激励做出积极的反应，不利于形成专业化和职业化经营。

虽然在发达国家普遍存在政府对农业的补贴，但是，真正具有可持续性和竞争力的发达农业，归根结底是建立在农业本身的自立能力基础上的。

诚然，中国目前的发展阶段，仍然需要实行城市支持乡村、工业反哺农业的政策。但是，着眼于未来，构造现代化农业的生产方式基础，已经越来越具有紧迫性。而这个符合经济发展规律的过程，需以农业人口转移的彻底性为前提条件。

五　结语

城市化是现代化的重要标志，也是全面建成小康社会的关键载体。党的十八大召开以来，全国上下对于推进城市化的热度前所未有地高涨。但是，推进城市化的澎湃激情，需要建立在基于一般规律和中国国情的对城市化内涵的准确理解之上。从经济发展阶段出发，中国城市化的核心应该是农业转移人口进入并落户于城市，享受基本公共服务的普照之光。因此，推进城市化要求深化户籍制度改革，实现农民工的市民化。当前最紧迫的任务，是从以下三个方面推进户籍制度改革的实质性突破：

首先，中央政府要提出改革目标和实施时间表。即把以户籍人口为统计基础的城市化率作为指导性规划下发给地方政府，分人群有条件地设定完成改革的截止期。大致来说，在2020年之前分步骤、分人群满足目前1.59亿的落户和基本公共服务需求，消除人户分离的存量问题；同时按照每年城市化水平提高1个百分点的节奏，可以在劳动力转移到城市后5年的时间里，解决户籍问题。即到2030年前，大体上使完整意义上的城市化率达到70%。

其次，明确区分中央和地方在推进户籍制度改革中的财政责任。中央要对基本公共服务的内涵和外延做出明确界定，据此重新划分中央和地方责任，同时也可以避免不顾国情无限扩大覆盖范围的现象。建议由地方政府为社会保障和最低生活保障等生活救助项目中补贴部分埋单，而中央政府承担全部各级义务教育责任。这样，也可以同时解决长期存在的义务教育在地区之间和城乡之间的不均衡问题。

最后，地方政府根据中央的要求制定改革路线图，按照既定时间表推进改革。对于尚未纳入市民化时间表的农民工及其家庭，地方政府有责任尽快为其提供均等化的基本公共服务。根据问题的紧迫性，区分先后地推进基本公共服务均等化进程，大体上，均等化的顺序应依次为：基本社会保险（其中顺序应为工伤保险、养老保险、医疗保险、失业保险、生育保险）、义务教育、最低生活保障和保障性住房。其中基本社会保险和义务教育的充分覆盖，应该无条件地尽快完成。

劳动力短缺对农业的影响及政策含义

一 刘易斯转折点与农业生产方式

因为我很长时间没有研究三农问题，当我考虑说我们出现劳动力短缺，它对三农是什么含义的时候，也有一些犹豫，就觉得也可能是人家讨论过的事情，所以只能把想到的，包括已经用经验方法证明的，以及还处于假说状态的，先说出来，然后大家给我补充，欢迎大家与我争论。

本文的主题是"劳动力短缺对农业的影响及政策含义"。首先来看，我们如今所说的劳动力短缺是一种什么现象？不是美国发生的与宏观经济周期相关的劳动力短缺，也不是过去偶尔有过的季节性的或者结构性的劳动力短缺，我想把它和我们对发展阶段的判断结合起来，也就是说我们在争论的刘易斯转折点，这里我就不再全面回顾人口的变化，因为那个工作以往已经做得太多了。现在让我们来看看，分城乡预测的劳动年龄人口每年净增量，即 16—64 岁人口的增量变化（见图 1）。

这反映的是农村的变化。显示出来的农村劳动年龄人口增量全是负值，从 21 世纪开始农村的劳动年龄人口的新增量全是负值，包括自然变动和机械变动，这两个加起来是负的，也就是说它是增加的少，但是转移出去的多，保证了目前我们城市的劳动力还有新的供给。同时我们也预测了，大概在 2013 年前后农村的转出数量大概 700 万左右，城市新增数量正好相等，也就是说，一个负，一个正，之和就等于 0，意味着从 2013 年以后中国劳动年龄人口增量是负的。所以就是说，我们不仅说全国劳动力没有那么多，供给上没有那么多，而且农村老早就是负的。

相应地，我们看到的就是工资的上涨，劳动力的短缺。过去我展示过

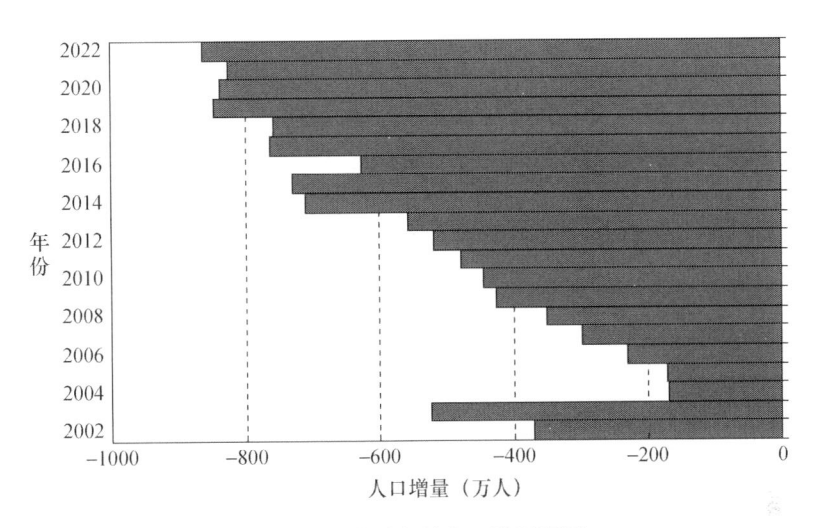

图1 农村劳动年龄人口增量预测

资料来源：胡英（2009）《分城乡劳动年龄人口预测》，未发表背景报告。

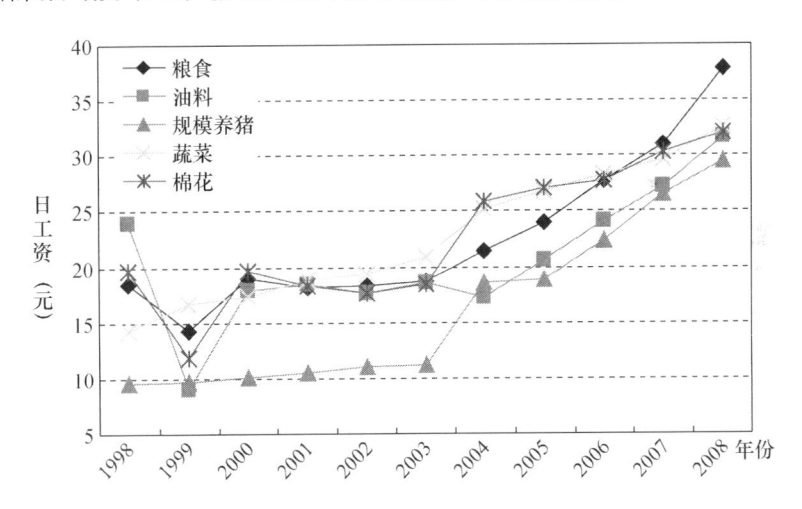

图2 农业中雇工工资的上涨趋势

资料来源：粮食、棉花和规模养猪的雇工日工资年均增长率系根据《全国农产品成本收益资料汇编》（历年）数据计算得到；制造业和建筑业月工资年均增长率系根据《中国劳动统计年鉴》（历年）数据计算得到；农民工月工资年均增长率系根据《中国农村住户调查年鉴》（历年）数据计算得到。

很多各行各业的农民工工资的迅速变化，因为我们很多同志都知道，过去也没有想到国家计委当年做农产品成本收益调查延续到今天，从20世纪90年代开始有了农业中雇佣工人的工资水平，这样我们把它用价格指数调整以后,看到粮食、油料、规模化养猪、蔬菜、棉花,从 2003 年以后都是迅速的上涨。

过去我们都说刘易斯转折点是不是到来了,如果是到来了,很多人会问是哪一年,过去我们总是回避这个问题,往往顾左右而言他,说刘易斯转折点也可以是一个刘易斯转折区间,是好多年中发生的,我们不一定非要指出具体的年份。但是,现在如果非让我指出,我可以说是 2003 年或者 2004 年。因为我们做了很多经验研究,所有结果显示,在 2003 年一下子发生了许多变化,大家看农业中雇工的工资也是发生在 2003 年,从那以后迅速上涨,剔除物价因素后,雇工工资每年都是 10%—20% 的增长速度。因此一定让我说转折点是在哪一年,我现在就说是 2003 年。

因为农业中的劳动力成本提高了,劳动力投入自然会减少,我们看到几种粮食作物在 2003 年以后,投入减少了接近 30% 左右。值得指出的是,劳动投入减少了并不意味着农业就不增长了,而是用机器替代,用资本替代了劳动,因此我们用物质费用与用工的比来看资本替代劳动的过程。这个比率近年来是迅速上涨的,而且同样是在 2003 年之后有一个比较明显的转折。这就提醒我们,农业中劳动力成本提高、劳动投入相应减少,以及资本或机器替代了劳动,就说明农业的生产方式必然发生变化。所有这些,都是按照经济学所说的人们要对经济激励做出反应这么一条原则。

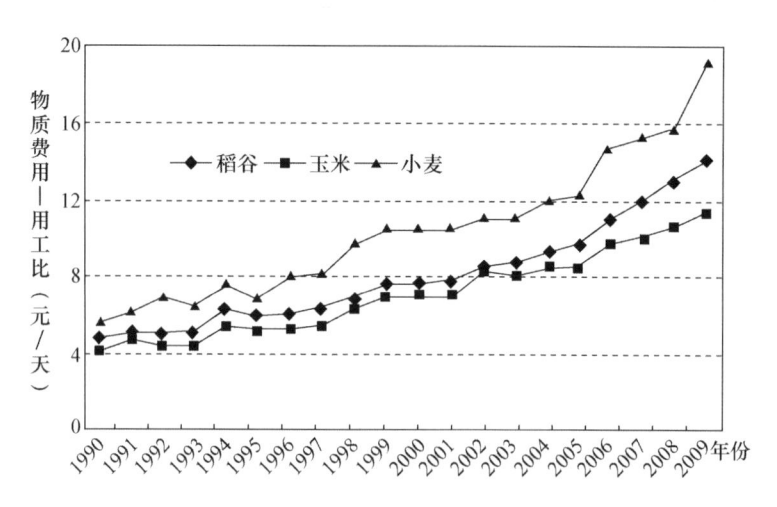

图 3　农业中物质费用—劳动比变化

资料来源:根据《全国农产品成本收益资料汇编》(历年)数据计算得到。

相应地，我们看一看农业中的生产方式发生了什么样的变化？从任何统计资料中，我们都可以看到，劳动生产率的实际提高速度很快，特别是在2003年之后，农业劳动生产率提高的速度更快一些。

为了判断一个产业的生产方式到底是不是进入一个更高的发展阶段，我们还要看全要素生产率。我的同事尝试各种方法，包括重复过去别人做的，以及改进式的方法，估计了农业全要素生产率的变化（见图4），特别是看TFP1和TFP2这两条线，一直到2008年，大家也可以看到，农业中全要素生产率也是明显提高，而且也是在最近这几年有了一个比较大的跨越。这和过去很多研究是一致的。因为我注意到大概在21世纪初的时候，国际上有两个研究，一个是摩根士丹利的，一个是学者个人的，他们都曾经证明：农业的全要素生产率在20世纪90年代的表现比工业要好。它在一贯良好的基础上，在21世纪以来有了一个更大的提升。因此，我们应该可以说中国农业的生产方式，不应该再被看作是一个小农的经济。

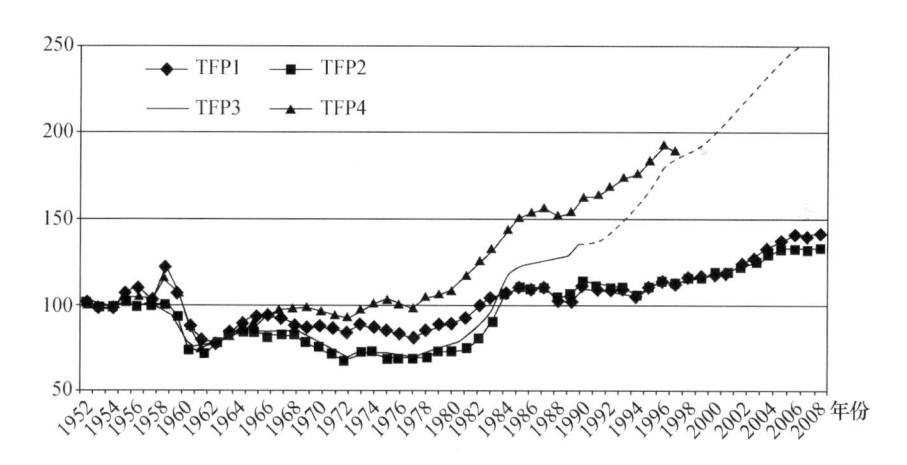

图4　转折点与农业全要素生产率

资料来源：赵文《刘易斯转折阶段的中国农业政策》，博士后出站报告，中国社会科学院人口与劳动经济研究所，2011年。

同时我们也可以看到，农业生产的波动性其实也是在降低的。我们知道，过去农业常常经历大幅度的波动，而在20世纪90年代以来，波动逐渐地减弱，当然应该排除一个东西，就是蛛网理论中一个著名的例子——猪周期，现在通货膨胀率都是靠猪肉的价格推动着上涨，这是另一个我们所要讨论的问题。

因此,我们可以看到,中国农业生产率无论是土地生产率还是劳动生产率,都在迅速地提高。但是趋势发生了一定的变化,也就是说,一个国家的农业,它是侧重于在土地生产率上提高,还是侧重于在劳动生产率上提高,其实取决于它的生产要素禀赋,从而生产要素的相对价格。所以,各个国家都按照它的资源禀赋特征,特别是土地的禀赋,来发展它的农业生产率,可能是偏向劳动生产率,也可能是偏向土地生产率。

图 5 显示了各国在特定时期农业生产率提高的方向和程度。对于中国,图中的数字还比较早,只到了 2003 年,而如果 2003 年是刘易斯转折点的话,

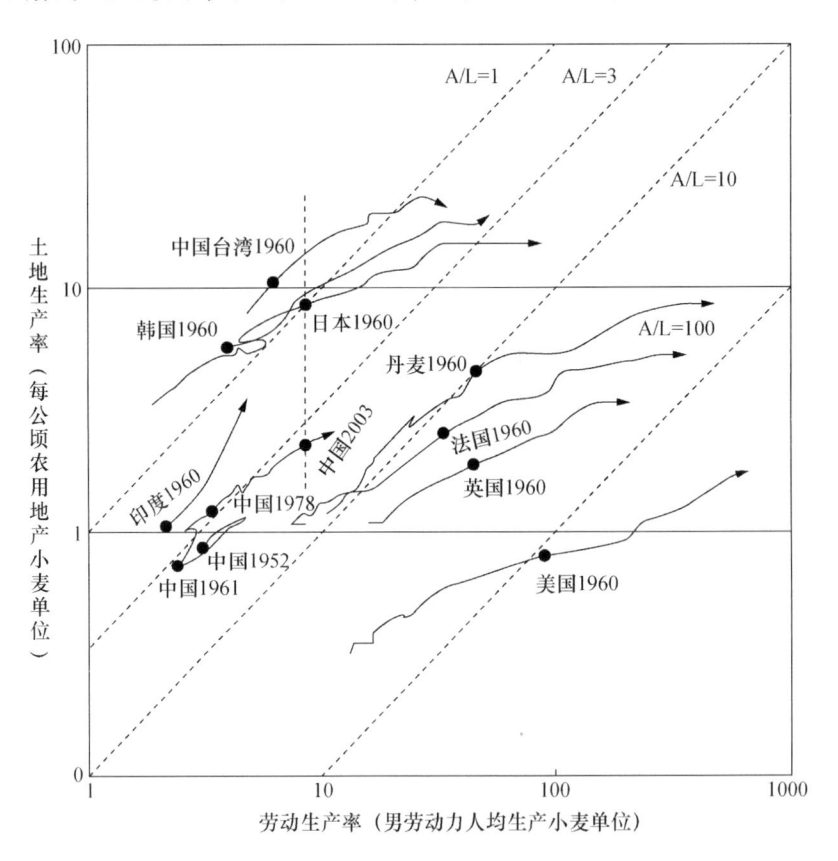

图 5　农业(土地和劳动)生产率提高尚有空间

资料来源:赵文《刘易斯转折阶段的中国农业政策》,博士后出站报告,中国社会科学院人口与劳动经济研究所,2011 年。

在这一年以后应该是越来越偏于农业劳动生产率的提高（图中，横坐标是农业劳动生产率，纵坐标是土地生产率）。但在这个图上，我们也可以看到，中国农业并不是一切都好。作为一个土地相对稀缺的国家，我们的土地生产率还比中国台湾、韩国、日本低很多；在今天开始出现劳动力短缺的情况下，我们力图再提高农业的劳动生产率，用资本替代劳动，但是，我们与欧洲和美国相比，农业的劳动生产率又差得非常多。因此，虽然总体上来说，中国农业生产方式是有了一个显著的提高，但是仍然处在一个比较低的水平上，既不符合我们的资源禀赋，也没有在现代化路程上更加大幅度地靠近，所以应该说还是任重道远的。任重道远是指农业生产方式的现代化，但是我们也可以把它同样应用到劳动力转移，也是农业生产方式转变的一个重要的途径。

二 劳动力转移仍然任重道远

我们讲刘易斯转折点的时候，其实是假设有两个转折点。一个转折点就是，在这个转折点之前劳动力是无限供给的，从农业中可以随意吸纳掉多少劳动力，农业中不会出现劳动力短缺，因此农业的供给不变。但是到达这个转折点以后，虽然农业中劳动力还有，但是要把它吸引出来而没有相应的农业生产效率的提高，就会出现农业的萎缩，所以发展经济学家又把刘易斯转折点叫作食品短缺点。从前面关于中国农业的劳动生产率和全要素生产率的改善看，我们不会出现总体上的食品短缺问题，换句话说，农业的供给及其方式并没有严重的问题。

但是从一定意义上，这就意味着我们跨越了速水佑次郎所谓的食品问题阶段，与此同时进入了一个具有更棘手问题的阶段，这就是解决收入问题的一个新的阶段。因此，按照速水佑次郎的这个框架，很自然地，中国进入了一个解决收入问题的发展阶段，如果要解决这一问题，就是要推动农业劳动力的进一步转移。农业劳动力的进一步转移，一方面是增加收入的重要源泉，另一方面，其实劳动力进一步转移，也是进一步地改善农业生产方式，能够有提高劳动生产率和全要素生产率重要的一个方面。我们现在劳动力转移的现状是，2010 年报的农村外出务工人员总数是 1.53 亿，即离开乡镇半年以上的农民工。从国家统计局微观数据中还可以看到，许多人过去其实也转移，但是在半年以下，所以没有统计在通常报的农民工数量中。但是随着就业机会增多，时间突破6个月这个点以后，人数就大幅度增加。因此我们不仅要看外出劳动力的总数，还可以看外出劳动力的就业时间。

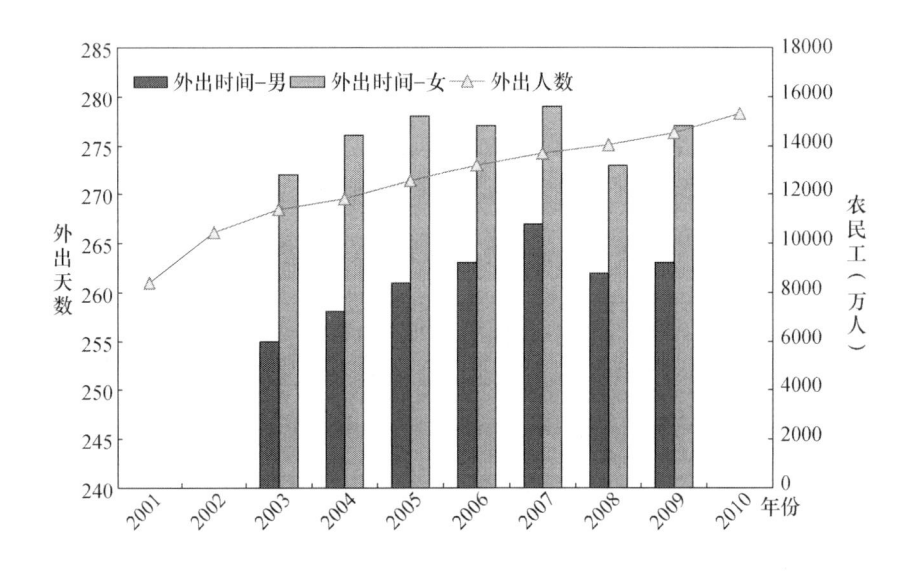

图6 农民工数量和外出就业天数的变化

资料来源：转引自武志刚、张恒春（2010）。

从图中，我们也可以看到，农民工外出就业时间的长度也是越来越长的，但是也能看到它的波动性，看到农民工就业对宏观周期性的反应。2008年和2009年金融危机的时候，虽然外出的人数还增加，但是他们外出就业的时间，无论男女都下降了，而且下降比较显著，也说明了农民工越来越成为一个周期性失业的受害群体。从目前来看，虽然城镇职工当中也有受周期性失业影响，但是比较少，因为我们从登记失业率的变化就能看见它是稳定的，通常在4%—4.3%，只是在0.3个百分点之间波动，但是，农民工受周期性失业的影响则非常突出。因此，我们可以看到，目前仍然有一系列制约农民工进一步转移的制度因素存在。

大家都知道，根据第六次人口普查的信息，中国城镇化水平又大幅度提高，已经超过50%了，意味着按照常住人口统计的城市化率与按照户籍统计的非农业人口比重，两者之间的差距就更大了。其含义是说，大量的农民工离家半年以上，被统计为城市常住人口，但是并没有获得城市户口，因此不能享受到城市相应的社会保障。

从几种社会保障的覆盖率看，农民工都显著低于城镇居民，因此，他们的消费就有后顾之忧。我们现在把农民工看作劳动力供给的来源，作为劳动力供给的功能它做到了，虽然有周期性和不稳定性，而更重要的是，转变经济发展方式的要求是，经济增长需求拉力越来越转向消费需求，由于社会保障的覆盖率非常低，农民工还没有转变他们的消费模式，因此，作为消费者的这种促进经济增长的功能，其实他们远远没有发挥出来。

可以通过图7进一步观察，农民工的市民化可以在多大程度上促进消费需求。这里，我借用了亚洲开发银行对中国的收入组的划分。从中可以看到，代表农民家庭的平均收入的这一组，即每天3.6美元，能够通过转移而成为农民工家庭，平均收入是每天9.4美元，消费相应提高。但是，作为农民工家庭，如果能够通过户籍改革成为城市居民，虽然收入仅仅从一天9.4美元提高到一天11.9美元，幅度并不是太大，但消费提高的幅度

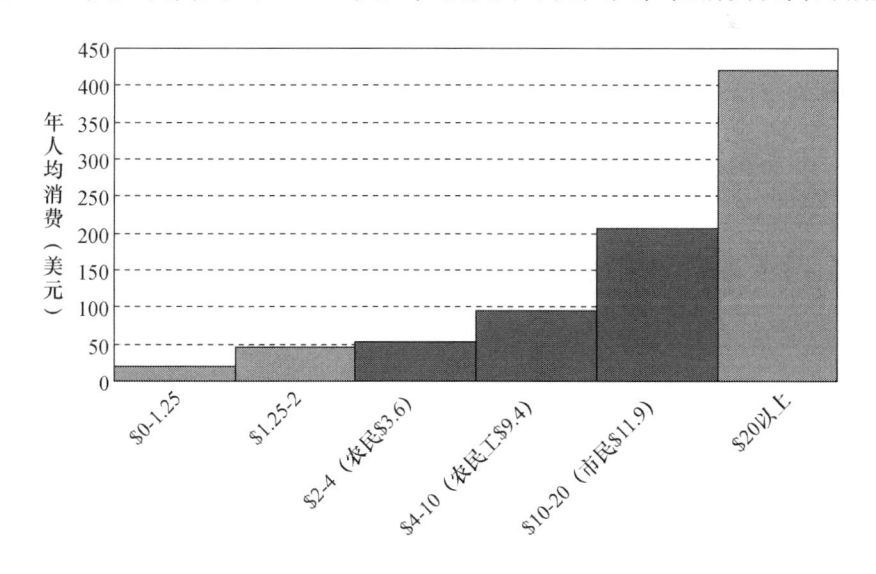

图7　市民化扩大国内消费需求

资料来源：根据Chun（2010）提供的数据，以及CULS数据计算。

则是117%左右。也就是说，这里不仅仅是因为增加了收入而增加了消费，更主要是转变了户籍身份，得到更充分的社会保障，有了更稳定的生活预期，他的消费就可以大幅度地提高。因此以农民工的市民化为主要内容的进一步的城镇化，应该成为我们未来扩大内需的一个重要的来源。

三 在东中西之间形成"雁阵模型"

现在有一个政策悖论，我们看到很多地方都在积极推进户籍制度改革，还有很多很有名的例子，比方说重庆、成都、广东等，都有很好的、具有操作性的办法。但是细看他们的改革办法，几乎都没有把省外农民工包括在内。中国1.5亿农民工里，至少有一半是跨省流动，主要来自于中西部地区。如果这部分人都没有被沿海地区的户籍制度改革纳入范围，他们将来应该怎么办？但是，以地方政府为启动者的改革，又的确难以指望能够惠及省外农民工。所以，我觉得这是目前关于如何推进城镇化的一个政策悖论。

为了打破这个悖论，我们要通过产业转移，形成在东、中、西三类地区之间的所谓"雁阵模型"。雁阵模型是日本人的概念。日本当年搞劳动密集型产业，随着劳动力成本提高了，就把产业转到"亚洲四小龙"，"亚洲四小龙"收入水平高了，劳动力成本高了，这类产业又转到了东盟，以后到中国的沿海地区。因此，这种雁阵模式，表现为国家和地区之间的产业转移。

我一直坚信，"雁阵模型"一旦到了中国这里，就应该变成国内版本，因为中国地域辽阔，地区差异太大，有地区之间的工资差异。不仅如此，更重要的一条是，最近我发现一个新的现象。根据国外《金融时报》的报道，在中国的投资者一旦面临中国劳动力成本迅速提高的情况，就迫不及待跑到越南和印度投资，因为他们听说那两个国家在等着收获人口红利，劳动力多的是。结果投资者发现，那两个国家工人的工资增长速度跟中国是一样的，中国工资不增，它们那里也不增，中国工人工资一提高，它们那里相应也提高，而且提高的幅度差不多。

这是为什么呢？其实，如果任何人算一下数，看中国的劳动年龄人口

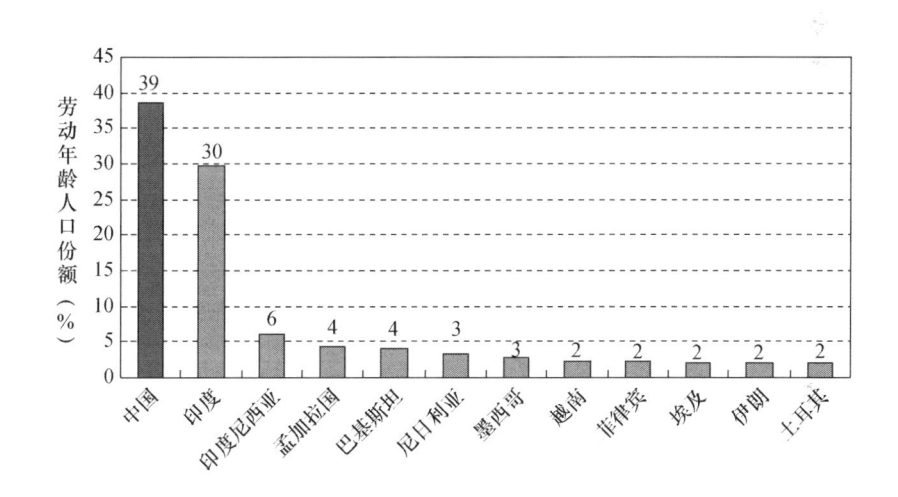

总量在世界上处于什么位置，也就不难理解了。国际上现在有几个国家分类概念，一个叫作"金砖五国"，最近又概括出"新钻 11 国"（N-11），将其中比中国发达的韩国、巴西、俄罗斯去掉，加进印度，结果发现所有这些国家，它的劳动年龄人口总数中有 39% 是中国的（见图 8）。这个含义是什么呢？就是说，中国在国际劳动力市场上是价格的决定者，而不是价格的接受者，因为哪个国家甚至几个国家合起来，都不足以替代中国制造业在国际市场上的份额。因此，从这一点看，我们在国内地区之间的产业转移，未来发生的可能性要远远大于产业转向国外，转向国外肯定会有，但不会有那么多。

图 8　中国成为世界劳动力的定价者

资料来源：United Nations (2011)。

虽然近年来在东、中、西地区之间，农民工工资水平在趋同，但对这个趋同我有一个解释。我们看到，在中国各个地区的职工劳动争议中，主要争的是工资。而劳动争议主要发生在沿海地区，而且在东部地区，劳动争议的绝对数、比例和劳动争议发生率都非常高。这意味着什么呢？意味着在沿海地区，目前的工资水平，农民工是难以接受的。而在中西部地区，目前的工资他们是可接受的，而且非常乐意在家门口从事非农就业。因此，未来的趋势很可能是，沿海地区工资上涨会继续，并且更快一些，中西部地区工资上涨会相对平缓下来,因此地区之间的工资差距还在,产业转移还是有希望的。

关于中国农村还存在多少剩余劳动力,存在着很大的争论。有一部分学者认为,农村有的是剩余劳动力。他们说"有的是"是指哪些劳动力呢？40岁、50岁以上的剩余劳动力的确有的是,但是,他们只是潜在的劳动力供给,由于年龄的因素、人力资本的因素以及家庭的拖累,目前根本转移不出来。然而,随着将来沿海地区的劳动密集型产业转向中西部地区,对这些剩余劳动力来说,产业转移到他们家门口（省会城市、地级市甚至县里）,对他们的吸引力就更大了。在这个意义上,我们的确还有很大一部分劳动力供给的潜力,是可以通过产业转移以及随之而来的户籍制度改革被调动出来。目前中国的制造业,特别是其中劳动密集型产业,已经出现了沿海地区的资产占比增速为负的趋势,意味着制造业向中西部地区的转移已经发生了。

如何进一步转移农村剩余劳动力

自2004年以来，在就业形势这个话题之内外，民工荒、用工荒、招工难等现象日益成为媒体和各地政府、企业关注的问题。即便是讨论严峻的就业形势，也越来越转向结构性和关注特殊的就业群体，而对于就业总规模的问题讨论力度则相对减弱了。这种现象的发生有其来龙去脉，即劳动力短缺是劳动力供给和需求变化趋势的结果。在以往发表的论文和专著中，作者已经对此进行了大量的论述。本文则主要关注在微观层面招工难对企业经营产生严峻影响，在宏观层面对经济增长模式提出新挑战的情况下，如何挖掘劳动力供给制度潜力的政策问题。

一 劳动力短缺成为普遍现象

有趣的是，作为近年来一个惯见现象（即许多学者对自己不赞同的观点动辄冠以"伪命题"）的例子，有人称"民工荒"为伪命题。我不是逻辑学家，只能去查名词解释看究竟什么叫作"伪命题"。查询的结果是，"百度百科"上说："伪命题是指不真实的命题。所谓不真实，有两种情况：其一是不符合客观事实；其二是不符合一般事理和科学道理。"

不过，其实我们大可不必把事情弄得这么复杂，毕竟，我们还没有弄清楚什么叫作"命题"呢。还是"百度百科"："命题是指一个判断所实际表达的概念，这个概念是可以被定义并观察的现象。命题不是指判断（陈述）本身，而是指所表达的语义。"在大多数情况下，特别是一个企业经理表达自己的担忧，一个新闻记者想引起社会的关注，一个研究生想由此出发选择一个论文题目的时候，"民工荒"还仅仅是对一种观察到现象的描述而已。固然，判断或者陈述的背后是有语义的，但是，用伪命题批评别人的那些人，往往并没有深入到概念或者语义的层次,或者干脆没打算那样做。

我的意思是说,对于民工荒现象,我们可以不去看背后是否与人口转变阶段性变化有关,可以不将其与关于刘易斯转折点的争论挂钩,更假设其与人口老龄化无关,而只需看一看现实。所以,应该做出的判断,不是民工荒是否为伪命题,而是民工荒是否为伪现象。

归根结底,劳动力是否出现短缺,不应该从逻辑学出发,而是走出办公室,到企业、村庄,甚至街头,就可以回答这个问题。所以,我们还是先从形而下的层面观察民工荒问题。事实上,民工荒现象产生于2003年,从那之后成为全国普遍现象。世界金融危机虽然一度造成农民工返乡潮,但随后很快复归为民工荒。2010年随着中国经济从金融危机阴影中走出来,民工荒变本加厉,最终导致农民工工资实际增长了19%。

2011年上半年,虽然外出务工的农村劳动力已经在历年不断增长的基础上,继续增加到1.6亿人,然而,民工荒现象继续发展,许多地方甚至形成"招工比招商难"的局面。一个突出的特点是中西部地区,特别是传统的中部劳务输出大省和大市,已经在劳动力需求方面,与沿海地区构成实质性的竞争。表1对2011年各地劳动力短缺的呼声进行简单的概括,并不一定具有代表性,只是试图说明民工荒并不是经济学家拍脑袋想象出来的,而是现实生活中实实在在发生的。

表1　　　　　　　　　　2011年各地缺工的例子

地区	情况	资料来源
青岛市	预计缺工15万	中国广播网2011年2月10日
金华市	预计全年缺工20.3万	《金华晚报》2011年2月11日
深圳市	预计缺工20余万	《广州日报》2011年2月17日
湖北省	劳务输出收缩10%—15%,减100万人	《国际金融报》2011年2月17日
重庆市	40区县办招聘会,填补70万工作岗位	《国际金融报》2011年2月17日
广州市	餐馆业缺工约10万	《广州日报》2011年6月17日
珠三角	招聘到岗率70%—80%,制造业仅60%	《广州日报》2011年7月27日
晋城市	富士康用3年时间产100万机器人	新华网2011年8月16日
信阳市	高质量完成省委省政府人力招募任务	中新网河南新闻2011年9月2日

不仅劳动力短缺影响企业接受订单,导致开工不足,工资成本的上升也影响了许多行业中企业的盈利水平。一项调查显示,除去那些具有垄断性质的行业外,在竞争性领域,劳动力成本每提高20%,净利润下降幅度为20%到65%不等,越是劳动力成本占主营业务比重高的行业,劳动力成本提高造成的利润降低幅度越大。[①] 这无疑对中国劳动密集型产业的比较优势构成严峻的挑战。转变经济发展方式,应对刘易斯转折点到来的新挑战,无疑是未来经济政策的重点。不过,我也并不否认农村仍然存在着一定规模、具有某种人力资本特征的剩余劳动力,劳动力供给尚有挖掘的潜力。

二 现存的劳动力供给制度障碍

根据官方统计,2009年农业劳动力为2.97亿人,占全国劳动力比重至今仍然高达38.1%。而由于统计口径的因素,农业普查的农业就业数字甚至更高。基于汇总统计数据得出仍然有大量剩余劳动力可供转移,或者由此进行的计量经济学分析,得出农业劳动边际生产力仍然很低的结论,都会因为高估农业中剩余劳动力的数量,而否定刘易斯转折点到来的结论。这种高估,在很大程度上是由于传统统计方式不能恰当区分劳动力的实际务农时间造成的。因此,如果能够把务农时间更加准确地区分出来,无疑会得出更有说服力的结论。

有一项基于农村住户调查资料的研究,恰好填补了这个空白。[②] 该研究突破了以往只能对劳动力就业按照年度进行分类的局限,把农村劳动力在不同经济活动中的劳动投入,以人月进行了划分,得出务农劳动力总数为1.92亿的结果。可见,官方统计把农业劳动力总数高估了1亿多,高估比例为54.5%。根据这个重新估计的务农人数,如果我们仍然按照中国城乡就业总人数7.9亿为基数的话,农业劳动力占全部城乡就业的比重,就不

---

① 参见李慧勇、孟祥娟《劳动力成本上涨将改变企业利润格局——劳动力成本与通胀、企业利润的比较研究》,《专题研究(SWS Research)》,2010年7月1日。
② 都阳、王美艳:《中国的就业总量与就业结构:重新估计与讨论》,载蔡昉主编《中国人口与劳动问题报告 No. 12——"十二五"时期挑战:人口、就业和收入分配》,社会科学文献出版社2011年版。

是 38.1%，而只有 24.7%。

即便如此，农业劳动力转移的潜力仍然是巨大的。2010 年中国人均 GDP 达到了 4300 美元，如果按照改革开放 30 余年期间的增长速度推算，预计到"十二五"结束时，可以超过 6000 美元，而到 2020 年全面建成小康社会时，可以达到 12000 美元。在人均收入不断提高并逐步进入高收入国家行列的同时，产业结构调整也应进一步加快，以便获得资源重新配置效率，支撑全要素生产率的提高。而这就意味着农业的劳动力比重需要继续降低。

农业劳动力转移仍然面临着制度性的障碍。这种制度性障碍虽然表现在许多方面，但是，根源则在于户籍制度的存在，使得农民工虽然能够自由地进入城市务工与居住，却因没有本地户籍而被排斥在许多基本公共服务项目之外，包括极其低下的社会保障覆盖率、子女接受义务教育的难题、不能享受最低生活保障和就业扶助等政府服务。

此外，遭遇世界性金融危机的经历还表明，农民工不完整的市民身份，还导致他们就业的不稳定性，以及在周期性冲击面前的脆弱性。在 2008 年和 2009 年，虽然反映劳动力转移大趋势的农民工外出总规模继续扩大，但是，由于就业波动导致外出务工的总天数出现明显的下降。例如，在 2003—2007 年期间，农民工每年外出的就业天数是持续增加的，而随后在金融危机的冲击下，就业天数却不增反降（见图 1）。

因此，推进户籍制度改革，实现农民工市民化，是挖掘劳动力供给制度潜力的重要举措。这要求城市化的推进应该真正以人为中心。为了引导和利用城市政府启动户籍制度改革的激励，应建立"人地"挂钩机制，即根据各城市吸纳农民工人口定居的数量，每年增加一部分用地指标用于解决农民工市民化后的用地问题；建立"人钱"挂钩机制，即根据各城市吸纳农民工定居的规模，每年定向给予财政补助。这样，随着劳动力需求增长速度与劳动力供给下降速度之间矛盾的加深，加快改革进度，尽快解决数亿农民工及其家属的进城和落户问题，使他们享受与城市原有居民同等的公共服务和各项权利。[1]

---

[1] 参见中国发展研究基金会《中国发展报告 2010——促进人的发展的新型城市化战略》，人民出版社 2010 年版。

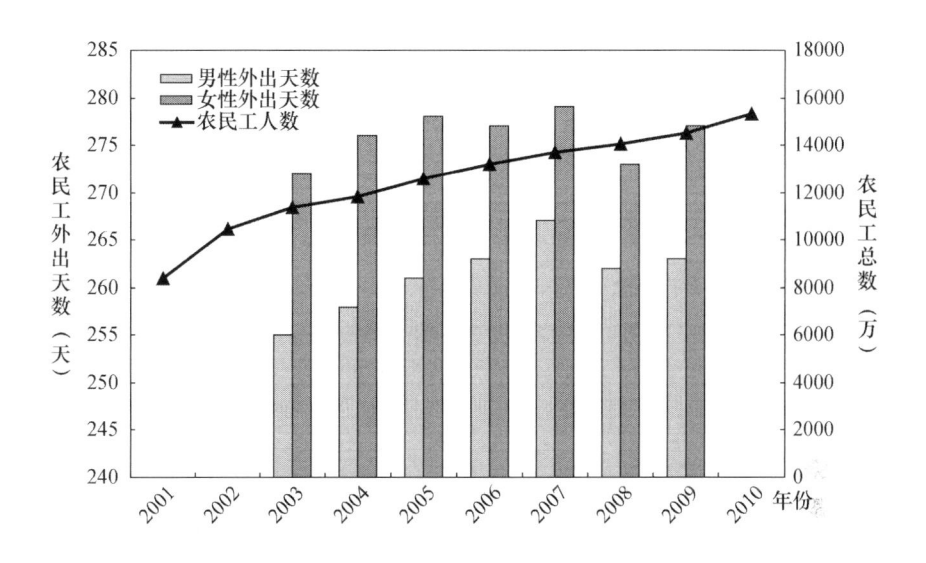

图 1　农村劳动力外出规模和外出天数

资料来源：农民工总数来自国家统计局（历年）和国家统计局农村社会经济调查司（历年），2009—2010 年数字来自国家发展和改革委员会在全国人大常委会上的报告；外出时间数字转引自武志刚、张恒春《农村劳动力外出就业的特点与变化》，载蔡昉主编《中国人口与劳动问题报告 No. 12——"十二五"时期挑战：人口、就业和收入分配》，社会科学文献出版社 2011 年版。

三　中西部产业发展与深层次转移

不过，从目前最受关注和认可的户籍制度改革试验中，如在重庆和广东，我们也可以看到其局限性。重庆户籍制度改革的受益者主要是本市户籍的农民，广东省实行的"农民工积分制入户城镇"办法，也只是针对拥有本省户籍的农民工，改革都还没有惠及外地农民工。目前在 1.6 亿跨乡镇流动的农民工及其随迁家属中，在城镇居住和工作的占 95% 以上，在县级城市的占 80% 以上，跨出省界的占 51%。因此，就中国总体而言，户籍制度改革急需破题的是如何实现跨省流动农民工及其家属的市民化。

这里似乎产生了一个悖论：一方面，对于不同地区来说，政府完全可以也应该从不同的动机出发，推动户籍制度改革，激励不同自然会形成做法各异的制度设计和推进方式，进而形成户籍制度改革的多样性。另一方面，如果全国各地都采取局限于本省户籍人口的改革模式，则意味着流入沿海地区务工的中西部农民工，被户籍制度改革所遗忘。破解这一难题的出路是区域间产业重新配置，即劳动密集型产业从东部沿海地区向中西部地区的转移。

对大量经历了增长由快到慢国家的研究表明，全要素生产率的停滞可以解释减速原因的85%。[1] 日本在1990年人口抚养比提高以后，年均GDP增长率只有0.85%，也是由于没有适时淘汰掉那些全要素生产率表现欠佳的企业，造成大批"僵尸企业"并拖累银行体系，造成"僵尸银行"。因此，保持我国经济增长可持续性，关键在于提高全要素生产率及其对经济增长的贡献率。

全要素生产率是指在各种要素的投入水平既定的条件下，通过提高各种要素的使用效率，而达到的额外生产效率，是经济增长经久不衰的引擎，通常由资源重新配置效率和技术效率两个部分构成。资源重新配置效率通过产业结构调整、升级或者高度化而获得。劳动力和其他要素从生产率低的产业向生产率高的产业转移，就是部门间资源重新配置的典型形式。表面上看，人口红利消失所导致的"民工荒"现象的出现，以及非熟练工人工资的迅速上涨，似乎预示着劳动密集型产业比较优势在中国的终结。其实不然，至少在今后十年到二十年中，资源重新配置效率的潜力仍将存在，并主要体现在劳动密集型产业在区域间的转移，我们可以称其为"区域间雁阵模型"。为此，中西部地区应着眼于改善政策环境，吸引具有比较优势的产业转移，而不是过度依赖政府主导型的重化工业发展。

这种区域间产业转移将产生挖掘劳动力供给潜力的效果。首先，劳动密集型产业在中西部地区落户，将对农村年龄偏大的劳动力产生更大的吸引力，促使其实现转移。以往的分析表明，农业中虽然仍有潜力进一步向外转移劳动力，但是，由于构成农业劳动力主体的是40岁以上的人群（见图2），而这些人显然不再能够应对跨省、跨地区转移的各种障碍。而一旦他们发现可以在省会城市或者本市获得就业岗位，则会大幅度增加劳动力供给的基础。其次，这些本地就业的劳动力及其家庭成员，可以预期在不

---

[1] Barry Eichengreen, Donghyun Park, and Kwanho Shin, "When Fast Growing Economies Slow Down: International Evidence and Implications for China", *NBER Working Paper*, No. 16919, 2011.

久的将来分享中西部地区城市化加速和户籍制度改革的成果。由于农民工转市民的结果必然是消费水平的显著提高,因此,这种产业转移从宏观上可以改变中国经济增长格局。

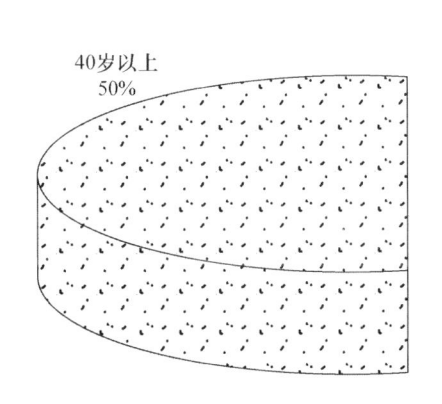

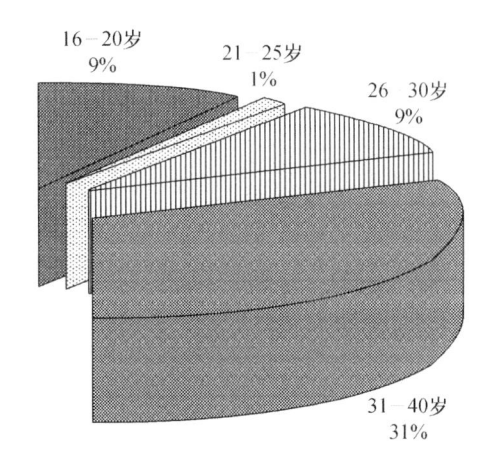

图 2　务农劳动力的年龄构成

资料来源:蔡昉、王美艳《农村劳动力剩余及其相关事实的重新考察——一个反设事实法的应用》,《中国农村经济》2007 年第 10 期。

四　劳动力转移的展望

如果一定要指出一个年份,作为刘易斯转折点的话,我愿意把 2004 年作为这个标志性的时间点。道理很简单,即分别依据转折点定义、与转折点相关并相伴而生的变化,以及其中所体现的政治经济学逻辑。在 2003 年发表的一篇文章中[①],我用政治经济学逻辑做出了一个判断,以 1978 年的城乡收入差距为基点,当这个差距回归到该水平上面时,一场深刻的政策调整将再次发生。以城镇居民收入与农民收入的比率衡量,剔除城乡价格变动差异因素之后,1978 年城乡收入差距为 2.6,2006 年回归到这个水平。实际上,改革是 1979 年开始的,这一年的城乡收入差距为 2.4,回归到这

---

① 蔡昉:《城乡收入差距与制度变革的临界点》,《中国社会科学》2003 年第 5 期。

个水平的年份,恰恰是 2004 年。

首先,刘易斯转折点的定义就是劳动力无限供给特征开始消失,伴之以普通劳动者的工资上涨。而民工荒恰恰就是从 2004 年广为人们所知,并且一直延续至今,即使 2008 年和 2009 年的世界性金融危机也仅仅将其暂缓数个月而已。同时,以农民工为代表的普通劳动者工资,自 2004 年开始,一反此前十数年徘徊不前的局面,持续上涨至今。

其次,既然这个转折点对于经济发展型式会产生诸多方面的影响,则 2004 年这个年份应该在许许多多指标上反映出转折的特征。事实上,产业中的资本劳动比、地区经济发展水平差异、农业生产效率和生产方式、生活费用涨幅,以及一系列相关指标,都以这一年为转折点,在方向上发生了逆转性的变化。

最后,2004 年以后的政府政策倾向,包括收入分配制度改革、社会保障体系建设和劳动力市场制度发育,都越来越有利于工资的继续提高。其实,前述一系列具有转折点意义的经济社会指标的变化趋势,说其中一些是发生在 2003 年也是可以的。但是,政府的重大政策调整,不仅集中地发生在 2004 年,而且从政治经济学的逻辑上,政策变化无疑是对这些趋势的反应,其中不乏许多具有戏剧性色彩的事件。[1]

许多人不愿意承认刘易斯转折点已经到来,与他们不情愿看到未来不再有庞大的劳动力供给不无关系。其实,这种疑虑是不必要的。农业中剩余劳动力转移,无疑是刘易斯转折点到来的主要推动力,而这个转折点到达之后,并不意味着劳动力转移速度必然减慢。从经历过刘易斯转折点的三个东亚经济体经验看,在到达转折点之后,农业劳动力下降速度反而快于转折点之前(见图 3)。如分别观察转折点前 10 年、转折点前后各 5 年和转折点之后 10 年的农业就业比重变化,可以看到日本、韩国和中国台湾的劳动力转移速度,在转折点之后平均加快了 25%。

---

[1] 参见 Fang Cai, "The Formation and Evolution of China's Migrant Labor Policy", in Zhang, Xiaobo, Shenggen Fan, and Arjan de Haan (eds), *Narratives of Chinese Economic Reforms: How Does China Cross the River?* New Jersey: World Scientific Publishing Co. Pte. Ltd., 2010, pp. 71–90。

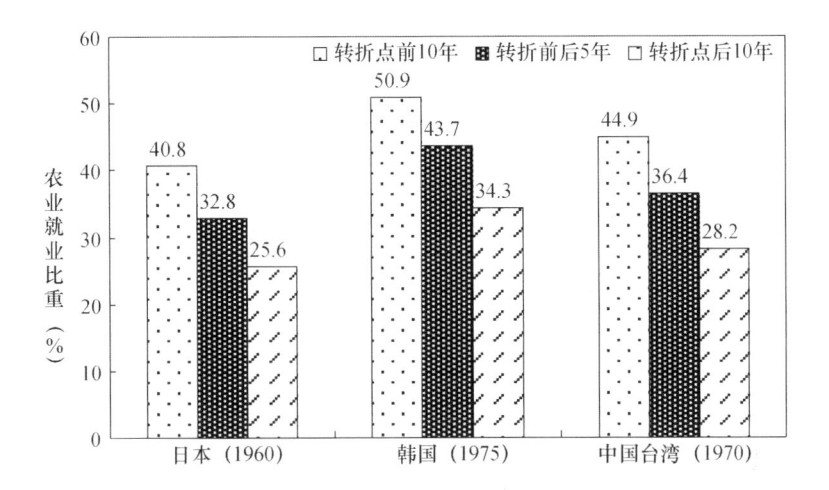

图3 转折点前后农业劳动力转移的速度

注：各时期的取值为该时段内各年取值的平均值。

资料来源：日本的资料来源于 Minami, Ryoshin, "The Turning Point in the Japanese Economy", *Quarterly Journal of Economics*, Vol. 82, No. 3, 1968, pp. 380—402 及日本统计局网站，http://www.stat.go.jp/；中国台湾的资料来源于 Chia-Yu Hung, "A Discussion on the Lewisian Turning Point in Taiwan", 2010；韩国的资料来源于韩国统计局网站数据库，http://kosis.kr/eng/database。

姑且不与发达国家的农业就业比重相比，即使与人均GDP在6000—12000美元的中等收入国家相比，中国农业劳动力转移任务也仍然是艰巨的。当我们汇总2007年世界一些处于这个阶段国家的资料时，发现平均的农业劳动力比重为14.8%，比中国低接近10个百分点。这意味着今后十年中，我们要从现有的1.92亿农业劳动力出发，每年需要减少近200万人，即降低一个百分点。这样的话，才能保持资源重新配置效率的持续提高，进而保持中国经济增长的可持续性。

应对农民工周期性失业现象

我国劳动力供求关系正在经历新的变化,在今后经济社会发展的中长期内将呈现一种更为复杂的就业局面。由于我国已经长期处于低生育水平阶段,人口年龄结构相应发生了变化,表现为劳动年龄人口增长速度减缓,劳动力供给总规模将于近期达到最高点。根据最新预测,我国15—64岁劳动年龄人口增长率逐年下降,预计在2015年达到峰值,届时劳动年龄人口总量为9.96亿,随后即转为负增长。与此同时,在经济增长继续创造着就业岗位的情况下,劳动力需求仍将以加快速度扩大。

但是,这并不意味着我国就业矛盾从此就缓解了。未来就业压力大、就业形势复杂、就业任务繁重的基本格局不会改变,同时,就业的结构性矛盾更加突出。特别是,随着我国经济市场化水平的提高和日益与国际经济接轨,就业受经济周期影响的程度愈益加深,会经常性地产生周期性失业现象,而进城务工的农村转移劳动力,主要集中在经济波动较大的行业就业,往往要承受更大的周期性失业冲击,需要政策给予高度关注和及时应对。

一 农民工面对周期性失业的脆弱性

在成熟的市场经济国家,就业压力主要表现为三种类型的失业,即宏观经济波动导致的周期性失业、劳动者技能与用人单位需求不匹配造成的结构性失业,以及劳动者寻职时间过长导致的摩擦性失业。其中结构性失业和摩擦性失业是失业的常态,既相对稳定也十分顽固,所以也被统称为自然失业。我国未来面临的就业挑战,既有在二元经济发展阶段上长期面临的就业岗位不足的问题,也将越来越多地面对上述三种类型的失业,其中周期性失业尤其需要给予高度关注。

在市场配置资源和引导经济活动的条件下，宏观经济的周期性波动不可避免，与宏观经济周期相对应的周期性失业现象也同样不可避免。宏观经济学有一个表现为"菲利普斯曲线"的著名原理，即通货膨胀率与失业率之间存在着交替取舍的关系，其中的失业率实际上指的是经济周期引起的失业率。因此，宏观经济政策最重要的职能就是关注周期性失业的动态。

改革开放以后，我国经济增长的稳定性不断增强，经济波动振幅趋于缩小，但是，经济增长率变化与就业及失业水平的变化关系却更加密切了。特别是那些主要通过市场配置就业的劳动者，更多地感受到周期性失业或就业困难。这种周期性失业现象，从宏观经济层面看意味着人力资源的浪费以及国民经济损失；而从民生角度看则表现为对居民收入和生计的负面影响。并且，由于在经济周期中失去就业岗位的，往往是那些在人力资本方面处于劣势的劳动者，因此，他们中的许多人随后会继续陷入长期的结构性失业状态，成为劳动力市场上的脆弱群体。

在我国当前的发展阶段，进城务工的农村转移劳动力，由于没有获得城市户口，在劳动力市场上往往遭遇到歧视性对待，劳动合同签约率也较低，就业不稳定，往往要承受更大的周期性失业冲击。虽然目前城镇登记失业率因不能涵盖非户籍人口而不能完全反映周期性失业的状况，但是，从就业状况变化也能够看到，周期性失业现象是存在的。例如，国际金融危机对我国实体经济和就业的冲击，导致上千万农民工在2009年春节前夕遭遇失业和就业困难，不得已而提前返乡，就是这种周期性失业的一种特殊表现。在2008年和2009年，虽然反映劳动力转移大趋势的农民工外出总规模继续扩大，但是，由于就业波动导致外出务工的总天数出现明显的下降。例如，在2003—2007年期间，农民工每年外出的就业天数是持续增加的，而随后在金融危机的冲击下，就业天数却不增反降。

农民工经常性、非自愿地大批返乡，影响了农民收入的稳定提高，加之新生代农民工中很大一部分是在城镇成长和接受基础教育的，已经与农业没有密切的联系，他们返乡并不意味着能够回到土地上。据调查，16—30岁的新生代农民工中，32.8%的人在16岁以前居住在城市、县城或镇，在城市、县城或镇上小学的比例也高达38.4%。新生代农民工这种两头不能落地的问题如果长期得不到解决，将会成为一个潜在的社会不稳定因素。

周期性失业是西方宏观经济学和劳动经济学研究的重要内容，在市场经济国家，应对和治理这种失业现象也有成熟的政策手段。但是，在一个处在二元经济向成熟的市场经济转变的国家，如何认识周期性失业的特殊表现，实施有针对性和有效的治理政策，还是一个崭新的课题。根据周期性失业的一般性质和在我国的特殊表现，周期性失业应该主要通过宏观经济政策和包容性的社会保护政策两条途径予以应对。

二 宏观经济政策应对周期性失业

在市场经济条件下，治理周期性失业的通行办法，是借助宏观经济政策手段，发挥货币政策和财政政策的宏观调控作用，通过熨平经济周期，降低这种类型的失业水平。例如，中央银行在决定货币政策的方向和力度时，通常以周期性失业水平作为最主要的决策依据，据此调整货币政策信号和杠杆。例如，西方国家中央银行货币政策的6个基本目标及其排序是：高度就业、经济增长、物价稳定、利率稳定、金融市场稳定和外汇市场稳定。不过，20世纪90年代以后，许多国家放弃就业优先的宏观经济政策原则，而是把控制通货膨胀作为唯一政策目标，并美其名曰"通货膨胀目标制"。这种政策方向的转变，使得许多国家付出了惨痛的代价，出现了美国的"无就业复苏"和欧洲的青年失业率居高不下等严峻情况。

因此，我国应对周期性失业现象，首先要树立的原则，是把就业置于宏观经济政策制定的优先地位，以就业状况为依据确立政策方向和力度，降低周期性失业风险。中央对于就业重要性的表述，已经从要求把扩大就业放在经济社会发展更加突出的位置，提升到实施就业优先发展战略的高度。为了把就业优先原则落在实处，在宏观调控总体要求中，不仅考虑国内生产总值增长目标，更要直接宣示就业增长的目标，以及能够反映周期性失业水平的调查失业率控制目标。围绕就业目标和失业控制目标的实现，一方面，要合理确定经济发展速度，并在确定宏观调控的政策方向、手段和力度时，把就业最大化作为重要考量，以减小经济波动对就业的冲击。另一方面，要以扩大就业作为共同基准，加强财政、金融、税收等宏观经济政策的协调配合，更好地满足降低失业率的需要。

我国目前公布的失业率指标，是通过公共就业服务机构获得的城镇登记失业率，作为提供公共服务和制定扶持政策的依据。我国登记失业率统计从20世纪80年代初建立以来，为国家相关决策提供了重要依据，发挥了重要作用。但是，登记失业率是依据行政记录统计得来，覆盖范围不够全面，许多失业群体特别是与经济周期相关而失业的人群，往往不能为这一统计项目所涵盖。如进城农民工、高校毕业生就很少被登记在内，因此难以全面反映失业状况和宏观经济运行状况，特别是难以反映周期性失业的变化动态。

例如，自2002年以来，城镇登记失业率始终在4.0%—4.3%的微小幅度内浮动，即使在遭遇世界金融危机影响出现农民工大规模返乡的2009年的某些月份，城镇登记失业率也只有4.3%，与经济周期造成的实际就业起伏和失业变动不相一致。此外，由于许多市场经济国家通行的做法，是根据国际劳工组织标准进行调查失业率统计，成为市场经济条件下失业监测的通行做法，因此，我国仅仅公布登记失业率，也难以进行国际比较。实际上，我国早已通过劳动力抽样调查获得调查失业率，评估失业和就业状况，但是目前尚未公开发布这个失业率指标。

因此，根据国际经验和我国实际需要，我们建议适时发布能够反映农民工等各类劳动者就业状况的调查失业率。考虑到"十二五"规划已将登记失业率作为预期性指标，目前可先采取两种失业率并行的办法，以登记失业率作为政府绩效考核指标和开展公共服务的依据，以保持就业工作评价的连续性。与此同时，也需要尽快转到以调查失业率作为制定宏观经济政策参考依据的机制上。

三 把农民工纳入社会保护网

在某种程度上可以说，经济周期从而周期性失业具有不可避免性，这已经为市场经济国家的长期经验所证明。对于一个处在产业结构加速调整的国家来说，劳动力资源按照更加有效率的方向进行重新配置，常常也是在"就业—失业—再就业"的过程中实现的。今后10年内，我国农业劳动力比重每年至少需要减少 1 个百分点，即转移约 800 万农业劳动力。然而，今后农村劳动力转移就业，并不会再像典型的二元经济发展时期那样，简单地遵循从农业到非农产业，或者从农村到城市的单方向路径进行，而是在产业结构的剧烈调整中发生，即劳动者伴随着资源在产业、行业和企业间的重新配置而不断转岗。

随着产业结构调整的加速，在新的就业机会不断被创造出来的同时，一部分传统岗位也不可避免地消失。如果需要转岗的劳动者技能不能适应新岗位的要求，则会面临结构性失业风险。由于我国劳动力市场发育尚处于较低水平，人力资源配置机制尚不健全，在产业结构变化过程中，劳动者还不能做到无摩擦转岗。因此，摩擦性失业现象也会经常存在。而这两种自然失业现象，往往是在经济波动的低谷中，最先以周期性失业的形式出现的，在我国的情况下，则通过特定的制度安排，被加以放大并集中在农民工身上。

因此，治理具有中国特色的周期性失业，需要通过改革消除劳动力市场的分割对周期性失业的放大效应。如把农民工纳入城镇失业保险、就业扶助等公共服务范围，就可以降低他们面对就业冲击的脆弱性。直到 2010 年，农民工加入基本社会保险的比例仍然十分低，基本养老保险为 9.5%，工伤保险为 24.1%，医疗保险为 14.3%，失业保险为 4.9%，生育保险只有 2.9%。应该从基本公共服务均等化的要求出发，尽快提高农民工在各项社会保障中的参与水平。

从农民工个体来说，较高的人力资本素质是防止周期性失业的法宝。产业结构升级和优化要求产品质量和服务质量进一步提升，抵御风险能力进一步增强，必然对劳动者素质提出更高要求。目前农民工受教育水平整体上还较低，增强了他们面对经济周期时的风险。2010 年，农民工中文盲占 1.3%，小学文化程度占 12.3%，初中文化程度占 61.2%，高中文化程度占 15%，中专及以上文化程度占 10.2%。此外还有一个值得注意的现象是，在出现劳动力短缺现象的情况下，我国低技能工人的就业机会增加，工资增长也比较快，部分青少年不愿意升学甚至辍学，提早进入就业市场。在贫困农村，初中 3 年累计辍学的比例高达 25%。这部分劳动者会在产业升级加速的将来处于缺乏竞争力的状态，成为新一代就业困难群体。

一个能够让劳动力自由流动、有效保障劳动者合法就业权利的劳动力市场制度，是从中等收入国家向高等收入国家发展转变的制度保障。目前我国劳动力市场上仍然存在着劳动力流动的各种制度性障碍，包括城乡分割、地区分割和户籍身份分割，妨碍了就业机会的均等化和人力资源的合理有效配置。要尽快破除这些制度障碍，促进城乡各类劳动者平等就业，进一步完善劳动力市场机制。因此，要继续坚持城乡统筹的原则，进一步完善相关政策，深化制度改革，促进农村劳动力稳定转移就业。要引导农村劳动力有序转移就业，将农民工纳入各地创业扶持政策范围，支持他们在城市创业或返乡创业，带动更多劳动者就业。

提高老年人劳动参与率的路径

一 引言

长期处于低生育的人口转变阶段，使得中国人口年龄结构发生了迅速的变化。根据人口普查，2010年开始，15—59岁年龄段人口已经开始绝对减少，预计在2010—2020年的10年间，这个年龄的人口将减少2934万。我们可以将此看作是中国劳动力供给的下降。与此同时，经济增长将保持对劳动力的强劲需求。例如，在2001—2011年的10年间，包括城市劳动者和农民工在内的城市就业，总共增加了约1.15亿，今后的10年即使劳动力需求减半的话，也远远大于由劳动年龄人口决定的劳动力供给。

劳动力供给的下降和劳动力需求的增长，导致劳动力短缺持续存在，普通劳动者的工资不断迅速上涨。自2004年以来，民工荒以及农民工工资的上涨成为持续性现象。由于这一转折点从理论上早已为获得诺贝尔经济学奖的刘易斯所预见，我们可以把2004年看作是中国达到刘易斯转折点的年份。刘易斯转折点之后，劳动力短缺成为经常性状态，根本性地改变了中国经济增长的模式与趋势。在此前可以收获人口红利的年代，人口抚养比持续下降，保证了劳动力充足供给和高储蓄率，劳动力从农业向非农产业的转移带来资源重新配置效率，成为生产率提高的重要源泉。而随着刘易斯转折点的到来，劳动力供给受到制约，资本报酬递减现象发生，生产率提高的难度加大，因此，推动经济增长的引擎明显减弱。

在劳动力成本上升、投资收益下降和生产率改善速度减慢等导致经济增长减速的表象背后，是中国潜在GDP增长率的降低。潜在增长率是指在价格稳定的假设下，资本和劳动等各种生产要素达到充分利用，并且生产率按照正常速度提高的情况下,一个国家可以达到的正常增长速度。根据测算,2011—2015年即中国的"十二五"时期,GDP潜在增长率将从1995—2009年期间的9.8%降低到7.8%,2016—2020年即"十三五"时期,潜在增长率将进一步下降到6.3%(陆旸,2012)。

对中国经济增长前景继续保持乐观固然是合理的,但是,如果寄希望于政府出台各种产业政策、区域发展战略和宏观经济刺激手段,达到保增长的目标,则不可避免地会看到各种扭曲的结果,欲速则不达。那些旨在达到超越潜在增长率的实际增长速度的政策,通常会导致生产要素价格的扭曲、产业结构偏离比较优势、通货膨胀、产能过剩,以及对低效率企业和行业的保护。因此,我们需要向政策制定者提出的第一个建议是:潜在增长率是不应该超越的。

然而,潜在增长率是可以改变的。也就是说,通过创造生产要素供给和生产率提高的更好条件,提高潜在增长率,从而在此基础上保持长期经济增长可持续性。因此,劳动力供给和人力资本潜力需要在更深更广的领域进行挖掘,包括调整退休年龄以开发老年劳动力资源。例如,上述同一研究表明,如果在今后的两个五年规划期间,每年劳动参与率提高1个百分点,分别可以在"十二五"期间提高潜在增长率0.92个百分点,在"十三五"期间提高潜在增长率0.87个百分点(陆旸,2012)。

在理解人口老龄化原因时,人们通常着眼于观察人口转变从最初的少年儿童人口减少阶段,进入相继而来的劳动年龄人口减少的阶段,从而老年人口占全部人口比重提高这样一个事实,但是,往往忽略由于寿命延长带来的人口预期寿命提高在其中所起的作用。我们设想,即使人口年龄结构不发生在少儿年龄组、劳动年龄组和老年组之间的消长,如果老年人活得更长,按照定义的老年人在全部人口中比重这个指标来观察的老龄化程度也会提高。

由于经济社会发展,中国出生人口预期寿命已经从1982年的67.8岁提高到2010年的73.5岁。在健康寿命延长的条件下,老年人不啻宝贵的人力资源和人力资本,因此,开发第二次人口红利也只有从劳动力供给和人力资本积累的角度来观察,才具有显著的意义。本文揭示中国劳动者人力资本存量的特殊性,结合国际经验和教训,提出与发达国家延长退休年龄政策不尽相同的特殊路径。

二 延长退休年龄的国际经验与争论

在大多数发达国家，挖掘劳动力供给潜力的一个政策手段，是提高退休年龄以便扩大老年人的劳动参与率。例如，有大约半数的经济发展与合作组织国家，已经或者计划提高法定退休年龄，其中 18 个国家着眼于提高妇女退休年龄，14 个国家着眼于提高男性劳动者的退休年龄。2010 年，经济发展与合作组织国家男性平均退休年龄为 62.9 岁，女性为 61.8 岁。按照目前的趋势估计，到 2050 年，经济发展与合作组织国家男女平均退休年龄将达到 65 岁，即在 2010 年的基础上（见图 1），男性退休年龄提高接近 2.5 年，女性退休年龄提高大约 4 年（OECD，2011）。

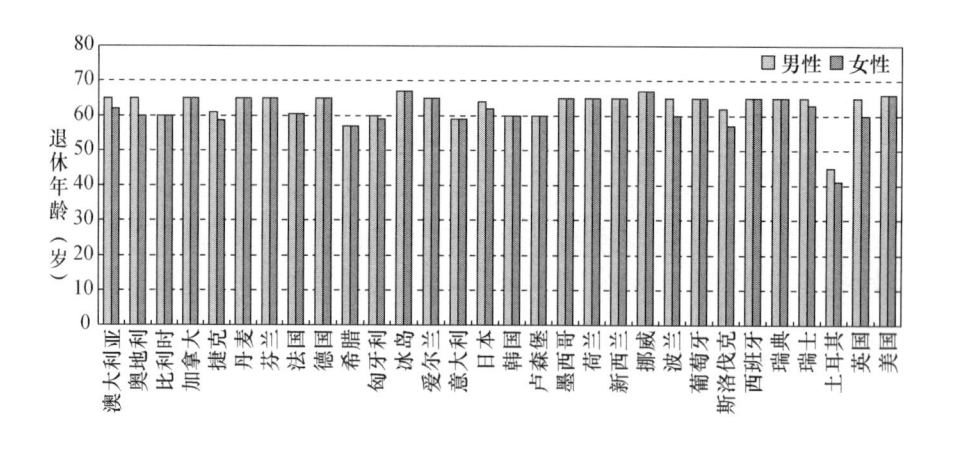

图 1 2010 年经济发展与合作组织国家退休年龄

资料来源：OECD, *Pensions at a Glance 2011: Retirement – Income Systems in OECD and G20 Countries*, Paris: OECD, 2011。

然而，提高退休年龄的政策并非没有争议，实际执行中出现的情况远比政策初衷要复杂得多。近年来欧洲国家发生的一些事件表明，提高退休年龄的政策在一些国家遭到民众的抵制。导致这种民众意愿与政策意图相冲突的原因，有着来自劳动者和决策者的不同解释。

反对此类政策调整的民众，往往认为政府提高退休年龄的政策调整，动机是减轻对养老保险金的支付负担。与此相对应的政府解释则是，劳动者长期耽于过于慷慨的养老保险制度，以至因为不愿意失去既得利益而加以反对。随着人口老龄化的进程加速，养老金缺口成为现实的或潜在的问题。特别是在劳动年龄人口尚高的时候形成的现收现付模式，最终会因人口年龄结构的变化而日益捉襟见肘。因此，政府的确要从养老保险制度的可持续性角度出发，考虑退休年龄的问题。这种认识和利益的冲突，使得退休年龄的变化不可避免地成为一种政治决策，受到人口老龄化之外因素的制约。

也有一种官方解释，认为政府延长法定退休年龄的出发点是提高劳动参与率，以应对老龄化加剧导致的劳动力供给不足问题。然而，这一说法在许多欧洲国家，并不能得到民众的广泛认同。不过，日本为了解决1947—1949年出生的人口集中退休可能导致劳动力供给严重不足的问题，在2004年开始实施《改正高龄者雇用安定法》，要求企业采取法律规定的措施延长工作年限。实施的结果，明显改善了60—64岁老龄人口的雇用环境，提高了他们的平均收入水平，促进了国内消费需求的扩大［三菱东京UFJ银行（中国）有限公司，2012］。

值得考虑的关键问题在于，提高退休年龄并不必然意味着老年劳动者可以自然而然地获得就业岗位。即使在发达国家，劳动力市场上依然存在着年龄歧视，造成老龄劳动者就业困难。在许多国家，在青年失业率高和就业难的压力下，政府某些政策甚至还纵容了提前退休的情形，旨在让老年人给青年人"腾出"岗位。虽然此类政策的实施结果表明，其在降低老年职工劳动参与率方面，部分地达到了效果，对于降低青年失业率却丝毫无济于事（Magnus，2009，p.108），但是，这个政策倾向至少反映了社会上流行的一种观念，即认为延长退休年龄不利于青年就业问题的解决。

三 中国人力资本年龄分布的特殊性

把身体健康长寿的因素与人力资本积累（包括教育、培训和干中学）因素结合起来考虑，有效工作年龄理应伴随预期寿命的提高而延长。如果能够做到这一点，就意味着可以通过把实际退休年龄向后延，从而扩大劳动年龄人口规模，不仅增加劳动力供给数量，而且可以降低每个劳动年龄人口供养的退休人数。图2显示了把实际退休年龄从55岁延长到60岁及至65岁时，可以达到的降低老年人口抚养比的效果。以2030年为例，延长实际退休年龄，可以把每百名20岁以上的工作年龄人口需要供养的老年人口，从55岁退休情形下的74.5人降低到60岁退休情形下的49.1人，进而65岁退休情形下的30.4人。

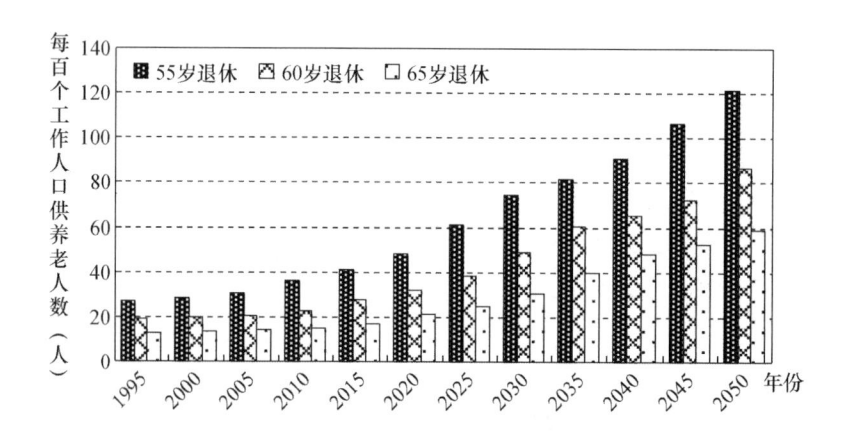

图2　不同实际退休年龄具有不同的抚养比

资料来源：United Nations，2010。

值得指出的是，法定退休年龄与实际退休年龄是不一样的，即在法定退休年龄既定的情况下，实际退休年龄可能因劳动力市场状况而产生巨大的偏离。例如，虽然法定的退休年龄大多数采取男60岁、女55岁，但是在就业压力比较大，特别是受到劳动力市场冲击的情况下，劳动者的实际退休年龄经常会大大低于法定退休年龄。据调查，目前中国城镇劳动者的实际退休年龄只有53岁，远低于法定退休年龄。可见，真正能够改变人口工作时间从而对老年人供养能力的，是实际退休年龄，而与法定退休年龄无关。如果单纯改变法定退休年龄而劳动力市场却无法充分吸纳这些人口，则意味着剥夺了他们在就业与退休之间的选择，使他们陷入严重的脆弱地位。

虽然在许多发达国家，提高法定退休年龄成为应对老龄化及其带来的养老基金不足而广泛采用的手段，但是，由于与发达国家在两个重要条件上相比，中国的情况有显著的不同，使得这个做法不应成为近期的选择。

首先，劳动者的不同群体在退休后的预期寿命不同。预期寿命是反映人口健康状况的综合性指标，在总体水平上受到经济和社会发展水平的影响，在个体上与不同人口群体的收入、医疗乃至教育水平密切相关，因此，在同样的退休年龄下，不同群体退休后的余寿是不同的，从而导致能够享受养老金的时间长短各异。

例如，即使在美国这样一个整体收入水平和医疗水平都较高的国家，1997年67岁年龄组人口在65岁上的余寿，在全部人口达到17.7岁的同时，女性高达19.2岁，而低收入组的男性仅为11.3岁（Weller，2000）。中国预期寿命的差异应该更加显著，从地区差距来看，2000年上海为79.0岁，而贵州仅为65.5岁。虽然我们没有分人群各年龄组的预期寿命数字，由于中国有比美国更大的收入差距，并且社会保障覆盖率低，基本公共服务具有某种程度的累退性，我们可以合理地推断，退休人口的预期余寿差异会更大。一项公共政策，只有在设计的起点上就包含公平的理念，才具有操作上的可行性。

其次，以人力资本为主要基准来衡量的劳动力总体特征不同。中国目前临近退休的劳动力群体是过渡和转轨的一代。由于历史的原因，他们的人力资本禀赋使得他们在劳动力市场上处于不利竞争地位。延缓退休年龄以增加劳动力供给的可行前提是，老年劳动者的教育程度与年轻劳动者没有显著差别，加上前者的工作经验，因而在劳动力市场上是具有竞争力的。这种情况在发达国家通常是事实，如在美国的劳动年龄人口中，20岁的受教育年限是12.6年，而60岁反而更高，为13.7年。目前在中国劳动年龄人口中，年龄越大受教育水平越低。例如，受教育年限从20岁的9年下降到60岁的6年，而与美国的差距则从20岁比美国低29%，扩大到60岁时比美国低56%（见图3）。

在这种情况下，一旦延长退休年龄，高年龄组的劳动者会陷入不利的竞争地位。在西方国家，由于劳动力市场需要一个追加的劳动力供给，延长法定退休年龄可以为劳动者提供更强的工作激励，而对中国来说，类似的政策却意味着缩小劳动者的选择空间，甚至很可能导致部分年龄偏大的劳

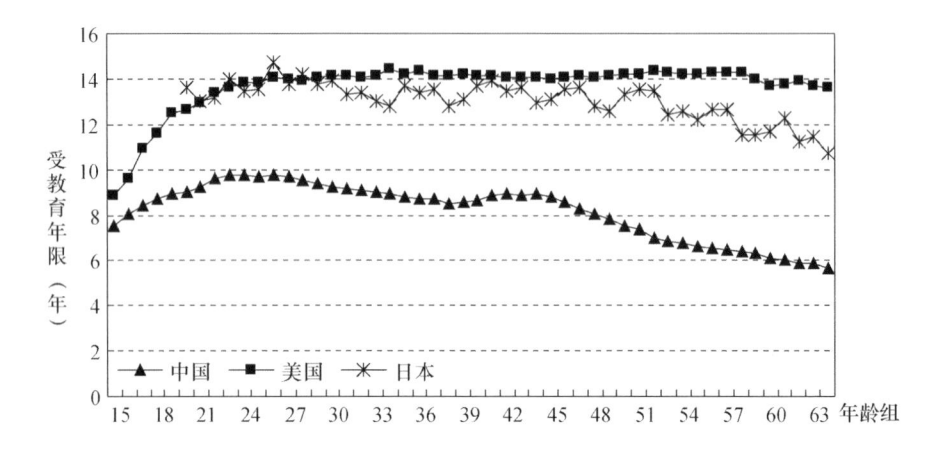

图3　分年龄受教育水平的国际比较

资料来源：王广州、牛建林（2009）。

动者陷于脆弱境地：丧失了工作却又一时拿不到退休金。在刘易斯转折点到来的情况下，劳动力短缺现象不断发生，就业总量压力也明显减缓，但是，劳动力供求中结构性矛盾反而更加突出，与劳动者技能和适应能力相关的结构性失业及摩擦性失业愈益凸显。这表明，目前劳动力市场上对高年龄组劳动者的需求，并没有随着刘易斯转折点的到来而增大。

根据2005年1%人口抽样调查数据计算，城乡劳动年龄人口的劳动参与率从45岁就开始下降。例如，城镇的劳动参与率从35—44岁的85.9%降低到45—54岁的69.3%，进而下降到55岁及以上的23.1%。对于那些年龄偏大的劳动者来说，劳动参与率的降低显然是在劳动力市场上竞争力缺乏的结果，即"沮丧的工人效应"的表现。

四　政策建议与中国特色路径

对于未富先老的中国来说，最大的挑战在于，在劳动者中，年龄越大受教育程度越低，因而临近退休年龄的劳动者学习新技能的能力不足，适应产业结构变化遇到更大的困难。如果这时不能退休，就意味着把他们推到脆弱的劳动力市场地位。劳动者不是同质的。在雇主感受到年轻劳动力严重不足的同时，他们并不愿意雇用年龄偏大的劳动者；当具有高教育水平和高技能的老专家受到劳动力市场青睐时，年近退休的普通劳动者仍然面临就业困难。

可见，至少就中国目前条件而言，单纯提高退休年龄并不是提高老年人劳动参与率的唯一出路。扩大劳动力总体规模和降低社会对老年人的供养负担，恐怕不应该在当前的临近退休年龄人口身上做文章，而是需要创造条件，把当前的这一代年轻人逐渐培养成为拥有更充足人力资本的劳动者，使得他们不仅适应产业结构变化的要求，而且能够在未来具备能力延长工作时间。中国应该选择一个有差别和选择自由的退休年龄制度，在近期内主要着眼于提高实际退休年龄而不是法定退休年龄。这个制度框架应该包括以下内容，通过立法和严格执法、发展教育和培训，以及广泛的劳动力市场制度和社会保险制度安排逐步推进。

首先，严格执行现行法定退休年龄，制止提前退休现象。在遭遇经济冲击和就业压力大的时期，企业在政策的默许之下推动许多尚未达到退休年龄的职工提前退休，导致实际退休年龄大大低于法定退休年龄。在20世纪90年代末的宏观经济低迷时期，大量职工提前退休导致实际退休年龄一度降低到平均只有51岁。而在2009年遭遇世界性金融危机期间，返乡农民工中那些年龄偏大的，虽然往往只有40岁左右或者以上，但许多人从此不再回到城市打工。因此，严格执行现行退休年龄，并将其适用性延伸到农民工，有助于防止实际退休年龄低于法定退休年龄的现象再度发生。

当然，保持农民工劳动参与率的制度保障是多方面的，其中特别有赖于户籍制度的改革。目前，在中国城市化率达到51%的情况下，具有非农业户口的人口比重只有35%，不仅难以稳定农民工劳动力供给，还失去了这个年轻群体可能对基本养老保险制度做出的净贡献。一方面，要通过推动以农民工市民化为内涵的深度城市化，把各种政府承担的基本公共服务项目延伸至新移民，使目前候鸟式的农民工的就业更加稳定，使他们更加乐于接受教育和培训，为将来延长退休年龄做好充分的准备。另一方面，以农民工为主要对象的基本养老保险制度的扩面，可以在一段时间内大幅度增加个人和社会养老保险基金的积累，缓解养老金支付危机的效果，从目前来看要明显高于提高法定退休年龄。

其次，对于就业者具有受教育程度高、技能需求强的特征的部门、行业和企业事业，如政府部门、社会团体、高科技企业、科研机构、高校和文化事业单位，应该实行具有弹性的退休年龄制度，允许在单位和劳动者都有意愿的条件下，适当延缓退休时间的制度。女性职工与男性职工退休年龄的统一，也可以从这些部门着手进行。养老保险制度应对此做出必要的调整，形成合理、适度的激励机制，让那些提高劳动参与率的自发性制度安排，能够得到正规制度的允许、鼓励和激励。譬如可以允许企业适度降低雇用成本，同时使延缓退休人员从工资和退休金的平衡上总体增加收入。

再次，国家通过发展教育和在职培训，提高新成长劳动力教育水平和在职劳动者的技能，并使其具备根据产业结构调整的需求更新技能的适应力，为未来整体提高法定退休年龄做好人力资本准备。由于这是一项关系长期增长潜力和具有未雨绸缪性质的事业，政府应该承担主要的财政责任，不断加大投入。近年来，随着就业岗位增加，对低技能劳动力需求比较旺盛，一些家庭特别是贫困农村家庭的孩子在初中阶段辍学现象比较严重。从家庭的短期利益着眼，这种选择似乎是理性的，但是，人力资本损失最终将由社会和家庭共同承担。因此，政府应该切实降低义务教育阶段家庭支出比例，巩固和提高义务教育完成率，而通过把学前教育和高中教育纳入义务教育，让农村和贫困儿童不致输在起跑线上，也大大有助于提高他们在小学和初中阶段的完成率，并增加继续上学的平等机会。此外，应当从中长期发展对劳动者素质的要求出发，加大职业教育和职业培训力度。

最后，加强对就业促进法的宣传和执法检查力度，制止和消除就业中存在的性别歧视、年龄歧视和户籍身份歧视。由于导致劳动者年龄与受教育程度呈反方向变化关系这种人力资本不足现象，是一种历史性的政策遗产，即劳动力存量的人力资本不足，是教育发展大环境造成的，而不是家庭或个人受教育激励不足的结果，因此，解决劳动力存量的人力资本问题，需要政府来埋单。政府公共就业服务特别应该向那些临近法定退休年龄的劳动者倾斜，为他们提供技能培训以及更加积极的就业保护和扶持政策。

参 考 文 献

陆旸：《中国的潜在产出增长率及其预测》，载蔡昉主编《中国人口与劳动问题报告

No. 13——人口转变与中国经济再平衡》,社会科学文献出版社 2012 年版。

三菱东京 UFJ 银行(中国)有限公司(BTMU):《日本"团块一代"老龄化带来的影响——着眼于〈改正高龄者雇用安定法〉》,《BTMU 日本经济观察》,2012 年 8 月 6 日第 22 期。

王广州、牛建林:《我国教育总量结构现状、问题及发展预测》,载蔡昉主编《中国人口与劳动问题绿皮书 No. 9》,社会科学文献出版社 2009 年版。

Magnus, George, "*The Age of Aging: How Demographics are Changing the Global Economy and Our World*", Singapore: John Wiley & Sons, 2009.

OECD, *Pensions at a Glance 2011: Retirement – Income Systems in OECD and G20 Countries*, Paris: OECD, 2011.

United Nations, Department of Economic and Social Affairs, Population Division, *World Population Prospects: The 2010 Revision*, CD – ROM Edition, 2011.

Weller, Christian, "Raising the Retirement Age: The Wrong Direction for Social Security", *Economic Policy Institute Briefing Paper*, September, 2000.

高等教育该不该保持继续扩大的势头

作为当时缓解就业压力的一个重大举措，我国高校从 1999 年开始大规模扩大招生，扩招后的高校毕业生于 2002 年和 2003 年先后进入劳动力市场，目前每年高校毕业生已经超过 600 万人，预计 2020 年超过 900 万人。近年来，社会上对于高校扩招有种种议论，指出了一些负面效果，如大学毕业生数量庞大导致就业难，进而造成起薪低；高校规模扩张过快导致教学质量降低，高校负债严重甚至出现债务风险，等等。

然而，上述问题都是可以通过政策调整和教育体制改革加以解决的操作层面问题。高等教育发展加速带来的一个最为根本性的变化是，新成长劳动力的人力资本素质得到显著改善。如果我们把各级学校毕业后未升学的总人口粗略地看作新成长劳动力的话，1999 年这部分人口中高校毕业生比重为 5.6%，高中毕业生比重为 17.8%，而 2010 年这两个比重分别提高到 36.0% 和 22.8%。也就是说，目前新成长劳动力中受过高中以上教育的比重已接近 60%。这个成就与高校发展目前遇到的问题相比，显然是更加主流的，对于我国经济社会发展具有深远和长期的积极影响。因此，笔者建议，我国高等教育应该保持目前的发展速度，甚至应该以更快的速度发展。

一　保持持续增长的必由之路

首先，显著改善劳动者人力资本素质，是经济增长方式转向生产率驱动型的必然要求。迄今为止，我国利用丰富的劳动力和高储蓄率，以增加要素投入为驱动力实现了高速经济增长。随着我国于 2004 年跨过了刘易斯转折点，人口红利也将于 2013 年随着人口抚养比停止下降而消失，保持未来经济增长的源泉必须转向全要素生产率的提高，即通过提高生产要素使用效率、资源重新配置和产业结构升级获得增长的驱动力。这种经济增长模式的转变是一个关键的跨越，没有人力资本的显著改善是难以实现的。

日本在这方面有沉痛的教训。在日本赶超发达国家的过程中，高等教育曾经发展很快。但是，日本社会对于大学毕业生就业的关注和对于教育质量的批评，促使政府有意放慢了高等教育发展的速度，结果在20世纪80年代后期以来，高等教育与其他发达国家的距离拉大，就劳动年龄人口中人均接受高等教育的年限来说，日本相当于美国的水平，从1976年的45.3%下降到1990年的40.4%，回到了1965年的水平上。在1990年人口红利消失之后，经济增长因未能转向创新驱动而陷入持续的停滞状态。例如，日本全要素生产率对平均劳动生产率的贡献率，从1985—1991年的37%跌落到1991—2000年的-15%，导致日本经济"失去的十年"。

其次，高等教育发展及其诱导形成的高中阶段教育的扩大，是提高受教育年限的有效手段。经济学家通常采用劳动者受教育年限作为表示人力资本的指标，并发现其对于经济增长有显著贡献。产业结构调整的成功与否，同样有赖于劳动者素质的显著提高，即要求劳动者受教育年限增长。长期以来，我国劳动者受教育年限的提高，主要是通过普及义务教育达到的。随着义务教育毛入学率已经达到百分之百的水平，继续提高受教育年限必须通过高中和大学的普及。

受教育年限的提高需要长期的积累，而不是一朝一夕可以做到的。例如，即使伴随着义务教育普及率的提高和高等教育的扩大招生，16岁以上人口的受教育年限，在1990—2000年期间仅仅从6.24年增加到7.56年，总共才增加1.32年，2005年为7.88年，5年中只增加了0.32年。因此，为了达到未来劳动者受教育年限的提高，要求继续扩大高校招生规模并由此诱导高中入学率的提高。

再次，培养具有与产业结构变化相适应的能力和高端就业技能的劳动者，也是保持经济增长持续动力、防范经济社会风险的必然要求。按照目前相应产业的劳动者受教育水平估算，如果劳动者从第二产业的劳动密集型就业转向第二产业的资本密集型就业，要求受教育水平提高1.3年；转向第三产业技术密集型就业，要求受教育水平提高4.2年；即使仅仅转向第三产业的劳动密集型就业,也要求受教育水平提高 0.5 年。这就是说,人力资本含量低的产业将逐渐减少,受教育水平低的劳动者可能成为劳动力市场上的脆弱群体。

在这方面,美国可以作为前车之鉴。美国产业结构升级一度表现为劳动力市场的两极化,即对人力资本要求高的产业和对人力资本要求低的产业扩张快,而处在中间的产业处于萎缩状态,导致许多青年人不上大学甚至不上高中,形成所谓"从中学直接进入中产阶级"模式。然而,在全球化进程中,美国低端制造业在国际分工中日益丧失竞争力,实体经济相对萎缩,每一次经济衰退都会永久性地丧失一部分就业岗位,形成"无就业复苏",那些受教育水平与产业升级不相适应的劳动者群体,则容易陷入失业和贫困状态,美国社会的收入差距也日趋扩大。

二 普及高等教育任重道远

长期以来,在科学技术水平上与发达国家的差距,成为我国赶超发达国家的一种后发优势。在某种程度上,人力资本差距形成的后发优势也得以充分利用,例如,我国占有了劳动密集型制造业的巨大国际市场份额就是其体现。然而,随着我国二元经济特征的逐渐消失,丰富而廉价的劳动力不再是比较优势,必须大幅度地提高劳动者的人力资本水平。

一般认为,毛入学率在 15% 以内即为高等教育精英化阶段,在 15%—50% 之间为高等教育大众化阶段,在 50% 以上为高等教育普及阶段。我国在 2002 年进入高等教育大众化阶段,下一个目标就是普及化。发达国家从高等教育的大众化到普及化,通常用 25—30 年左右的时间。与此相比,我国高等教育扩张的速度其实不算快。从 2002 年扩招后第一批专科生毕业开始,我国实现了高等教育大众化。此后一直到 2005 年,高等教育毛入学率每年增长两个百分点。从 2006 年开始,高等教育毛入学率的增长速度下降,年均增长 0.8 个百分点。假定以后高等教育毛入学率按照目前的速度增长,我国要到 2042 年才能实现高等教育普及化。

很显然,我国高等教育的普及不能等那么久。根据预测,我国劳动年龄人口在 2013 年就停止增长,人口抚养比停止下降,意味着单纯以劳动力数量衡量的第一次人口红利将丧失。为了保持经济增长的可持续性，通过扩大人力资本存量，挖掘第二次人口红利的任务十分紧迫。而加快高等教育普及速度，无疑是提高人力资本水平的关键抓手。2010年我国三级教育总入学率比世界平均水平低8.7个百分点。由于我国小学毛入学率已经超过100%，初中毛入学率已达99%，因此，这个教育差距主要是高中和大学入学率低造成的。要缩小这个差距，需要付出持续的努力，高等教育发展速度只能加快而不能减慢。

三 政府责任与开放办学并重

由于大学毕业生就业难问题持续存在，社会上出现了对高校扩大招生的质疑声音，甚至有不少叫停高等学校扩招的言论。还有人主张通过加大职业教育发展力度取代发展高等教育的努力。如前所述，高等教育对于建设创新型国家的作用是不可取代的。职业教育可以提高劳动者的技能和适应能力，有利于保持制造业竞争力和就业稳定性，无疑应该得到大量发展。但是，职业教育并不能替代大学教育，也没有必要与高等教育相对立。下面，我们可以从教育的性质以及由此决定的政府在各个教育阶段责任论述这个问题。

体现在劳动者身上的技能等素质，可以提高劳动者通过就业获得的回报率，通常被称作教育的私人收益率。此外，教育有着巨大的正外部性，表现为社会收益率。因此，社会收益率越高的教育阶段越是需要政府的投入。相反，在社会收益率较低而私人收益率较高的教育阶段上，家庭和个人的投入积极性比较高。教育经济学的研究表明，教育的社会收益率在学前教育阶段最高，依次为基础教育、较高阶段的普通教育，最后是职业教育和培训。相应地，教育的私人收益率高低，恰好呈现与此相反的顺序。根据教育的社会收益率规律以及我国现阶段教育发展的主要瓶颈，可以得出关于政府责任的若干建议。

首先，义务教育阶段是为终身学习打好基础，形成城乡之间和不同收入家庭之间孩子的同等起跑线的关键，政府充分投入责无旁贷。值得指出的是，鉴于学前教育具有最高社会收益率，意味着政府买单是符合教育规律和使全社会受益原则的，应该逐步纳入义务教育的范围。近年来，随着就业岗位增加，对低技能劳动力需求比较旺盛，一些家庭特别是贫困农村家庭的孩子在初中阶段辍学现象比较严重。从家庭的短期利益着眼，这种选择似乎是理性的，但是，人力资本损失最终将由社会和家庭共同承担。因此，政府应该切实降低义务教育阶段家庭支出比例，巩固和提高义务教育完成率，而通过把学前教育纳入义务教育，让农村和贫困儿童不致输在起跑线上，也大大有助于提高他们在小学和初中阶段的完成率，并增加继续上学的平等机会。

其次，大幅度提高高中入学水平，推进高等教育普及率。高中与大学的入学率互相促进、互为因果。高中普及率高，有愿望上大学的人群规模就大；升入大学的机会多，也对上高中形成较大的激励。目前政府预算内经费支出比重，在高中阶段较低，家庭支出负担过重，加上机会成本高和考大学成功率低的因素，使得这个教育阶段成为未来教育发展的瓶颈。因此，从继续快速推进高等教育普及化着眼，政府应该尽快推动高中阶段免费教育。相对而言，高等教育应该进一步发挥社会办学和家庭投入的积极性。

最后，通过劳动力市场引导，大力发展职业教育。我国需要一批具有较高技能的熟练劳动者队伍，而这要靠中等和高等职业教育来培养。欧美国家适龄学生接受职业教育的比例通常在60%以上，德国、瑞士等国家甚至高达70%—80%，都明显高于我国。我国应当从中长期发展对劳动者素质的要求出发，加大职业教育和职业培训力度。由于这个教育类别具有私人收益率高的特点，劳动力市场激励相对充分，因此，应该更多地依靠家庭和企业投入的积极性，政府投入的力度应该低于普通高中。此外，应建立起高中阶段职业教育与职业高等教育及普通高等教育之间的升学通道，加快教育体制、教学模式和教学内容的改革，使学生有更多的选择实现全面发展。

遏制资产性收入分配不公趋势

随着中国到达一个新的经济发展阶段，收入分配状况的改善日益紧迫。在"刘易斯转折点"到来之际，相对于此前典型的二元经济发展时期，改善收入分配已具备较为成熟的条件，理论上可以期待一个收入差距从峰顶上开始下降的库兹涅茨转折点。不过，收入差距缩小的转折点不会自动到来。本文概括库兹涅茨式的经济增长与收入分配关系的若干新事实，综述和评说关于中国收入分配趋势的不同判断，解释收入分配现状，提出如何为库兹涅茨转折点创造条件的政策建议。

一 新库兹涅茨事实

经济理论中有一个著名的"库兹涅茨曲线"，是指收入差距随经济发展水平先扩大再缩小的趋势。基于库兹涅茨假说，影响收入分配的因素多种多样，并且依一个国家的经济体制、发展阶段、政策取向不同，主导因素也不尽相同。

我针对中国收入分配现实，概括出库兹涅茨式的经济增长与收入分配关系的若干新事实。第一个新事实是，该转折点与刘易斯转折点在发展阶段上重合。与工业化和城市化高潮力量相关的因素，都可能有利于改善城市低收入人群的相对收入状况。这种发展阶段正是剩余劳动力显著减少导致工资上涨的刘易斯转折点。第二个新事实是，收入分配改善抑或恶化，与政府意愿和政策以及相关制度安排密切相关。收入分配问题并不是自由劳动力市场的自然结果，而是受到政策和制度的影响，完善的劳动力市场制度会显著降低收入不平等。第三个新事实是，收入分配状况受到产业和技术结构特征及其变化的影响。技术进步引起的产业机会或者服务业发展，都会使收入分配格局改变成为可能。第四个新事实是，以再分配政策为重心而忽视经济增长的经济和社会政策，在缩小收入差距效果方面远不如经济增长绩效本身。拉丁美洲国家一度实行民粹主义经济政策，仅着眼于增长与再分配，无视通货膨胀、财政赤字风险、外部制约以及经济当事人对积极的非市场政策的反应，这对收入分配毫无助益。

二 隐性收入恶化收入分配

既然中国已经跨过了刘易斯转折点，收入差距缩小的趋势应有所显现。然而，关于中国收入分配状况是继续恶化还是有所改善，以及什么因素主导收入分配状况变化，仍存在较大分歧。一种观点认为，中国收入分配状况趋于改善。有学者经研究证实，一旦取消以户籍制度为代表的劳动力迁移障碍，现存的收入不平等则会全部消失。所以，如果阻碍劳动力流动的制度性障碍正在不断消除，并且取得进展，那么，收入差距缩小的趋势便指日可待。经济合作与发展组织的经济学家肯定了消除劳动力流动障碍和农村最低生活保障制度等政策的积极效果，得出中国收入差距趋于缩小的结论。

然而，另一种观点却认为中国收入差距仍在扩大。一项实证研究发现中国尚未出现库兹涅茨转折趋势。计算得出的全国基尼系数，从1981年的0.31提高到2001年的0.447。2002年全国收入分配的基尼系数达到0.455，2007年上升为0.478。中国国民收入分配中居民收入和劳动报酬占比也趋于降低，标志着不利于普通居民收入增长的态势。还有研究证实，中国居民收入中存在规模庞大的隐性收入，完全游离于常规统计体系之外，并且是以极端不均等的方式分配的。

以居民收入为研究基点来考察收入差距的变化趋势可以看到，城乡居民收入增长速度正在加快。例如在1997—2010年，城镇居民家庭平均每人可支配收入年均增长率为9.1%，平均每人全年消费性支出年均增长率为7.3%。人均收入或人均消费十等分中最高10%与全国平均水平的比率，以及最高10%与最低10%的比率，均经历了2005年以前的上升和随后的下降，表现出收入分配改善的转折迹象。

然而，这一转折迹象与老百姓的感觉并不一致。在中国二元经济和体制双重转换阶段，居民收入来源与渠道较为复杂，收入取得的方式也五花八门。因此，城镇居民收入在现行统计制度下被大幅低估，并且低估的隐性收入部分并非均等地分布于各收入组。

首先，这种收入来源趋于大规模产生和大幅度增长。为提高长期以来没有成为收入来源的各种自然资源和资产存量的使用效率，通过体制转型进行了国有资产的让渡，在资源重新配置中将矿产等自然资源转到个人或集团手中，在土地开发中把土地收益权变成个人或企业所有。这导致形成长期持续性收入流的各种资源和资产被切割和分配，从名义上的国有制和实际上的无人所有，转为个人或集团所有，继而形成个人收入。

其次，这种资源和资产的分配中存在着缺乏监督、操作不规范、不透明，甚至违法违规现象，因此产生的收益具有灰色收入性质。许多这类资源及其收入流，来自土地出让、国有资产让渡、公共建设项目招投标、直接和间接投融资活动，不平等、不合理甚至不合法占有各种资源所得，如垄断信息、国有资产、土地、矿产资源等带来的收入，或者不正当经营如偷税漏税、违法违规违纪所得等，显然会被瞒报。

此外，获得能够产生持续收入流的活动，无异于旨在获得独占权和特许权的寻租活动。由于存在不透明、不公开、不公正，资源分配过程滋生出大量不合法交易并形成不合法收入。这种灰色收入的规模和扩大趋势，取决于资源分配和占有方式能否被置于有效的法律监督之下。在实质性的监督生效并遏止这些活动之前，各种各样的灰色收入将不断产生。

既然上述过程所产生的收入与权力和寻租行为有关，其分配自然是以极端不均等的方式进行，构成扩大收入差距的重要力量。统计报表中的家庭收入主要是劳动所得和合法获得的财产性和转移性收入，而隐性收入却外在于住户调查收入。所以，把隐性收入纳入统计的居民收入分组中，以考察收入分配状况的变化，必然得出收入不平等趋势尚未得到遏制的结论。

如果剔除特殊的体制转型中的不正常现象，以劳动所得为主的城镇居民人均可支配收入差距趋于缩小，符合库兹涅茨转折点伴随刘易斯转折点而来的理论预期。然而，把体制转型中出现的问题考虑在内，居民真实收入有巨大部分来自资产性或财产性收入，且这部分收入的分配严重不均等，则收入差距继续扩大，库兹涅茨转折点远未到来。居民和社会所感受到的分配不公，恰好源自这部分数量庞大且来自于机会不平等的收入。

三　改善收入分配的政策建议

从理论出发认为库兹涅茨转折点已经到来，而无视现实中存在的严重不平等及其可能引起的社会反应和经济后果，会降低研究的政策针对性；如果仅仅看到收入差距存在的现实，却未触及问题根源，也会导致错误的政策导向。例如，如果不能揭示导致收入差距继续扩大的主要原因是资源和资产的分配不公，就可能把政策引向工资均等化的轨道上，过度依赖在劳动报酬为主的常规收入上进行再分配，不仅对于那些不合理地大规模占有资源的群体并无触动，反而会伤害中等收入者，并且忽视资源分配严重不平等所造成的弊端和潜在的风险。

既然导致中国收入分配继续恶化的主导因素是资产性和财产性收入的严重不均等，解决收入不公问题，应从增量、存量和收入流三个角度着手。解决增量形成的不公问题，应着眼于在土地、矿产资源的开发过程中依法执法，通过规范的程序，从制度上杜绝权力的介入。为防止土地农转非过程中对农民利益的剥夺，要加快承包地和宅基地的确权，严禁任何形式的对农民物权的侵害。为防止国有资产流失到个人和集团手上，需要明确和严格界定产权，规范产权变动。最大限度消除领导干部个人的资源分配权力，加强监督和加大反腐、防腐力度是更根本的解决办法。解决已形成的不合理分配的存量问题，应着眼于利用税收手段，旨在调节收入分配的遗产税和房产税等税种应尽快出台。鼓励和推动企业职工持股，也具有一定资产占有均等化的效果。解决由资源不平等占有形成的收入流问题，应逐步解决中国税制结构是间接税比重过高，直接税比重过低的特点，提高税制的累进性质，有效调节过高收入。

此外，还应在以下方面进行具有长期效果的制度建设。首先，劳动力市场变化对收入分配改善仍然非常重要。刘易斯转折点的到来，创造了工资性收入差距缩小的基本条件。增加就业岗位、均等就业机会、提高劳动参与率将始终是改善收入分配的重要途径。然而，工资性收入差距的实质性缩小有赖于包括政府劳动法规在内的一系列劳动力市场制度，如最低工资、工会、工资集体谈判等制度的建设与完善。

其次，有关收入分配和改善民生的政府政策对缩小差距仍将发挥至关重要的作用。政府高度关注民生的政策已取得良好效果，但是，政策效果也部分被资源分配的不公现象所抵消。因此，改善收入分配政策应有实质性调整，即在继续实施推动结果平等的各项政策的同时，更多地转向消除既得利益集团对收入分配政策的影响，使资源分配、占有和使用摆脱权力的干扰，实现机会平等。

最后，更加包容和均等化的教育发展是缩小收入差距，防止贫困代际传递的根本办法。提高全民素质和劳动技能，要更加注重公平和均等，解决在城乡之间、地区之间和不同利益群体之间的教育机会不公平问题。全球化和技术进步潜在地存在排斥低技能劳动者倾向，而提高整体教育水平，保证所有劳动群体人力资本不断提高，是防止出现这种现象的最有效屏障。

最后，政府改善收入分配的努力，要着眼于在经济增长与再分配政策之间形成恰当的平衡。中国收入差距过大以及基本公共服务欠债太多，要求在一段时间里大幅度增强体现在政府公共服务中的再分配力度。特别是基本公共服务的均等化，需要政府发挥更积极、更主导的作用。但是，保持经济增长的适宜速度仍是不可回避的重要目标，实施再分配政策时要依照法律规定有效调节高收入、培养中等收入群体和改善低收入者的生活状况，同时防止政策的随意性，避免伤害劳动就业、合理消费、资本积累和投资积极性。

改革优先序和切入点在于社会领域

以普通劳动者短缺和工资上涨成为普遍现象为标志，从理论上，我们可以判断中国经济发展发生了一个阶段性的变化，已经迎来其刘易斯转折点；从实践上，我们看到劳动力成本的提高正在改变着中国经济的比较优势，劳动密集型产业的国际竞争力终将逐渐丧失。与此同时，由于我国仅仅是一个中等收入国家，在资本密集型和技术密集型产业上尚未获得比较优势和竞争力，因此，保持中国经济持续增长取决于能否稳定地提高全要素生产率，而这必然要以进一步的改革为前提。

一 导致政府失灵的最后一根稻草

在一个国家到达刘易斯转折点，从而面临着劳动密集型产业比较优势逐渐丧失的情况下，投资者和企业必然对此做出必要的反应和调整，相应地，也要承受转型的成功和失败后果。例如，它们会改变投资部门和地区，以便按照动态比较优势的方向，探索形成新的竞争力。通常，在比较优势变化情况下的这种微观调整是痛苦且风险巨大的，投资可能选对方向，也可能选错，因而被淘汰出局。要激励投资者和企业将这种探寻进行下去，需要构建一个"创造性毁灭"的环境，即让失败者退出，把成功者留下并由此生存、发展和壮大；同时形成一种适当的风险补偿和分摊机制，帮助投资者敢于和甘于承受创新的风险。

一旦这样的机制不存在，社会的这种旨在探寻比较优势的风险投资，相比其应有的水平就会低很多。这时，探寻动态比较优势的努力，就会呈现出一种假象，似乎这是一个具有外部性的活动，单个的投资者和企业缺乏激励去做，因而，政府取而代之或者介入其中，似乎就是顺理成章的了。

政府在比较优势变化加快的时期，介入直接的投资活动，以寻找具有潜在竞争优势的部门、地区等新增长点，在赶超型国家是一个常见现象。正如在我国可以看到的，这类政府干预可以体现在一系列政府战略和政策之中。首先，在诸如实施产业振兴规划、确定战略性新兴产业目录等产业政策，以及区域发展战略等长期发展政策中，政府实现着干预投资领域乃至直接进行投资等意图。其次，在应对宏观经济周期现象时，政府通过出台经济刺激方案等宏观经济政策，引导或直接投资于自己确定的优先领域。再次，政府通过对企业、部门、产业进行补贴等保护性政策，实现自身的投资与扶持意图。

但是，无论多么高明的政府，都不能保证此类干预所引导的投资方向是符合动态比较优势的，因为虽然政府出发点是代替企业和单个投资者进行选择，而其对价格信号的反应，实际上并不比每一个和千千万万个企业更加敏感，更不要说这种政策的实施中，政府往往会有意扭曲生产要素价格，还会受到各种利益集团的干扰。在其他国家，政府在经济活动中的越俎代庖和各种干预曾经导致诸多失败，有着大量的教训可供我们吸取。如日本重化工业化战略及其他产业政策的实施，从未选择出比市场脱颖而出新兴部门更具竞争力的产业；自日本经济陷入停滞，各种凯恩斯主义的刺激方案推出了大量投资，也依然回天乏力；而日本政府对缺乏竞争力企业的保护，反而造就了大量僵尸企业，降低了整个经济的效率。

二 靠投入和支出责任约定政府职能

其实，即使不讨论政府的比较优势选择是否可以比企业更加准确，这种政府干预活动也必然导致两个严重的问题：

第一，政府介入的产业政策手段，通常只是提高资本劳动比，即加速产业从劳动密集型向资本密集型"升级"。因为政府在这个时候乐于深深介入投资活动，但却不是直接经营者，因此这类投资与日常经营活动的创新（全要素生产率的来源）是脱节的，提高劳动生产率的手段就只剩下提高资本劳动比这一种了。过快提高产业结构的资本密集程度，通常会发生资本报酬递减现象。事实上，自从20世纪90年代以来，在劳动年龄人口增长率减慢的情况下，物质资本投资增长率相应加速，而资本边际回报率则持续而显著地降低。新古典增长理论证明，一旦资本报酬递减现象出现，增长的可持续性就受到了制约。

第二，投资活动一旦有了政府的显著介入，就不可避免地产生投资的"潮涌现象"。实际上，在千千万万单个投资者进行选择的条件下，在理性预期假设下，我们应该看到多样化和风险对冲的动态比较优势选择，而不会出现"潮涌现象"。而只有在政府介入投资活动的情况下，不仅政府及其引导的投资规模较大，更是以其引导性和产业关联放大这种投资影响，引领投资涌向同一方向或同一地区，从而导致宏观经济的不稳定。

在比较优势发生变化的发展阶段上，新的产业结构选择正确与否，与谁作为选择的主体密切相关。单个投资者和企业的风险投资行为，在个案上是可能犯错误的，但恰好这种独立的风险，使得产业结构成功率在总体上保证最大。而政府过度干预行为，几乎从未成功地选择准确对应比较优势变化的新兴产业。经济史表明，在这个关键的发展阶段上，政府干预现象经常出现，因而选择失误的例子俯拾皆是。只有把投资和承担其风险的职能归还给单个的企业，才能避免重蹈覆辙。

话虽如此，如果政府不知道应该做什么，它也就不知道不应该做什么。有三个原因使得中国的政府尤其如此。其一，政府在整个改革开放时期积极参与经济发展过程，并且被公认为是十分成功的；其二，推进转变经济发展方式，政府通常认为自身可以大有作为，因而在许多经济活动领域中都跃跃欲试；其三，中央和省一级政府有充裕的财力在手，旨在探寻新比较优势的投资似乎是恰当的出口。鉴于此，转变政府职能要因势利导，即不是简单限制其活动，而是将其引入适合政府作用的领域，使其从此乐此不疲、心无旁骛。

三 社会领域——改革主战场和突破口

为加强社会事业发展而进行投入，如建设社会保障体系、发展各级各类教育和培训、构建基本公共服务网络等领域的投资，最符合政府职能定位。这是因为这些领域具有较强的外部性，因涉及民生而有利于社会安定和政治稳定，因有利于人力资本积累而具有报酬递增性质，因此，是加快转变经济发展方式所要求的投资领域。更重要的理由则是，社会事业是经济和社会协调发展的瓶颈领域，长期以来投入不足及至欠账甚多。

如此重要的发展领域，何以竟成为被遗忘的角落呢？原因是体制的严重制约。社会共识是，这些社会发展事业的管理体制，是改革的滞后领域，存在着诸多改革未曾深入触及的盲点乃至死角，有时还会被称作传统体制的最后堡垒。因此，政府在社会领域施展身手，必须以相关体制改革为前提，把激励搞对。更重要的是，这类改革还符合选择改革优先序的几个基准：

一是有最大的改革紧迫性。促进经济和社会协调发展，实现基本公共服务均等化，无疑有赖于社会领域改革以清除体制障碍。在探寻新的比较优势的发展阶段上，相关改革尤其紧迫。例如，户籍制度改革对于挖掘劳动力供给制度障碍，以及提高劳动者享受基本公共服务的均等化水平的紧迫性；劳动力市场制度建设对于保持劳动者报酬与劳动生产率增长同步、保护劳动者权益、建设和谐劳动关系的必要性；形成社会保护体系对于产业结构调整中职工转岗的保护的重要性。

二是有最强的改革共识。如果一项改革能够在从顶层到中层，一直到草根形成全面的共识，就具有最大的政治合法性。社会事业领域体制建设，特别是有利于改进民生的体制改革，在中央文件里面可以反复看到，在"十二五"规划中篇幅最大，不仅是其重要性的标志，也最容易实施推进。

三是具有帕累托改革的性质。中国的改革经验告诉我们，那些使某些群体在改革中有所失的改革是最难推进的。特别是，当"有所失"的这些人是对改革决策有直接或间接影响的人，改革更是走不通的。因此，我们要尽可能选取那些对既得利益伤害少，但能让更多人获益的领域进行改革。社会事业最接近这种性质的改革。

四是对保持经济可持续增长有重要意义。随着刘易斯转折点的到来和人口红利的消失，靠增加物质资本和劳动力的数量投入，不再是经济增长可行的驱动力，而未来的经济增长源泉只能来自创新、劳动者素质提高、技术进步等方面促成的全要素生产率的提高。而在教育、文化、科技领域的改革，直接有利于人力资本的积累和科技生产率的释放。

在社会发展领域收获改革红利

经济学家的研究表明，一个高速增长的经济体，在人均收入达到 7000 – 17000 购买力平价美元时，有很大的减速可能性。如果这个减速程度很深，而且不是暂时性的，这个曾经的高速增长经济体还可能陷入中等收入陷阱。按照同等口径计算，中国目前的人均 GDP 恰好处于这个减速概率最大的区间，因此，如何避免中等收入陷阱，顺利过渡到高收入阶段，是中国面临的严峻挑战和紧迫任务。

虽然大多数学者和政策制定者都同意，通过深化改革保持增长可持续性，是应对这一挑战的重要途径，但是，现实中推动改革却遇到两个难题：其一，迫切需要推进的改革领域可以列出一个庞大的清单，而究竟如何确定优先序则始终没有一锤定音；其二，很久以来政府的关注点更多地集中在产业政策和投资项目上，改革没有被放在优先的议事日程上面。作者认为，在众多的改革任务中，社会领域的改革具有优先序，不仅本身是极其紧迫和重要的，对于其他领域的改革可以起到纲举目张的引领作用，还可以指明和引导政府积极介入的投资方向。

一 投资主体转换导致的"潮涌现象"

中等收入陷阱的一个成因，就是当一个国家从低收入阶段进入中等收入阶段时，传统比较优势逐渐丧失，而尚未找到赖以推动经济增长的新比较优势产业。具体表现是，大多数减速后不能保持可持续增长的经济体，通常都遇到过缺乏有效益的投资领域，从而整个社会缺乏投资冲动的难题。一些国家对此做出的反应就是反复推出刺激方案，力图通过政策诱导的大规模投资打破经济停滞的恶性循环。但是，许多国家在不同时期的经验都表明，这种努力往往不能奏效。例如，尽管尝试了各种刺激政策，日本经济增长率还是从 1955—1975 年的平均 9.2% 降至 1975—1990 年的 3.8%，进而跌落为 1990—2010 年的 0.85%，减速变为了长达 20 余年的停滞。

一个社会的投资，通常要求在纯粹的"私人产品"到纯粹的"公共品"这个广大的"光谱"中形成一种平衡，但是，由于不同类型投资的主体是不一样的，每个时期的私人储蓄率、技术可得性、宏观经济景气、需求强度以及政府财力也不尽相同，因此，在现实中不同类型的投资往往会集中发生，即在某一时期此类投资可能起主导作用，另一时期其他类别的投资占主导，这样就形成了投资的"潮涌现象"。在实施刺激性方案或战略的情况下，如果人为刺激的投资未能选准具有比较优势的产业，或者还导致资本报酬递减，这种投资"潮涌现象"不仅无助于促进可持续增长，还会造成宏观经济的失衡。

为了简化起见，我们可以从私人产品到公共品做一个性质排序，把社会投资粗略地分为三个类别。类别 I 是这样一种投资，通过形成私人产品的生产能力和实施生产，追求即时的、私人的回报。由于这类投资的回报是排他的，因此，投资诱因是市场化的，投资主体为独立自然人或法人，如个人、企业和其他营利组织。类别 II 是这样一种投资，通过在或多或少具有公共品性质的领域如基础设施投资，追求获得长期的，并且具有共享性质的回报。这种投资的回报可以通过制度设计而具有排他性，但是与前一类投资相比，具有更明显的外部性。因此，政府往往以某种方式介入或干预这类投资。类别 III 则是这样一种投资，回报是长期的，并且具有更为显著的外部性，以致常常不能明确地界定受益者。这类投资领域包括政府、社会保障和社会保护、基础教育、基础研究，等等。据其性质，政府更深地介入这个类别的投资过程。

在迄今为止中国的高速经济增长时期，包括各种经济成分在内的投资主体，在类别 I 的投资活动异常旺盛，在一定时期投资回报率也很高，对经济增长做出了十分显著的贡献。而在 20 世纪 90 年代后期以来，随着国有企业进行抓大放小的改革，国有经济部门在拉动投资方面的作用越来越大，分税制改革后中央财力显著增强，这类投资的政府介入愈见明显。特别是在包括西部大开发战略、东北等老工业基地振兴战略、中部崛起战略等区域发展战略的推动下，以大型制造业项目、产业振兴项目和基础设施投资为主要对象的政府主导型投资，即投资类别Ⅱ，也越来越成为投资的重要组成部分，并且在应对世界金融危机出台的一揽子刺激计划中达到顶峰。与此同时，在经济增长的需求拉动因素中，经济增长对投资的依赖也到达无以复加的程度。

二 刘易斯转折点后的投资报酬递减

政府和国有企业在投资中占据日益增大的份额，不仅加重了经济增长对投资的依赖，而且导致资本报酬递减。投资的"潮涌现象"与比较优势变化的趋势有关。虽然以劳动力短缺和工资上涨为标志的刘易斯转折点，只是在2004年前后才显示出明确的到来，但是，在此之前比较优势的变化是以"润物细无声"的方式逐渐发生的。应对劳动密集型产业比较优势式微的对策，无疑是提高劳动生产率。因此，早在20世纪90年代就出现了资本投入增长加速的势头。但是，如果劳动力供给的增长速度也呈现下降趋势，这种资本深化的结果不可避免地是资本报酬的递减。因此，自90年代初以来资本增长加快的同时，资本回报率相应下降了。

新古典增长理论在劳动力短缺的假设下，预见到了资本—劳动比不断提高必然导致资本报酬递减。在二元经济发展时期，劳动力无限供给的特征，使中国经济增长在一段时期内免除了这个资本报酬递减律的困扰，获得了人口红利。但是，劳动年龄人口虽然至今仍保持增长，事实上早在90年代初已经开始减速，而这与资本报酬递减现象的发生在时间上是吻合的，可以看作是人口红利消失的先兆。因此，虽然上述投资"潮涌现象"反映了寻求新的比较优势的尝试，以及通过提高资本—劳动比改善劳动生产率的努力，也算是符合经济逻辑的。但是，资本报酬递减律的作用表明，通过更为密集的资本投入这个途径保持增长可持续性，似乎并非畅通无阻，因而需要另辟蹊径。

政府主导的以基础设施建设为重点的大规模投资，看上去好像可以逃脱资本报酬递减的命运。因为投资于公路、铁路、航空、港口、能源，以及城市建设等领域，回报具有长期性和外部性，需要用不同的标准来评价其效益。或许是出于这种理念,这类投资大有成为新的"潮涌现象"的势头。但是,这种效益的不同评估方式并不改变投资需要回报这个根本要求。即使在投资类别Ⅱ这种需要适度超前的领域,因为用于投资的资金归根结底是有成本的(实际融资成本和机会成本),如果过度超前,同样会导致产能过剩从而报酬递减现象。在地方政府的这类建设投资高度依赖土地财政或者负债的情况下,建设效益显现出来之前也可能就出现了债务危机。许多经济体减速的长期趋势,往往是以周期性的事件作为拐点的。中国一旦发生这种情况,探寻新的比较优势和提高劳动生产率的良好愿望,便会造成适得其反的结果。

三 报酬递增的投资与社会领域改革

提高资本—劳动比固然是提高劳动生产率的途径之一,但是,资本报酬递减现象为这一途径设置了限度。只有持续提高全要素生产率,才是劳动生产率增长的不竭源泉。这个道理是广为人知的,但是,改善全要素生产率并保持其持续增长的秘籍,却是由如日本这样经历过因全要素生产率徘徊导致经济发展停滞的国家用惨痛的代价换来的。即便这些经验和教训如此弥足珍贵,却仍然鲜为人知或者被包括日本的决策者在内的人们所忽略。

在劳动力无限供给条件下,通过劳动力从低生产率部门(农业)向高生产率部门(非农产业)转移,可以获得资源重新配置效率,是全要素生产率的重要组成部分。中国在改革开放时期的高速增长,已经获益于这个效率源泉。通过变革体制、改善管理、积累人力资本、激励当事人、创新技术和更新生产流程,可以获得全要素生产率的另一个源泉,即技术效率。这个道理也是不言而喻的。关键在于如何使这些事件在现实世界里发生,政府应该做什么、不做什么才有助于这种效率的实际获得。

简单的答案是:政府减少对直接经济过程的介入和干预,转而着力于社会资本的积累,并创造一个优胜劣汰的市场竞争环境。很显然,这涉及政府职能的根本性转变。这时,投资类别Ⅲ就闪亮登场了。以提高人力资本存量为目标的社会事业投资,不会发生报酬递减的现象,因而是不会犯选择性错误、具有可持续性的投资领域。并且，教育、培训、科学研究和社会保障等领域，因直接改善劳动者的素质和预期，发挥其生产和创新的主动性，也是全要素生产率的源泉。不过，这类投资看似市场回报不那么直接，价格信号也不那么明显，有时还会遇到激励不足的难题，非要有良好的制度安排，不能引导充足的投入。因此，我们需要一系列相关的改革。

具体来说，这样的改革主要包括以下一些领域和突破点。第一，教育体制亟待一个脱胎换骨式的改革，核心是实现"政教分离"，即政府集中于管理、规范和公共教育资源的均等性分配，而给予教育事业更充分的空间实现自主发展。当务之急包括放松对社会办学的制度禁锢，同时实现高中教育和学前教育的义务化。第二，通过接纳农民工在城市落户，以及消除户籍人口与流动人口之间在享受基本公共服务方面的不均等性，加快推进户籍制度改革。第三，社会保障制度要在提高覆盖率努力的同时，理清并确立总体思路，避免保障项目的碎片化倾向，在人口加速老龄化的条件下保持其可持续性。第四，以工资集体协商制度为重点，推进劳动力市场制度的建设，实现劳动者报酬和工作条件决定的良性机制，构建和谐劳动关系。

上述改革领域不仅是进一步深化整体改革的重点，这些领域的改革也是众多改革选项中"低垂的果子"，已经显现出可以迅速切入的改革突破口，因此应该给予最高的优先序。首先，社会领域的改革有利于推动政府职能转变。政府的管理能力也是稀缺资源，一旦在社会领域明确了政府的责任，特别是与政府管理和服务有关的支出和投入责任的硬化，不仅有利于直接引导政府职能向这些方面的转变，也会因为优先序的变化，降低政府部门干预直接经济过程的机会。其次，经济与社会发展的不协调也表现在社会领域改革的相对滞后上面，因此，不仅这些领域的改革越来越紧迫，到了非改不可的地步，同时也使这些领域的改革边际收益最大，相对而言，具有帕累托改进的性质。

推进改革提高潜在增长率

人们习惯于从需求方认识经济增长源泉。在潜在增长率下降的情况下，经济学家可以指出许多经济"新增长点"，关注的主要是城市化和中西部地区发展中基础设施建设产生的投资需求；政府想到的则是促进经济增长的政策"抓手"，如实施推动投资的产业政策、区域政策和经济刺激计划。毋庸置疑，投资永远是经济增长的一个重要引擎，政府推动经济增长的政策在一定限度内也是必要的。但是，在今后保持经济可持续增长中，这种推动经济增长的思维和实施方式可能不再奏效，甚至可能产生欲速不达的后果。

然而，从供给方着眼，通过改变生产要素供给和全要素生产率提高的条件，可以提高潜在增长率，进而支撑一个较高的经济增长速度，则是一条可选和必选的途径。许多人以为经济体制改革只可能在较长的时间里见到促增长的效果，其实，从中国实际出发，有诸多领域的改革的确可以取得立竿见影的增长效果。换句话说，改革固然有一个更加理想化的终极目标，但是，归根结底还是要靠其带来的促进经济增长效应才能推动。因此，围绕提高潜在增长率推动改革，不啻一种充分的激励和强大的动力。

一　经济增长减速趋势

改革开放至今，人口红利不仅提供了充足的劳动力供给，而且贯穿于高速经济增长的每个因素之中。例如，对经济增长做出主要贡献的资本形成，不仅得益于抚养比下降促成的高储蓄率，而且因劳动力无限供给阻止了资本报酬递减现象，使得投资在一定时期内可以有效地成为经济增长的主要贡献因素。此外，全要素生产率提高的源泉，也在相当大程度上来自于劳动力从农业向非农产业转移产生的资源重新配置效率。当然，劳动力供给和人力资本提高对经济增长的贡献,更是不言而喻的。因此,如果人口红利消失,经济增长减速就是必然的。

2010 年便是中国人口红利开始消失之年。根据人口普查数据预测,2010 年 15—59 岁劳动年龄人口达到峰值,随后绝对减少;据此计算的人口抚养比同时达到谷底,随后迅速提高。因此,在预测今后潜在增长率时,劳动力供给这个变量是负增长。此外,由于劳动力不再是无限供给,资本报酬递减现象已经发生,近年来资本边际回报率显著下降,今后资本形成的增长率也必然减缓,即假定 2012—2020 年中国平均投资增长率约为 13%。因此,即便在假设全要素生产率的增长率不发生大幅度跌落的情况下,潜在增长率也会以较大的幅度下降。

在上述假设下,我们做出的估算是,潜在 GDP 年增长率将由"十一五"时期的平均 10.5%,下降到"十二五"时期的 7.2% 和"十三五"时期的 6.1%(见图 1)。潜在增长率是在资本和劳动都得到充分利用的前提下,在一定生产要素的供给制约下,以及全要素生产率提高限度内,可以实现的正常经济增长率。这个定义有两个含义,即在充分就业的假设下,只要实际增长率不低于潜在增长率,第一,就不会产生周期性失业现象。这就是为什么 2012 年经济增长速度不能达到 8%,劳动力市场上却并没有出现严重的就业压力,民工荒和招工难反而继续成为企业发展瓶颈;第二,也不需要额外的需求刺激。2001—2011 年期间,拉动 GDP 增长的需求因素中,消费需求贡献了 4.5 个百分点,资本形成(投资需求)贡献了 5.4 个百分点,净出口贡献了 0.56 个百分点。因此,即使"十二五"期间净出口的贡献为零,投资需求减半,靠国内消费需求和一半投资需求形成的需求拉动(4.5 个百分点加 2.7 个百分点,共 7.2 个百分点),也足以支撑这一时期的潜在增长率(7.2 个百分点)。而且,这样的增长速度更符合党的十八大提出的建立在更加平衡、更加协调和更加可持续的基础上的要求。

对于我们做出的这种判断,一个可能的质疑便是:从人口年龄结构变化这一个因素,是否足以推论出中国经济潜在增长率的必然下降。实际上,我们并没有泛化也没有夸大人口红利,而只是恰如其分地以其实际作用作为分析的出发点。不过,我们的确需要扩展对于人口红利的认识。即它并不简单地体现在劳动力供给上面,甚至可以说,充足劳动力供给是人口红

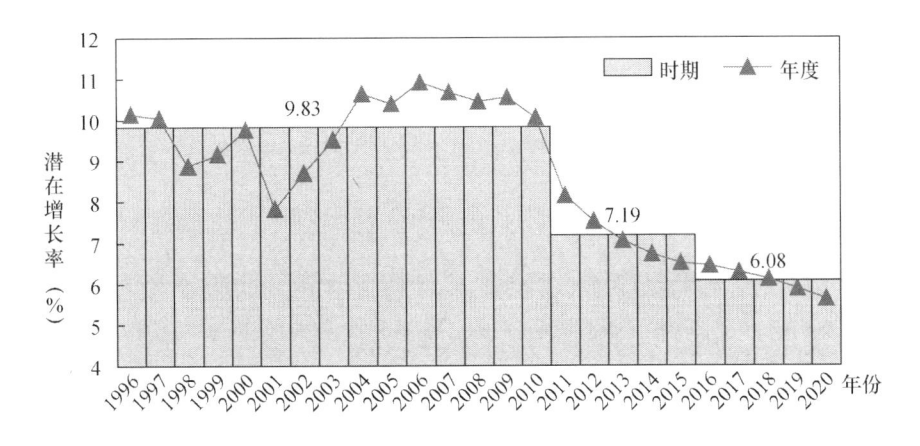

图1 估计的 GDP 潜在增长率（1996—2020）

利一个相对不重要的作用方面，而最重要的是无限供给的劳动力这一性质，打破了新古典增长理论关于资本报酬递减的假设。根据这个原理，我们就可以理解，为什么中国（乃至整个东亚经济）没有陷入"克鲁格曼的魔咒"（Krugman，1994）。那是因为东亚经济有一个蕴含潜在人口红利的二元经济发展阶段，而这个阶段之所以存在，关键在于特定的人口转变过程（Cai，2010）。因此，人口转变阶段变化了，二元经济发展阶段也随之发生变化，经济增长速度和模式也必然变化。

二 提高潜在增长率的空间

一个从二元经济发展向新古典增长转变的国家，随着传统增长源泉如人口红利的式微乃至消失，经济增长越来越依靠技术进步带来的全要素生产率的提高。由于生产率的提高需要付出艰难的努力，不再有捷径可走，因此，经济增长速度减慢是不可避免的，也是顺理成章的。但是，从上一个五年规划期的10.5%到7.2%这样的下降幅度，则是由于人口红利消失转折点所致。在成熟的经济体，由于没有显著且突兀的结构变化，因此，潜在增长率通常反映的是经济增长的长期趋势。而对于二元经济发展到新古典增长的根本性转折来说，潜在增长率发生的变化必然是急剧而陡峭的。

那么，我们有没有可能把戛然而止的转折点，延伸为一个相对平缓的转折区间,以便赢得时间予以应对呢?换句话说,按照自然趋势,潜在增长率到"十三五"后期将会降到6%以下,以后会进一步降低。而在相当长的时间内,中国仍然处在中等偏上收入水平阶段,我们还需要保持适度、较高的增长速度。这是否可行呢?

答案是肯定的。潜在增长率是在充分就业条件下,现有生产要素和全要素生产率可以达到的合理经济增长速度。可见,改变生产要素供给和提高全要素生产率都可以提高潜在增长率。在估计潜在增长率时,我们曾经假设了劳动力供给逐年减少,同时假设劳动参与率不变,全要素生产率的增长率相对稳定但略微下降。但是,这些影响潜在增长率的变量并非一成不变。事实上,无论是经济史还是我们的模拟都表明,改变上述一些假设,即按照经济发展的逻辑,加大激励提高劳动参与率,创造条件提高全要素生产率,就可以显著提高潜在增长率。模拟表明,在2011—2020年期间,第一,如果每年劳动参与率提高1个百分点,将会使平均每年的潜在GDP增长率提高0.88个百分点;第二,如果每年都能够将全要素生产率增长率提高1个百分点,那么平均每年的潜在GDP增长率将提高0.99个百分点。毋庸置疑,这种变化对潜在增长率的提高效果是非常显著的。在图2中,我们描述了这种效果。

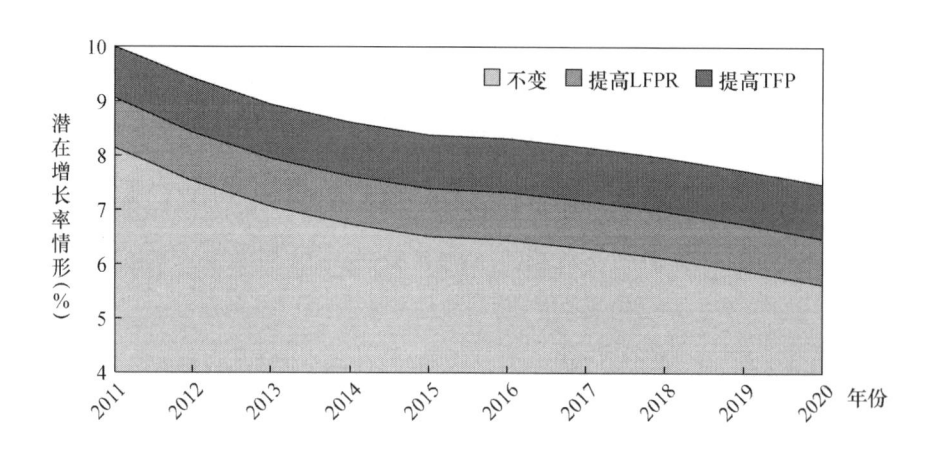

图2 潜在增长率的提高途径

毋庸讳言,这样的模拟就如潜在增长率估计本身一样,总是有这样那样的缺陷，自然会在经济学家中引起诸多的争论。不过，如果我们不拘泥于精确的数字，而立足于接受其传达的政策含义，这种研究无疑是有价值的，至少是聊胜于无。也就是说，虽然模拟总是以一些不尽精确的假设和数据为基础的，但是，劳动参与率和全要素生产率的提高能够积极且显著地改变潜在增长率，无疑是正确的、符合理论预期的结论。

理论界和政策界的一个共识是，深化改革是保持长期可持续增长的根本途径。在很多情况下，也许不该过分功利地看待改革，以追求短期 GDP 作为改革动因和改革目的。不过，中国所处经济发展阶段的一个重要特征是"未富先老"，这既带来格外严峻的挑战，也创造独一无二的机遇。换句话说，从中国特殊的国情出发，的确存在着一些改革领域，如果得到实质性的推进，可以通过提高劳动参与率、全要素生产率以及诸如此类的因素，产生立竿见影推动经济增长的效果。

三 我们需要什么样的改革

户籍制度改革便是这样的一个领域。现行的户籍制度仍然起着一种阻碍劳动力充分流动的制度性障碍作用。虽然目前已经有 1.6 亿农村劳动力离开本乡镇外出就业，但是，由于尚未成为法律意义上的市民，他们作为城市产业发展所需的主要劳动力供给，却处于不稳定和不充分的状态。另一方面，缺乏社会保障和其他基本公共服务的充分覆盖，农民工也难以发挥其本来应有的消费者作用。所以，一旦通过改革消除这一制度性障碍，可以产生一石三鸟的效果，在促进经济发展方式转变，即经济增长更加平衡、协调和可持续的同时，立竿见影地提高潜在经济增长率。

户籍制度改革推动农村剩余劳动力进一步转移和农民工市民化，既可以通过增加劳动力供给提高潜在增长率，也可以通过消除制度障碍疏通劳动力流动渠道，继续创造资源重新配置效率，保持全要素生产率的提高。未来 10 年，是中国从中等偏上收入国家迈向高收入国家行列的关键时期，与人均 GDP 在 6000—12000 美元的中等收入国家相比，中国农业劳动力继续转移的潜力仍然是巨大的。处在这个发展阶段上的其他国家，平均的农业劳动力比重为 14.8%，比中国低 10 个百分点到 20 个百分点，因为按照学者的估算，目前中国农业劳动力比重为24%左右，而按照官方统计口径，农业劳动力比重仍然高达35%左右（见图3）。这意味着在今后10年乃至20年时期中，从现有的农业劳动力出发，中国每年需要减少数百万农业劳动力，即每年降低农业劳动力比重1个百分点以上。这样的话，就能保持资源重新配置效率的持续提高，进而支撑中国经济增长的可持续性。

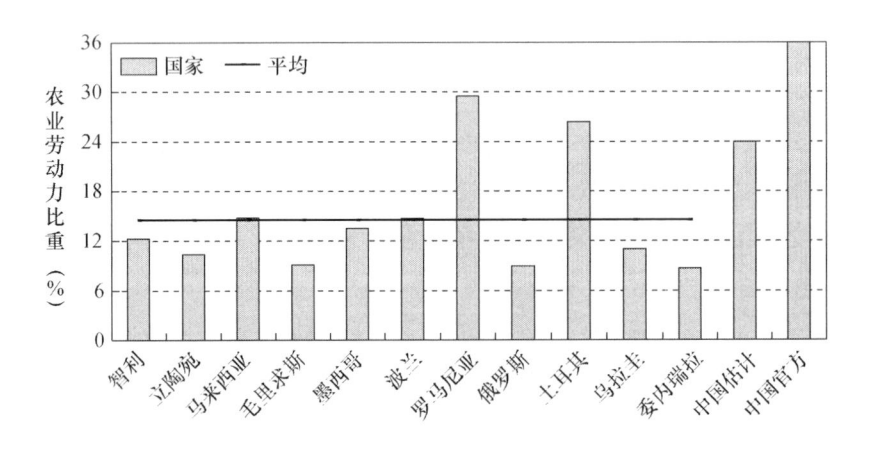

图3　人均GDP在6000—12000美元农业劳动力比重与中国比较

资料来源：世界银行数据库；国家统计局《中国统计年鉴》；都阳、王美艳（2011）。

户籍制度改革还通过提高农民工的社会保障覆盖率扩大其消费水平。由于农民工尚未获得城镇本地户籍，他们的就业和收入不稳定，社会保险的覆盖水平还十分低下，并且不能产生长期的和确定的居住预期。这种状况导致他们的终身收入流缺乏稳定性，从而使得他们并不能成为像城镇居民一样的正常消费者。

例如，在2011年外出的1.59亿农民工中，加入社会养老保险的比重为13.9%，加入工伤保险的比重为23.6%，加入基本医疗保险的比重为16.7%，加入失业保险的比重为8%，加入生育保险的比重为5.6%。虽然这已经比几年前有了明显的提高，但是仍然大大低于城镇劳动者的覆盖水平。同年城镇劳动者的上述社会保险覆盖率分别为60.0%、49.3%、52.8%、39.9%和38.7%。在这种缺乏社会保障的情况下，农民工只好把收入的1/4左右汇回农村老家，作为个人的保障方式以平滑自身消费。也就是说，如果通过户籍制度改革，很大一部分农民工的社会保障覆盖率能够达到城镇居民的水平，即便在收入不提高的情况下，他们的消费至少也可以增加1/4，中国消费需求将显著地扩大，可以明显促进中国经济再平衡。

党的十八大报告提出加快改革户籍制度，有序推进农业转移人口市民化，努力实现城镇基本公共服务常住人口全覆盖。在党的报告中，这是第一次做出推进农业转移人口"市民化"的表述，并提出基本公共服务常住人口全覆盖的要求，是城乡统筹、城乡融合的一个崭新目标和顶层设计。同时也提出了户籍制度改革的三条并行的路径，即第一，吸纳农民工成为城市户籍人口；第二，为尚不具备条件成为市民的农民工，努力提供与城镇居民同等的基本公共服务；第三，实现社会保障体系对城乡居民的全面覆盖。

从某种程度来说，上述户籍制度改革路径似乎早已确定，许多地方政府甚至探索了一些有地方特色的实施政策。但是，这一改革在实际推进中可谓步履艰难，整体来说进度并不理想。地方政府在推进户籍制度改革方面，既有动力也有顾虑。虽然总体而言户籍制度改革并不触动紧密的既得利益集团，在政治上似乎容易达成共识，但是，仍然有两个原因使得地方政府犹豫观望、踌躇不前。

第一个原因是，地方政府缺乏为接受农民工成为市民的埋单能力。在目前地方政府基本公共服务支出责任和财政能力之间已经不对称的情况下，扩大覆盖范围无疑会使地方财力更加捉襟见肘。在农民工对税收的贡献没有被地方政府清楚地识别，或者乐于以外来人口贡献"补贴"户籍居民的条件下，易造成由地方推动实质性的户籍制度改革的激励不足。

第二个原因是，地方政府在推动地方经济发展方面冲动十分强烈，但是，在今后中国面临的风险越来越是关乎国家长治久安的问题时，地方政府具有免费搭车的倾向，有意无意地把最终责任推给中央政府。固然，在党中央新的领导班子形成后，各级党和政府领导在贯彻落实十八大精神的过程中，也将更具战略性眼光和思维。但是，推进改革始终应该依靠党中央和中央政府的顶层设计。

由于这两个问题的存在，以农民工市民化为核心的户籍制度改革，难以单独靠地方政府达到实质性推进。因此，推进户籍制度改革的顶层设计和局部推进，需要遵循三个重要原则。第一，中央政府要提出改革目标和实施时间表。即把以户籍人口为统计基础的城市化率作为指导性规划下发给地方政府，分人群有条件地设定完成改革的截止期。例如，举家外迁的农民工家庭目前超过 3000 万人，应该尽快使他们成为市民。第二，明确区分中央和地方在推进户籍制度改革中的财政责任。建议中央政府承担义务教育责任，由地方政府为社会保障和最低生活保障等生活救助项目埋单，同时尽快实现基础养老金的全国统筹。第三，地方政府根据中央要求制定改革路线图，按照时间表推进改革。对于尚未纳入市民化时间表的农民工及其家庭，地方政府有责任尽快为其提供均等化的基本公共服务。

提高全要素生产率还有一个重要的领域，仍然有着巨大的潜力。即行业内部的企业之间也存在生产率差异，允许更有效率的企业生存、扩大和发展，相应淘汰那些长期没有效率改进的企业，可以提高行业进而整体经济的生产率水平。研究表明，在美国，通过部门内企业的进入、退出、生存、消亡这种创造性破坏机制，对全要素生产率提高的贡献为 30%—50%（Foster, et al., 2008）。此外还有研究表明，中国部门内企业间生产率差异巨大，如果缩小到美国的水平，可以提高全要素生产率 30%—50%。这两个数字如此巧合的含义是，迄今为止，中国尚未获得这种类型的全要素生产率源泉。

这就要求进行相应的改革，拆除行业进入和退出壁垒，消除生产要素流动的制度性障碍，通过竞争机制实现优胜劣汰。通常，在讨论这个问题时，人们往往盯住国有企业改革，特别是强调国有企业的有进有退、有所为有所不为。但是，鉴于这个改革领域深深地触及既得利益，不仅要做到十八大报告要求的"必须以更大的政治勇气和智慧，不失时机深化重要领域改革"，还应该从策略上把改革转向不针对任何所有制，着眼于创造公平竞争制度环境。允许各种类型（不论大小和所有制）企业平等进入所有竞争性行业，获得同等竞争条件和待遇。在竞争性领域，让任何长期缺乏效率的企业退出经营，而无论以前的贡献如何。

参 考 文 献

都阳、王美艳：《中国的就业总量与就业结构：重新估计与讨论》，载蔡昉主编《中国人口与劳动问题报告 No. 12——"十二五"时期挑战：人口、就业和收入分配》，社会科学文献出版社 2011 年版。

Cai, Fang, "Demographic Transition, Demographic Dividend, and Lewis Turning Point in China", *China Economic Journal*, Vol. 3, No. 2, 2010, pp. 107–119.

Foster, Lucia, John Haltiwanger, and Chad Syverson, "Reallocation, Firm Turnover, and Efficiency: Selection on Productivity or Profitability?" *American Economic Review*, Vol. 98, 2008, pp. 394–425.

Hsieh, Chang–Tai and Peter J. Klenow, "Misallocation and Manufacturing TFP in China and India", *The Quarterly Journal of Economics*, Vol. CXXIV, Issue 4, November, 2009, pp. 1403–1448.

Krugman, Paul, "The Myth of Asia's Miracle", *Foreign Affairs*, November/December, 1994.

（此文系与陆旸合著）

转折点之后的就业挑战

一 引言

2012年对于研究劳动经济和人口问题的人来说，是非常有意义的一年。这一年最大的特点就是，多年以来经济增长速度第一次降到了8%以下。对于以往经济增长率坚持保八，温家宝总理的解释是，如果没有8%的经济增长速度，我们无法解决每年2400万新增就业的要求。然而，2012年，这个长期以来奉为圭臬的逻辑被打破了。虽然经济增长速度是7.8%，这一年仍然超额完成新增就业任务；城镇登记失业率4.1%，与上年持平；103个城市的公共就业服务市场上的岗位数与求职者人数比率也高于上年；实际工资水平继续上涨。工资上涨的一个附带结果是，全国有23个省、直辖市和自治区提高了最低工资标准，从提高了最低工资标准的220个城市看，名义平均提高幅度为14.4%。所有这些现象都说明，劳动力市场发生了一个根本性的变化。那么，应该如何刻画这个变化及其政策含义呢？

一个长期经历二元经济发展的国家，随着经济结构的变化和人均收入水平的提高，通常会跨越两个重要的转折点。第一个转折点是所谓刘易斯转折点，即出现普通劳动者的短缺和工资上涨现象。对于中国经济发展来说，这个转折点发生于2004年。从那时之后，民工荒和工资上涨从未停止。但是，这个转折点终究不意味着劳动力的绝对短缺，只有到达第二个转折点，即以人口年龄结构的实质性变化为特征的转折点之后，劳动力绝对短缺才逐渐出现。

根据国家统计局数据，2012年，中国的15—59岁劳动年龄人口首次减少了345万。其实，我们在第六次人口普查的数据中已经看到，很可能从

2011年就开始了这个人口组总量的减少,预计在2011—2020年期间将绝对减少近3000万。不管怎么说,2011年或者2012年是一个非常重要的转折点,也就是说,劳动年龄人口这个劳动力的基础人口绝对减少,与此同时,人口抚养比也开始升高。这都是以往从未发生过的。在一定意义上,我们可以说,人口红利就正式开始消失了。

在争论中国是否迎来其刘易斯转折点时,鉴于经济发展阶段具有长期特点,其变化也反映在一定的时间区段内,因此,有人建议用"刘易斯转折区间"的概念代替刘易斯转折点。这个建议是有道理的,但是也要防止把"区间"无限延伸,以致失去"转折"本来所具有的含义和内在规定性。这样看来,我们把上述两个转折点即刘易斯转折点和人口红利消失的转折点及其间隔,作为刘易斯转折区间是比较恰当的(见图1),也可以说,这是中国经验对发展经济学的一个贡献。

图1 中国的刘易斯转折区间

资料来源:中国发展研究基金会《中国发展报告2011/12:人口形势的变化和人口政策的调整》,中国发展出版社2012年版。

我们说在经济增长率低于8%的情况下没有出现就业冲击,实际上是指没有出现周期性失业现象。根据经济学理论,如果实际经济增长速度没有低于潜在增长速度的话,则不会出现周期性失业。根据估算,2012年中国潜在增长率应该为7.5%,这一年的实际增长率为7.8%,因此没有周期性失业现象发生。当然,失业现象仍然会有,但是,那主要是因为劳动者技能与劳动力市场的需要不匹配,或者人们找工作需要一个摩擦的过程所造成的失业,也就是说,自然失业总是要存在的。

长期以来,我们不断地被告知,人口和劳动力总量大是中国最大的国情,劳动力市场将长期处于劳动力供给大于需求的状态。从一定程度上说,这种强调意在提醒政府和社会不要忽视就业的优先地位。在一段时间内,为了防止出现对就业问题的忽视,否认劳动力市场供求关系的变化,似乎成为善意的谎言。但是,这个国情和状态,以2011—2012年为转折点,不以人们意志为转移地发生了根本性的变化。

然而,我们需要回答的一个问题是,中国经济在相继经过刘易斯转折点和人口红利消失的转折点之后,是不是就业不再成为问题了?劳动力市场长期以来已经开始偏紧,农民工短缺的现象反复出现,而且即使在经济增长速度显著下降的2012年,我们听到的主流呼声仍然是招工难,而不是就业难。在这种情况下,劳动力市场是不是可以高枕无忧呢?我觉得其实恰恰在这个时候,有更多的事情需要担忧。本文着眼于劳动者人力资本积累问题的考察,借此揭示劳动力市场未来的风险,尝试提出有针对性的政策建议。

二 潜在的劳动力脆弱性

正如中国社会所普遍关注的,中国就业问题主要集中在三个群体身上:进城农民工、城镇就业困难人员和高校毕业生。我们可以从这三个群体,看结构性和摩擦性的就业困难和自然失业问题。

目前官方的城镇就业统计主要涵盖城镇户籍人口的就业,大部分外来农民工被遗漏了。如果进行一定处理从而把农民工算在内的话,2011年城镇就业人员总量有4.3亿,其中35%为进入城镇6个月以上的农民工。而在当年城镇新增就业人员里面,有65%是农民工。也就是说农民工已经是城镇就业的主体,未来增量将越来越大了。

从2011年看,农民工的平均受教育年限是9.6年。这个人力资本状况使他们恰好适应于第二产业的劳动密集型岗位(要求劳动者有9.1年的受教育年限),以及第三产业的劳动密集型岗位(要求9.6年的受教育年限)。但是,未来中国经济的趋势是,经济增长速度减慢而产业结构调整速度加快。按照岗位对人力资本的要求,即第二产业的资本密集型岗位10.4年,第三产业的技术密集型岗位13.3年。显而易见,农民工的受教育程度尚不足以支撑他们转向这些新岗位。

在经历了刘易斯转折点,出现劳动力短缺现象,并且普通劳动者工资提高速度很快的情况下,20世纪80年代以后出生的新生代农民工,似乎不解就业困难的愁滋味,常常在初中毕业之后不愿意升学,高跳槽率也意味着放弃了许多在职培训的机会。更有甚者,许多农村青少年甚至未完成义务教育就急于外出打工。但是,劳动力市场的这个黄金时光并不会延续长久。那些人力资本不能适应未来劳动力市场对技能需求的农民工,就会遇到结构性失业的困扰。

传统上,"有来有去"的劳动力迁移模式,是一种解决农民工失业的手段。但是,劳动力迁移越来越是单向的,这一手段在今后不再奏效。2011年,新生代农民工已经占到农民工的61%,他们中有33%在16岁以前生活在各级城镇而不是农村,有38%是在各级城镇上的小学。可以说,他们大多从未有务农经历,更没有回到农村务农的意愿。不仅如此,农业生产方式的变革,已经越来越依赖劳动节约型的技术变迁,农业不再是剩余劳动力的蓄水池。

可见,防止未来农民工面对就业风险的根本办法,在于提高他们的人力资本。鉴于农民工是一个不断地被新成长劳动力所更新的群体,创造良好的制度条件和激励机制,使新成长劳动力在进入劳动力市场之前,尽可能多地接受普通教育和职业教育,应该成为政策应对的关键点。

与农民工的情况相反,具有城镇户籍的劳动者群体,已经出现一定程度的老龄化趋势。实际上,如果没有农村劳动力的大规模流入,城镇劳动力的年龄会比实际显示的要老化很多。例如,根据第六次人口普查数据,2010年城镇常住的15—59岁劳动年龄人口中,20—29岁组的比重,外地户籍人口为35.0%,本地户籍人口为21.6%;而50—59岁组的比重,外地户籍人口为7.2%,本地户籍人口为19.3%(见图2)。

根据年龄与受教育年限之间关系的特点可知,具有城镇户口的劳动力中,有一个较大比例的人群,人力资本禀赋明显不足,表现在年龄偏大和受

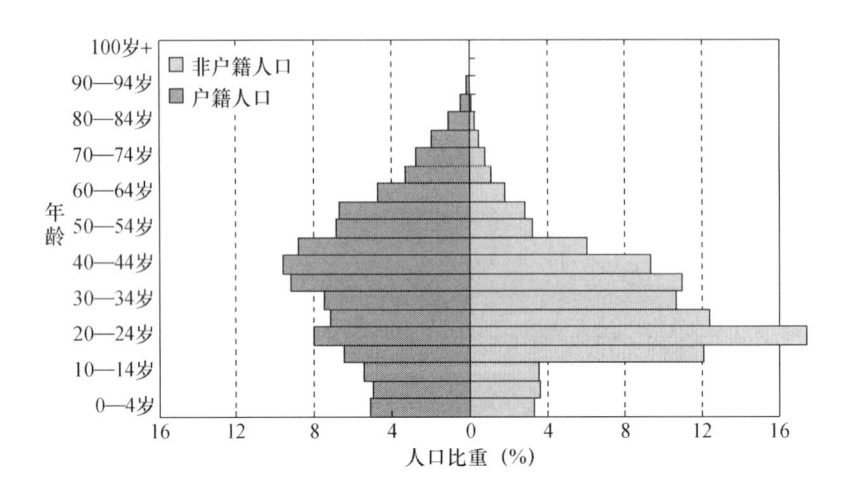

图 2　城市常住劳动年龄人口年龄构成

资料来源：国务院人口普查办公室、国家统计局人口和就业统计司编《2010 年人口普查资料》，中国统计出版社 2012 年版。

教育程度较低，难以适应产业结构调整对技能的更高要求。这部分劳动者被政府识别为城镇就业困难人员，作为重点扶助的目标人群。城镇劳动者的这种人口构成，决定了总是有一个相对稳定的群体，经常处于结构性和摩擦性失业状态，构成劳动力市场上典型的自然失业人口。

估算表明，2000 年以来，中国城镇自然失业率大约为 4.0%—4.1%[①]，与多年以来的城镇登记失业率基本一致。众所周知，城镇登记失业的统计对象仅为具有本地户籍的城市居民，也就是说，本地劳动者仅仅承受结构性和摩擦性的自然失业。很显然，农民工成为周期性失业的唯一承受者。伴随着宏观经济周期性波动，农民工返乡与民工荒反复交替出现的现象，就可以证明这个结论。

说到城镇劳动者面对的自然失业风险，还要再次提到这个群体人力资本构成的一个特点。由于 20 世纪 90 年代以来中国教育发展成就显著，异常迅速地增加了新成长劳动力的受教育年限，中国劳动年龄人口的人力资本分布特点相应表现为，年龄越大受教育年限越少。由于城镇劳动力年龄偏

---

① 都阳、陆旸：《中国的自然失业率水平及其含义》，《世界经济》2011 年第 4 期。

大，所以人力资本不足人群的比重也较大。在产业结构变化十分迅速的条件下，很大一部分劳动者难以符合劳动力市场对技能的要求，很容易陷入结构性失业状态。

大学毕业生就业难以及他们的工资与低端劳动者趋同，越来越成为社会普遍关注的现象，并且成为一些质疑者批评高校扩招的依据。应该说，高校扩招之后所发生的变化是急剧的和根本性的，使得人们未能充分理解和良好应对。这个根本性变化就是，在极短的时间里，中国进入了高等教育大众化阶段。

1973年，一位美国学者马丁·特罗（Martin Trow）提出了高等教育大众化理论，指出高等教育毛入学率在15%以内为精英教育阶段；在15%—50%之间为高等教育大众化阶段；在50%以上为高等教育普及阶段。按照这一理论，在2002年即在扩招的第三年，中国便进入高等教育大众化阶段。在进入这样一个阶段之后，大学毕业生就业的一些特有规律性现象逐渐显现出来，认识不到其背后规律的话则会误导舆论和政策。

劳动经济学研究表明，受教育程度越高，特别是接受过大学本科以上教育之后，寻职者实现与劳动力市场的匹配，所需要的时间就越长。也就是说，大学毕业生要找到相对理想的工作，需要花费较多的寻找和转换时间。因此，单纯用大学毕业几个月之后的就业率，以及毕业生的起薪水平进行判断，并不能得出关于这个群体人力资本优势的正确结论。事实上，在经历了较长的寻职时间并实现初次就业之后，具有较高学历的劳动者仍然会处在寻职过程中。此外，较优越的人力资本条件也给予他们更多的机会获得职业发展，从而最终处于劳动力市场的有利地位。

大学生就业难问题的产生原因是双重的。一方面，高校毕业生面临的结构性困难，虽然具有规律性，但是，仍然需要劳动力市场功能和就业政策给以帮助。另一方面，专业和课程设置不当、教学质量低等问题，无疑也增加了大学毕业生面临的结构性就业困难，给改革和调整高等教育体制提出了诸多课题。不过，这显然不能成为减缓高等教育发展速度的理由。

三 教育可能过度吗

在20世纪80年代以来的时期，中国的教育发展成就可圈可点，不仅巩固了以往的教育成果,而且通过普及九年制义务教育和高等教育扩大招生,实现了教育的大幅度跃升。教育发展被转化为劳动者的人力资本,成为中国经济增长奇迹的一个重要贡献因素。

粗略地,我们可以把每年各级学校毕业未升学的青少年,看作是该级教育水平的新成长劳动力。在新成长劳动力中,仅具有小学毕业程度的比重在20世纪80年代中期以后显著下降;相应地,初中毕业生比重大幅度提高,在90年代以后尤其突出;而自从21世纪初以来,高校毕业生比重迅速提高,继而高中毕业生的比重也提高了。这个变化趋势表明,伴随着新增劳动年龄人口数量的递减,以劳动者受教育年限表示的人力资本反而大幅度增加了(见图3)。

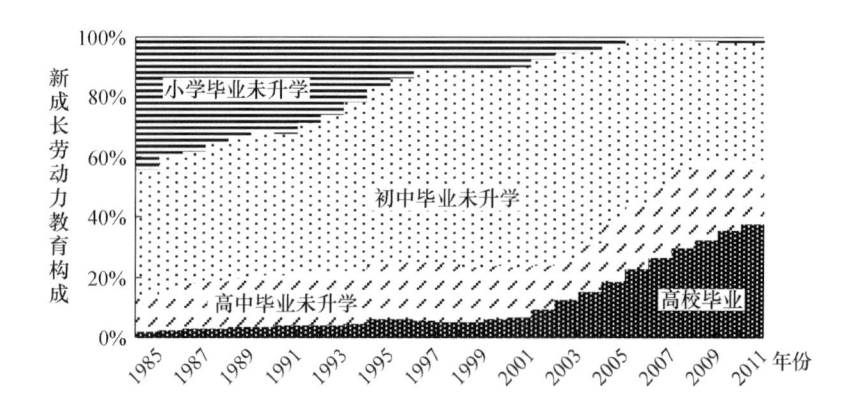

图3 新成长劳动力的教育构成

资料来源:国家统计局《中国统计年鉴2012》,中国统计出版社2012年版。

然而,中国教育发展和人力资本积累的良好势头,并不一定会自然而然地延续下去。迄今为止,教育发展主要得益于两个突出的政策,即普及九年制义务教育和高等学校扩大招生产生的积极效果。未来教育发展的不可持续性,一方面表现为这两项政策本身面临着新的挑战,另一方面表现为在如何实现教育发展新突破上面尚未取得应有的政策共识。

普及义务教育的政府努力正式启动于1985年。虽然由于产生过一定的消极因素,如为了达标而造成乡村的过度负债,一度出现不同观点之间的争论,最终,事实证明这是一项具有远见的政策举措,对于中国人力资本积累的积极效果十分显著。然而，随着小学和初中入学率已经很高，目前已经显现出政策效应递减的趋势，即总体来说，义务教育不再能够对于明显提高人口受教育年限做出很大的贡献。

高校扩招始于1999年，初衷是延缓青少年进入劳动力市场的时间，以缓解当时的就业压力。出乎意料的效果，则是中国高等教育由此进入大众化阶段。每年高校毕业生人数，从1999年的85万，大幅度跃升到2012年的680万。高校扩招还有一个意料之中的附带效应，那就是拉动了高中入学率的提高，两者共同增加了新成长劳动力的受教育年限。

正像许多其他国家和地区都出现过的，高等教育的大众化，往往伴随着毕业生就业难和工资相对降低等现象，这种情况在中国也发生了。这导致形成一股批评浪潮，认为扩招带有某种盲目性，以致政策上也开始变得谨慎，2008年之后招生数量的增长速度有所减缓。

在许多人的头脑里，存在着教育可能过度发展的担忧。当然，正是由于劳动力市场上出现了大学毕业生就业难的问题，人们才会做这种猜测：是不是我们本来不应该如此大规模地扩大高等教育？从经济学的角度，也就是说，根据人力资本回报率来判断高校扩招是否盲目，或者回答过去十余年高等教育的大众化进程导致教育过度的问题，是简单且直截了当的。无论是使用扩招前的数据还是扩招后的数据，计量经济学研究都表明，高等教育比较低教育阶段的回报率更高。

在这些研究中，使用扩招后数据所得出的结论更有意义，因为扩招之前由于大学毕业生比重很低，物以稀为贵，得到较高的劳动力市场回报是在情理之中的；而如果在扩招之后，高等教育仍然得到更高的回报率，则意味着这个扩招是符合劳动力市场需求的。李宏彬的研究做出了肯定的结论：在1999年高校扩招之后，拥有大学专科以上文凭的雇员，平均工资高于高中毕业生雇员的幅度继续提高，2009年达到49%之高。[①] 此外，我们还有必要跳出即时回报率这种功利的考虑，从更长远的视角回答：我们为什么需要高等教育的大力发展。

英国前首相撒切尔夫人曾经说过一句话：我们不需要担心中国，因为

[①] 李宏彬：《中国的教育回报率》，《华尔街日报》中文网2012年10月18日，转引自中国社会科学网，http://www.cssn.cn/news/564656.htm。

这是一个只能制造洗衣机和电冰箱，而不能创造思想的国家。对于国人广泛引述这句话，也有人颇不以为然，认为这种说法不符合中国拥有灿烂文化遗产，并在改革开放时期继续取得文化繁荣成就的事实。的确，我们对待自己的成就和老祖宗创造的文化遗产，绝不应该采取妄自菲薄或者虚无主义的态度。何况，北京奥运会开幕式惊艳世界、上海高中生在国际学生评估项目勇拔头筹、作家莫言获得诺贝尔文学奖，这诸种表现不过展示了中华民族创造力的沧海一粟，确实值得为之骄傲。不过，我们不妨从以下几个角度，考虑对待诸如撒切尔夫人式的批评，应该采取怎样的态度。

首先，撒切尔夫人批评中国不能创造"思想"，本意是指缺乏创造性。这里，我们翻译为"思想"的英文词，通常是 idea，也可以理解为创意，并不仅指文化，而包括了自然科学、工程技术、生产工艺、人文科学、社会科学、文化艺术等领域，更指与创造力有关的人力资本。例如，新加坡前总理李光耀说得更直接。他断言中国的 GDP 总量终究要超过美国，但创造力永远无法与之匹敌，因为中国文化不允许自由交流和思想竞争。

其次，中国古训中的"兼听则明"，应该推及来自外国人的批评。何况在国际比较方面，外国人的哪怕是肤浅的观感，也是一种参照系。一概嗤之以鼻，不符合中国应有的大国心态。新加坡是个小国，当 20 年前一些著名的经济学家群起批评其经济增长模式，认为其高速增长只是生产要素积累的结果，而缺乏技术进步推动的全要素生产率的改善时，领导人也的确颇感没面子。但是，他们还是采取了"宁可信其有"的态度，为全要素生产率的提高设立了国家目标。多年来，新加坡在全球竞争力指数的排名上名列前茅，位次年年攀升，与这种兼听则明的态度应该不无关系。

最后，著名的"钱学森之问"表明，受体制制约因而缺乏创造力，的确是中国的现实。著名科学家钱学森直至去世之前，在病榻上仍然思考着，为什么我们的大学不能按照培养科学技术发明创造人才的模式去办学，没有自己独特的创新的东西，老是"冒"不出杰出人才。而一位美国的百岁老人、诺贝尔经济学奖获得者罗纳德·科斯，提供了自己对"钱学森之问"的答案。他认为原因在于：中国缺少一个思想（ideas）的市场。在这里，市场代表的是一个舞台或者平台，思想或者创造力借此得到孕育、诞生、哺育、激励和成长。因此很显然，大学的健康且快速的发展，是产生这样一个市场的前提。中国的大学体制存在诸多的问题，需要通过改革予以解决，但绝不应该成为因噎废食的理由。

四 人力资本积累的国际教训

其实，如果可以有"教育过度"这样一个命题的话，其本意应该是，由于劳动力市场功能和教育质量等方面的因素，导致人力资本供给与需求之间的匹配不当，而不是人力资本总量的过度。国际经验表明，因短期内的教育回报率降低，迫于社会上不恰当的压力而抑制教育发展，或者政府未能弥补人力资本回报率下降的市场失灵导致教育停滞的结果，通常是灾难性的。

首先，我们来看深陷债务危机的南欧国家。自2000年开始，经济合作与发展组织（OECD）每隔三年在一些国家或城市进行一次主要针对高中学生的"国际学生评估项目（英文缩写为PISA）"测试，并进行地区之间的比较。对于中国人来说，很多人了解并为之自豪的是，在2010年的测试中上海学生独占鳌头。但是，很少有人注意到，在历次的测试中，希腊、意大利和西班牙等国学生连续表现不佳。凑巧的是，这三个国家也是在欧债危机中最为灾难深重的国家，无一例外地表现为青年人就业率最低，失业率居高不下。

这个测试项目的本意是评价各国学生的学习表现，然而，既然教育的质量和效果，归根结底是一系列与教育发展相关因素的函数，我们也可以用这个测试结果间接地观察政府推动教育发展的政策力度、个人和家庭接受教育的热情，以及社会和劳动力市场上的教育激励。在西班牙也一度出现就业形势好，从而相对降低了教育回报率的情形。曾几何时，受岗位增加及工资上涨吸引，西班牙年轻人提前离开学校，大多进入建筑业找到工作。这个故事是怎么结尾的呢？当危机来临，人人看到了这个国家持续存在着高达25%的青年失业率。

其次，我们来看美国无就业复苏的根源。美国产业结构升级一度表现为劳动力市场的两极化，即对人力资本要求高的产业和对人力资本要求低的产业扩张快，而处在中间的产业处于萎缩状态，导致许多青年人不上大学甚至不上高中，形成所谓"从中学直接进入中产阶级"模式。然而，在全球化进程中，美国低端制造业在国际分工中日益丧失竞争力，实体经济相对萎缩，每一次经济衰退都会永久性地丧失一部分就业岗位，形成"无就业复苏"，那些受教育水平与产业升级不相适应的劳动者群体，则容易陷入失业和贫困状态，美国社会的收入差距也日趋扩大。

乔布斯在去世之前，曾经安排美国总统奥巴马与湾区一些知名企业家会面。座谈中奥巴马问乔布斯：能不能把苹果公司在中国创造的就业岗位搬回美国？乔布斯直言不讳的回答是："不可能，除非你能够给我培训出3万名称职的工程师。"他的后任迫于国内压力，也趁中国劳动力成本上升之机，2012年开始尝试在美国建厂。即便有这样的举动，他本人对此前景也并不乐观，因为他看到了问题的本质：不是工资水平问题，而是合格的雇员。

最后，我们来看"失去二十年"的日本。在日本赶超发达国家的过程中，高等教育曾经发展很快。但是，日本社会对于大学毕业生就业的关注和对于教育质量的批评，促使政府有意放慢了高等教育发展的速度，结果自20世纪80年代以来，高等教育与其他发达国家的距离拉大，就劳动年龄人口中人均接受高等教育的年限来说，日本相当于美国的水平，从1976年的45.3%下降到1990年的40.4%，回到了1965年的水平上[1]。不无相关的是，在1990年人口红利消失之后，经济增长因未能转向全要素生产率驱动而陷入持续的停滞状态。例如，全要素生产率对平均劳动生产率的贡献率，从1985—1991年的37%跌落到1991—2000年的-15%，导致日本经济"失去的十年"[2]。迄今为止，日本经济已经失去了20余年。

五　政府投入转向人力资本

在教育发展出现边际效应递减的情况下，人们寄希望于国家财政对教

---

[1] Yoshihisa Godo, *Estimation of Average Years of Schooling by Levels of Education for Japan and the United States, 1890 – 1990*, Meiji Gakuin University.

[2] Asian Productivity Organization, *APO Productivity Databook 2008*, the Asian Productivity Organization, 1 – 2 – 10 Hirakawacho, Chiyoda – ku, Tokyo 102 – 0093, Japan, p. 23.

育支出的大幅度提高。1993年发布的《中国教育改革和发展纲要》,提出了国家财政性教育经费支出占GDP比例达到4%的目标,直至2012年才终于实现。说到政府买单,我们面临的问题就是,当公共教育投入达到GDP的4%,即按照2012年的GDP总量计算,公共教育投入规模超过2万亿元的情况下,这笔宝贵的资源应该如何配置,才可以达到最有效率呢?同时,这个数字足以解决中国教育发展的可持续性问题吗?要回答这样的疑问,我们需要先来弄清楚,有哪些因素已现端倪,并可能在未来阻碍中国教育的进一步发展。

我们先来设想一下,政府财政对教育的投入占到GDP的4%,被落实到每一级政府意味着什么?拿许多大银行总部所在地,因而集中了全国GDP一个很大比重的北京市西城区,与不发达省份贵州省最穷的城市六盘水市相比,常住人口人均享有的公共教育支出,前者至少是后者的十几倍。这样的公共投入差别能否做到既公平又有效率,答案应该是不言自明的。

让我们再回到经济学的基础理论上来。经济增长的不竭源泉是生产率的提高,而提高生产率的重要途径是按照最有效率的方式配置资源。诺贝尔经济学奖获得者詹姆斯·海克曼于2003年指出,中国在物质资本与人力资本投资之间以及不同地区之间的教育投入,都存在着不平衡的问题,既缺乏公平性,也不符合效率原则。[1]

正如我们已经讨论过的,在人口红利消失之后,劳动力无限供给不再是中国经济发展的特点。相应地,资本报酬递减的现象已经愈演愈烈。而好消息则是,在物质资本回报率下降的同时,人力资本则愈加显现其报酬递增的优势。所以,社会资源从物质投资领域更多地转移到人力资本投资领域,必然带来巨大的资源配置效率,支撑中国经济的可持续增长。

虽然从长期的观点看,在特定教育阶段上的人力资本投入也会出现报酬递减的现象,但是,此时此地的有限教育资源如何在各级各类和各地区进行配置,也存在效率差别。例如,相同水平的公共教育支出,在北京市西城区的投入效率,要大大低于这笔钱配置在六盘水市的情形。此外,教育经济学的一个重要发现是,如果把教育的社会回报由高到低排列的话,

---

[1] James J. Heckman, "China's Human Capital Investment", *China Economic Review*, Vol. 16, pp. 50–70, 2005.

依次是学前教育、基础教育、较高阶段的普通教育、职业教育和培训。很显然，私人回报率高的领域，则应该更多地引导家庭和个人的投资，而社会回报率高的领域，适合由政府更多埋单。因此，我们依据资源配置的基本原则，从各级各类教育面临的问题出发，对中国教育发展提出以下政策建议。

首先，义务教育阶段是为终身学习打好基础，形成城乡之间和不同收入家庭之间孩子的同等起跑线的关键，政府给予充分的公共资源投入责无旁贷。值得指出的是，鉴于学前教育具有最高社会收益率，意味着政府埋单是符合教育规律和使全社会受益原则的，应该逐步纳入义务教育的范围。

自从中国跨越刘易斯转折点，随着就业岗位的增加，对低技能劳动力需求比较旺盛，一些家庭特别是贫困农村家庭的孩子在初中阶段辍学现象比较严重。从家庭的短期利益着眼，这种选择似乎是理性的，但是，人力资本不足可能导致的经济损失，最终将由社会和家庭共同承担。因此，政府应该切实降低义务教育阶段家庭支出比例，巩固和提高义务教育完成率。而且，通过把学前教育纳入义务教育，让农村和贫困儿童不致输在起跑线上，也大大有助于提高他们在小学和初中阶段的完成率，并增加继续上学的平等机会。

其次，大幅度提高高中入学水平，推进高等教育普及率。高中与大学的入学率互相促进、互为因果。高中普及率高，有愿望上大学的人群规模就大；升入大学的机会多，也对上高中构成较大的激励。目前政府预算内经费支出比重，在高中阶段较低，家庭支出负担过重，加上机会成本高和考大学成功率低的因素，使得这个教育阶段成为未来教育发展的瓶颈。因此，从继续快速推进高等教育普及化着眼，政府应该尽快推动高中阶段免费教育。凡事预则立，为了防止真有高等教育过度的情况发生，一个有益的办法就是，从现在开始，逐渐让家庭承担更多的大学教育支出，即进一步发挥社会办学和家庭投入的积极性。

最后，通过劳动力市场引导，大力发展职业教育和职业培训。中国需要一支具有较高技能的熟练劳动者队伍，而这要靠中等和高等职业教育来培养。欧美国家适龄学生接受职业教育的比例通常在60%以上，德国、瑞士等国家甚至高达70%—80%，都明显高于中国。因此，中国应当从中长期发展对劳动者素质的要求出发，加大职业教育和职业培训力度。

由于这个教育类别具有私人收益率高的特点，劳动力市场激励相对充分，因此，应该更多地依靠家庭和企业投入的积极性，政府投入的力度应该低于普通高中。此外，应建立起高中阶段职业教育与职业高等教育及普通高等教育之间的升学通道，加快教育体制、教学模式和教学内容的改革，使学生有更多的选择以实现全面发展。

六　结语和政策建议

中国经济在经过了刘易斯转折点和人口红利消失点之后，劳动力市场开始加快了从二元模式向新古典模式的转型。就业总量矛盾和结构性、摩擦性矛盾并存这一现实，提出了一系列制度需求，应该成为顶层设计和综合配套整体改革的重要组成部分。

首先，更加积极就业政策的重心，应该从总量上创造就业岗位，更多转向帮助更广泛的劳动者群体解决结构性和摩擦性就业困难、治理顽固的自然失业现象，以及构建劳动力市场制度。未来加速的产业结构调整，会对职工技能提出更高的要求，而人力资本积累不足的劳动者则很容易陷入就业困难，需要政策给予积极的扶助，也需要劳动力市场制度的保护。一般来说，结构变化是一个创造性破坏的过程，如果以保护岗位的理由妨碍这个过程，则难以实现技术进步和产业结构升级。但是，作为一个人，劳动者应该受到应有的保护，而这就是劳动力市场制度的功能。

其次，加快推进户籍制度改革，解决农民工面临的劳动力市场脆弱性。农民工面临的特殊就业风险与他们在城镇就业却没有户籍身份密切相关。例如，每逢遇到宏观经济的下行，他们就要承受周期性失业；因户籍制度导致的家庭成员不能生活在同一地点，使数千万流动儿童和留守儿童的义务教育难以良好解决；缺乏就业稳定性使新生代农民工过早离开学校，也不愿意接受必要的培训。因此，推进农民工的市民化和常住人口基本公共服务全覆盖，使他们在基本社会保险、义务教育、最低生活保障和保障性住房等方面享受均等的待遇，有助于提高农民工的人力资本积累，加强对这个群体的社会保护。

最后，通过改革教育体制，加快教育发展速度，提高教育质量和人才培养效果。这个领域改革的核心，是实现教育主管部门作为监管者职能与教育供给者职能的脱钩，消除教育领域的垄断，发挥社会办学的积极性，通过竞争提高教育质量。根据不同的教育阶段和类型，教育事业分别具有基本公共服务（义务教育）、一般公共服务（更高阶段教育如高等教育）和商业活动（培训等）等性质，应该允许多种办学方式存在和竞争。即使在作为公共服务领域的教育活动，也可以采取多样化的供给模式。例如，瑞典从20世纪90年代开始，实行在小学、初中和高中阶段上的多元办学，并借助教育券的方式实现了自由择校，既没有失去教育的公益性，也充分发挥了民间投资积极性，还扩大了选择和竞争，大幅度提高了教育质量。